Heideggers „Sein und Zeit"

Gerhard Thonhauser

Heideggers „Sein und Zeit"

Einführung und Kommentar

 J.B. METZLER

Gerhard Thonhauser
Institut für Philosophie
Technische Universität Darmstadt
Darmstadt, Deutschland

ISBN 978-3-662-64688-5   ISBN 978-3-662-64689-2   (eBook)
https://doi.org/10.1007/978-3-662-64689-2

Die Deutsche Nationalbibliothek verzeichnet diese Publikation in der Deutschen Nationalbibliografie; detaillierte bibliografische Daten sind im Internet über http://dnb.d-nb.de abrufbar.

© Der/die Herausgeber bzw. der/die Autor(en), exklusiv lizenziert an Springer-Verlag GmbH, DE, ein Teil von Springer Nature 2022
Das Werk einschließlich aller seiner Teile ist urheberrechtlich geschützt. Jede Verwertung, die nicht ausdrücklich vom Urheberrechtsgesetz zugelassen ist, bedarf der vorherigen Zustimmung des Verlags. Das gilt insbesondere für Vervielfältigungen, Bearbeitungen, Übersetzungen, Mikroverfilmungen und die Einspeicherung und Verarbeitung in elektronischen Systemen.
Die Wiedergabe von Gebrauchsnamen, Handelsnamen, Warenbezeichnungen usw. in diesem Werk berechtigt auch ohne besondere Kennzeichnung nicht zu der Annahme, dass solche Namen im Sinne der Warenzeichen- und Markenschutz-Gesetzgebung als frei zu betrachten wären und daher von jedermann benutzt werden dürften.
Der Verlag, die Autoren und die Herausgeber gehen davon aus, dass die Angaben und Informationen in diesem Werk zum Zeitpunkt der Veröffentlichung vollständig und korrekt sind. Weder der Verlag, noch die Autoren oder die Herausgeber übernehmen, ausdrücklich oder implizit, Gewähr für den Inhalt des Werkes, etwaige Fehler oder Äußerungen. Der Verlag bleibt im Hinblick auf geografische Zuordnungen und Gebietsbezeichnungen in veröffentlichten Karten und Institutionsadressen neutral.

Umschlagabbildung: ©robyvannucci/Getty Images/iStock

Planung/Lektorat: Franziska Remeika
J.B. Metzler ist ein Imprint der eingetragenen Gesellschaft Springer-Verlag GmbH, DE und ist ein Teil von Springer Nature.
Die Anschrift der Gesellschaft ist: Heidelberger Platz 3, 14197 Berlin, Germany

Danksagung

Dieser Kommentar geht auf meine Lehrerfahrungen mit *Sein und Zeit* zurück. Große Teile des Manuskripts entstanden im Rahmen eines Seminars an der TU Darmstadt im Sommersemester 2020. Ich bedanke mich bei allen Studierenden für die intensive Auseinandersetzung mit Heideggers Text und meiner Interpretation, insbesondere bei Jonas Birk, Patrick Huttel und Henrik Lenzgen. Die Anregung zu diesem Kommentar stammt von Jan Slaby, der mich später auch einlud, Teile des Manuskripts in seinem Kolloquium zur Diskussion zu stellen. Allen Teilnehmer:innen des Kolloquiums danke ich für die freundliche Aufnahme und bereichernde Diskussion einer früheren Fassung dieses Manuskripts. Janna Hilger und Janis Walter danke ich zudem für die Anregungen durch ihren Beitrag. Bei Andreas Beinsteiner, Diego D'Angelo, Matthias Flatscher, Alexander Friedrich, Sylvaine Gourdain Castaing, Hilge Landweer, Sophie Loidolt, Sven Thomas, Meike Wiegand und Julia Zaenker bedanke ich mich für das umfassende Feedback, das sie mir im Rahmen eines Workshops zuteilwerden ließen. In Christoph Demmerling, Bjarke Mørkøre Stigel Hansen, Jens Kertscher, Andreas Luckner, Christian Schreiner und Martin Weichold fand das Manuskript in unterschiedlichen Phasen seiner Entstehung kompetente Testleser, die wertvolle Hinweise gaben. Irene Delodovici danke ich für die Unterstützung bei der Erstellung von Glossar und Index. Schließlich gilt mein Dank dem Verlag J.B. Metzler für die Aufnahme dieses Buches in sein Programm und Franziska Remeika und dem Rest des Teams für die umsichtige Betreuung.

Inhaltsverzeichnis

Einführung

Sein und Zeit ist ein imposantes Werk. Mit seiner Sprachgewalt und seinen kühnen Gedankengängen zieht es seit rund hundert Jahren Leser:innen in seinen Bann. Zugleich wird kaum einem philosophischen Werk mit so großem Unverständnis begegnet und so große Ablehnung entgegengebracht. Das liegt zum einen an Heideggers politischen Überzeugungen, an denen sich eine Auseinandersetzung mit seinem Werk abarbeiten muss. Es liegt aber auch daran, dass *Sein und Zeit* keine einfache Lektüre ist und sich gegen schnelle Aneignungen sperrt. Dieses Werk stellt eine fundamentale Herausforderung für unsere Lese- und Denkgewohnheiten dar. Heidegger lädt uns dazu ein, mit ihm auf eine Reise zu gehen, an deren Ende wir andere sein werden – vorausgesetzt, dass wir uns auf das, was diese Lektüreerfahrungen mit uns macht, einlassen. Von *Sein und Zeit* geht eine transformative Kraft aus, wie sie nur großen philosophischen Werken zu eigen ist. Bevor wir uns auf diese Reise begeben, sollten wir uns darüber im Klaren sein, dass Heideggers Anspruch gigantisch ist. In *Sein und Zeit* sollen jene Tendenzen freigelegt werden, die für die gesamte Geschichte westlichen Denkens, Handelns und Fühlens bestimmend sind. In *Sein und Zeit* geht es um das Ganze: Es ist kein Beitrag zu einer Teildisziplin der Philosophie, sondern eine Aufforderung zum Nachdenken über die Grundlagen unseres Welt- und Selbstverhältnisses überhaupt, in dem es um nicht weniger gehen wird als eine kritische Reflexion auf die Grundzüge westlichen Denkens.

    Sein und Zeit beginnt mit einem ungewöhnlich langen Motto, in dem das Ziel des Projekts benannt wird: Es gehe darum, „*die Frage nach dem Sinn von Sein erneut zu stellen*" (SZ 1; alle Hervorhebungen in Zitaten sind im Original). Was hat es mit dieser dubios anmutenden Frage nach dem Sinn von Sein auf sich? Im Motto identifiziert Heidegger als zentrales Problem, dass diese Frage in uns keine Verlegenheit mehr hervorrufe. Das zentrale Anliegen von *Sein und Zeit* besteht daher zuallererst darin, uns in Verlegenheit zu bringen. Erst aus dieser Grundstimmung heraus werden wir uns vom Projekt von *Sein und Zeit* angesprochen

© Der/die Autor(en), exklusiv lizenziert durch Springer-Verlag GmbH, DE, ein Teil von Springer Nature 2022
G. Thonhauser, *Heideggers „Sein und Zeit"*, https://doi.org/10.1007/978-3-662-64689-2_1

fühlen und es als uns betreffend erfahren. Für Platon und Aristoteles war bekanntlich das Staunen der Anfang der Philosophie. Daran anknüpfend erfordert das erneute Stellen der Frage nach dem Sein in erster Linie, dass wir in Verlegenheit geraten angesichts dieser Frage – wir müssen diese Frage zuallererst als sinnvolle und relevante Frage erfahren, die sich nicht trivial beantworten lässt. Doch es ist kein leichtes Unterfangen, eine solche Verlegenheit hervorzurufen. Denn wenn Heidegger recht hat, dann lässt sich die Geschichte westlichen Denkens als eine Geschichte der Vermeidung von Verlegenheit hinsichtlich der Frage nach dem Sein deuten. Es sei ein Grundzug der westlichen Philosophie, dass die Frage nach dem Sein überhaupt nicht als erstzunehmendes philosophisches Problem gesehen werde. Gegen diese wirkmächtige Tendenz geht es Heidegger darum, uns in Verlegenheit zu bringen und dadurch überhaupt wieder „ein Verständnis für den Sinn dieser Frage zu wecken" (SZ 1). Das erneute Stellen der Frage nach dem Sein handelt also zuallererst von der Weckung des Sinns (der Empfänglichkeit) für diese Frage. Es ist wichtig, sich dies bei der Lektüre von *Sein und Zeit* immer vor Augen zu halten: Das zentrale Anliegen dieses Buches besteht darin, verständlich zu machen, was es mit der Frage nach dem Sein auf sich hat und warum uns diese Frage betrifft.

Ein erster Hinweis, was es mit dieser Frage auf sich haben könnte, besteht darin, dass es möglich und sinnvoll ist, zwischen verschiedenen Weisen zu unterscheiden, wie etwas ist. Ein Gebrauchsgegenstand *ist* anders als ein Gegenstand der Physik, beide *sind* wiederum in anderer Weise als ein mathematischer Gegenstand; auch die Weise, wie Lebendiges *ist,* lässt sich nicht auf die anderen Weisen des Seins reduzieren. Heidegger bezeichnet diese unterschiedlichen Weisen, wie etwas ist, als Seinsweisen. Er identifiziert als zentrales Problem, dass wir es normalerweise unterlassen, uns darüber Gedanken zu machen, welche unterschiedlichen Weisen es gibt, in denen etwas sein kann. Die Seinsweise von Gebrauchsgegenständen nennt er **Zuhandenheit.** Sie ist dadurch charakterisiert, dass uns Gebrauchsgegenstände immer in einem Funktionszusammenhang begegnen. Sie haben einen Aufforderungs- oder Affordanzcharakter, der uns dazu einlädt, bestimmte Sachen mit ihnen zu tun: Eine Wurfscheibe lädt zum Werfen ein, ein Hammer zum Hämmern und ein Kochlöffel zum Umrühren.

Wenn wir die Welt hingegen unter naturwissenschaftlichen Gesichtspunkten betrachten, dann geht dieser Aufforderungscharakter verloren, dafür eröffnet sich uns eine neue Weise der Gegebenheit. Was uns nunmehr begegnet, sind raumzeitliche Gegenstände mit gewissen Eigenschaften, die es zu erforschen gilt. Heidegger bezeichnet diese Gegebenheitsweise als **Vorhandenheit.** Dabei muss schon hier betont werden, dass verschiedene Seinsweisen nicht einfach mit verschiedenen Gegenstandsbereichen gleichgesetzt werden können. Es handelt sich bei **Seinsweisen** vielmehr um *Gegebenheitsweisen,* die in ganz grundsätzlicher Weise festlegen, was uns in welcher Weise zugänglich werden kann. Wir können zum Beispiel eine Wurfscheibe werfen oder wir können uns mit der chemischen Zusammensetzung eines runden Stücks Plastik beschäftigen. Für Heidegger ist dabei entscheidend, dass diese verschiedenen Gegebenheitsweisen nicht aufeinander reduziert werden können. Er richtet sich damit insbesondere gegen *szientistische* Annahmen, die davon ausgehen, dass alles, was ist, primär durch jene Eigenschaften zu bestimmen sei, die von den Naturwissenschaften erforscht werden. Am gängigsten ist die *physikalistische* Spielart des Naturalismus, wonach die grundlegende Beschreibung für alles Seiende in physikalischen Eigenschaften besteht. Heidegger möchte die Verdienste der Naturwissenschaften nicht schmälern. Er wendet sich aber entschieden gegen die *physikalistische Fehlannahme*, wonach alles, was ist, letztlich auf seine Beschaffenheit als raum-zeitlicher Gegenstand zurückgeführt werden müsse; in Heideggers Worten: dass die Vorhandenheit allen anderen Seinsweisen zugrunde liege. Dagegen hält Heidegger fest, dass uns der Aufforderungscharakter einer Wurfscheibe, ihre Zuhandenheit als Wurfgerät, gerade nicht zugänglich wird, wenn wir sie als raum-zeitlichen Gegenstand mit gewissen Eigenschaften betrachten. Dieser Aufforderungscharakter lässt sich auch nicht aus der materiellen Beschaffenheit eines Gegenstandes herleiten, auch wenn er nicht unabhängig von dieser ist.

Ebenso ist es intuitiv einsichtig, dass **Lebendiges** in seiner Lebendigkeit verfehlt wird, wenn es als *zuhanden* oder *vorhanden* betrachtet wird. Das bedeutet nicht, dass es unmöglich ist, Lebewesen als Nahrungsquelle zu nutzen oder zum Forschungsgegenstand zu machen. Daran ist aus ontologischer Sicht *prima facie* auch nichts falsch, sondern es beruht darauf, dass uns die Welt in unterschiedlicher Weise zugänglich werden kann. Für die Lebensmittelindustrie sind Rinder etwas Zuhandenes, das der Fleisch- und Milchproduktion dient. Wenn Rinder als etwas Zuhandenes gesehen werden, hat dies allerdings die Konsequenz, dass uns dadurch verborgen bleibt, was Rinder als etwas Lebendiges ausmacht. Die Bestimmung, was Lebendiges als Lebendiges ausmacht, ist alles andere als trivial. Heidegger ist sich dieser Schwierigkeiten bewusst, entscheidet sich in *Sein und Zeit* allerdings dafür, diese Frage nicht näher zu behandeln. Eine ausführliche Behandlung erfährt diese Frage in der Vorlesung *Grundbegriffe der Metaphysik* (GA 29/30). Es ist allerdings sinnvoll, zunächst mit *Sein und Zeit* vertraut zu sein, bevor man die dortigen Ausführungen studiert.

Jene Seinsweise, die Heidegger in *Sein und Zeit* besonders interessiert, nennt er **Existenz**. Seiende, die in dieser Seinsweise sind, nennt Heidegger **Dasein**. Das bedeutet, dass in Heideggers Terminologie nur Dasein existiert. Es ist wichtig zu beachten, dass der Begriff ‚Dasein‘ von Heidegger eine rein formale Bestimmung erhält: Dasein bezeichnet jenes Seiende, das die Frage nach dem Sein stellen kann bzw. faktisch immer schon stellt. Wenn Heidegger das Dasein analysiert, möchte er also klären, wie ein Seiendes beschaffen sein muss, das die Seinsfrage stellen kann. Er lässt dabei offen, welche unserer herkömmlichen Kategorien unter den Begriff ‚Dasein‘ fallen (ob dies nur für Menschen gilt oder zum Beispiel auch für bestimmte Tiere, Aliens oder künstliche Systeme). Daher wäre es auch verfehlt, die Unterscheidung der Seinsweisen ‚Existenz‘ und ‚Leben‘ mit der anthropologischen Differenz zwischen ‚Menschen‘ und ‚Tieren‘ zu identifizieren. Beim Lesen von *Sein und Zeit* könnte man sich fragen, ob manche der Bestimmungen des Daseins nicht auch auf Tiere zutreffen und darin einen Einwand gegen

Heideggers Ausführungen sehen. Gemäß der Lesart, die in diesem Kommentar vorgeschlagen wird, ist dieser Einwand verfehlt, weil ja gar nicht geklärt ist, ob bestimmte Tiere nicht auch *existieren,* also unter den Begriff ‚Dasein' fallen.

Es ist wichtig, dies zu betonen, weil in der Rezeption von *Sein und Zeit* der Begriff ‚Dasein' üblicherweise einfach als andere Bezeichnung für den ‚Menschen' verstanden wird. Eine radikal andere Interpretation, die hier als Kontrast genannt werden soll, wird von John Haugeland (2013) vertreten. Haugeland meint, dass sich der Begriff ‚Dasein' gar nicht auf Individuen beziehe, sondern auf Lebensformen, in denen ein bestimmtes Seinsverständnis vorherrsche. Eine solche Lebensform gebe es zwar nur, wenn sie von Individuen vollzogen werde, sie sei aber von diesen zu unterscheiden. Die Frage, welches Vorverständnis wir haben, wenn wir den Begriff ‚Dasein' hören, ist entscheidend für unser Verständnis von *Sein und Zeit.* Dahingehend soll hier der Vorschlag gemacht werden, dass wir uns beim Lesen von *Sein und Zeit* aktiv darum bemühen sollten, agnostisch zu bleiben hinsichtlich der Frage nach der Extension des Begriffs ‚Dasein'. Als Ausgangspunkt für die Lektüre von *Sein und Zeit* scheint es demnach zentral, sich streng an die formale Bestimmung zu halten: Dasein ist jenes Seiende, das dadurch charakterisiert ist, dass es ontologische Fragen stellen kann. Wenn Heidegger vom Dasein spricht, dann geht es ihm darum zu klären, wie ein Seiendes beschaffen sein muss, damit ontologische Fragen für es relevant werden können.

Daraus wird auch Heideggers Weichenstellung in *Sein und Zeit* verständlich, sich der Frage nach dem Sein dadurch anzunähern, dass zunächst untersucht wird, wie jenes Seiende beschaffen ist, das in der Lage ist, die Seinsfrage zu stellen. Die Annäherung an die Frage nach dem Sein erfolgt in diesem Werk also anhand der Klärung des Seins des Daseins – das Sein des Daseins bezeichnet er als Existenz. Heidegger charakterisiert die *„Analytik des Daseins"* daher auch als *„Fundamentalontologie"* (SZ 13). Diese Formulierung lädt zu Missverständnissen ein, solange nicht geklärt ist, was mit **Fundamentalontologie** genau gemeint ist. Um dies näher zu bestimmen, muss erstens beantwortet werden, wofür die Analytik des Daseins fundamental ist: Sie ist fundamental für das Stellen der Seinsfrage, und sie ist dies deswegen, weil Dasein die Bezeichnung für jene Seienden ist, die diese Frage stellen können. Die Möglichkeit dieser Frage soll daher durch die Analytik der Existenz aufgezeigt werden. Es geht Heidegger also primär nicht um eine Ontologie des Daseins, sondern darum, die Möglichkeit ontologischen Fragens aus der Seinsweise des Daseins zu gewinnen. Zweitens ist es zentral, genau zu verstehen, in welchem Sinn Heidegger das Wort ‚fundamental' verwendet. Entscheidend ist dabei, dass ‚fundamental' bei Heidegger *nicht* die Bedeutung von grundlegend oder begründend hat. Die Analytik des Daseins ist vielmehr deswegen fundamental, weil in ihr die **hermeneutische Situation** für das Stellen der Frage nach dem Sein gefunden werden kann. Das folgt aus Heideggers formaler Bestimmung des Daseins, womit nichts anderes als das *Ereignis* des Aufbrechens der Seinsfrage bezeichnet wird. Es geht also darum, den

Sinn für die Frage nach dem Sein aus der Analytik des Daseins zu gewinnen – zunächst kann Sinn hier einfach so verstanden werden, dass es darum geht, nachvollziehbar zu machen, warum es sich dabei um eine sinnvolle und relevante Frage handelt; später werden wir eine spezifischere Bedeutung des Wortes ‚Sinn' kennenlernen, wodurch sich das Verständnis dieses Satzes modifizieren wird. Der fundamentale Status der Analytik des Daseins impliziert dabei nicht, dass die Ontologie anderer Seiender auf die Ontologie des Daseins zurückführbar wäre. Es geht in *Sein und Zeit* nicht um Ursachen und Begründungen, sondern um die Freilegung des Kontextes, aus dem eine jeweilige Sache zuallererst verständlich wird.

1.1 Gängige Interpretationslinien

An dieser Stelle ist es sinnvoll, in Anknüpfung an Reiner Schürmann (2008) kurz auf drei verbreitete Interpretationen einzugehen, die das Ziel von Heideggers Projekt nicht hinreichend berücksichtigen und daher zu einem verkürzten Verständnis von *Sein und Zeit* führen, bevor anschließend das hier vertretene Verständnis dieses Projekts umrissen werden soll.

Erstens ordnet eine *existenzialistische* Lektüre Heideggers in eine Traditionslinie mit Kierkegaard und Sartre ein. Demzufolge ginge es in *Sein und Zeit* um den Aufruf zur radikalen Freiheit und Verantwortung angesichts der Abgründigkeit bzw. Absurdität der eigenen Existenz. Kierkegaard und Sartre geht es um die Ausarbeitung einer Ontologie der Existenz zum Nachweis der radikalen Freiheit des Subjekts. Bei Ersterem erfolgt dies unter religiösen Gesichtspunkten, sodass die Freiheit letztlich den Sprung in den Glauben vorbereiten soll. Letzterer denkt hingegen unter atheistischen Vorzeichen, sodass die radikale Verantwortung des Subjekts bei ihm gerade aus der Abwesenheit einer transzendenten Sinninstanz folgt. Weder in der religiösen noch in der atheistischen Spielart des Existenzialismus spielt jedoch die Frage nach dem Sinn von Sein, um die es Heidegger geht, die primäre Rolle. Entsprechend hat auch die Analytik des Daseins, wie zuvor erläutert, bei Heidegger einen anderen Status als die Existenzontologien Kierkegaards oder Sartres. *Sein und Zeit* enthält allerdings zahlreiche Formulierungen, die eine existenzialistische Interpretation nahelegen. Es ist daher wichtig, sich bei der Lektüre von *Sein und Zeit* die Verschiedenheit der Anliegen Heideggers, Sartres und Kierkegaards im Kopf zu behalten, um Heideggers Ausführungen nicht existenzialistisch engzuführen.

Zweitens beruht eine *anthropologische* Lektüre auf der Annahme, es ginge Heidegger in *Sein und Zeit* um eine Bestimmung des Seins des Menschen. Auch Heideggers Lehrer Edmund Husserl sowie Max Scheler, eine weitere Gründungsfigur der Phänomenologie, verstanden *Sein und Zeit* in einem solchen anthropologischen Sinn. Überhaupt war dies in der anfänglichen Rezeption von *Sein und Zeit* die dominante Auslegung. Angesichts des vorliegenden Fragments von *Sein und Zeit* ist dies auch verständlich. Denn dieses beinhaltet – von den ursprünglich geplanten zwei Teilen mit insgesamt sechs Abschnitten – nur die ersten beiden

Abschnitte des ersten Teils. Die fehlenden vier Abschnitte wurden nie veröffentlicht, sodass von Heideggers umfassendem ontologischen Vorhaben nur die beiden Abschnitte zur vorbereitenden Daseinsanalytik in Buchform vorliegen. Wie gleich genauer erläutert werden wird, ist es daher sinnvoll, zwischen dem Projekt von *Sein und Zeit* und dem Buch *Sein und Zeit* zu unterscheiden. Wenn dies nicht hinreichend berücksichtigt wird, dann legt das vorliegende Fragment von *Sein und Zeit* die Annahme nahe, das Wort ‚Dasein' sei einfach Heideggers eigentümliche Bezeichnung für den Menschen, und es handle sich bei diesem Werk um die Ausarbeitung einer phänomenologischen Anthropologie. Aus *Sein und Zeit* lassen sich durchaus Impulse für eine phänomenologische Anthropologie gewinnen, wie zahlreiche an Heidegger anknüpfende Arbeiten, etwa jene von Otto Friedrich Bollnow (1953), zeigen. Eine solche Anthropologie ist allerdings nicht das Ziel des Projekts von *Sein und Zeit;* es darauf zu reduzieren wäre daher eine Verkennung dieses Werkes.

Drittens bringt eine *pragmatistische* Interpretation Heidegger in die Nähe des späten Wittgensteins und argumentiert, dass es in *Sein und Zeit* primär um die Betonung des Vorrangs der Praxis vor der Theorie sowie des Vorrangs der Welt als Verstehenshorizont vor der Intentionalität des Bewusstseins gehe. Vor allem im angloamerikanischen Raum erfreut sich diese Rezeptionslinie in Folge der einflussreichen Arbeiten Hubert Dreyfus' (1992) großer Beliebtheit. Diese Deutung konzentriert sich vorrangig auf den 1. Abschnitt von *Sein und Zeit* und insbesondere auf die dort zu findenden Ausführungen zur Zuhandenheit. Heideggers zentrale Einsicht, dass die Zuhandenheit von Gebrauchsgegenständen nicht auf die Vorhandenheit raum-zeitlicher Gegenstände zurückgeführt werden könne, wird dabei zur These eines Primats des praktischen Umgangs mit Gebrauchsgegenständen vor anderen Formen des Weltbezugs zugespitzt. Für das Studium des 1. Abschnitts von *Sein und Zeit* kann aus den Arbeiten, die dieser Rezeptionslinie zuzuordnen sind, viel gewonnen werden. Es muss allerdings berücksichtigt werden, dass diese pragmatistische Rezeption bereits erhebliche Schwierigkeiten damit hat, den 2. Abschnitt von *Sein und Zeit* in die Interpretation einzubeziehen, und ihr die Ressourcen fehlen, das Gesamtprojekt von *Sein und Zeit* in den Blick zu nehmen. Was dabei aus dem Blick gerät, ist gerade die Seinsfrage als zentrales Anliegen von Heideggers gesamtem Denken.

1.2   Annäherung an das Projekt von *Sein und Zeit*

Sein und Zeit ist ein Buch, das sich nicht in wenigen Sätzen zusammenfassen lässt, sondern es erfordert, von Deckel zu Deckel gelesen zu werden. Auch dieser Kommentar kann die Auseinandersetzung mit dem Primärtext nicht ersetzen, sondern sie nur unterstützend begleiten. Dennoch scheint es sinnvoll, einführend einige Bausteine zu nennen, deren Verständnis den Zugang zu Heideggers Text erleichtert. Wenn Sie sich das erste Mal mit Heidegger beschäftigen, sollten Sie allerdings damit rechnen, auch in dieser Einführung nicht auf Anhieb alles zu verstehen. Eine sinnvolle Vorgehensweise könnte darin bestehen, wiederholt auf diese Einführung zurückzukommen, um sich Schritt für Schritt ein genaueres Verständnis der Zusammenhänge zu erarbeiten. Die Beschäftigung mit einem Werk wie *Sein und Zeit* ist ein langer Weg, der auch nie an ein Ende kommen wird. Werke wie *Sein und Zeit* zeichnen sich gerade dadurch aus, dass sie auch im zigsten Lektüredurchgang noch Überraschungen und mit einem sich wandelnden Vorverständnis immer wieder andere und neue Lektüreerfahrungen bereithalten.

Zunächst kann noch einmal auf den zentralen Begriff ‚**Dasein**' eingegangen werden. Wie oben festgehalten, bezeichnet Dasein jenes Seiende, in dem die Seinsfrage aufbricht – die Analytik des Daseins hat daher die Funktion, den Sinn für die Frage nach dem Sein auszuarbeiten. Heidegger geht davon aus, dass wir Wesen sind, die sich immer schon die Seinsfrage stellen. Der Wechsel in den Wir-Modus erfolgt in der Annahme, dass alle, die dieses Buch lesen, in der Seinsweise des Daseins existieren, ohne genau bestimmen zu müssen, wer zu diesem Wir gehört. Dass wir uns immer schon die Seinsfrage stellen, bedeutet natürlich nicht, dass wir das immer explizit tun – in der Regel stellen wir uns die Seinsfrage nicht explizit. Es meint nur, dass wir Wesen sind, die sich nicht nur zu ihrer Umwelt verhalten, sondern sich Gedanken über die Beschaffenheit ihrer Umwelt machen können. Freilich gehen wir zumeist weitgehend gedankenlos durch unser Leben. Aber wir haben diese Möglichkeit, uns aktiv zu fragen, was es mit unserer Welt und uns selbst auf sich hat, und wir können die sich daraus ergebenden Fragen weiter verfolgen. Ja mehr noch: Wir können zwar versuchen, solchen Fragen auszuweichen und uns möglichst nicht den Kopf darüber zu zerbrechen, aber wir können es nicht gänzlich vermeiden, dass sich uns solche Fragen aufdrängen. Dasein ist charakterisiert durch das Faktum des Betroffenseins von solchen Fragen. Wir sind Wesen, denen die Beschaffenheit der Welt nicht einfach vorgegeben ist, sondern deren Seinsweise darin besteht, dass die Beschaffenheit der Welt für uns zu einer Frage wird. Freilich bearbeiten die meisten von uns diese Fragen nicht in einer philosophisch geschulten Art und Weise; sie stellen sich ontologische Fragen, betreiben aber keine Ontologie. Heidegger spricht von einem **vorontologischen Seinsverständnis**. Er meint damit ein implizites Verständnis dessen, was ist, ohne explizit zur Ontologie ausgearbeitet zu sein.

Es lässt sich jetzt genauer fassen, dass sich Dasein dadurch von anderen Seienden unterscheidet, dass es ein vorontologisches Seinsverständnis hat. Dieses vorontologische Seinsverständnis ist der Ausgangspunkt für die Möglichkeit, die Seinsfrage auch in methodisch strukturierter Weise zu stellen, also von einem vorontologischen Seinsverständnis zur expliziten ontologischen Ausarbeitung der Seinsfrage überzugehen. Das ist der Fall, weil die Seinsfrage nur für ein Seiendes Sinn macht, dass dadurch charakterisiert ist, dass es Seinsverständnis hat. Entsprechend schreibt Heidegger im letzten Satz des 1. Kapitels der Einleitung von *Sein und Zeit*: „Die Seinsfrage ist dann aber nichts anderes als die Radikalisierung einer zum Dasein selbst gehörigen wesenhaften Seinstendenz, des vorontologischen Seinsverständnisses." (SZ 15).

Nun ist es so, dass dem Dasein nicht nur die Tendenz eigen ist, sich ontologische Fragen zu stellen. Ebenso ist Dasein eine Neigung zum Missverständnis
seines eigenen Seins wie auch des Seins aller anderen Seienden eigen. Heidegger
bezeichnet diese Tendenz in *Sein und Zeit* als **Verfallen.** Solche Missverständnisse betreffen den Alltag, aber auch – bzw. sogar verstärkt – die Philosophie und
die Wissenschaften. Ein solches Missverständnis haben wir bereits genannt: den
Physikalismus. Problematisch ist daran nicht das Verständnis von Natur, wie es für
die Physik leitend ist. Dieses ist – nach bestem Wissen – der untersuchten Sache
angemessen. Problematisch am Physikalismus ist die Universalisierung dieses
Seinsverständnisses, wonach alles anhand seiner physikalischen Beschaffenheit verstanden werden soll. Damit ist bereits eine Antwort auf die Seinsfrage
gegeben worden, bevor diese Frage überhaupt als Frage gestellt werden konnte.
Ein weiteres Missverständnis, das Heidegger in *Sein und Zeit* wiederholt kritisiert,
ist ein cartesianischer Dualismus. Damit ist die Idee gemeint, dass es eine ontologische Trennung zwischen Körper und Geist gäbe. Der Körper sei dabei als
gänzlich materiell und von Naturgesetzen determiniert zu verstehen. Der Geist
hingegen als immaterieller und den Naturgesetzen entzogener Ort der Freiheit.
Wenn Körper und Geist so gefasst werden, führt dies unweigerlich zum Leib-
Seele-Problem in seinen verschiedenen Fassungen. Heidegger hält dem entgegen,
dass die vom cartesianischen Dualismus implizierten ontologischen Kategorien
gänzlich ungeeignet sind, um das Sein des Daseins (und auch das Sein des
Lebens) zu verstehen.

Wir sehen hier, dass es nicht schwierig ist, Antworten auf die Frage nach dem
Sinn von Sein zu geben. Die Geschichte unseres Denkens ist voller Antworten
auf diese Frage, auch wenn sie zumeist nicht als solche bezeichnet werden. Der
Physikalismus ist eine solche Antwort: Sie lautet, dass das Sein aller Dinge aus
ihren physikalischen Eigenschaften verstanden werden muss. Die Ausarbeitung
des Sinns für die Frage nach dem Sein bedeutet dagegen in erster Linie, die Frage
nach dem Sein zuallererst *als Frage* ernst zu nehmen. Das macht es erforderlich,
sich nicht mit den bisherigen Antworten zufriedenzugeben. In *Sein und Zeit* nimmt
daher die kritische Befragung der Vorannahmen gängiger Theorien eine zentrale
Stellung ein. Heidegger nennt das dabei zur Anwendung kommende Verfahren
Destruktion. Destruktion meint den Abbau von Vorverständnissen, um dadurch
freizulegen, was in den jeweiligen Theorien vorausgesetzt und wie dadurch
Seiendes zugänglich gemacht wird.

Aufgrund der Verfallenstendenz des Daseins stellt sich für Heideggers Projekt
eine knifflige methodische Frage. Einerseits soll die Seinsfrage aus dem vorontologischen Seinsverständnis des Daseins entwickelt werden. Andererseits wird
dies aber dadurch erschwert, dass Dasein die gegenläufige Tendenz des Verfallens
eigen ist, die es ständig auf ontologische Abwege führt. Wie ist es nun angesichts
der Verfallenstendenz möglich, die Frage nach dem Sein auf angemessene Weise
zu stellen? Heidegger gibt darauf eine verblüffende Antwort: Es sind gewisse
Grundstimmungen, die das Verfallen durchbrechen und das Dasein auf den
Pfad ontologischen Fragens führen. Solche Grundstimmungen überkommen uns

in und als Störungen unserer üblichen Existenzvollzüge. In *Sein und Zeit* wird uns eine solche Störung zum ersten Mal im Kontext der Analyse von Gebrauchsgegenständen begegnen, wenn etwas nicht funktioniert: Der Computer stürzt ab und der soeben geschriebene Text kann nicht wiederhergestellt werden. Das führt vielleicht dazu, dass ich mir genauere Gedanken darüber mache, was alles gegeben sein muss, damit digitale Textproduktion möglich ist. Später führt Heidegger die Angst als Beispiel für eine Grundstimmung ein. Heideggers Verwendung des Begriffs ‚Angst' unterscheidet sich dabei von gängigen Vorverständnissen; er bezeichnet damit die Betroffenheit von einer universalen Störung der Sinnstruktur der Welt – alles erscheint uns bedeutungslos. Zwar wird in *Sein und Zeit* nur die Angst prominent diskutiert, doch es gibt eine Reihe solcher Modi des Betroffenseins, die vertraute Verstehenshorizonte durchbrechen und die Dimension der Seinsfrage eröffnen. Die im Motto von *Sein und Zeit* genannte Verlegenheit kann hier genannt werden. In seiner Vorlesung des Wintersemesters 1929/30 behandelt Heidegger Langeweile als eine weitere solcher Grundstimmungen (GA 29/30). Schließlich entwirft Heidegger ein paar Jahre später in *Beiträge zur Philosophie (Vom Ereignis)* (GA 65) eine Taxonomie der Grundstimmungen. Der allgemeine Gedanke besteht darin, dass Störungen vertrauter Sinnhorizonte eine erschließende Funktion haben können, wenn sie uns zum Nachdenken darüber bringen, was gegeben sein muss, damit unsere vertraute Normalität so funktionieren kann, wie sie es tut.

Die beiden veröffentlichten Abschnitte von *Sein und Zeit* verfolgen das Ziel, den durch die Verfallenstendenz hervorgerufenen Missverständnissen ein *eigentliches* Verständnis des Daseins entgegenzuhalten. Es ist besonders wichtig, genau darauf zu achten, wie Heidegger den Begriff **‚Eigentlichkeit'** verwendet. Denn es ist in der Rezeption von *Sein und Zeit* leider gängig, dass der Begriff ‚Eigentlichkeit' – einer existenzialistischen Fehllektüre folgend – mit einem alltäglichen Verständnis von Authentizität vermischt wird. Doch um die ontologische Tragweite dieses Werkes zu verstehen, muss jeder Anklang eines Authentizitätspathos von der Eigentlichkeit ferngehalten werden. Zunächst muss der streng methodische Charakter dieses Begriffs betont werden: Allgemein betrachtet geht es um die Frage nach der Beschreibung von Phänomenen – der Kerntätigkeit der Phänomenologie. Eine Beschreibung kann auf zwei Weisen misslingen: Erstens kann eine Beschreibung darin irren, dass sie nicht das richtige Phänomen in den Blick nimmt. Während eines Irlandaufenthalts möchte ich Hurling beschreiben, beobachte aber ein Galic-Football-Spiel. Zweitens kann sie daran scheitern, dass das Phänomen nicht angemessen beschrieben wird. Ich habe es zwar zu einem Hurling-Spiel geschafft, verstehe aber nicht, dass man auch einen Punkt erhält, wenn der Ball die Torlinie oberhalb der Querlatte überquert, und entwickle daher ein falsches Verständnis der Regeln. Im Gegensatz zu diesen Fällen des Misslingens meint Eigentlichkeit einfach eine angemessene Beschreibung des richtigen Phänomens.

Die Sache wird allerdings komplizierter, wenn wir diesen Gedanken auf die Beschreibung des Daseins anwenden. Denn hier beschreiben wir kein Seiendes, für dessen ontologische Beschaffenheit es nebensächlich ist, ob wir es angemessen beschreiben oder nicht. Dasein ist dadurch definiert, dass es Seinsverständnis hat. Das hat die zunächst vielleicht paradox anmutende Konsequenz, dass die ontologische Beschaffenheit des Daseins zentral dadurch bestimmt ist, wie es sich selbst versteht. Abhängig davon, welches Selbstverständnis ein Dasein hat, verändert sich dadurch auch die Weise, in der es existiert. Die sich daraus ergebende Selbstanwendungsproblematik wird im 2. Abschnitt von *Sein und Zeit* zu einem der zentralen Themen werden. An dieser Stelle kann einführend nur festgehalten werden, dass die Unterscheidung von Eigentlichkeit und Uneigentlichkeit entscheidende methodische Konsequenzen für das Gesamtprojekt von *Sein und Zeit* hat. Es geht bei der Frage nach der Eigentlichkeit des Daseins in erster Linie darum, wie die Seinsfrage angemessen gestellt werden kann. Es wird darauf hinauslaufen, dass nur Dasein, das in einem eigentlichen Selbstverständnis existiert, in der Lage ist, die Seinsfrage explizit zu stellen. Vor diesem Hintergrund lässt sich auch das Ziel der beiden erhaltenen Abschnitte von *Sein und Zeit* genauer fassen: Es geht in diesen um eine eigentliche Beschreibung des Seins des Daseins, um dadurch jene Weise des Existenzvollzugs anzuzeigen, die es ermöglicht, die Seinsfrage als Frage auszuarbeiten.

An dieser Stelle sollen noch zwei begriffliche Unterscheidungen, die in *Sein und Zeit* eine zentrale Rolle spielen, kurz erläutert werden: jene von **existenzial und existenziell** sowie von **ontisch und ontologisch.** Als ‚existenziell‘ bezeichnet Heidegger alles, was mit unserem Existenzvollzug zu tun hat, wie wir also unsere Existenz gestalten und welche Überlegungen wir dazu anstellen. Unser Existenzvollzug kann nur dadurch geregelt werden, dass wir uns so oder so verhalten. Der Begriff ‚ontisch‘ verweist auf das konkrete, jeweilige Seiende, also zum Beispiel auf mich in meinem konkreten Existenzvollzug. Mit dem Wort ‚ontologisch‘ bezieht sich Heidegger hingegen auf die explizite Beschäftigung mit der Frage nach der Beschaffenheit dessen, was ist. Um existenzielle Angelegenheiten ontisch zu klären, braucht es keines ontologischen Verständnisses, das heißt keiner expliziten Ausarbeitung der Frage nach der Beschaffenheit dessen, was ist. Allerdings liegen jedem ontisch-existenziellen Verhalten implizite ontologische Annahmen zugrunde – wir hatten diese bereits als *vorontologisches* Seinsverständnis kennengelernt. Für die Strukturen der Existenz, die Heidegger im Rahmen der Daseinsanalytik ausarbeiten möchte, verwendet er den Begriff **‚Existenzialien‘,** um sie von den ‚Kategorien‘ zu unterscheiden, mit denen die ontologischen Bestimmungen anderer Seinsweisen bezeichnet werden. Zusammengefasst haben diese Begrifflichkeiten die folgenden, recht simplen Bedeutungen, die aber leicht durcheinandergebracht werden können:

- *existenziell* bedeutet: den Existenzvollzug betreffend;
- *existenzial* hingegen bedeutet: die ontologischen Strukturen der Existenz betreffend;
- *ontisch* bezeichnet das, was konkret ist;
- *ontologisch* bezeichnet das Studium von ontologischen Strukturen, das heißt das explizite Stellen der Frage nach den Grundstrukturen dessen, was ontisch ist.

In diesem Kommentar wird häufig von **existenzial-ontologisch** die Rede sein: Damit ist die Untersuchung der ontologischen Beschaffenheit der Existenz gemeint. Ebenso wird häufig von **ontisch-existenziell** die Rede sein: Damit wird darauf Bezug genommen, wie sich Dasein in seinem konkreten Existenzvollzug verhält – wie Sie zum Beispiel gerade dieses Buch lesen.

Hieran wird ersichtlich, dass es sich beim *Ontischen* und beim *Ontologischen* nicht um unterschiedliche Sphären handelt: **Ontologie** meint einfach die explizite Beschäftigung mit der Beschaffenheit des Ontischen. Es ist wichtig, dies zu betonen, da es in Heidegger-Interpretationen leider regelmäßig zu einer Hypostasierung des Ontologischen – des Seins – kommt, so als wäre das Ontologische eine eigene Ebene über, unter oder neben dem Ontischen. Ebenso wie Eigentlichkeit frei von Authentizitätsanklängen gehalten werden muss, um eine sinnvolle Auseinandersetzung mit *Sein und Zeit* zu ermöglichen, so muss auch die Seinsfrage frei von mythischen oder esoterischen Anklängen gehalten werden. Heideggers zentraler Gedanke besteht darin, dass die ontologische Beschaffenheit des Seienden entweder naiv hingenommen wird – wie wir es im vorontologischen Seinsverständnis, das unseren alltäglichen Existenzvollzug leitet, ständig tun – oder die Möglichkeit ergriffen werden muss, in reflektierter Weise Ontologie zu betreiben. Letzteres erfordert laut Heidegger, dass sich das Dasein auf sich selbst rückwendet, als jenes Wesen, das Ontologie betreiben kann. Eine reflektierte Ontologie muss sich als Klärung der Frage vollziehen, was es überhaupt bedeutet, Seinsverständnis zu haben. Hieran wird noch einmal ersichtlich, warum Heidegger die Analytik des Daseins als Fundamentalontologie bezeichnet. Denn durch die Daseinsanalytik soll verständlich gemacht werden, was es überhaupt bedeutet, Ontologie zu betreiben.

Der umfassende Anspruch, den Heidegger damit verfolgt, wird uns noch einmal deutlicher vor Augen geführt, wenn wir bedenken, dass er Philosophie insgesamt als „universale phänomenologische Ontologie" (SZ 38) definiert. **Ontologie** – das heißt das explizite Stellen der Frage nach der Beschaffenheit von allem, was ist – meint dabei keine Teildisziplin der Philosophie, sondern die Besinnung auf die Grundlagen all unseres Nachdenkens und Tätigseins: die Klärung unserer Bezugnahmen auf alles, was es überhaupt gibt. Heidegger vertritt zudem die Ansicht, dass eine solche universale Ontologie in methodologischer Hinsicht nur als Phänomenologie möglich ist – in Heideggers Verständnis von Phänomenologie geht es also um die Möglichkeit der Philosophie überhaupt. Eine Behauptung, die hier erst durch die Klärung des Vorverständnisses von Phänomenologie in § 7 eine gewisse Plausibilität erlangt.

Am Ende dieser ersten Annäherung an das Projekt von *Sein und Zeit* kann nur angedeutet werden, wohin diese Reise gehen wird. Es wird sich herausstellen, dass das explizite Stellen der Seinsfrage nicht darauf hinauslaufen kann, zu einer ursprünglicheren Ontologie zu gelangen. Stattdessen werden wir im Verlauf von *Sein und Zeit* auf die Selektivität und Wandelbarkeit jeden Seinsverständnisses stoßen. Jedes Seinsverständnis ist selektiv in dem Sinn, dass es durch die Eingrenzung, wie Seiendes erscheinen kann, zugleich auch festlegt, wie Seiendes nicht erscheinen kann. Zugleich zeigt uns die Beschäftigung mit der Geschichte der Philosophie die historischen Veränderungen des leitenden Seinsverständnisses. Wenn Heidegger im 2. Abschnitt die **Endlichkeit** zum zentralen Thema macht, dann geht es dabei – anders als es gängige Interpretationen behaupten – nicht um existenzielle Fragen unseres individuellen Verhältnisses zur eigenen Sterblichkeit, sondern um die Selektivität und Wandelbarkeit von Seinsverständnissen. Der Clou besteht darin, dass jedes Seinsverständnis in einem doppelten Sinn endlich ist: einerseits im Sinn von *begrenzt*, weil es eine Festlegung auf eine spezifische Umgrenzung des ontologisch Möglichen ist; es legt also fest, dass die Welt in einer spezifischen Weise beschaffen ist und schließt damit andere mögliche Beschaffenheiten aus. Andererseits ist ein Seinsverständnis endlich im Sinn von *vergänglich:* Es hat eine Entstehungsgeschichte und es ist mit seiner zukünftigen Veränderung zu rechnen. In seinem späteren Denken wird Heidegger diesen Gedanken zur These radikalisieren, dass die wesentlichen Entwicklungen der Geschichte gerade im Entstehen und Vergehen von Seinsverständnissen bestehen.

1.3   Heideggers methodisches Vorgehen

Wie bereits beschrieben, vollzieht sich die existenziale Analytik auf der Grundlage von zwei gegenläufigen Tendenzen des Daseins: dem vorontologischen Seinsverständnis und dem Verfallen. Es geht darum, einerseits auf dem vorontologischen Seinsverständnis aufbauend zu einer eigentlichen Beschreibung der Existenz zu gelangen und andererseits durch Destruktion falscher Vorverständisse den vom Verfallen bedingten Missverständnissen entgegenzuwirken. Diese doppelte Zielsetzung spiegelt sich auch in der Gedankenbewegung zahlreicher Kapitel von *Sein und Zeit* wider. Diese haben häufig den Aufbau, dass sie beim Vorverständnis eines Phänomens anfangen, dieses auf Missverständnisse hin prüfen und so zu einem angemesseneren Verständnis vordringen. Häufig fügt Heidegger noch eine Erklärung hinzu, wie es zu den beschriebenen Missverständnissen hatte kommen können und inwiefern diese innerhalb gewisser Grenzen auch ihre Berechtigung haben.

   Hinsichtlich des methodischen Vorgehens in *Sein und Zeit* kann auch von einem hermeneutischen Zirkel oder besser einer *hermeneutischen Spirale* gesprochen werden. Diese findet sich vor allem in der Makrostruktur des Buches. Heidegger kommt in *Sein und Zeit* wiederholt auf dieselben Phänomene zurück und nimmt sie in zunehmender Vertiefung in den Blick. Aufgrund der Notwendigkeit, an unser Vorverständnis anzuknüpfen und uns durch die kritische Destruktion von Missverständnissen zu einem eigentlichen Verständnis zu führen, muss Heidegger die existenziale Analytik des Daseins schrittweise entwickeln, um seine Leser:innen auf diesem Weg zu führen. Dieses Vorgehen bringt es auch mit sich, dass im Verlauf des Buchs verschiedene Begriffe für dasselbe Phänomen verwendet werden, um es in unterschiedlichen Hinsichten und Komplexitätsgraden anzusprechen – später im Kommentar werden mehrere Beispiele für dieses Vorgehen angeführt.

Konkret durchläuft die existenziale Analytik eine dreifache Spirale:

- Als erste Umdrehung wird die Grundverfassung des Daseins in den ersten beiden Kapiteln des 1. Abschnitts vorläufig als In-der-Welt-sein gefasst.
- Als zweite Umdrehung der Spirale liefert der restliche 1. Abschnitt eine genauere Beschreibung des In-der-Welt-seins im Ausgang von der Alltäglichkeit des Daseins, ehe diese Grundverfassung am Ende des 1. Abschnitts im Begriff ‚Sorge' zusammengefasst wird.
- Der 2. Abschnitt hat die Aufgabe, die im 1. Abschnitt ausgearbeiteten Strukturen in ihrer Eigentlichkeit zu betrachten. Dies erfolgt, indem sämtliche Existenzialien auf die Zeitlichkeit des Daseins zurückgeführt werden. Mit dieser dritten Umdrehung der Spirale endet die existenziale Analytik des Daseins.

Die besondere Seinsweise des Daseins bedingt, dass die existenziale Analytik dabei nicht in Form von Ableitungen oder formalen Argumenten vorgehen kann, sondern in erster Linie durch Hinweise auf die relevanten Phänomene, begleitet von Warnungen vor typischen Missverständnissen. Es kommt darauf an, die Leser:innen dabei anzuleiten, die relevanten Phänomene eigenständig in den Blick zu nehmen. Sämtliche Begriffe in *Sein und Zeit* haben den Status einer **formalen Anzeige**. Eine Analyse der Existenz kann ihre eigene Richtigkeit nicht beweisen, sie kann nur in Abstraktion vom je eigenen Erfahrungsvollzug (daher *formal*) auf die relevanten Phänomene hinweisen *(Anzeige)* und die Leser:innen dazu auffordern, die Beschreibung in der eigenen Erfahrung nachzuvollziehen.

Schließlich noch ein paar Hinweis zu Heideggers ungewöhnlicher Sprache. Diese erfüllt ebenso eine methodische Funktion. Wie beschrieben, kommt es auch bei eigentlichen Beschreibungen von Phänomenen darauf an, dass diese von den Leser:innen in der eigenen Erfahrung nachvollzogen werden. Daher werden die Beschreibungen begleitet von der kritischen Destruktion gängiger Missverständnisse, um zuallererst den Blick für die relevanten Phänomene freizumachen. Zu diesem Zweck ist es für Heidegger wichtig, gängige Begrifflichkeiten und die darin implizierten Vorverständnisse zu vermeiden. So verzichtet Heidegger auf die Begriffe ‚Bewusstsein', ‚Subjekt', ‚Person', ‚Mensch' oder ‚Leben', sondern prägt stattdessen den Begriff ‚Dasein'. Wenn die genannten Begriffe in *Sein und Zeit* vorkommen, dann immer in kritisch-destruktiver Absicht. Die Irritation der Leser:innen ist beabsichtigt und dient dazu, die üblichen Erfahrungsvollzüge zu stören und dadurch den Blick für die relevanten Phänomene freizumachen. Es ist daher beim Lesen von *Sein und Zeit* zentral, die Bereitschaft für einen solchen Blickwechsel mitzubringen und sich auf die daraus ergebenden Erfahrungen einzulassen.

Auch Heideggers etymologische Herleitungen erfüllen diese Funktion. Einige davon mögen sich bei genaueren Nachforschungen als wenig nachvollziehbar oder vielleicht sogar falsch erweisen. Die Frage nach der Korrektheit von Heideggers **Etymologien** scheint jedoch nur von begrenzter Relevanz zu sein. Problematisch wäre Heideggers freier Umgang mit der Etymologie nur, wenn wir seine Herleitungen als Argumente verstehen würden. Doch es scheint angemessener, sie nicht als Argumente, sondern als Hinweise auf mögliche Erfahrungen zu verstehen. Heidegger benutzt etymologische Exkurse, um durch die Erkundung semantischer Felder etablierte Vorverständnisse ins Wanken zu bringen und alternative Bedeutungsdimensionen zu evozieren. Auch hier geht es darum, Heideggers Hinweisen zu folgen und in eigener Auseinandersetzung mit den Phänomenen die sich daraus ergebenden Erfahrungen zu prüfen.

Ein weiterer zentraler Hinweis für die Lektüre besteht darin, dass es beim Lesen von *Sein und Zeit* entscheidend ist, **Anführungszeichen und Kursivsetzungen** immer aktiv mitzulesen. Heidegger setzt diese gezielt ein, um Bedeutungen zu transportieren. Sie dienen bei ihm nicht nur zur Hervorhebung, sondern sind bedeutungskonstitutiv: Dasselbe Wort – einmal in Anführungszeichen, einmal in Kursivschrift und einmal ohne Hervorhebung – hat bei Heidegger häufig drei Bedeutungen, die klar unterschieden sind. Der Text lässt sich daher nur angemessen verstehen, wenn diese Bedeutungsunterschiede aktiv mitgelesen werden. Kursivschrift verweist zumeist auf Sein im Modus der Existenz; Anführungszeichen hingegen werden von Heidegger zumeist verwendet, um sich von einem Begriff zu distanzieren bzw. zu markieren, dass der Begriff einem ontologischen Vokabular angehört, das er eigentlich vermeiden möchte.

Heideggers Schriften sind voller schillernder Begriffe und mitreißender Spiele mit semantischen Feldern. Darin liegt ein zentraler Aspekt der Performanz seiner Texte. Diese möchten in spezifische Stimmungen versetzen, um bestimmte Erfahrungen zu ermöglichen. Einerseits ist es für das Textverständnis zentral, sich auf diese sprachliche Performanz des Textes einzulassen und sich von dieser ein Stück weit mitreißen zu lassen. Andererseits sollte man dies jedoch nicht einfach mit sich geschehen lassen, sondern ein kritisches Sensorium dafür entwickeln, wie Heideggers Texte funktionieren. Vor allem wäre es völlig falsch, zu eng an Heideggers Begrifflichkeiten zu hängen. Deren formal anzeigender Charakter bedeutet nämlich auch, dass es nicht auf die Begriffe ankommt. Sie sind nur Vehikel zur Ermöglichung eines Erfahrungsvollzuges und auf diesen kommt es an. Das hat auch zur Konsequenz, dass die in *Sein und Zeit* präsentierten Existenzialien kein System ergeben und auch nicht als fixe Strukturen zu verstehen sind – auch wenn es manchmal diesen Anschein machen könnte. Die Begriffe, die Heidegger verwendet, sind Hinweise auf Erfahrungsmöglichkeiten, die sich im intersubjektiven Austausch bewähren müssen und entsprechend revidierbar sind. Die letzte Autorität liegt also nicht beim Text, sondern bei den Phänomenen, zu deren Erfahrung uns der Text hinführen möchte.

1.4   Entstehungskontext und Textgestaltung

Wie bereits weiter oben kurz erwähnt wurde, ist es sinnvoll, zwischen dem **Projekt von *Sein und Zeit*** und dem Buch *Sein und Zeit* zu unterscheiden. Denn das Projekt ist weit umfangreicher als das vorliegende Fragment, aber zugleich ist es für das Verständnis des letztlich veröffentlichten Buchs zentral, es vor dem Hintergrund des Gesamtprojekts zu lesen. Das Projekt von *Sein und Zeit* hat sich über einen längeren Zeitraum entwickelt, während das letztlich unter diesem Namen veröffentlichte Manuskript in sehr kurzer Zeit entstanden ist.

An dieser Stelle zunächst ein paar Hinweise zur Editionsgeschichte. Erstveröffentlicht wurde *Sein und Zeit* 1927 in der von Husserl herausgegebenen Zeitschrift *Jahrbuch für Philosophie und phänomenologische Forschung* und zugleich als Sonderdruck im Max Niemeyer Verlag. Im Jahr 1977 erschien *Sein und Zeit* zudem als Band 2 der *Heidegger Gesamtausgabe* im Verlag Vittorio Klostermann. Dieser Band kann nicht einzeln beim Verlag bestellt werden, sondern nur im Rahmen eines Bezugs aller sechzehn Bände der 1. Abteilung der Gesamtausgabe. Bei den verschiedenen Auflagen der Einzelausgabe bei Niemeyer kam es immer wieder zu kleineren Veränderungen, die jedoch keine wesentlichen Veränderungen am Text selbst mit sich brachten. Die 15. Auflage von 1979 wurde anhand der Gesamtausgabe durchgesehen. Alle neueren Auflagen sind unveränderte Nachdrucke der 15. Auflage und daher gleichermaßen geeignet. Die Seitenzahlen der Einzelausgabe und von Band 2 der Gesamtausgabe unterscheiden sich. Es ist üblich, *Sein und Zeit* nach den Seitenzahlen der Einzelausgabe zu zitieren. Entsprechend wird auch in diesem Kommentar vorgegangen und die Einzelausgabe mit der Sigle SZ zitiert. Bände der Heidegger Gesamtausgabe werden nach dem Schema *GA [Bandangabe], [Seitenangabe]* zitiert. Die Paginierung der Niemeyer-Ausgaben findet sich auch in der Gesamtausgabe und in vielen Übersetzungen von *Sein und Zeit*.

Ab der 15. Auflage werden, der Gesamtausgabe folgend, die Randbemerkungen aus Heideggers Handexemplar auch in der Niemeyer-Ausgabe abgedruckt. Diese Randbemerkungen sind an den Kleinbuchstaben, die sich in unregelmäßigen Abständen neben den Zeilen befinden, zu erkennen. Abgedruckt sind die Randbemerkungen im Anhang. Es handelt sich dabei um Notizen, die Heidegger in seinem eigenen Exemplar von *Sein und Zeit* hinzugefügt hatte. Diese stammen aus späteren Phasen seines Denkens. Entsprechend ist meine Empfehlung, diese Bemerkungen beim ersten Lesen des Textes weitgehend zu ignorieren. Diese Bemerkungen sind vor allem für Expert:innen von Interesse, die sich für die Entwicklung von Heideggers Denken interessieren und in diesem Kontext untersuchen wollen, wie der spätere Heidegger sein eigenes früheres Werk einschätzt.

Die Entstehungsgeschichte von *Sein und Zeit* lässt sich bis Anfang der 1920er-Jahre zurückverfolgen. Sie ist vor allem durch Heideggers Lehrtätigkeit und wenige unveröffentlichte Manuskript aus dieser Zeit dokumentiert. Heideggers sogenannte *Frühe Freiburger Vorlesungen* (1919–1923, abgedruckt in GA 56/57–63) verfolgten vor allem die beiden für ihn Hand in Hand gehenden Anliegen einer Klärung der phänomenologischen Methode und einer Analytik des faktischen Lebens. Heidegger verwendete in diesen Vorlesungen noch nicht den Begriff ,Dasein', sondern sprach vom ,faktischen Leben'. Schon in diesen Vorlesungen war allerdings der Zusammenhang von Ontologie und hermeneutischer Situation von zentraler Bedeutung. Dies dokumentiert zum Beispiel der Titel der Vorlesung des Sommersemesters 1923 (GA 63). Diese war unter „Ontologie" angekündigt, erhielt von Heidegger aber die Überschrift „Hermeneutik der Faktizität". Dabei handelt es sich um keinen Themenwechsel, sondern um den Ausdruck Heideggers Überzeugung, dass Ontologie eine Klärung der hermeneutischen Situation voraussetzt.

Anfang der 1920er-Jahre war Aristoteles für Heidegger der zentrale Bezugsautor, was unter anderem in den Vorlesungen der Semester 1921/22 (GA 61), 1922 (GA 62), 1923/24 (GA 17) und 1924 (GA 18) umfangreich dokumentiert ist. Ein Studium dieser Vorlesungen zeigt, dass zahlreiche zentrale Begrifflichkeiten von *Sein und Zeit* ursprünglich aus Heideggers Auseinandersetzung mit Aristoteles stammen. Heidegger verfolgte zu dieser Zeit den Plan, eine Aristoteles-Interpretation zu schreiben. Dieser Plan wird im Manuskript *Phänomenologische Interpretationen zu Aristoteles (Anzeige der hermeneutischen Situation)* (GA 62, 341–419) aus dem Herbst 1922 festgehalten. Heidegger, damals Assistent Husserls in Freiburg, verfasste dieses Manuskript, weil er in Marburg und Göttingen für außerordentliche Professuren im Gespräch war und in diesem Zusammenhang aufgefordert wurde, seine aktuellen Forschungen darzustellen.

Der nächste Meilenstein auf dem Weg zu *Sein und Zeit* ist die Abhandlung *Der Begriff der Zeit* (GA 64) aus dem Jahr 1924. Heidegger verfasste diese anlässlich des Erscheinens des Briefwechsels Wilhelm Diltheys und des Grafen Paul Yorck von Wartenburg Ende 1923. Dieser Briefwechsel diente Heidegger als Inspiration für seine Überlegungen zu Zeitlichkeit und Geschichtlichkeit. Als letzte Vorstufen zum Manuskript von *Sein und Zeit* können die Vorlesungen des Sommersemesters 1925 (GA 20) und des Wintersemesters 1925/26 (GA 21) angesehen werden, die zahlreiche Parallelstellen zum veröffentlichten Text von *Sein und Zeit* beinhalten.

Die schlussendlich veröffentlichte Fassung von *Sein und Zeit* wurde 1926 zusammengestellt. Ähnlich wie beim Manuskript *Phänomenologische Interpretationen zu Aristoteles (Anzeige der hermeneutischen Situation)* waren auch hier berufliche Umstände ausschlaggebend. Heidegger, der seit dem Wintersemester 1923/24 als außerordentlicher Professor in Marburg tätig war, sollte dort eine ordentliche Professur erhalten. Allerdings bemängelte das Ministerium an diesem Vorschlag, dass Heidegger seit seiner Habilitationsschrift 1915 nichts veröffentlicht hatte. Daher musste Heidegger relativ zügig ein Buch vorlegen, um den nächsten Karriereschritt nehmen zu können. Die Eile, mit der das Manuskript zusammengestellt wurde, hat Spuren hinterlassen. Der Vergleich mit den genannten Vorarbeiten zeigt, dass Heidegger Passagen aus diesen zum Teil ohne größere Überarbeitung ins endgültige Manuskript übernahm. Das eklatanteste Beispiel ist § 77 zum Briefwechsel Diltheys und Yorcks, der wie ein Fremdkörper im Text wirkt. Terminologische Unstimmigkeiten im Text, die vor allem im 2. Abschnitt vermehrt auftreten, lassen sich ebenso auf die Eile der Zusammenführung verschiedener Vorarbeiten zurückführen.

Das veröffentlichte Fragment von *Sein und Zeit* beinhaltet nur die ersten beiden von insgesamt sechs geplanten Abschnitten. In der Schlussbetrachtung wird darauf eingegangen werden, wieso *Sein und Zeit* von Heidegger nicht zu Ende geschrieben wurde. Hier soll nur auf eine Reihe von Vorlesungen hingewiesen werden, die uns erahnen lassen, wie eine weitere Ausarbeitung des

Manuskripts hätte beschaffen sein können. Am wichtigsten ist die Vorlesung des Sommersemesters 1927 (GA 24), die eine alternative Behandlung der Thematik des 3. Abschnitts des 1. Teils von *Sein und Zeit* bietet. Der 2. Teil von *Sein und Zeit* sollte „Grundzüge einer phänomenologischen Destruktion der Geschichte der Ontologie" (SZ 39) beinhalten. Die drei Abschnitte sollten sich dabei Kant, Descartes und Aristoteles widmen. Die wichtigsten Quellen zu Heideggers Beschäftigung mit Aristoteles wurden bereits genannt. Für Heideggers Auseinandersetzung mit Descartes kann insbesondere auf die Vorlesung vom Wintersemester 1923/24 (GA 17) verwiesen werden. Es ist eine der Besonderheiten der veröffentlichten Fassung von *Sein und Zeit,* dass diese in die kurze Phase von Heideggers Denken fiel, in der dieser stark von Kant beeinflusst war. Heideggers intensive Auseinandersetzung mit Kant kann insbesondere anhand der Vorlesung vom Wintersemester 1927/28 (GA 25) sowie dem Buch *Kant und das Problem der Metaphysik* (GA 3), das kurz nach *Sein und Zeit* veröffentlicht wurde, studiert werden.

1.5   Zu diesem Kommentar

Manche mögen sich fragen: Wieso ein weiterer Kommentar zu Heidegger? Ist dies nicht ein Denker, der durch seine Verstrickungen mit dem Nationalsozialismus in Verruf geraten ist, wie auch einer breiteren Öffentlichkeit hinlänglich bekannt ist? Dass es sich aufdrängt, die Frage so zu stellen, hängt damit zusammen, wie in Deutschland über Heidegger debattiert wird. Die Stellungnahmen gleiten dabei leicht in die Extreme von Heldenverehrung und Verteufelung ab. Doch Heidegger war weder ein Heiliger noch ein Dämon, sondern ein Mensch mit vielen Schwächen und ein Philosoph, dessen vielschichtiges Werk nach einer komplexen Interpretation verlangt, gerade auch hinsichtlich der vielfältigen Verwickelungen seines Denkens mit seinen politischen Überzeugungen. Es sollte auch bedacht werden, dass in den regelmäßig wiederkehrenden Heidegger-Kontroversen mehr auf dem Spiel steht als nur die Person Heidegger. Diese Kontroversen sind auch ein Symptom für die Herausforderungen, mit denen man in Deutschland bei der Auseinandersetzung mit der eigenen Geistesgeschichte konfrontiert ist. Heidegger steht paradigmatisch für eine Generation von Intellektuellen, die nicht nur keinen Widerstand gegen die nationalsozialistische Machübernahme leisteten, sondern diese (zum Teil euphorisch) begrüßten. Wenn über Heideggers Verhältnis zum Nationalsozialismus diskutiert wird, schwingt daher immer auch die größere und gewichtigere Frage mit: Wie konnte es im Land der Dichter und Denker geschehen, dass sich große Teile der Professorenschaft so bereitwillig mit der nationalsozialistischen Ideologie und dem darauf beruhenden Unrechtsstaat arrangierten? Als Erben dieser Geschichte stehen wir in der Situation, dass jedes Urteil über Heidegger immer auch ein Urteil über unsere eigene geschichtliche Situierung ist, und folglich die Art und Weise, wie wir uns zu Heidegger verhalten, auch Auskunft darüber gibt, wie wir dieses Erbe übernehmen.

Frankreich kennt ähnliche Heidegger-Kontroversen. Doch im Gegensatz zu Deutschland gibt es in Frankreich eine lange Tradition einer progressiven Heidegger-Rezeption, die versucht, Heideggers Werk gegen diesen selbst zu wenden und daraus ein offenes Verständnis von Gemeinschaft zu entwickeln (es sei hier unter anderem an die Arbeiten von Philippe Lacoue-Labarthe und Jean-Luc Nancy (1997) gedacht). In anderen Sprachräumen scheint ein entspannteres Verhältnis zu Heidegger zu bestehen. Es lässt sich darüber spekulieren, ob dies damit zusammenhängt, dass man im Rest der Welt von der Beurteilung von Heideggers Werk nicht selbst betroffen ist, während man in Deutschland, Österreich und – in geringerem Maß – Frankreich in der Situation steht, mit einem Urteil über Heidegger zugleich auch ein Urteil über die eigene Geschichte zu fällen.

An dieser Stelle noch ein paar Hinweise zur Gestaltung dieses Kommentars. Er ist entsprechend der Kapiteleinteilung von *Sein und Zeit* gegliedert (plus dieser Einführung und einer Schlussbetrachtung). Dabei liegt der Fokus auf den Grundgedanken jedes Kapitels und deren Einordnung in den Gesamtzusammenhang des Werkes. Das unterscheidet diesen Kommentar zum Beispiel von Andreas Luckners (2007), der nach Paragrafen gegliedert vorgeht. Luckners Kommentar kann daher feingliedriger am Text operieren. Das bringt aber auch die Gefahr mit sich, dass sich die Aufmerksamkeit der Leser:innen in den Details der Analyse verliert, was die Unterscheidung von wesentlichen und unwesentlichen Aspekten sowie den Blick für den größeren Kontext erschwert. Dagegen stellt dieser Kommentar den Gesamtzusammenhang des Projekts von *Sein und Zeit* in den Mittelpunkt und versucht, die Interpretation kontinuierlich daran zurückzubinden. Das Alleinstellungsmerkmal dieses Kommentars besteht also darin, vom Gesamtprojekt ausgehend das Buch zu betrachten und, davon geleitet, den Beitrag jedes Kapitels für das Gesamtvorhaben nachvollziehbar zu machen.

Es wird dabei versucht, am Kenntnisstand des jeweiligen Kapitels immer die systematisch stärkste Rekonstruktion des dortigen Gedankengangs zu präsentieren. Dabei ist der Leitgedanke, dass kein Autor Herr seines eigenen Werkes ist. Ebenso wie die Phänomene höhere Autorität haben als der Text, hat auch der Text höhere Autorität als der Autor. Dieser doppelte Vorrang – des Phänomens vor dem Text und des Texts vor dem Autor – ist für die in diesem Kommentar entwickelte, systematische Rekonstruktion leitend. Es geht in diesem Kommentar zum Beispiel nicht darum, die Entstehungsgeschichte von Heideggers Gedanken nachzuvollziehen und diverse Einflüsse auf sein Denken zu identifizieren. Stattdessen besteht das zentrale Anliegen darin, eine möglichst plausible Rekonstruktion der Grundgedanken von *Sein und Zeit* vorzulegen. Entsprechend werden Heideggers Abgrenzungen von anderen Autoren (etwa Kant, Hegel, Husserl, Scheler) nur so weit behandelt, wie es der Erläuterung von Heideggers Position dienlich ist. Gleichwohl ist es wichtig, Heideggers Gedanken geistesgeschichtlich einzuordnen und, wo es sachlich erforderlich ist, zu kritisieren. Zu diesem Zweck endet die Kommentierung jedes Kapitels (mit Ausnahme der beiden Kapitel von Heideggers Einleitung) mit weiterführenden Gedanken, die über die systematische Rekonstruktion hinausgehen.

Heidegger ging beim Schreiben von *Sein und Zeit* von Leser:innen aus, die zumindest Basiskenntnisse der altgriechischen Sprache besitzen. In den 1920er-Jahren war dies unter philosophisch Interessierten, die zumeist einen humanistischen Bildungsweg durchlaufen hatten, auch die Regel. Für heutige Leser:innen ist dies nicht mehr der Fall, sodass die recht häufigen altgriechischen Passagen ein beträchtliches Hindernis für das Verständnis darstellen. Diese Passagen sind zudem nicht gleichmäßig über den Text verteilt, sondern treten in einzelnen Paragrafen so gehäuft auf, dass der Gedankengang ohne deren Entzifferung kaum nachvollziehbar ist. Häufig bringt Heidegger in diesen Passagen recht einfache Gedanken zum Ausdruck, was sich schnell erschließt, wenn erst einmal die Sprachbarriere überwunden ist. Daher findet sich am Ende dieses Kommentars ein **Glossar sämtlicher altgriechischer Stellen,** geordnet nach deren Vorkommen in *Sein und Zeit.* So sollte es auch Leser:innen, die des Altgriechischen nicht kundig sind, möglich sein, die relevanten Transliterationen und Übersetzungen im Glossar nachzuschlagen und sich mit deren Hilfe die Textstellen zu erschließen.

Die Seinsfrage (§§ 1–4)

Die Einleitung von *Sein und Zeit* ist als Einleitung in das gesamte Projekt konzipiert, auch wenn von den ursprünglich geplanten sechs Abschnitten schlussendlich nur die ersten beiden veröffentlicht wurden. Eine Erfahrung, die wahrscheinlich alle Leser:innen machen, besteht darin, dass die Einleitung beim ersten Lesen kaum verständlich ist. Wie wohl bei allen Standardwerken der Philosophie ist es auch bei *Sein und Zeit* so, dass sich erst beim wiederholten Lesen ein angemessenes Textverständnis einstellt. Wie uns *Sein und Zeit* zeigen wird, liegt dies daran, dass jedes Verstehen auf ein Vorverständnis angewiesen ist und sich mit wandelndem Vorverständnis auch die Verstehensmöglichkeiten verändern. Konkret bedeutet dies für das Lesen anspruchsvoller philosophischer Texte, dass sich erst durch wiederholte Auseinandersetzung ein Vorverständnis ausbildet, das es erlaubt, sowohl die Details des Textes nachzuvollziehen als auch den argumentativen Gesamtzusammenhang zu erfassen. Über diese normalen Herausforderungen des Verstehensprozesses hinaus ist die Einleitung von *Sein und Zeit* jedoch besonders undurchdringlich, während der Text ab dem 1. Abschnitt (§ 9) deutlich zugänglicher wird.

Die Einleitung verfolgt das im Motto genannte Ziel, uns hinsichtlich der Frage nach dem Sinn von Sein wieder in Verlegenheit zu bringen. Sie ist überschrieben: „Die Exposition der Frage nach dem Sinn von Sein". Das 1. Kapitel behandelt „Notwendigkeit, Struktur und Vorrang der Seinsfrage" (SZ 2). Vor allem in diesen ersten vier Paragrafen versucht Heidegger, ein Verständnis für die Seinsfrage zu wecken, und dabei einerseits auf die Verlegenheit hinzuweisen, die diese Frage bei uns auslösen sollte, und andererseits zu erklären, wieso diese Frage bei uns normalerweise keine Verlegenheit hervorruft. Heidegger geht dabei folgendermaßen vor: Die ersten beiden Paragrafen klären die besondere Struktur der Seinsfrage und erläutern, wieso diese Besonderheit der Seinsfrage bislang nicht hinreichend beachtet wurde. Die §§ 3 und 4 zeigen anschließend, warum die Seinsfrage relevant ist und gestellt werden sollte.

© Der/die Autor(en), exklusiv lizenziert durch Springer-Verlag GmbH, DE, ein Teil von Springer Nature 2022

G. Thonhauser, *Heideggers „Sein und Zeit"*,
https://doi.org/10.1007/978-3-662-64689-2_2

An § 1 ist auffällig, wen Heidegger zitiert. Es sind dies Platon, Aristoteles, Thomas von Aquin und Hegel. Mit diesen Gesprächspartnern gibt Heidegger die Marschroute für sein Projekt vor. Es geht ihm nicht um eine Intervention in die Philosophie seiner Zeit, sondern um eine Revision der gesamten Geschichte des westlichen Denkens. Für Heidegger folgt das gesamte westliche Denken zentralen Weichenstellungen der antiken Philosophie, die verhindern, dass die Frage nach dem Sinn von Sein angemessen gestellt werden kann. Die Wiederholung der Seinsfrage beabsichtigt also nichts weniger als die Destruktion der gesamten Geschichte abendländischen Denkens.

Heidegger nennt im ersten Paragrafen drei Vorurteile, die zusammen ein Dogma bildeten, das dafür sorge, dass die Frage nach dem Sein im westlichen Denken als keine relevante, ja vielleicht nicht einmal als sinnvolle Frage angesehen würde. Das erste Vorurteil besagt, Sein sei der allgemeinste Begriff. Das zweite erklärt, Sein sei undefinierbar. Das dritte hält fest, Sein sei der selbstverständlichste Begriff. Wie wir gleich sehen werden, bauen diese drei Vorurteile aufeinander auf. Heideggers Absicht mit der Herausarbeitung dieser Vorurteile ist nicht nur negativ, sondern er gewinnt aus deren Diskussion wichtige Hinweise darauf, wie die Seinsfrage angemessen zu stellen ist. Die ersten beiden Vorurteile zeigen zunächst, wie die Seinsfrage nicht gestellt werden kann. Das dritte Vorurteil verweist anschließend auf den Leitfaden, der Heidegger für seine Untersuchung dienen wird.

Kommen wir zum ersten Vorurteil: „Das ‚Sein‘ ist der ‚allgemeinste‘ Begriff" (SZ 3). Heidegger bezieht sich dabei auf Aristoteles' *Metaphysik* (1995). Die zentrale Stelle, die Heidegger nur im griechischen Original zitiert, lautet in deutscher Übersetzung: „das Sein ist das am meisten von allem allgemeine" (SZ 3). Laut Heidegger folgt die gesamte spätere Metaphysik diesem Satz. Dabei bemerkte bereits Aristoteles, dass die Allgemeinheit des Seins nicht jene der Gattung ist. Was damit gemeint ist, kann am einfachsten anhand eines Beispiels erläutert werden. Der Begriff ‚Lehrveranstaltung‘ kann als Gattung gesehen werden, die mehrere Arten enthält: zum Beispiel Vorlesungen, Seminare, Übungen. Das Sein hingegen kann nicht als Gattung gesehen werden und enthält auch nicht verschiedene Arten. Aristoteles erkannte, dass dann geklärt werden müsste, in welchem Verhältnis die Einheit des Seins zur Mannigfaltigkeit der Kategorien stünde, wenn dieses Verhältnis nicht nach der Logik von Gattung und Arten gedacht werden könne. Für Heidegger verdeutlichen die Schwierigkeiten, in die sich die Metaphysik bei der Klärung dieses Problems stürzt, dass die Frage nach dem Sein überhaupt nicht sinnvoll gestellt werden kann, indem wir zu immer allgemeineren Kategorien aufsteigen. Während es zum Beispiel sinnvoll ist zu fragen: ‚Was ist ein Seminar?‘, ‚Was ist eine Lehrveranstaltung?‘, ist es aufgrund des besonderen Status des Seins nicht sinnvoll möglich, zu fragen: ‚Was ist das Sein?‘

Das hängt unmittelbar mit dem zweiten Vorurteil zusammen. Dieses besagt, dass der Begriff ‚Sein‘ undefinierbar sei. Heidegger zitiert an dieser Stelle die klassische Definitionsregel der Scholastik, die ebenfalls auf Aristoteles zurückgeht. Demnach verlangt eine Definition die Angabe der nächsthöheren Gattung und der artspezifischen Differenz *(genus proximus et differentia specifica)*. Die Definition des Begriffs ‚Seminar' könnte demnach lauten: Lehrveranstaltung mit prüfungsimmanentem Charakter. Lehrveranstaltung ist die nächsthöhere Gattung und der prüfungsimmanente Charakter die artspezifische Differenz. Eine solche Definition funktioniert allerdings nicht, wenn es um den Begriff ‚Sein' geht, da es zu diesem Begriff weder eine höhere Gattung noch ihm untergeordnete Arten gibt. Für Heidegger macht dies deutlich, dass Sein nicht wie ein Seiendes kategorial definiert werden kann. Das ist der Fall, weil Sein überhaupt kein Seiendes ist. Heidegger erachtet es als den Kardinalfehler der Metaphysik, die *ontologische Differenz,* also die Unterscheidung von Sein und Seiendem, nicht zu bedenken, sondern das Sein als das allgemeinste Seiende zu behandeln, und daraus zu konkludieren, dass dieses undefinierbar sei. Wird hingegen die ontologische Differenz bedacht, dann ist klar: Sein ist kein Seiendes – und daher kann weder sinnvoll ‚Was ist Sein?' gefragt werden noch eine Definition des Seins angestrebt werden. Denn Was-Bestimmungen und Definitionen sind nur für Seiendes möglich, nicht aber für das Sein.

Das dritte Vorurteil besagt schließlich, Sein sei ein selbstverständlicher Begriff. Als Indiz dafür wird genommen, dass dieses Verb von allen ständig verwendet wird. Heidegger nennt „Der Himmel ist blau" oder „Ich bin froh" als Beispiele (SZ 4). Wir verwenden den Begriff ‚Sein' also selbstverständlich und alltäglich. Heidegger gewinnt daraus die Einsicht, „daß wir je schon in einem Seinsverständnis leben" (SZ 4). Dieses scheinbar selbstverständliche Seinsverständnis nimmt Heidegger zum Leitfaden für seine Ausarbeitung der Frage nach dem Sinn von Sein.

Nachdem § 1 in groben Zügen erläuterte, wieso die Frage nach dem Sein bislang nicht sinnvoll gestellt wurde, greift § 2 die Frage auf, wie die Frage nach dem Sein sinnvoll gestellt werden kann. Allerdings nähert sich Heidegger dieser Frage zunächst anhand eines weiteren Abstraktionsschritts an, und zwar einer formalen Analyse, was überhaupt die Struktur einer Frage ausmacht. Hierzu begreift Heidegger Fragen zunächst als Suchen. Ein Suchen setzt voraus, dass eine gewisse Klarheit darüber herrscht, was überhaupt gesucht wird. Andererseits darf man das Gesuchte aber noch nicht gefunden haben, sonst bedarf es keines Suchens mehr. Eine Suche ist also geleitet vom Wissen um das, was gesucht wird, verfügt aber nur über ein vorläufiges Wissen dessen. Bei einer Frage verhält es sich genauso. Wenn jemand zum Beispiel fragt: ‚Wo findet das Seminar zu *Sein und Zeit* statt?', dann weiß er oder sie schon, dass ein Seminarraum gesucht ist. Durch die Frage soll herausgefunden werden, um welchen Seminarraum es sich handelt, wodurch das Wissen erweitert wird. Heidegger nennt diese beiden Elemente einer Frage das Gefragte und das Erfragte. Das *Gefragte* bezeichnet das Vorverständnis, das festlegt, was durch die Frage gesucht wird. Das *Erfragte* ist das, was wir herkömmlich Antwort nennen. Heidegger spricht vermutlich vom Erfragten statt von einer Antwort, um zu betonen, dass uns das Erfragte auch überraschen und aus dem Feld, das durch das Gefragte erwartet wurde, ausbrechen kann. Vielleicht findet das Seminar in gar keinem Seminarraum statt, sondern per Videokonferenz oder über eine Lernplattform. Heidegger nennt noch ein drittes Element einer Frage:

das Befragte. Das *Befragte* bezeichnet, wer oder was gefragt wird, um eine Antwort zu erfragen. Bei unserer Beispielfrage könnte dies zum Beispiel eine Kommilitonin oder das Vorlesungsverzeichnis sein. Heidegger identifiziert also drei Strukturmomente des Fragens:

- das *Gefragte* als dasjenige, worum es mit einer Frage geht;
- das *Befragte* als dasjenige, von dem eine Antwort erhofft wird;
- das *Erfragte* schließlich als die Antwort auf die Frage.

Wie lässt sich diese Struktur auf die Seinsfrage anwenden? Wie ist die Struktur der Seinsfrage beschaffen? Heidegger übernimmt aus der Diskussion des dritten Vorurteils in § 1 den Leitgedanken, dass für die Seinsfrage durch das alltägliche Seinsverständnis ein Vorverständnis zur Verfügung steht, das die Frage leitet. An diesem Vorverständnis kann sich die explizite Ausarbeitung der Seinsfrage in einem ersten Schritt orientieren. Darauf aufbauend lässt sich sagen:

- Das *Gefragte* der Seinsfrage ist das *Sein*. In der Diskussion des zweiten Vorurteils hat sich die ontologische Differenz gezeigt: „Das Sein des Seienden ‚ist‘ nicht selbst ein Seiendes. [...] Sein als das Gefragte fordert daher eine eigene Aufweisungsart, die sich von der Entdeckung des Seienden wesenhaft unterscheidet." (SZ 6)
- Das *Erfragte* kann – wie in der Diskussion des ersten Vorurteils bemerkt wurde – nicht in Form einer Was-Frage erfragt werden. Weil Sein kein Seiendes ist, ist es nicht sinnvoll möglich, zu fragen: ‚Was ist Sein?‘. Stattdessen richtet sich die Frage nach dem Sinn von Sein. Das Erfragte ist also der *Sinn von Sein* – wobei an dieser Stelle noch ungeklärt bleibt, was hier mit Sinn gemeint ist.
- Das *Befragte* ist schließlich jenes Seiende, das „gleichsam auf sein Sein hin abgefragt" (SZ 6) wird. Doch dies wirft die nächste Frage auf: Alles, was ist, ist Seiendes. Welches Seiende soll nun befragt werden, wenn es darum geht, den Sinn von Sein zu erfragen? Heidegger bemerkt dazu, dass das Fragen selbst zur Seinsweise eines spezifischen Seienden gehört – dieses Seiende nennt Heidegger ‚Dasein‘. Daher ist das Befragte bei der Seinsfrage das *Dasein*. Dies erklärt auch, wieso sich Heidegger der positiven Bestimmung der Seinsfrage anhand einer formalen Klärung der Struktur der Frage annäherte. Denn die Beantwortung der Seinsfrage erfordert die Klärung, was es überhaupt heißt, diese Frage zu stellen.

Hieran zeigt sich, dass Heidegger **Dasein** streng von der Seinsfrage her bestimmt. Seine Frage lautet: Wie muss ein Seiendes beschaffen sein, um die Seinsfrage stellen zu können? Es wird sich allerdings zeigen, dass diese zunächst weitgehend leere, formale Bestimmung schnell einer komplexen Strukturganzheit Platz machen wird: Um die Seinsfrage stellen zu können, bedarf es eines Wesens, das durch sämtliche Bestimmungsmomente charakterisiert ist, die Heidegger in *Sein und Zeit* ausarbeiten wird.

Am Ende von § 2 geht Heidegger auf den möglichen Einwand ein, dass es sich bei der skizzierten Ausarbeitung der Seinsfrage um einen problematischen Zirkel handle: Ist in der Ausarbeitung der Frage nicht bereits vorausgesetzt, was erfragt werden soll? Zu diesem Einwand bemerkt Heidegger erstens, dass Zirkeleinwände „immer steril" (SZ 7) seien und die Forschung nicht förderten, sondern hemmten. Zweitens macht er deutlich, dass hier überhaupt kein Zirkel vorliege, weil ein Unterschied bestehe zwischen dem Vorverständnis von Sein im alltäglichen Seinsverständnis und dem ausgearbeiteten Verständnis des Sinns von Sein. Es gehört zur Struktur jeder Frage, dass das Gefragte ein Vorverständnis enthält, das durch das Erfragte bekräftigt oder revidiert wird. Sofern dieses Zusammenspiel von fragendem Vorverständnis und erfragtem Verständnis überhaupt als Zirkel bezeichnet werden soll, ist es kein problematischer Zirkel im Beweis, sondern ein Ausdruck der Spiralförmigkeit des Verstehens, das immer von einem Vorverständnis geleitet ist.

Die §§ 3 und 4 behandeln die Relevanz der Seinsfrage. § 3 gibt darauf eine erste Antwort durch den Hinweis auf den ontologischen Vorrang der Seinsfrage. Zum Verständnis dieser Ausführungen bedarf es eines kurzen Hinweises zur Situation der Wissenschaften in den 1920er-Jahren, als Heidegger *Sein und Zeit* schrieb. An der Wende zum 20. Jahrhundert kam es zu einer enormen Ausdifferenzierung der Wissenschaften, die sich vor allem in der Etablierung zahlreicher neuer Disziplinen manifestierte. Das ist eine Entwicklung, die heute noch viel weiter fortgeschritten ist als zu Heideggers Zeit. Diese Ausdifferenzierung der Wissenschaften wurde einerseits als Fortschritt erlebt, andererseits aber auch als Verlust der integrativen Kraft der Wissenschaft. Wir wissen immer mehr über immer spezifischere Fragen. Doch wie hängt dieses Wissen zusammen? Und was hat es uns für unsere Lebenswelt zu sagen? Diese und weitere Frage führten dazu, dass zur Entstehungszeit von *Sein und Zeit* die Rede von einer Krise der Wissenschaften verbreitet war. Heidegger greift diese Krisendiagnose auf, um zu zeigen, wie die Seinsfrage für die lebensweltliche Einordnung der Wissenschaften und die Förderung weiterer wissenschaftlichen Fortschritts relevant sein kann.

Heidegger erklärt dazu, dass echter wissenschaftlicher Fortschritt in der Revision der Grundbegriffe besteht. Mittlerweile ist das ein vertrauter Gedanke und wurde etwa von Thomas S. Kuhn (2001 [1962]) als Paradigmenwechsel bezeichnet, der dabei unter anderem an Heidegger anknüpfen konnte. Mit Kuhn gesprochen bestehen die entscheidenden Entwicklungen einer Wissenschaft nicht darin, dass unter Bedingungen der Normalwissenschaft neue Forschungsergebnisse zusammengetragen werden, sondern in wissenschaftlichen Revolutionen, die zu einer Revision zentraler Annahmen, Methoden und Begriffe führen. Heidegger meint mit Grundbegriffen vor allem jene zentralen ontologischen Annahmen, die festlegen, was überhaupt als Untersuchungsgegenstand in Betracht kommt und in welchen Hinsichten dieser in Betracht gezogen werden kann. Diese ontologischen Grundannahmen bezeichnet Heidegger auch als das Seinsverständnis, das für eine Wissenschaft leitend ist.

Heideggers zentrale These lautet, dass im neuzeitlichen Seinsverständnis alles als Vorhandenes verstanden wird – also als raum-zeitliches Objekt mit Eigenschaften. Dieses Seinsverständnis ist maßgeblich für die Ausbildung der neuzeitlichen Wissenschaften, insbesondere der klassischen Naturwissenschaften. Gegen diese Vereindeutigung des Seins in einer Ontologie der Vorhandenheit plädiert Heidegger für eine „Genealogie der verschiedenen möglichen Weisen von Sein" (SZ 11). Für Heidegger hängt echter wissenschaftlicher Fortschritt wesentlich davon ab, ob es den verschiedenen Wissenschaften gelingt, ein angemessenes ontologisches Grundverständnis ihres Untersuchungsgegenstandes zu entwickeln. Die Klärung des Sinns von Sein ist unter anderem deswegen relevant, weil sie verspricht, zur notwendigen Reflexion auf die ontologischen Grundannahmen der Wissenschaften beizutragen.

§ 4 liefert ein weiteres Argument für die Relevanz der Seinsfrage, das sich aus der spezifischen Seinsweise des Daseins ergibt. Dasein ist nicht vorhanden neben anderen vorhandenen Seienden. **Dasein** „ist vielmehr dadurch ontisch ausgezeichnet, daß es diesem Seienden in seinem Sein *um* dieses Sein selbst geht" (SZ 12). Dazu gehört auch, dass Dasein ein Verständnis seines eigenen Seins wie auch von Sein überhaupt hat. Mit anderen Worten: Dasein kann Ontologie betreiben. Zunächst und zumeist ergreift Dasein diese Möglichkeit seines Seins aber nicht explizit. Dasein existiert immer im Licht bestimmter ontologischer Annahmen – in einem spezifischen Seinsverständnis, würde Heidegger sagen –, zunächst und zumeist wird ihm dies allerdings nicht transparent. Es existiert dann in einem vorontologischen Seinsverständnis. Aber auch dieses zeugt von der besonderen Seinsweise des Daseins, Seinsverständnis zu haben: „Die ontische Auszeichnung des Daseins liegt darin, daß es ontologisch *ist*." (SZ 12) Mit der Aussage, Dasein sei ontologisch, ist einfach gemeint, dass Dasein immer in einem Verständnis seines Seins und von Sein überhaupt existiert. Heidegger definiert Dasein also als jenes Seiende, das Ontologie betreiben kann. Zumeist wird diese Möglichkeit des Daseins nur implizit vollzogen – Dasein existiert dann in einem vorontologischen Seinsverständnis. Dasein hat aber auch die Möglichkeit, Seinsverständnis methodisch auszubilden, also explizit Ontologie zu betreiben.

Dabei ist zu beachten, dass **Dasein** immer die volle Strukturganzheit des In-der-Welt-seins bezeichnet. Daher ist klar, dass das Seinsverständnis des Daseins nie nur sein eigenes Sein betrifft, sondern immer das Sein überhaupt. Dasein ist immer schon in einer Welt und sein vorontologisches Verständnis ist daher primär auf das Verständnis der in der Welt vorkommenden Seienden ausgerichtet. Als seinsverstehendes Seiendes geht es Dasein primär darum, seine Welt zu verstehen, das heißt ontologische Ordnung in das innerweltliche Seiende zu bringen. „Die Ontologien, die Seiendes von nicht daseinsmäßigem Seinscharakter zum Thema haben, sind demnach in der ontischen Struktur des Daseins selbst fundiert und motiviert, die die Bestimmtheit eines vorontologischen Seinsverständnisses in sich begreift." (SZ 13) In diesem Sinn kann Heidegger zu Beginn des § 4 in Rückbezug auf den vorigen Paragrafen schreiben, dass auch wissenschaftliche Forschung zur Seinsweise des Daseins gehört. Das Verständnis von Welt, das notwendigerweise zum Dasein gehört, kann im Rahmen von Wissenschaften methodisch ausgebildet werden. Wissenschaft zu betreiben, ist also in der Seinsweise des Daseins als des seinsverstehenden Seienden fundiert.

Daraus ergibt sich ein dreifacher Vorrang des Daseins: Erstens hat Dasein immer irgendein Verständnis seines eigenen Seins; zweitens versteht es ebenso immer in einer spezifischen Weise das Sein von allen nicht daseinsmäßigen Seienden; und aus diesen beiden folgt drittens, dass Dasein die ontische Bedingung der Möglichkeit aller Ontologie ist. Nur weil Dasein existiert, gibt es die Möglichkeit von Ontologie; gäbe es kein Dasein, dann gäbe es auch kein Seiendes, das Ontologie betreiben könnte, und entsprechend würde auch keine Ontologie ausgebildet werden. Es gäbe selbstverständlich weiterhin Seiendes, aber es gäbe kein Verständnis von dessen Sein. Seinsverständnis gibt es nur, wenn und solange es Dasein gibt. Daraus erklärt sich, wieso Heidegger die *existenziale Analytik des Daseins* als **Fundamentalontologie** bezeichnet (SZ 13). Das Faktum der Existenz des Daseins ist die ontische Bedingung der Möglichkeit von Ontologie, weswegen die Möglichkeit von Ontologie anhand einer Analyse der Seinsweise des Daseins geklärt werden muss.

An dieser Stelle kann noch einmal kurz auf die Begriffe ‚Dasein‘ und ‚Existenz‘ eingegangen werden. ‚**Dasein**‘ ist die Bezeichnung für ein Seiendes. Das Sein des Daseins bezeichnet Heidegger formal anzeigend als ‚**Existenz**‘. Daher gilt in Heideggers Terminologie: Nur Dasein existiert, alle anderen Seienden existieren nicht, sondern sind im Modus einer anderen Seinsweise. Heidegger markiert diesen Unterschied im Text häufig auch dadurch, dass er das Verb ‚sein‘ kursiv setzt, wenn es um die Existenz des Daseins geht, und normal belässt, wenn von einer anderen Seinsweise die Rede ist. Im Rahmen von Heideggers Terminologie ist der Satz ‚Das Dasein *ist* sein Sein‘ daher eine sinnvolle Aussage. Er bringt die spezifische Seinsweise des Daseins zum Ausdruck, sich verstehend zu seinem Sein zu verhalten. Hingegen lässt sich über einen Stein nur sagen, dass er ist. Hier erfolgt keine Kursivsetzung, da es sich um Sein im Modus der Vorhandenheit handelt.

Dasein existiert dabei immer *jemeinig*. Dasein hat *je selbst* seine Existenz zu vollziehen. Heideggers Clou besteht nun darin, dass das Dasein diesen Strukturmoment seiner Existenz, das als **Jemeinigkeit** formal angezeigt wird, zumeist nicht transparent vollzieht, sondern in Modi des Ausweichens und der Anonymität – es existiert dann sozusagen nicht als es selbst. Jemeinigkeit impliziert also gerade die Möglichkeit, der Aufgabe des je eigenen Existenzvollzugs auszuweichen. Wobei es Heideggers These ist, dass das Ausweichen vor der Jemeinigkeit der verbreitetste Modus des Existenzvollzugs ist.

Den vorherigen Faden der existenzialen Analytik des Daseins als Fundamentalontologie aufgreifend, lässt sich schließlich festhalten: Ebenso wie jede Ontologie ihre ontische Bedingung der Möglichkeit in der Existenz des Daseins hat, ist auch die existenziale Analytik in der Existenz des Daseins fundiert. Zum Dasein gehört ein Verständnis seines eigenen Seins; die existenziale Analytik besteht darin – und ist auch nur dadurch möglich –, dass das Dasein die Möglichkeit dieses Verständnisses explizit ergreift und methodisch ausbildet: „Nur wenn das philosophisch-forschende Fragen selbst als Seinsmöglichkeit des je existierenden Daseins existenziell ergriffen ist, besteht die Möglichkeit einer Erschließung der Existenzialität der Existenz und damit die Möglichkeit der Inangriffnahme einer zureichend fundierten ontologischen Problematik überhaupt." (SZ 13–14) Das Stellen der Seinsfrage gehört zu den Möglichkeiten des Daseins. Das Dasein muss diese ihm eigene Möglichkeit aber erst explizit ergreifen, damit die Seinsfrage tatsächlich gestellt und methodisch ausgebildet werden kann.

Die Methode der Untersuchung (§§ 5–8)

3

Während das 1. Kapitel der Einleitung der Exposition der Frage nach dem Sinn von Sein und der Weckung eines Verständnisses für diese Frage gewidmet ist, bieten die ersten beiden Paragrafen des 2. Kapitels eine Übersicht über die beiden geplanten Teile von *Sein und Zeit*. § 5 ist eine Einleitung in den 1. Teil von *Sein und Zeit*. In diesem war geplant, von den beiden Abschnitten der Daseinsanalytik zur „Herausarbeitung der *Temporalität des Seins*" (SZ 19) im nicht vorliegenden 3. Abschnitt fortzuschreiten. § 6 ist eine Einleitung in den ebenfalls nie verfassten 2. Teil von *Sein und Zeit*, für den „die Aufgabe einer Destruktion der Geschichte der Ontologie" (SZ 19) geplant war. § 7 erklärt die Methode von *Sein und Zeit*, bevor der kurze § 8 einen Überblick der geplanten Gliederung von *Sein und Zeit* bietet.

3.1 Eine Übersicht über das Gesamtprojekt

Die Ausführungen von § 5 sind einleitende Ankündigungen, die an dieser Stelle noch kaum verständlich werden. Die darin angesprochenen Sachverhalte können auch im Kommentar zu diesem Paragrafen nur unzureichend erläutert werden, denn eine umfassende Erläuterung müsste in der Gesamtheit aller nachfolgenden Kommentierungen bestehen. Gerade beim ersten Lesen von *Sein und Zeit* muss man sich damit abfinden, dass dieser Paragraf weitgehend unverständlich bleibt und es spricht sogar einiges dafür, die Paragrafen 5 und 6 bei der ersten Lektüre zu überspringen und erst nach Bearbeitung des restlichen Buchs zu diesen zurückzukommen.

Zu Beginn des § 5 greift Heidegger den Faden wieder auf, wonach die Untersuchung beim vorontologischen Seinsverständnis ihren Ausgang nehmen muss. Dazu bemerkt er erstens, dass uns Dasein ontisch „das nächste" (SZ 15) ist.

© Der/die Autor(en), exklusiv lizenziert durch Springer-Verlag GmbH, DE, ein Teil von Springer Nature 2022
G. Thonhauser, *Heideggers „Sein und Zeit"*,
https://doi.org/10.1007/978-3-662-64689-2_3

Diese Aussage ist genau genommen falsch, sofern uns Dasein nicht nahe ist, sondern wir je selbst Dasein *sind*. Wir beschreiben unser eigenes Sein, wenn wir die Existenz analysieren. Zweitens hält Heidegger fest, dass uns Dasein, obwohl wir es je selbst *sind*, „ontologisch ‚das Fernste'" (SZ 15) ist. Das ist insofern der Fall, als wir normalerweise kein explizites ontologisches Verständnis unseres Seins haben. Laut Heidegger hat das Dasein die Tendenz, sich in erster Linie Gedanken über die ontologische Beschaffenheit anderer Seiender zu machen, mit denen es im alltäglichen Umgang zu tun hat. Das hat zur Folge, dass es dazu neigt, auch sein eigenes Sein anhand von ontologischen Kategorien zu bestimmen, die es im Umgang mit anderen Seienden gewonnen hat. Heidegger zieht daraus die methodische Konsequenz, dass das vorontologische Seinsverständnis für die existenziale Analytik zwar als Ausgangspunkt, aber nicht als Leitfaden genommen werden kann, da es wahrscheinlich ist, dass das vorontologische Seinsverständnis die Beschaffenheit des Daseins missversteht und daher einer kritischen Prüfung unterzogen werden muss. Gleichwohl – und das ist der dritte Aspekt – kann das vorontologische Seinsverständnis zum Ausgangspunkt genommen werden, weil es das Sein des Daseins wohl nicht völlig verfehlt und daher eine erste Orientierung bietet, an der sich die existenziale Analytik abarbeiten kann. Heidegger fasst diese drei Sachverhalte im folgenden Satz zusammen: „Dasein ist ihm selbst ontisch ‚am nächsten', ontologisch am fernsten, aber vorontologisch doch nicht fremd." (SZ 16).

Der Ausgangspunkt der Analyse ist also das **vorontologische Seinsverständnis**. Doch wo ist dieses zu finden? Hierzu formuliert Heidegger folgenden Leitfaden:

> Negativ gesprochen: es darf keine beliebige Idee von Sein und Wirklichkeit, und sei sich noch so ‚selbstverständlich', an dieses Seiende konstruktiv-dogmatisch herangebracht, keine aus einer solchen Idee vorgezeichnete ‚Kategorien' dürfen dem Dasein ontologisch unbesehen aufgezwungen werden. (SZ 16)

Für Heidegger bedeutet dies konkret, dass die existenziale Analytik nicht die „philosophische Psychologie, Anthropologie, Ethik, ‚Politik', Dichtung, Biographie und Geschichtsschreibung" (SZ 16) oder eine sonstige wissenschaftliche oder literarische Untersuchung des Menschen zum Ausgangspunkt nimmt, sondern im Gegenteil bemüht ist, deren Voraussetzungen nicht mitzumachen, um einen mit weniger Vorannahmen belasteten Blick auf das Sein des Daseins zu ermöglichen. Es soll eine Möglichkeit gefunden werden, „daß dieses Seiende sich an ihm selbst von ihm selbst her zeigen kann" (SZ 16). Heidegger schlägt dafür die Strategie vor, dass Dasein so zu untersuchen, wie es „zunächst und zumeist ist", in seiner „durchschnittlichen Alltäglichkeit" (SZ 16). Diese methodische Weichenstellung wird an dieser Stelle nur angekündigt. Verständlich wird sie erst in den folgenden Paragrafen, wenn Heidegger zunächst in § 7 anhand seines Verständnisses von Phänomenologie erläutert, was es heißt, ein Seiendes ‚sich an ihm selbst von ihm selbst her zeigen' zu lassen, und dann in § 9 die Begriffe ‚zunächst und zumeist' und ‚durchschnittliche Alltäglichkeit' einer ersten Bestimmung zuführt.

Anschließend betont Heidegger noch einmal den Status der existenzialen Analytik, wonach diese als Fundamentalontologie ausschließlich der Ausarbeitung der hermeneutischen Situation für das Stellen der Seinsfrage dient. Sie zielt nicht auf eine philosophische Anthropologie, gleichwohl sie für diese Disziplin zentrale Anregungen bereithalten kann. Die Abgrenzung der Existenzialanalytik von den Wissenschaften vom Menschen wird Heidegger in § 10 genauer entfalten. Am Ende des Absatzes zur philosophischen Anthropologie gibt Heidegger eine extrem kondensierte Zusammenfassung der beiden veröffentlichten Abschnitte von *Sein und Zeit,* die an dieser Stelle wohl die wenigsten Leser:innen verstehen werden. Die Analyse des 1. Abschnitts „hebt nur erst das Sein dieses Seienden [des Daseins; Anm. G. T.] heraus ohne Interpretation seines Sinnes. Die Freilegung des Horizontes für die ursprüngliche Seinsauslegung soll sie vielmehr vorbereiten." (SZ 17) Der 2. Abschnitt bietet dann eine „Wiederholung" dieser vorbereitenden Analyse „auf der höheren und eigentlichen ontologischen Basis" (SZ 17). Das Fragment von *Sein und Zeit* endet mit dem Aufweis der Zeitlichkeit als Sinn des Seins des Daseins. Dieser Nachweis erfolgt ab dem 3. Kapitel des 2. Abschnitts, wenn die Analyse des 1. Abschnitts im Licht der Zeitlichkeit wiederholt wird.

Die Freilegung der Zeitlichkeit als Sinn des Seins des Daseins dient aber nur der Vorbereitung auf das Stellen der Frage nach dem Sinn von Sein überhaupt. Diese Frage weiter zu verfolgen, wäre die Aufgabe des 3. Abschnitts gewesen. Die letzten sechs Absätze von § 5 vermitteln eine Ahnung dessen, was Heidegger für diesen Abschnitt geplant hatte. Von den hier erwähnten Aufgaben wird im veröffentlichten Fragment von *Sein und Zeit* nur die Diskussion des vulgären Zeitbegriffes aufgegriffen, und zwar im letzten Kapitel des 2. Abschnitts, der insofern als eine Art Überleitung zum fehlenden 3. Abschnitt interpretiert werden kann. Die ausführlichste Behandlung der **Temporalität** des Seins präsentiert Heidegger in seiner Vorlesung des Sommersemesters 1927 (GA 24), welche daher die zentrale Quelle ist, um sich weiter mit dieser Thematik zu beschäftigen.

Für die angemessene Einordnung des Projekts von *Sein und Zeit* ist es entscheidend zu verstehen, dass eine Antwort auf die Seinsfrage nicht in einer bestimmten Aussage bestehen kann, die sich auswendig lernen lässt (wie die Antwort auf die Frage, welche chemische Struktur Wasser hat). Die Beantwortung der Seinsfrage besteht vielmehr in einem Verständnis des Horizonts, innerhalb dessen so etwas wie eine Antwort auf diese Frage überhaupt Sinn ergeben kann. Das bedeutet nicht, dass die Seinsfrage unbeantwortbar ist. Heidegger möchte mit *Sein und Zeit* gerade zeigen, dass die Seinsfrage sinnvoll gestellt und einer Klärung zugeführt werden kann. Wir sollten aber darauf vorbereitet sein, dass die Antwort – das Erfragte in Heideggers Terminologie – eine besondere Beschaffenheit haben wird. Als erste Ankündigung lässt sich sagen, dass die Beantwortung der **Seinsfrage** letztlich in nichts anderem bestehen kann als einer Klärung der Bedingungen der Möglichkeit von Ontologie. Als solche fundamentalontologische Klärung der Ermöglichungsbedingungen von Ontologie wird sie „zur Leitfadenanweisung" (SZ 19) für jede zukünftige Ontologie.

Ein solcher Leitfaden für ontologisches Fragen erweist allerdings erst dadurch seine Brauchbarkeit, dass er sich in der **Destruktion** bisheriger Ontologien bewährt. Daher war als Aufgabe für den 2. Teil von *Sein und Zeit* eine Destruktion der Geschichte der Philosophie vorgesehen, um in der kritischen Auseinandersetzung mit zentralen Episoden bisherigen ontologischen Nachdenkens die Sinnhaftigkeit des fundamentalontologischen Projekts nachzuweisen. Der in § 6 vorgestellte Plan für diesen 2. Teil ist mindestens ebenso voraussetzungsreich wie ein Großteil der Ausführungen in § 5 und wird erst nach aufmerksamer Lektüre des gesamten Fragments von *Sein und Zeit* verständlich; und selbst dann erschließt sich vieles erst durch Einbezug umliegender Vorlesungen und dem kurz nach *Sein und Zeit* veröffentlichten Buch zu Kant (GA 3).

Heidegger weist gleich zu Beginn des § 6 darauf hin, dass erst durch die Ausführungen zur Geschichtlichkeit im vorletzten Kapitel des 2. Abschnitts verständlich wird, was unter einer „Destruktion der Geschichte der Ontologie" (SZ 19) genauer zu verstehen ist. Die folgende Zusammenfassung des Kerngedankens kann daher nur als erste Orientierung dienen. Für Heidegger ist es zentral, dass eine Beschäftigung mit der **Geschichte** in erster Linie der Zukunft zu dienen habe. Das Studium der Geschichte ist nur insofern relevant, als die Geschichte verschiedene Möglichkeiten des Existierens vorzeigt, die dem Dasein für seine Zukunft als Orientierung dienen können. Darin wird die für *Sein und Zeit* zentrale These angedeutet, dass Dasein nicht immer auf dieselbe Weise existiert, sondern es eine historische und kulturelle Variabilität seiner Existenz gibt. Diese Variabilität besteht wesentlich in den Wandlungen des leitenden Seinsverständnisses. Die Auseinandersetzung mit Geschichte ist notwendig, weil wir immer schon in einer Tradition stehen, die uns ein leitendes Seinsverständnis vorgibt. Wir tun dies auch dann, wenn wir es nicht explizit bedenken; gerade dann ist die Gefahr besonders groß, dass wir uns unkritisch an der Tradition orientieren und uns von dieser unsere Gegenwart vorgeben lassen. Die Tradition liegt also nicht in der Vergangenheit, sondern in der Zukunft, sofern sie unser Denken, Handeln und Fühlen bestimmt. Eine explizite Beschäftigung mit der Tradition verfolgt daher das Ziel, dieser nicht blind zu folgen, sondern einen kritischen Umgang mit ihr zu ermöglichen. Wie dies genauer zu verstehen ist, entfaltet Heidegger vor allem in § 76. Der dort entwickelte Begriff ‚Historie' erläutert zugleich auch den methodischen Leitfaden für Heideggers Destruktion der Geschichte der Ontologie.

Zentral an den Ausführungen in § 6 ist der Gedanke, dass sich die **Seinsfrage,** wenn sie angemessen verstanden wird, selbst historisieren muss:

> [D]as Fragen nach dem Sein, das hinsichtlich seiner ontisch-ontologischen Notwendigkeit angezeigt wurde, ist selbst durch die Geschichtlichkeit charakterisiert. Die Ausarbeitung der Seinsfrage muß so aus dem eigensten Seinssinn des Fragens selbst als eines geschichtlichen die Anweisung vernehmen, seiner eigenen Geschichte nachzufragen, d. h. historisch zu werden, um sich in der positiven Aneignung der Vergangenheit in den vollen Besitz der eigensten Fragemöglichkeiten zu bringen. (SZ 20–21)

Die Wiederholung der Seinsfrage, das heißt die fundamentalontologische Klärung der Bedingungen der Möglichkeit ontologischen Fragens, muss sich selbst einordnen in die Geschichte der Ontologie. Erst dadurch kann eine angemessene Klärung der hermeneutischen Situation erfolgen, die eine solche Wiederholung

ermöglicht. Allerdings muss berücksichtigt werden, dass auch diese Selbstein-
ordnung des fundamentalontologischen Projekts nur als Gegenbewegung zur
Dynamik des Verfallens möglich ist. Die Verfallenstendenz nimmt hier die Form
an, dass sich das Dasein an das Seinsverständnis der Tradition klammert und sich
dadurch dem erneuten Stellen der Seinsfrage verwehrt. Wie Heidegger in § 1
gezeigt hatte, lässt sich das westliche Denken als eine Tradition begreifen, die
gerade verhindert, dass die Seinsfrage überhaupt als sinnvolle Frage erscheint.
Wenn dies zutrifft, ist es naheliegend, dass die Wissenschaften – und ganz
besonders die Philosophie – von dieser Form des Verfallens besonders stark
betroffen sind und entsprechend ein denkbar schlechter Ausgangspunkt für
eine Ausarbeitung der Seinsfrage sind. Anhand dieser Überlegung kann weiter
plausibilisiert werden, wieso Heidegger nicht von jenem Seinsverständnis seinen
Ausgang nimmt, das in der Philosophie oder den Wissenschaften gebündelt ist,
sondern stattdessen das vorontologische Seinsverständnis der durchschnittlichen
Alltäglichkeit in den Vordergrund stellt. Heidegger wird das vorontologische
Seinsverständnis regelmäßig als Kontrastfolie verwenden, um die Unzulänglichkeiten von wissenschaftlich-philosophisch tradierten ontologischen Annahmen
aufzuzeigen.

In § 8 gibt Heidegger einen Überblick der geplanten Gliederung des
2. Abschnittes, der zeigt, wie er anhand von Kant, Descartes und Aristoteles als
den drei seines Erachtens entscheidenden Etappen in der Geschichte der westlichen Ontologie vorgehen wollte (SZ 40). Der Vorblick auf diesen 2. Teil,
den Heidegger in § 6 auf den Seiten 23–26 gibt, wird selbst nach vollständiger
Lektüre des überlieferten Fragments von *Sein und Zeit* kaum verständlich. Dessen
Explikation kann daher auch nicht im Rahmen eines Kommentars zu *Sein und Zeit*
erfolgen, sondern bedürfte einer eigenen Monografie, die nicht *Sein und Zeit* in
den Mittelpunkt stellt, sondern anhand der umliegenden Vorlesungen Heideggers
Destruktion der Geschichte der Ontologie rekonstruiert.

Im Rahmen dieses Kommentars ist es allerdings wichtig, den Begriff
‚Destruktion‘ zu klären. Hierbei ist entscheidend, dass Destruktion gerade nicht
Zerstörung meint, sondern einen kontrollierten Abbau. Um es anhand eines Bildes
zu erläutern: Die mit Heidegger verstandene Destruktion eines Bauwerks meint
nicht dessen schnellstmöglichen Abriss, sondern den vorsichtigen Rückbau, der
das Ziel verfolgt, den Bauplan zu rekonstruieren und die Fundamente freizulegen.
Wobei dieses Bild – wie sich spätestens im 2. Abschnitt von *Sein und Zeit* zeigen
wird – irreführend ist, insofern es so klingt, als könnte irgendwann ein festes
Fundament freigelegt oder gebaut werden. Die Struktur eigentlichen Verstehens,
die Heidegger im 2. Abschnitt herausarbeiten wird, läuft aber darauf hinaus, dass
Verstehen ein Geschehen ist, das nie abgeschlossen werden kann. Verstehen besteht
in einem ständigen Wechselspiel von Streben nach einem eigentlichen Verständ-
nis und dem sich immer wieder einschleichenden Hang zum Missverständnis.
Das Verstehen des Daseins steht immer im Spannungsfeld von eigentlichem Ver-
ständnis und Verfallen – und nur in diesem Spannungsfeld ergibt es Sinn, durch
Destruktion von Vorverständnissen nach einer eigentlichen Beschreibung der
Phänomene zu streben.

Heidegger geht es in der Destruktion der Geschichte der Ontologie um die Freilegung der „ursprünglichen Erfahrungen" (SZ 22), aus denen eine Ontologie geschöpft ist. Die Geschichte der Philosophie wird häufig als eine Sammlung von Lehrsätzen unterrichtet, die scheinbar zusammenhanglos aufeinander folgen. Heidegger möchte hingegen zeigen, dass jeder philosophische Text von einer Erfahrung seinen Ausgang nimmt, auf die er zu antworten versucht. Allerdings ist es bei überlieferten Texten – vor allem solchen aus länger zurückliegenden Zeiten – häufig so, dass uns die zugrunde liegenden Erfahrungen nicht (mehr) ersichtlich sind und uns die Texte daher nicht wirklich ansprechen: Sie werden dann zu Lehrgebäuden, die gelernt werden können, aber für uns keine Relevanz gewinnen. Heidegger verfolgt dagegen das Ziel, die Texte der Philosophie- geschichte wieder zum Sprechen zu bringen, indem er zeigt, welche Erfahrungen es waren, aus denen diese entsprangen, und inwiefern uns diese Erfahrungen weiterhin betreffen und entsprechend auch die tradierten Antworten für uns weiterhin von Relevanz sind. Heideggers Vorlesungen der 1920er-Jahre sind bemerkenswerte Zeugnisse, wie Heidegger dieser Zielsetzung in seiner Lehr- tätigkeit nachgekommen ist, indem er Klassiker der Philosophiegeschichte auf ungewöhnliche Weise zum Sprechen brachte.

Für das Projekt von *Sein und Zeit* bedeutet dies, dass der „Nachweis der Her- kunft der ontologischen Grundbegriffe" (SZ 22) aus einer spezifischen Erfahrung nicht den Zweck verfolgt, diese dadurch zu widerlegen oder zu relativieren – die Untersuchung des Entstehungskontexts verfolgt nicht das Ziel einer Infrage- stellung der Geltung. Die Freilegung der zugrunde liegenden Erfahrungen erfolgt vielmehr in der Absicht, die in den überlieferten Ontologien enthaltenen „positiven Möglichkeiten […] in ihren *Grenzen* abzustecken" (SZ 22). Die Destruktion der Geschichte der Ontologie dient also dem fundamentalontologischen Vorhaben einer Untersuchung der Bedingungen der Möglichkeit ontologischen Fragens, indem die Möglichkeiten und Grenzen bisheriger Ontologien einer meta-onto- logischen Reflexion unterzogen werden. Der geplante 2. Teil von *Sein und Zeit* wäre daher auch weit davon entfernt gewesen, Ideengeschichte zu betreiben, sondern hätte die „*positive* Absicht" (SZ 23) verfolgt, überlieferte Ontologien für uns wieder lebendig zu machen und dadurch die Möglichkeiten und Grenzen onto- logischen Fragens in ihrer historischen Variabilität zu erkunden.

3.2   Heideggers Verständnis von Phänomenologie

§ 7 dient der Klärung von Heideggers Methode in *Sein und Zeit* durch eine vorläufige Bestimmung des Begriffs **‚Phänomenologie'**. Phänomenologie wird üblicherweise mit der Betonung der Erste-Person-Perspektive und der Beschreibung subjektiver Erfahrung in Verbindung gebracht. Heideggers Verständ- nis von Phänomenologie hat mit diesem landläufigen Verständnis von Phänomeno- logie kaum etwas zu tun. In *Sein und Zeit* geht es um universale Ontologie – die Frage nach dem Sinn von Sein überhaupt. Heidegger versteht Phänomenologie als die Methode für die Erarbeitung der gesuchten universalen Ontologie. Heidegger vertritt sogar die noch stärkere These, dass die Frage nach dem Sinn von Sein nur durch die vom ihm verwendete phänomenologische Methode angemessen zu stellen ist. Dabei ist zu beachten, dass Ontologie von Heidegger nicht als Teildisziplin der Philosophie verstanden wird (neben z. B. Erkenntnistheorie oder Ethik). Ebenso versteht er Phänomenologie nicht als Methode für einen spezifischen Themenbereich. In Heideggers phänomenologischer Untersuchung geht es ums Ganze: „Mit der leitenden Frage nach dem Sinn des Seins steht die Untersuchung bei der Fundamentalfrage der Philosophie überhaupt. Die Behandlungsart dieser Frage ist die *phänomenologische.*" (SZ 27).

Ein Kerngedanke der Phänomenologie besteht darin, dass die Methode immer an der Sache orientiert sein muss. Heidegger formuliert diesen Kerngedanken der Phänomenologie folgendermaßen:

> Je echter ein Methodenbegriff sich auswirkt und je umfassender er den grundsätzlichen Duktus einer Wissenschaft bestimmt, um so ursprünglicher ist er in der Auseinandersetzung mit den Sachen selbst verwurzelt, um so weiter entfernt er sich von dem, was wir einen technischen Handgriff nennen, deren es auch in den theoretischen Disziplinen viele gibt. (SZ 27)

Phänomenologie besteht also nicht in einer spezifischen Technik der Untersuchung, sondern im Kern in nichts anderem als der Maxime: „zu den Sachen selbst" (SZ 27). In einem Wort zusammengefasst, lässt sich sagen, dass das einzige phänomenologische Kriterium *Sachangemessenheit* ist. Was das genauer bedeutet, ist freilich eine äußerst schwierige Frage, die uns während der gesamten Lektüre von *Sein und Zeit* und darüber hinaus beschäftigen wird.

Die **Maxime der Phänomenologie** geht auf Husserls *Logische Untersuchungen* zurück; jenen Text, den Heidegger als zentrales Werk Husserls und als Gründungstext der Phänomenologie schätzt. Um exakt zu sein, schreibt Husserl in der Einleitung zum Zweiten Band der *Logische Untersuchungen* in § 2: „Wir wollen auf die ‚Sachen selbst' zurückgehen." (Husserl 1984, S. 6) Es ist wichtig zu beachten, dass Heidegger im einleitenden § 7 nur einen „Vorbegriff der Phänomenologie" (SZ 34) geben kann. Zum Abschluss des 1. Abschnitts wird Heidegger in § 44 abermals darauf eingehen, wie diese Maxime der Phänomenologie genauer zu verstehen ist. Die Ausarbeitung eines voll entwickelten Begriffs der Phänomenologie wäre eine der zentralen Aufgaben des 3. Abschnitts gewesen. Denn es wird sich zeigen, dass die Wiederholung der Frage nach dem Sinn von Sein – verstanden als Reflexion auf die Bedingungen der Möglichkeit von Ontologie – innig verknüpft ist mit der Frage nach der entsprechenden Methode.

Der Phänomenologie wird häufig vorgeworfen, sie sei eine naive Beschreibung erstpersonaler Erfahrung. Um zu verstehen, warum dies gerade nicht der Fall ist, ist es wichtig zu beachten, wie Heidegger den Satz fortsetzt, nachdem er die phänomenologische Maxime nennt. Diese Maxime stehe „entgegen allen freischwebenden Konstruktionen, zufälligen Funden, entgegen der Übernahme von nur scheinbar ausgewiesenen Begriffen, entgegen den Scheinfragen, die sich oft

Generation hindurch als ‚Probleme' breitmachen." (SZ 27–28) Heideggers Verständnis phänomenologischer Beschreibung baut auf seinem Verständnis von Verstehen und Auslegung auf (§§ 31 und 32) – für ihn ist dabei die Einsicht leitend, dass Erfahrung immer auf der Basis eines spezifischen Vorverständnisses stattfindet. Es gibt keine Erfahrung, die nicht durch ein spezifisches Vorverständnis geleitet ist. Mit der Maxime ‚zu den Sachen selbst' geht es folglich in erster Linie um den Abbau falscher Vorverständnisse – die in § 6 besprochene **Destruktion.** Wie dort gezeigt wurde, ist Destruktion keine Zerstörung, sondern eine genaue Analyse von Vorverständnissen. Anhand dieser Ausführungen lässt sich ein zentraler Sachverhalt festhalten: Die zentrale Intervention der Phänomenologie besteht nicht – wie üblicherweise angenommen wird – in der Betonung subjektiver Erfahrung, sondern in dem Hinweis, dass ein Großteil der ontologischen Annahmen, mit denen wir normalerweise operieren, grundlegend befragt werden sollten und mitunter revisionsbedürftig sind.

Heidegger bietet in § 7 eine Hinführung zum eben skizzierten Verständnis von Phänomenologie durch eine Klärung des Vorbegriffs von Phänomenologie. Er teilt den Begriff ‚Phänomenologie' dafür in die beiden Wortbestandteile ‚Phänomen' (Abschnitt A) sowie ‚Lógos' (Abschnitt B) und fügt diese anschließend (Abschnitt C) wieder zusammen. Zu Beginn des § 7A zum Begriff ‚Phänomen' weist Heidegger darauf hin, dass das griechische Wort für Phänomen, *phainómenon*, vom Verb *phaínesthai* hergeleitet wird, das ‚sich zeigen' bedeutet. Demnach besagt Phänomen: „das Sichzeigende, das Offenbare" (SZ 28). Bei *phaínesthai* handelt es sich um ein Verb im Medial, einer grammatischen Form, die es im Deutschen nicht gibt und die oft mit einem reflexiven Verb übersetzt wird, wie Heidegger es hier ebenfalls tut. *Phaínesthai* leitet sich von *phaíno* her, das zum gleichen Stamm wie *phõs* (Licht) gehört. Der Neologismus *Fotografie* zum Beispiel ist eine Zusammensetzung von *phõs* (Licht) und *gráphein* (schreiben, zeichnen). Auf dieser Etymologie aufbauend definiert Heidegger Phänomen als „das *Sich-an-ihm-selbst-zeigende*" (SZ 28).

Heidegger bietet anschließend eine Bestimmung des Begriffs **‚Phänomen':**

- Wie Heidegger schreibt, sind die *Phänomene* „die Gesamtheit dessen, was am Tage liegt oder ans Licht gebracht werden kann" (SZ 28), und er weist darauf hin, dass die griechischen Philosophen den Begriff daher teilweise mit dem Begriff ‚*tà ónta*', das Seiende, identifizierten. Die Phänomene bezeichnen also alles, was ist.
- Heidegger grenzt dies vom *Schein* ab. Als Schein bezeichnet Heidegger, wenn sich etwas nicht als das zeigt, was es ist. Etwas sieht zum Beispiel wie ein Mensch aus, stellt sich aber bei näherer Betrachtung als Schaufensterpuppe heraus.
- Als *Erscheinung* wiederum bezeichnet Heidegger, wenn sich etwas zeigt, dass darin, dass es sich zeigt, etwas anders indiziert. Fieber zum Beispiel indiziert einen Entzündungsprozess im Körper. Die Krankheit meldet sich in ihren

Symptomen, zum Beispiel dem Fieber; und diese Symptome nennt Heidegger Erscheinungen.

Für Heidegger sind an dieser Unterscheidung zwei Sachverhalte relevant: erstens, dass Schein und Erscheinung beide im Phänomen fundiert sind; etwas kann nur als etwas anderes scheinen oder als Indiz für etwas anderes erscheinen, sofern es überhaupt ein Sichzeigen von etwas gibt. Schein und Erscheinung sind also ebenso Phänomene, allerdings darf die Bedeutung von Phänomen nicht mit jener von Schein oder Erscheinung identifiziert werden. Denn Heidegger möchte zweitens durch diese Unterscheidung deutlich machen, dass ein Phänomen nichts ist, was auf etwas anderes hindeutet. Es gibt nichts hinter den Phänomenen, das Gegenstand der Untersuchung werden könnte, sondern es geht allein darum, die Phänomene, wie sie sich zeigen, angemessen zu beschreiben. Damit grenzt sich Heidegger vom Begriff ‚Erscheinung' ab, wie er bei Kant verwendet wird (1974 [1787]); Kants Begriff ‚Erscheinung' bezeichnet Heidegger als *bloße Erscheinung*. Kant unterscheidet die Erscheinung von Dingen – als die Weise, wie Dinge für ein Erkenntnissubjekt gegeben sind – vom Ding an sich, womit das Ding unabhängig von seiner Konstitution durch unser Erkenntnisvermögen gemeint ist. Heidegger spricht sich gegen eine solche Trennung von Erscheinung und Ding an sich aus; für ihn gibt es nur Phänomene als *„Sich-an-ihm-selbst-zeigende"* (SZ 28).

Nach dieser ersten Klärung des Begriffs **,Phänomen'** differenziert Heidegger drei Phänomenbegriffe, die für seine Untersuchung relevant sind.

- Die bisherigen Ausführungen verblieben im Rahmen des *formalen* Phänomenbegriffs. Dieser Begriff ist insofern formal, als bislang nichts darüber ausgesagt wurde, was in diesem Sinne ein Phänomen ist. Der formale Phänomenbegriff umfasst alles, was sich überhaupt zeigt, also auch Schein und Erscheinung.
- Der *vulgäre* Phänomenbegriff besteht in der Anwendung des formalen Phänomenbegriffs auf Seiendes. Der vulgäre Phänomenbegriff umfasst also alles, was sich als Seiendes zeigt; darunter fällt auch Kants Verständnis von Erscheinung. Dabei ist zu beachten, dass ,vulgär' hier einfach so viel wie ,gewöhnlich' bedeutet (lat. *vulgaris,* einer Ableitung zu *vulgus* (Volk); vgl. franz. *vulgaire*). Die Bezeichnung Vulgärsprache für den gewöhnlichen Sprachgebrauch in Abgrenzung zur Bildungssprache kann als Beispiel für diese Verwendung von vulgär herangezogen werden.
- Schließlich zielt der *phänomenologische* Phänomenbegriff auf das Sein des Seienden. Es sind also die phänomenologischen Phänomene, um die es in einer ontologischen Untersuchung wie *Sein und Zeit* gehen wird.

Das führt Heidegger zur zentralen Passage, in der er in weitgehend an Kant orientierter Terminologie erklärt, was die phänomenologischen Phänomene sind, die er in *Sein und Zeit* beschreiben möchte:

Im Horizont der Kantischen Problematik kann das, was phänomenologisch unter Phänomen begriffen wird, vorbehaltlich anderer Unterschiede, so illustriert werden, daß wir sagen: was in den Erscheinungen, dem vulgär verstandenen Phänomen, je vorgängig und mitgängig, obzwar unthematisch, sich schon zeigt, kann thematisch zum Sichzeigen gebracht werden, und dieses Sich-am-ihm-selbst-zeigende [...] sind Phänomene der Phänomenologie. (SZ 31)

Das ist eine der Schlüsselpassagen von *Sein und Zeit,* deren Verständnis für das Gesamtverständnis von Heideggers Projekt zentral ist: Die **phänomenologischen Phänomene** bezeichnen das Sein; sie sind das, was sich an den vulgären Phänomenen, den Seienden, immer schon mit zeigt, aber zumeist nicht beachtet wird. Das Sein bleibt zunächst und zumeist unthematisch. Das bedeutet allerdings nicht, dass es prinzipiell verborgen ist: Es kann thematisiert und in dieser Thematisierung zum Sichzeigen gebracht werden. Das zu leisten, ist die Aufgabe der Phänomenologie. Das Sein ist dem Seienden dabei ‚vorgängig‘ und ‚mitgängig‘: Es ist *vorgängig,* sofern es ermöglichend ist; jede Begegnung mit Seienden kann nur im Rahmen eines vorgängigen Verständnisses von Sein stattfinden. Insofern lässt sich in Anlehnung an Kant vom Sein als Bedingung der Möglichkeit des Seienden sprechen. Der entscheidende Zusatz, dass das Sein dem Seienden *mitgängig* ist, gibt genauer zu verstehen, wie diese Ermöglichung laut Heidegger gedacht werden muss: Das Sein zeigt sich nur am Seienden, es ist nur im konkreten Umgang mit Seienden zugänglich. Die phänomenologischen Phänomene lassen sich nicht unabhängig von den vulgären Phänomenen zur Anschauung bringen. Dieser Gedanke ist anhand einiger Beispiele aus *Sein und Zeit* relativ einfach zu veranschaulichen. Daher werden diese Beispiele bereits hier genannt, auch wenn die entsprechenden Phänomene erst später eingeführt werden: Befindlichkeit zeigt sich nur in Stimmungen, genauer darin, dass wir immer irgendwie gestimmt sind – sie ist aber deren Ermöglichung (§ 28). Unheimlichkeit zeigt sich nur in der Angst oder vergleichbaren Grundstimmungen – sie ist aber deren Ermöglichung (§ 40). Zeitlichkeit zeigt sich nur im Vollzug der Sorge – sie ist aber deren Ermöglichung (§ 65). Die jeder Begegnung mit Seienden vor- und mitgängigen Verständnisse des Seins sind die phänomenologischen Phänomene, die Heidegger freilegen möchte.

Wie bringt die Phänomenologie die Phänomene dazu, sich an ihnen selbst zu zeigen? Dieser Frage geht Heidegger in § 7B anhand einer Klärung des Vorverständnisses von *Lógos* nach. *Lógos* hat die Grundbedeutung Rede. Andere mögliche Übersetzungen von *Lógos* wie „Vernunft, Urteil, Begriff, Definition, Grund, Verhältnis" (SZ 32) sieht Heidegger in der Grundbedeutung von *Lógos* als Rede fundiert. Sein Verständnis von Rede entwickelt Heidegger in § 34 genauer. In § 7B bietet er nur einen ersten Vorbegriff durch eine vorläufige Klärung der Bedeutung von *Lógos.* Heidegger bestimmt die in diesem Zusammenhang relevante Bedeutung von *Lógos* mit Aristoteles genauer als *apophaínesthai.* Damit ist gemeint, dass die Rede sehen lässt, worüber die Rede ist. Die Rede macht ihren Gegenstand offenbar. Von dieser Grundbedeutung leiten sich laut Heidegger alle anderen Übersetzungen von *Lógos* und alle weiteren Bestimmungen von Rede ab. Erstens sieht Heidegger den konkreten Vollzug der Rede in „der stimmlichen Verlautbarung in Worten" (SZ 32). Zweitens bestimmt er die apophantische Rede

als eine Synthese, sofern in ihr immer etwas als etwas bestimmt wird. Das Verständnis dieses *hermeneutischen Als,* wonach jede Begegnung mit Seienden darin
beruht, dass dieses Seiende als etwas bestimmt wird, entfaltet Heidegger in § 32
zur Auslegung und § 33 zur Aussage genauer. Drittens kann die verlautbarte Rede
wahr oder falsch sein. Heidegger betrachtet dies in § 44. Auf diesen Paragrafen
vorgreifend erläutert Heidegger in einem ob seiner Dichte kaum verständlichen
Absatz, dass die ursprüngliche Wahrheit laut Aristoteles nicht im *Lógos,* sondern
in der *Aísthesis,* das heißt in der Wahrnehmung, liege. Für Heidegger ist daran
der Gedanke entscheidend, dass Begriffe immer nur formal anzeigend sind – sie
weisen nur auf Phänomene hin. Das ursprüngliche Vernehmen des Sichzeigenden
geschieht nicht im Besprechen, sondern im entwerfenden Seinlassen der
Phänomene. Was damit gemeint ist, wird erst ab dem 5. Kapitel des 1. Abschnitts
verständlich werden.

In § 7C geht es darum, diese Vorverständnisse von Phänomen und *Lógos*
zusammenzuführen. Heideggers **Definition von Phänomenologie** lautet: „Das
was sich zeigt, so wie es sich von ihm selbst her zeigt, von ihm selbst her sehen
lassen." (SZ 34) An dieser Bestimmung von Phänomenologie ist zu beachten, dass
sie nichts über den Gegenstandsbereich der Phänomenologie aussagt. Der Begriff
‚Phänomenologie' funktioniert also anders als zum Beispiel Biologie (die Lehre
vom Leben), Anthropologie (die Lehre vom Menschen) oder Theologie (die Lehre
von Gott oder Göttern). Sofern Phänomenologie analog als die Lehre von den
Phänomenen verstanden werden soll, wäre sie somit die Lehre von allem, sofern
alles, was sich zeigt, im formalen Sinn Phänomen ist. Heidegger macht aber deutlich, dass Phänomenologie mit einer solchen Definition anhand des Gegenstand-
bereichs nicht angemessen erfasst werden kann. Phänomenologie definiert sich
nicht über ein spezifisches *Was,* einen Gegenstandsbereich, sondern bezeichnet in
erster Linie eine Methode, ein *Wie* der Forschung. Wie bereits erläutert, lautet die
Maxime der Phänomenologie: ‚zu den Sachen selbst' – der höchste Leitfaden ist
Sachangemessenheit. Die eben genannte Definition der Phänomenologie impliziert
dabei gerade keinen naiven Erfahrungsbegriff. Gegen ein solches Vorurteil muss
betont werden, dass die phänomenologische Deskription (Beschreibung) vorrangig
„einen prohibitiven Sinn [hat]: Fernhaltung alles nichtausweisenden Bestimmens"
(SZ 35). Die Maxime, die Phänomene sich von ihnen selbst her zeigen zu lassen,
hat gerade den Sinn, Vorverständnisse, Begriffe und Methoden auf ihre Sachangemessenheit hin zu befragen. Die Aufgabe phänomenologischer Beschreibungen
besteht also in erster Linie in der Kritik von Vorannahmen, Begriffen und
Forschungsmethoden.

Dem formalen Phänomenbegriff folgend ist alles, was sich zeigt, in einem allgemeinen Sinn phänomenologisch beschreibbar. Wobei die oberste Maxime der
Sachangemessenheit impliziert, dass die konkrete Methode je nach Gegenstandsbereich unterschiedlich ausgearbeitet werden muss. Heideggers phänomenologischer Phänomenbegriff, um den es in *Sein und Zeit* geht, fokussiert die
Forschung auf die Frage nach dem Sinn von Sein. Heidegger beschränkt sich in
weiterer Folge darauf, den für die Seinsfrage relevanten Phänomenbegriff ver-

ständlich zu machen. Heidegger hält dazu entschieden fest: „*Ontologie ist nur als Phänomenologie möglich.*" (SZ 35) Das ist laut Heidegger der Fall, weil die phänomenologischen Phänomene „zunächst und zumeist *nicht* gegeben sind" (SZ 36). Es bedarf der Phänomenologie, um die phänomenologischen Phänomene – die Strukturen des vor- und mitgängigen Seinsverständnisses – dazu zu bringen, sich zu zeigen. Heideggers phänomenologisches Vorhaben ist also die Weckung der Frage nach dem Sinn von Sein, als Sichtbarmachung der phänomenologischen Phänomene. Diese Sichtbarmachung ist allerdings nur in ständiger Auseinandersetzung mit den vulgären Phänomenen und ihren üblichen Auslegungen möglich, welche die phänomenologischen Phänomene verfehlen und daher destruiert werden müssen. Phänomenologische Beschreibung ist daher – es muss noch einmal betont werden – in erster Linie Destruktion von Vorverständnissen. Heidegger kann daher auch explizit schreiben: „In der Idee der ‚originären' und ‚intuitiven' Erfassung und Explikation der Phänomene [das sind zentrale Begriffs Husserls; Anm. G. T.] liegt das Gegenteil der Naivität eines zufälligen, ‚unmittelbaren' und unbedachten ‚Schauens'." (SZ 36–37) Die Notwendigkeit der Destruktion betrifft auch die phänomenologische Forschung selbst: Auch diese kann sich nur in der ständigen Überprüfung und kritischen Hinterfragung vollziehen und ist daher per Definition auf den gemeinsamen Vollzug in einer sich wechselseitigen kritisch befragenden Forscher:innen-Gemeinschaft angewiesen.

Wie phänomenologische Beschreibung genauer zu verstehen ist, lässt sich erst anhand von § 32 zur Auslegung und § 33 zur Aussage im Detail nachvoll-ziehen. In § 7 bereitet Heidegger das dortige Verständnis vor, indem er den Begriff ‚**Hermeneutik**' auf seine ursprüngliche Bedeutung zurückführt, die er in § 32 als **Auslegung** weiter entfalten wird. *Hermēneúein* oder Auslegen bedeutet, laut Heidegger, das, was implizit schon mitverstanden ist, einem expliziten Verständnis zuzuführen. In einem solchen Sinn ist das Sein immer schon mitverstanden, bleibt aber zumeist unthematisch – Auslegung besteht darin, ein implizites Verständ-nis thematisch zu machen. Von dieser Grundbedeutung ausgehend differenziert Heidegger vier Verständnisse von Hermeneutik: Erstens ist die „Phänomeno-logie des Daseins [...] *Hermeneutik* in der ursprünglichen Bedeutung des Wortes, wonach es das Geschäft der Auslegung bezeichnet." (SZ 37) Aus dieser ersten Bedeutung folgen die Bedeutungen zwei und drei. Zweitens ist Hermeneutik „die Ausarbeitung der Bedingung der Möglichkeit jeder ontologischen Untersuchung" (SZ 37). Drittens ist sie „Analytik der Existenzialität der Existenz" (SZ 38). Aus-legung ist als methodische Ausbildung des Existenzials des Verstehens (§ 31) eine Möglichkeit des Daseins und als solche Möglichkeit die Ermöglichungsbedingung für die Analytik des Daseins wie für jede ontologische Untersuchung überhaupt. Erst in einem abgeleiteten vierten Sinn sieht Heidegger die Hermeneutik als „die Methodologie der historischen Geisteswissenschaften" (SZ 38), wie dieser Begriff bei Wilhelm Dilthey eingeführt wurde.

Den Abschluss dieses Methodenparagrafen bildet ein Hinweis auf die ungewöhnliche Terminologie in *Sein und Zeit*. Heidegger kommentiert dies mit dem rechtfertigenden Hinweis, dass auch die antiken Philosophen der griechischen Sprache Gewalt angetan hätten. Doch wieso bedarf es überhaupt dieser Gewalttätigkeit der Sprache? Heidegger bemerkt dazu, dass uns die Worte und vor allem die Grammatik fehlen, um vom Sein zu sprechen. Das liege daran, dass unsere Sprache zur *Ontisierung* neigt: Wenn wir sagen, dass etwas ist, dann sprechen wir es als Seiendes an. Das Sein ist aber kein Seiendes. Daher kann vom Sein auch nicht gesagt werden, dass es ist. Heidegger wird daher Lösungen finden müssen, um in einer Weise vom Sein zu sprechen, die der ontologischen Differenz von Sein und Seiendem angemessen ist.

Dasein als In-der-Welt-sein (§§ 9–13)

4

Der 1. Abschnitt mit dem Titel „Die vorbereitende Fundamentalanalyse des Daseins" beginnt mit einer kurzen Einleitung. In dieser wird als erste Aufgabe dieses Abschnitts festgehalten, „am Dasein eine Fundamentalstruktur freizulegen: das In-der-Welt-sein" (SZ 41). Dies erfolgt in den ersten beiden Kapiteln, insbesondere in § 9 und § 12. Die weiteren Kapitel des 1. Abschnitts fokussieren anschließend auf einzelne Strukturmomente des In-der-Welt-sein: Kap. 3 auf „die Welt in ihrer Weltlichkeit", Kap. 4 auf „das In-der-Welt-sein als Mit- und Selbstsein" und Kap. 5 auf das „In-Sein als solches". Im abschließenden 6. Kapitel des 1. Abschnitts werden diese Strukturmomente im Begriff ‚Sorge' zusammengeführt. Mit der Sorgestruktur endet die hermeneutische Spirale, die im 1. Abschnitt durchlaufen wird. Allerdings ist damit der Gang der Daseinsanalytik nicht zum Ende gekommen. Heidegger schreibt dazu in § 12: „Das In-der-Welt-sein ist zwar eine a priori notwendige Verfassung des Daseins, aber längst nicht ausreichend, um dessen Sein voll zu bestimmen." (SZ 53) Bevor wir die Fundamentalstruktur des Daseins als In-der-Welt-sein, wie sie im 1. und 2. Kapitel des 1. Abschnitts angezeigt wird, genauer nachzeichnen, sollen an dieser Stelle ein paar Vorbemerkungen den Einstieg in die Daseinsanalytik erleichtern.

Zunächst ist es wichtig zu berücksichtigen, in welchem Sinn hier vom **In-der-Welt-sein** als Fundamentalstruktur des Daseins die Rede ist. Auch hier ist ‚fundamental' nicht im Sinn eines Grundes zu verstehen. Aus dem In-der-Welt-sein folgen weder ontologisch die anderen Bestimmungsmomente des Daseins noch lassen sich diese argumentativ daraus ableiten. Vielmehr ist In-der-Welt-sein fundamental im Sinn des hermeneutischen Zugriffs. Die Bestimmung des Daseins als In-der-Welt-sein ermöglicht es uns, in die Hermeneutik des Daseins einzusteigen und den Phänomenen folgend, die durch diese erste Bestimmung angezeigt werden, die Strukturen des Daseins (die Existenzialien) genauer zu bestimmen.

© Der/die Autor(en), exklusiv lizenziert durch Springer-Verlag GmbH, DE, ein Teil von Springer Nature 2022
G. Thonhauser, *Heideggers „Sein und Zeit"*,
https://doi.org/10.1007/978-3-662-64689-2_4

Zudem kann festgehalten werden, dass Heidegger zwar einzelne Elemente des In-der-Welt-seins analytisch abhebt, um sie genauer zu beschreiben, dass das In-der-Welt-sein dabei aber immer als „eine ursprüngliche und ständig ganze Struktur" (SZ 41) gesehen werden muss. Heideggers Denken ist durchweg *holistisch;* das heißt, dass er von der Idee ausgeht, dass die Existenzialien nur aus ihrem Zusammenwirken in der Gesamtstruktur des In-der-Welt-seins verstanden werden können, da diese Struktur mehr ist als die Summe ihrer Teile. Die Gegenposition wäre ein *Atomismus,* der meint, dass In-der-Welt-sein aus der Zusammensetzung seiner Bestandteile erklärt werden müsse. Seiner holistischen Zugangsweise entsprechend schreibt Heidegger über die einzelnen Bestimmungsmomente des In-der-Welt-sein: „Jede Hebung des einen dieser Verfassungsmomente bedeutet die Mithebung der anderen, das sagt: jeweilig ein Sehen des ganzen Phänomens." (SZ 53) In diesem Zusammenhang kann der Begriff ‚**Gleichursprünglichkeit**' erläutert werden (SZ 131): Dass die einzelnen Strukturmomente des In-der-Welt-seins gleichursprünglich sind, bedeutet, dass sie nicht aufeinander rückführbar sind; vielmehr bestimmen sie sich wechselseitig im Rahmen der Gesamtstruktur des In-der-Welt-seins – heute würden wir sagen: Sie sind ko-konstitutiv. Da Heidegger von ihrer Gleichursprünglichkeit innerhalb einer holistischen Struktur ausgeht, sind auch Fragen danach, welches Strukturmoment eventuell einen Vorrang hat, im Rahmen von Heideggers Ansatz widersinnig. Ein eventueller Anschein eines Vorrangs eines Strukturmoments gegenüber anderen ergibt sich jeweils nur aus der spezifischen Hinsicht, wenn also zum Beispiel ein Strukturmoment detaillierter analysiert wird als andere.

Als letzte Vorbemerkung kann auf Heideggers starke Anlehnung an ein kantisches Vokabular eingegangen werden. Es ist eine Besonderheit des Manuskripts von *Sein und Zeit* – im Gegensatz zu früheren Fassungen des Projekts in *Der Begriff der Zeit* (GA 64) oder der Vorlesung *Prolegomena zur Geschichte des Zeitbegriffs* (GA 20), aber auch zu Heideggers späterem Denken –, dass Heidegger beim Verfassen von *Sein und Zeit* merklich von Kant beeinflusst war. Wie wir später (zum Beispiel in § 43) sehen werden, versteht Heidegger in *Sein und Zeit* sein Projekt sogar als Radikalisierung von Kants Transzendentalphilosophie. Die Anknüpfung vollzieht sich allerdings als eine Aneignungsbewegung, in der Heidegger Begriffen, die aus der kantischen Transzendentalphilosophie stammen, eine eigene, phänomenologisch-hermeneutische Bedeutung gibt. Die Frage nach dem Verhältnis zu Kants Transzendentalphilosophie gehört zu den schwierigsten Fragen für die Interpretation von *Sein und Zeit.* Es liegt außerhalb der Möglichkeiten dieses Kommentars, einen systematischen Vergleich zu leisten. Hier sollen nur exemplarisch drei Beispiele für Heideggers umdeutende Aneignung von kantischen Begriffen angeführt werden.

Als erstes Beispiel kann der Begriff ‚**Apriori**' dienen. Heidegger verwendet diesen Begriff in und um *Sein und Zeit* regelmäßig. Er bezeichnet zum Beispiel das In-der-Welt-sein als ein „‚Apriori' der Daseinsauslegung" (SZ 41). In der Einleitung zur *Kritik der reinen Vernunft* (KrV B 5) erklärt Kant, dass sich Erkenntnisse *a priori* durch strenge Allgemeinheit und Notwendigkeit auszeichnen. Damit wird zum Ausdruck gebracht, dass Erkenntnisse a priori ausnahmslos gelten und Sachverhalte betreffen, die nicht anders sein können. Im Gegensatz zu Erkenntnissen *a posteriori,* die aus der Erfahrung gewonnen werden, werden Erkenntnisse *a priori* dabei laut Kant unabhängig von der Erfahrung rein aus der Vernunft gewonnen. Heidegger hält zunächst an der Notwendigkeit und Allgemeinheit des Apriori fest – mit seiner phänomenologischen Ontologie sollen ebenfalls allgemeine und notwendige Strukturen des Seins herausgearbeitet werden. Allerdings wird sich später zeigen, dass Heidegger die Bestimmung des Apriori in einer Weise modifiziert, die zunächst paradox anmutet und erst im Fortgang der Analyse ihre Sinnhaftigkeit erweisen muss. Heidegger stößt nämlich auf die Temporalität des Seins selbst – das Sein hat eine Geschichte. Das impliziert die historische Wandelbarkeit ontologischer Strukturen, was deren Notwendigkeit und Allgemeinheit nicht relativiert, aber einer historischen Kontingenz unterwirft.

Heidegger Leitgedanke, dass die Wiederholung der Seinsfrage sich als Befragung jenes Seienden, das die Seinsfrage stellen kann (also des Daseins), vollziehen muss, kann als eine zweite zentrale Anknüpfung an Kants Transzendentalphilosophie gelesen werden. Der Genitiv in den Titeln von Kants Kritiken ist sowohl als *Genitivus obiectivus* als auch als *Genitivus subiectivus* zu verstehen: Die transzendentalphilosophische Kritik ist eine Prüfung der Vernunft durch die Vernunft. Analog dazu befragt in Heideggers Daseinsanalytik das Dasein sich selbst mit Blick auf sein Sein. Der zentrale Unterschied zu Kant besteht in der Bestimmung jenes Seienden, das Durchführender und Gegenstand der transzendentalphilosophischen Reflexion ist. Entsprechend des Leitfadens einer *Kritik der reinen Vernunft* ist es bei Kant ein Vernunftsubjekt, dass seine eigenen Erkenntnismöglichkeiten untersucht, um die Ermöglichungsbedingungen und Grenzen sicherer Erkenntnis zu erkunden. Wie sich im weiteren Verlauf der Daseinsanalytik zeigen wird, ist die Bezeichnung ‚Dasein' für jenes Seienden, das der transzendentalphilosophischen Reflexion fähig ist, kein Spleen oder leeres Streben nach Originalität, sondern Ausdruck eines anderen Vorverständnisses als bei Kant, das wichtige Konsequenzen für die weitere Durchführung der Analyse haben wird.

Als drittes und letztes Beispiel für Heideggers modifizierende Aneignung von Kants transzendentalphilosophischen Vokabulars kann der Begriff ‚**Faktizität**' herangezogen werden. Analog dazu, wie Kants Kritik auf das Faktum der Vernunft rekurriert, bleibt die Daseinsanalytik auf die Faktizität des Daseins rückbezogen. In Heideggers Worten: „Die Tatsächlichkeit des Faktums Dasein, als welches jeweilig jedes Dasein ist, nennen wir seine *Faktizität.*" (SZ 56) Dass Dasein existiert, ist ein Faktum, das nicht weiter erklärt werden kann; wir erfahren es in unserer jeweiligen Existenz als eine Gegebenheit, hinter die wir nicht zurückgehen können – Heidegger wird diesen Sachverhalt in § 29 als *Geworfenheit* bezeichnen. Der zentrale Gedanke besteht darin, dass der Ausgangspunkt der Daseinsanalytik die jemeinige Existenz ist. Das heißt, dass wir immer bei konkreten Existierenden in ihren je unterschiedlichen historischen und kulturellen Situierungen beginnen müssen und nur in Rückbindung an solche konkreten Erfahrungskonstellationen die allgemeinen und notwendigen Strukturen der Existenz dazu gebracht werden können, sich zu zeigen. In seinen frühen Vorlesungen spricht Heidegger noch nicht vom *Dasein*, sondern vom *faktischen Leben* (GA 58, GA 60). Ebenso bezeichnet er die Daseinsanalytik zunächst als *Hermeneutik der Faktizität* (GA 63). Diese Ausdrücke betonen die Rückbindung des existenzialontologischen Vorhabens an das faktische – das heißt: das konkrete, historisch situierte – Existieren.

4.1   Die formal anzeigende Erstbestimmung des Daseins

In § 9 wird die Fundamentalstruktur des Daseins als **In-der-Welt-sein** eingeführt. Dies ist der Einstieg in die Daseinsanalytik. Heidegger beginnt mit einer ersten formal anzeigenden Bestimmung des Seins des Daseins:

> Das Seiende, dessen Analyse zur Aufgabe steht, sind wir je selbst. Das Sein dieses Seienden ist *je meines*. Im Sein dieses Seienden verhält sich dieses selbst zu seinem Sein. Als Seiendes dieses Seins ist es seinem eigenen Sein überantwortet. Das *Sein* ist es, darum es diesem Seienden je selbst geht. (SZ 41–42)

Heidegger hebt aus dieser ersten Bestimmung des Daseins zunächst zwei fundamentale Charakteristika ab.

Die erste Charakteristik wird im folgenden Satz zusammengefasst: *„Das ‚Wesen‘ des Daseins liegt in seiner Existenz."* (SZ 42) Es geht Heidegger dabei vor allem um die Unterscheidung der **Existenz** des Daseins von der Seinsweise der Vorhandenheit. Dasein ist ein Seiendes, das ein (vorontologisches) Verständnis von Sein hat und sich im Licht dieses Seinsverständnisses zu sich selbst und anderen Seienden verhält. Das unterscheidet die Existenz von anderen Seinsweisen. Was das bedeutet, kann als Annäherung anhand dessen erklärt werden, was Ian Hacking (1996) später den „Looping Effect" nannte. Hacking weist darauf hin, dass sozialwissenschaftliche Kategorisierungen die Besonderheit haben, dass sie auf das Selbstverständnis der mit ihnen beschriebenen Menschen einwirken, was dazu führen kann, dass sich die kategorisierten Menschen durch die Kenntnis der Kategorisierung verändern; diese Veränderung kann es erforderlich machen, die Kategorisierung anzupassen, was wiederum auf die Menschen wirkt, was wiederum eine Anpassung der Kategorien erforderlich macht, usw. Diese wechselseitige Beeinflussung von sozialwissenschaftlichen Kategorien und den von ihnen erfassten Menschen nennt Hacking „Looping Effect". In der Terminologie von *Sein und Zeit* bedeutet dies: Dasein versteht sich immer irgendwie in seinem Sein, und sein Sein ist wesentlich von diesem Seinsverständnis bestimmt. Eine Bestimmung des Daseins muss diesem Sachverhalt Rechnung tragen. Heidegger nennt daher „die Seinscharaktere des Daseins *Existenzialien*" (SZ 44) im Unterschied zu den Kategorien als Bestimmungen der Vorhandenheit. Darin ist der Gedanke entscheidend, dass eine Untersuchung der **Existenzialien** des Daseins den Besonderheiten der Seinsweise dieses Seienden Rechnung tragen muss. Heidegger formuliert dies auch so, dass die angemessene Frage nach dem Sein des Daseins ‚Wer‘ lautet und nicht ‚Was‘ (SZ 45). Die Verschiebung von einer Was-Frage zu einer Wer-Frage ist ein Versuch, der konstitutiven Unbestimmtheit des Daseins – die damit einhergeht, dass Dasein sich je selbst bestimmen muss –

gerecht zu werden. Um dem besonderen Charakter des Daseins zu entsprechen, muss auch der Begriff ‚Wesen' in der Bestimmung des Daseins anders gefasst werden. Heideggers Anführungszeichen deuten wiederum auf diese beabsichtigte Bedeutungsverschiebung hin. Anders als bei einem Vorhandenen besteht das Wesen des Daseins nicht in unveränderlichen Kategorien (z. B. hat Wasser immer dieselbe chemische Zusammensetzung), sondern in seiner Existenz, die jedes Dasein zu vollziehen hat. Das Wesen des Daseins ist daher nichts unveränderlich Feststehendes, sondern die Art und Weise, wie es sich jeweils im Vollzug der Existenz zeigt; das heißt, wie sich Daseins jeweils in seinem Verhalten selbst bestimmt.

Die zweite Charakteristik ist die **Jemeinigkeit.** Die Existenz des Daseins bezeichnet keine universale Subjektivität, sondern das jeweilige Sein eines jeden konkret existierenden Daseins. Heidegger bringt es so zum Ausdruck, dass beim Ansprechen des Daseins jeweils das Personalpronomen mitgesagt werden muss: ‚Ich bin', ‚Du bist'. Jedes Dasein „verhält sich zu seinem Sein als seiner eigensten Möglichkeit" (SZ 42). Wenn wir vom Dasein sprechen, müssen wir dem Faktum Rechnung tragen, dass das Wesen des Daseins in seiner Existenz liegt und dass diese Existenz darüber hinaus von jedem Dasein je eigens vollzogen werden muss. Heidegger schreibt auch: „Dasein *ist* je seine Möglichkeit" (SZ 42). Ebenso wie in diesem Satz die Kursivsetzung des Verbs als Verweis auf die Seinsweise der Existenz aktiv mitgelesen werden muss, gilt es auch auf das unscheinbare Wörtchen ‚je' zu achten. Es verweist bei Heidegger auf die Jemeinigkeit des Existenzvollzugs.

Diese beiden Charakteristika zusammenfassend lässt sich sagen, dass Dasein immer *jemeinig existiert.* Aus dieser Charakterisierung des Daseins folgt die **Möglichkeit von Eigentlichkeit und Uneigentlichkeit.** Heideggers Formulierungen geben dabei leicht zu jener Interpretation Anlass, die in der Einführung als existenzialistisches Missverständnis bezeichnet wurde. Daher ist es wichtig, den methodischen Sinn dieser Begriffe zu betonen. Heidegger tut dies, wenn er schreibt, dass „diese Ausdrücke [...] im strengen Wortsinne terminologisch gewählt [sind]" (SZ 43). Dem methodischen Sinn dieser Unterscheidung folgend ist Dasein dann *eigentlich,* wenn es sich so versteht, wie es ist, und *uneigentlich,* wenn es sich in seinem Sein missversteht. Dasein ist also dann eigentlich, wenn es sich als Dasein, das heißt als *jemeinig existierend,* versteht. Es ist hingegen uneigentlich, wenn es sich zum Beispiel als Vorhandenes versteht. Aber selbstverständlich ist auch ein Dasein, das sich völlig missversteht, weiterhin Dasein und es ist möglich, ein solches im Selbst-Missverständnis existierendes Dasein einer Auslegung zu unterziehen. Heidegger bringt dies im folgenden Satz zum Ausdruck: „Die Uneigentlichkeit des Daseins bedeutet aber nicht etwa ein ‚weniger' Sein oder einen ‚niedrigeren' Seinsgrad. Die Uneigentlichkeit kann vielmehr das Dasein nach seiner vollsten Konkretion bestimmen in seiner Geschäftigkeit, Angeregtheit, Interessiertheit, Genußfähigkeit." (SZ 43) Zum Beispiel bleibt auch ein wirklich überzeugter Behaviorist, der sich als vollständig durch Konditionierungen determiniert versteht, im Modus der Existenz *seiend,* wenn auch völlig uneigentlich; und vorausgesetzt, dass es tatsächlich möglich

ist, als überzeugter Behaviorist zu existieren (was ich bezweifle), wäre es möglich, diese Existenzweise angemessen zu beschreiben. Heidegger macht zudem
darauf aufmerksam, dass sich in jedem Modus der Existenz die volle Strukturganzheit des Daseins zeigen ließe; das gilt auch für uneigentliche Modi. Auch an
einem uneigentlichen Existenzvollzug lassen sich also die Strukturmerkmale der
Existenz durch eine angemessene Beschreibung zur Anschauung bringen.

Anschließend erläutert Heidegger das methodische Vorgehen im 1. Abschnitt
von *Sein und Zeit*. Wie einleitend erläutert wurde, muss die Daseinsanalytik
ihren Ausgang bei der vorontologischen Selbstauslegung des Daseins nehmen.
Heidegger bezeichnet diese nunmehr als „Durchschnittlichkeit" oder „Indifferenz
der Alltäglichkeit" (SZ 43). Er verwendet auch häufig die Wendung **zunächst
und zumeist,** um diesen Existenzmodus der **Alltäglichkeit** zu bezeichnen. Wie
diese Begriffe genauer zu verstehen sind, erläutert Heidegger erst viel später im
Text, und zwar in § 71: „,Zunächst' bedeutet: die Weise, in der das Dasein im
Miteinander der Öffentlichkeit ,offenbar' ist [...]. ,Zumeist' bedeutet: die Weise,
in der das Dasein nicht immer, aber ,in der Regel' sich für Jedermann zeigt."
(SZ 370) Heidegger gibt dazu folgenden methodischen Hinweis:

> Und weil die durchschnittliche Alltäglichkeit das ontische Zunächst dieses Seienden
> ausmacht, wurde sie und wird sie immer wieder in der Explikation des Daseins *über-
> sprungen.* Das ontisch Nächste und Bekannte ist das ontologisch Fernste, Unerkannte und
> in seiner ontologischen Bedeutung ständig Übersehene. (SZ 43)

Es findet hier also eine methodische Aufwertung der Alltäglichkeit – in
Anknüpfung an Husserl können wir auch von der Lebenswelt sprechen – statt.
Heidegger meint, dass wir das Sein des Daseins zunächst aus seiner durchschnittlichen Alltäglichkeit gewinnen sollten und nicht „aus einer konkreten möglichen
Idee von Existenz konstruieren" (SZ 43). Das heißt, wir sollen uns zum Beispiel
nicht an die Religion, die Kunst oder die Wissenschaft wenden, um ein erstes Verständnis der Existenz zu gelangen, sondern die Phänomene des Alltags befragen.
Was sind Heideggers Gründe für diesen methodischen Ratschlag? Einerseits kann
es als Versuch gelesen werden, den problematischen Vorverständnissen entgegenzuwirken, die aus einem Zugriff resultieren würden, der stark theoriegeladen oder
einer spezifischen Weltanschauung verpflichtet ist. Andererseits entspricht es
dem zuvor genannten, aber noch zu klärenden Vorrang der Lebenswelt, der darin
besteht, dass Dasein zunächst und zumeist in diesem durchschnittlichen Modus
existiert.

4.2 Abwehr möglicher Missverständnisse der Daseinsanalytik

Neben dieser ersten formal anzeigenden Bestimmung der Grundcharakteristika
des Daseins verfolgt Heidegger in den ersten beiden Kapiteln des 1. Abschnitts vor
allem das Ziel, mögliche Missverständnisse der Daseinsanalytik abzuwehren.

In § 10 geht es Heidegger darum, den Unterschied zwischen der Daseinsanalytik und den Wissenschaften vom Menschen (also Disziplinen wie Anthropologie,
Psychologie und Biologie) festzuhalten und dabei zugleich zu betonen, dass die
Daseinsanalytik gegenüber diesen Disziplinen einen Vorrang habe. Diesen Vorrang macht Heidegger darin fest, dass diese Wissenschaften eine Bestimmung der
ontologischen Begriffe voraussetzen, die es zuallererst ermöglichen, ein Seiendes
von der Seinsweise des Daseins angemessen zu untersuchen. Aus Heideggers
Sicht – die in den weiterführenden Gedanken zu diesem Kapitel problematisiert
wird – wäre es ein aussichtsloses Unterfangen, diese ontologischen Fundamente
der Untersuchung aus dem empirischen Material zu gewinnen, weil durch den
Rahmen der ontologischen Begriffswahl bereits bestimmt wird, was überhaupt
empirisch erfasst werden kann.

Die Abgrenzung von den Wissenschaften vom Menschen erlaubt es Heidegger,
festzuhalten, wie Dasein *nicht* untersucht werden sollte. Heidegger führt hierbei eine Reihe von Begriffen an, die in der Daseinsanalytik bewusst vermieden
werden: ‚Bewusstsein‘, ‚Subjekt‘, ‚Leben‘, ‚Mensch‘ und ‚Person‘. Sein zentraler
Vorbehalt besteht darin, dass er in der Verwendung dieser Begriffe eine „merk-
würdige Bedürfnislosigkeit" identifiziert, „nach dem Sein des so bezeichneten
Seienden zu fragen" (SZ 46). Das Wort ‚Dasein‘ hat dagegen das Ziel, die
Frage nach dem Sein *als Frage* aufzuwerfen. Mit der Rede vom Dasein soll die
Frage aufgeworfen werden, wie das *Sein* dieses *Da* beschaffen ist – das ist der
sprechende Sinn des Wortes ‚Dasein‘, den Heidegger in § 28 explizit machen
wird. Entsprechend würde es auch bei den Begriffen ‚Bewusstsein‘, ‚Subjekt‘,
‚Leben‘, ‚Mensch‘ und ‚Person‘ darum gehen, sie nicht als Antworten, sondern
vielmehr als Fragen nach dem Sein des mit ihnen bezeichneten Seienden zu verstehen. Allerdings erachtet es Heidegger aufgrund der verwickelten Geschichte
dieser Begriffe als schwierig, eine solche Reflexion in Gang zu setzen, und bevorzugt die bereits auf den ersten Blick irritierende Verwendung des Wortes ‚Dasein‘.

Verbunden mit diesen Schlüsselbegriffen geht Heidegger auch kurz auf eine
Reihe von Philosophen ein, die diese Begriffe in entscheidender Weise prägten.

- Heideggers Kernaussage zu Descartes besteht darin, dass dieser zwar das
  „cogitare des ego" – also das Denken oder Bewusstsein – untersucht, dabei
  aber „das *sum* völlig unerörtert" (SZ 46) lasse. Es ist wiederum kein Zufall,
  dass Heidegger *sum* (Ich bin) kursiv schreibt, weil dieser Ausdruck – wenn er
  aus einer daseinsanalytischen Perspektive verstanden wird – auf das *jemeinige
  Existieren* verweist. Gerade dieses bleibe bei Descartes (2011 [1619]) verborgen, so Heideggers Vorwurf. Daher bleibt es bei Descartes auch bei einer
  „völligen ontologischen Unbestimmtheit der res cogitans" (SZ 24).
- Anschließend folgt eine kurze Bemerkung zur Lebensphilosophie, einer um
  die Wende zum 20. Jahrhundert einflussreichen philosophischen Strömung,
  die vor allem auf Wilhelm Dilthey zurückgeht. Dahingehend ist interessant,
  dass Heidegger – wie bereits angemerkt wurde – die Analytik des Daseins
  noch 1923 als ‚Hermeneutik des faktischen Lebens‘ bezeichnete, was als Hin-

weis gelesen werden kann, dass beim frühen Heidegger eine Nähe zur Lebens-
philosophie bestand. Die Abkehr vom Begriff ‚faktisches Leben' und die
Verwendung des formaleren Begriffs ‚Dasein' ist Ausdruck von Heideggers
Abkehr von der Lebensphilosophie. Heideggers Betonung der konkreten
Erfahrung, die von der Lebensphilosophie inspiriert ist, wird in *Sein und Zeit* in
den Dienst eines umfassenden ontologischen Projekts gestellt.

- Mit Blick auf Husserl und Scheler formuliert Heidegger zunächst denselben
  Vorbehalt wie bei Descartes: Diese versäumten es, nach dem Sein der ‚Person'
  zu fragen. Wobei Heidegger hier sogleich einräumt, dass sich das so pauschal
  nicht halten ließe. Eine umfassende Lektüre von *Sein und Zeit* müsste hier noch
  viel weiter gehen und die produktiven Einflüsse Husserls und Schelers auf
  Heideggers Denken nachvollziehen. Eine Aufgabe, auf die im Rahmen dieses
  Kommentars nur hingewiesen werden kann. Heidegger präzisiert anschließend
  seine Vorbehalte gegen Husserl und Scheler in zwei Hinsichten. Diese sind
  instruktiv für das Verständnis von Heideggers Projekt, unabhängig davon, ob
  sie Husserl und Scheler wirklich treffen. Erstens wendet er sich gegen die Vorgehensweise, die Person als leiblich-seelisch-geistige Einheit summativ aus
  diesen Charakteristika zu bestimmen. Heideggers holistischem Ansatz folgend
  müssten Leib, Seele und Geist vielmehr aus ihrer strukturellen Zusammengehörigkeit begriffen werden – einmal vorausgesetzt, dass man mit diesen
  Begriffen operieren möchte. Das ist auch aktuell ein wichtiger Gedanke für die
  Kritik an Theorien, die in einem Leib-Seele-Dualismus ihren Ausgang nehmen.
  Zweitens kritisiert er die unkritische „Orientierung an der antik-christlichen
  Anthropologie" (SZ 48), die er nicht nur bei Husserl und Scheler, sondern in
  der gesamten neuzeitlichen Philosophie am Werk sieht.

Heidegger geht in weiterer Folge auf die beiden Traditionen ein, deren besondere
Verbindung er leitend für das westliche Denken sieht: die antike Philosophie und
die christliche Theologie. Es geht ihm dabei um eine Destruktion des in diesen
Traditionen leitenden Verständnisses des ‚Menschen'. Erstens besteht dieses in
der aristotelischen Definition des Menschen als *zôon lógon echón* – wörtlich übersetzt des Tieres, das den *Lógos* hat, wobei die entscheidende Frage darin besteht,
wie *Lógos* hier übersetzt werden soll. In der scholastischen Interpretation wurde
diese Definition im Lateinischen mit *animal rationale* wiedergegeben, also als
vernünftiges Lebewesen. Der Mensch ist demnach also das Lebewesen, das Vernunft hat. Diese antike Definition des Menschen wird zweitens ergänzt von einem
theologischen Leitfaden: der Idee des Menschen als Abbild Gottes. Heidegger
macht in dieser christlichen Quelle die „Idee der ‚Transzendenz'" fest, also
„daß der Mensch etwas sei, das über sich hinauslangt" (SZ 49). Für Heidegger
läuft diese antik-christliche Anthropologie auf die folgende Bestimmung des
Menschen hinaus: Grundlegend ist der Mensch ebenso vorhanden wie alle anderen
Geschöpfe (darin ist also die These impliziert, dass es grundlegend nur eine Seinsweise gibt), nur ist er gegenüber anderen Geschöpfen durch die besonderen Eigenschaften ausgezeichnet, dass er Vernunft hat und durch die Vernunft über sich

hinausstreben kann. Schließlich führt Heidegger weiter aus, dass diese beiden anthropologischen Leitfäden in der Neuzeit in die Idee des Bewusstseins überführt werden; in der Neuzeit werden also dem Bewusstsein die Eigenschaften von Vernünftigkeit und Transzendenzfähigkeit zugeschrieben. Heideggers Einwand gegen Husserl, Scheler und alle anderen von ihm genannten Denker und Disziplinen besteht nun darin, dass sie ihre eigene Verortung in dieser Konstellation nicht bedachten, sondern Begriffe verwendeten, die durch diese Traditionen vorbestimmt seien, ohne die erforderliche Destruktion geleistet zu haben.

Am Ende von § 10 kommt Heidegger kurz auf das **Leben** zu sprechen. Er betont dabei erstens, dass es sich dabei um eine eigene Seinsweise handle, die weder auf das Dasein noch das Vor- oder Zuhandensein zurückführbar ist. Zweitens gibt er einen methodischen Leitfaden für die Bestimmung des Seins des Lebens vor. Diese Ausführungen lassen sich als ein Beitrag zu jener Thematik lesen, die heute unter dem Schlagwort *Anthropozentrismus* diskutiert wird. Heidegger scheint einen epistemologischen Anthropozentrismus zu vertreten, also die These, dass sich der Mensch die Welt nur aus einer menschlichen Perspektive und anhand von menschlichen Begriffen erschließen könne. Daher sei auch das Sein von Tieren nur aus menschlicher Perspektive zugänglich. Es ist dabei wichtig zu betonen, dass daraus kein ontologischer oder moralischer Anthropozentrismus folgt, also Spielarten der Annahme, dass der Mensch über andere Lebewesen zu stellen sei. Aus der Annahme eines unhintergehbaren Perspektivismus folgt nicht, dass der Mensch über anderen Lebewesen stehe. Vielmehr könnte ein solcher Perspektivismus auch im Sinn einer Bescheidenheit und Selbstbeschränkung gedeutet werden.

In § 11 wird ein weiteres mögliches Missverständnis diskutiert, und zwar die Vorstellung, Alltäglichkeit könne mit Primitivität oder Einfachheit gleichgesetzt werden. Der Ausgang der Analytik des Daseins bei der Alltäglichkeit bedeutet nicht, dass zuerst eine vermeintlich ‚primitive‘ Form des Daseins in den Blick genommen wird. Die Bemerkung zum Leben als eigene Seinsweise am Ende von § 10 wehrt in diesem Zusammenhang bereits die Vorstellung ab, man könne zum Beispiel zunächst beim Studium möglichst einfacher Lebensformen beginnen, um dann zum Studium des Menschen aufzusteigen. Eine Definition des Menschen als vernünftiges Lebewesen könnte zu einer solchen Forschungsstrategie Anlass geben. Demnach wäre zuerst die allgemeinere Komponente Lebewesen und dann die spezifischere Komponente Vernünftigkeit zu untersuchen, um daraus in einem Schichtenmodell das Sein des Menschen zusammenzusetzen. Heidegger lehnt solche Schichten- oder Komponentenmodelle grundsätzlich ab. Es geht bei ihm immer darum, einzelne Elemente als Teil von Strukturganzheiten zu verstehen, wobei die Strukturganzheit über die Gesamtheit der Elemente hinausgeht und die einzelnen Elemente durchstimmt. In § 11 argumentiert Heidegger insbesondere gegen die Idee, die Ethnologie zum Leitfaden für die Analyse der Alltäglichkeit zu nehmen. Zugespitzt formuliert: Es wäre ein Irrweg, zu glauben, wir müssten indigene Völker erforschen, um an ein möglichst unverfälschtes Verständnis des Daseins zu gelangen. In diesem Zusammenhang kann ebenso betont werden – auch wenn Heidegger dies nicht explizit tut –, dass der Ausgang bei der Alltäglichkeit des Daseins sich auch von einem entwicklungspsychologischen Zugang unterscheidet. Heidegger nimmt seinen Ausgang von der Alltagswelt von Erwachsenen. Es wäre eine gesonderte Frage des Zugriffs, wie davon ausgehend die Ontogenese oder Phylogenese des Menschen untersucht werden kann.

Auch die erste Annäherung an das **In-Sein** in § 12 hat vor allem einen prohibitiven Charakter. Heidegger weist auf die wichtigsten Weisen hin, wie In-Sein missverstanden werden kann. Am allerwichtigsten ist dabei, dass das ‚in' in In-Sein nicht nach dem Modus der Vorhandenheit zu verstehen ist. Wenn gesagt wird, Dasein sei *in* der Welt, bringt dies keine Ortsbestimmung zum Ausdruck. Das In-der-Welt-sein des Daseins bringt einen völlig anderen Sachverhalt zum Ausdruck, als wenn wir sagen, dass Wasser in einem Krug oder ein Krug im Kühlschrank sei. Heidegger kann hierbei auf Husserls (1952) Beschreibung des Leibes als ‚Nullpunkt der Orientierung' aufbauen – Heidegger macht diesen Bezug allerdings nicht explizit. Mit der Rede vom **Leib** als ‚Nullpunkt der Orientierung' weist Husserl darauf hin, dass alle Orientierungen im Raum von unserem Leib ihren Ausgang nehmen. Husserl zeigt, dass mein Leib der Bezugspunkt für alle Orientierungen und ein absolutes Hier ist, insofern ich mich allen anderen Seienden annähern oder mich von ihnen entfernen kann, mein Leib aber immer Hier bleibt als der Ort, von dem aus ich anderen Seienden begegne. Mit Husserl lässt sich daraus eine notwendige Perspektivität der Wahrnehmung folgern: Wahrnehmung findet immer aus einer spezifischen Perspektive statt und diese Perspektive ist für mich immer Hier, im Hier meines Leibes.

Heideggers kritische Anknüpfung an diese Beschreibungen des Leibes besteht darin, dass er betont, dass Dasein nicht einfach nur ein Hier ist, sondern immer auch schon *in* der Welt, und zwar im spezifischen Sinn von In-Sein, der in *Sein und Zeit* herausgestellt werden soll. Heidegger wählt eine etymologische Annäherung an das In-Sein, indem er darauf hinweist, dass ‚innan' mit ‚wohnen' zusammenhänge und ‚an' ursprünglich ‚gewohnt' oder ‚vertraut' bedeutete. In diesem Zusammenhang lässt sich auch an das lateinische Wort *habitare* für ‚wohnen' denken sowie seine semantische Nähe zum Englischen *habit* und dem damit verwandten Begriff ‚Habitus'. Heidegger verweist auch auf die gemeinsame Wurzel von ‚bin' und ‚bei'. ‚Ich bin' könnte demzufolge als ‚Ich wohne bei' oder ‚Ich bin vertraut mit' verstanden werden. Diesem Leitfaden folgenden ist In-Sein nicht als Ortsbestimmung, sondern als eine *Beziehung der Vertrautheit* zu verstehen.

Während In-Sein ein Grundcharakteristikum des Daseins benennt, bezeichnet Heidegger mit **Sein-bei** konkrete Verhaltensweisen des Daseins. Wie Heidegger schreibt, ist „Sein bei […] ein im In-Sein fundiertes Existenzial" (SZ 54). Das will sagen: Weil Dasein *in* der Welt ist – in diesem spezifischen Sinn von Vertrautheit, der noch genauer zu explizieren sein wird –, kann es sich zu anderen Seienden verhalten. Mit Bezug auf das Sein-bei wiederholt Heidegger den warnenden Hinweis, dass dieses nicht im Modus der Vorhandenheit verstanden werden könne. Er erklärt das so, dass zwei Stühle aneinanderstoßen, sich aber niemals berühren könnten. Etwas berühren kann nur ein Seiendes von der Seinsweise der Existenz (und wahrscheinlich auch von der Seinsweise des Lebens, würde ich hinzufügen). Dabei meint ‚berühren‘ nicht in erster Linie den physischen Kontakt – es braucht mitunter gar keinen physischen Kontakt, um sich zu berühren –, sondern eine spezifische Form der Beziehung. Dieser Beziehung nachzuspüren, ist die Aufgabe, vor die uns Heidegger hier stellt.

Der zentrale Punkt, auf den Heidegger mit dieser vorläufigen Klärung des In-Seins hinweisen möchte, ist folgender: Weil das In-Sein des In-der-Welt-seins zunächst und zumeist übersehen wird, wird das Weltverhältnis zu einem erkenntnistheoretischen Problem erklärt. Statt von der Strukturganzheit des In-der-Welt-seins auszugehen – und damit von einer konstitutiven Bezogenheit, deren Elemente nur analytisch getrennt werden können, aber immer auf die Gesamt-struktur verweisen –, wird die Subjekt-Objekt-Beziehung zum Ausgangspunkt philosophischen Nachdenkens gemacht. Diese Herangehensweise impliziert eine konstitutive Trennung von Subjekt und Objekt, die es dann durch erkenntnis-sichernde Maßnahmen zu überwinden gilt. Die Subjekt-Objekt-Relation impliziert dabei die Vorstellung eines die Welt beobachtenden Subjekts. Dasein als In-der-Welt-sein ist aber kein Weltbeobachter, sondern ein Teilnehmer in der Welt. Wenn wir unser Sein angemessen als Existenz beschreiben, löst sich die Problem-konstellation, die von einem Subjekt ausgeht, dass sich seiner Welt zuallererst versichern muss, in Luft auf. Sofern Dasein als In-der-Welt-sein immer schon bei der Welt ist, erweist sich die Grundkonstellation der Subjekt-Objekt-Spaltung als Konstruktion eines Problems, das sich nur aufgrund einer falschen Ontologie stellt. Eine ausführliche Argumentation gegen diese Problemformulierung folgt in § 43. Dort und in § 44 wird sich auch zeigen, dass aus der Ablehnung der Subjekt-Objekt-Trennung nicht folgt, dass nicht auch aus daseinsanalytischer Perspektive weiterhin nach dem Status von Wahrheit gefragt werden müsse. Allerdings wird eine solche Befragung auf eine Revision des herkömmlichen Verständnisses von Wahrheit hinauslaufen.

An dieser Stelle kann auch angemerkt werden, dass Heidegger nur ein klassisches Verständnis von Erkenntnistheorie zur Verfügung hatte, bei dem sich alles um das erkennende Subjekt dreht. Die Daseinsanalytik insgesamt ist ein Gegenentwurf zu einer solchen Problemkonstellation. Gerade mit seiner Kritik an der klassischen Epistemologie lieferte Heidegger wichtige Anregungen für spätere Arbeiten, welche zum einen die gesellschaftliche Dimension von Wissen (etwa in der sozialen Epistemologie) sowie zum anderen den innigen Zusammenhang von Epistemologie und Ontologie betonen (etwa in neuen Materialismen).

Die Alternative zum klassischen Modell der Erkenntnistheorie, die Heidegger im Rahmen der Daseinsanalytik anbietet, besteht darin, Erkennen als einen Seins-modus des Daseins zu verstehen. Dies tut Heidegger erstmals in § 13. Er wird es in § 69b wieder aufgreifen. Heidegger unterscheidet **Erkennen,** womit er den Bezug auf Vorhandenes bezeichnet, vom **Besorgen,** womit er den Umgang mit Zuhandenen bezeichnet. Heidegger betont, dass in der Alltäglichkeit das Besorgen gegenüber dem Erkennen einen Vorrang hat. Wir müssen vom Aufforderungscharakter einer Sache absehen, um sie im Modus des Erkennens zu vernehmen. Im Alltag haben wir es zunächst und zumeist mit dem Aufforderungscharakter unserer Umwelt zu tun. Doch ist es möglich, zum erkennenden Vernehmen einer Sache überzugehen und dieses weiter auszubilden, sodass wir zur begrifflichen Bestimmung einer Sache kommen. Damit nähern wir uns der Tätigkeit der **Wissenschaften** an. Heidegger ist es dabei wichtig, zu betonen, „daß das Erkennen selbst vorgängig gründet in einem Schon-sein-bei-der-Welt" (SZ 61). Heidegger sieht die Wissenschaften also in der Seinsweise des Daseins verwurzelt, nämlich als eine methodische Ausbildung des Erkennens als einer spezifischen Weise des Sein-bei.

Als Überleitung zu den folgenden Kapiteln kann abschließend noch einmal das Ziel des 1. Abschnitts zusammengefasst werden: Es besteht darin, die ontologischen Strukturen der Existenz ausgehend von der durchschnittlichen Alltäglichkeit angemessen zu beschreiben, um daraus ein erstes Verständnis der existenzialen Struktur des Daseins zu gewinnen. In Heideggers Worten: „Was ontisch in der Weise der Durchschnittlichkeit *ist,* kann ontologisch sehr wohl in prägnanten Strukturen gefaßt werden, die sich strukturell von ontologischen Bestimmungen etwa eines *eigentlichen* Seins des Daseins nicht unterscheiden." (SZ 44) Die folgenden Kapitel des 1. Abschnitts dienen nunmehr einer eingehenden Analyse der Bestimmungsmomente des In-der-Welt-seins, wie es in seiner durchschnittlichen Alltäglichkeit *ist*. Das 3. Kapitel behandelt dabei das Bestimmungsmoment der Welt, Kap. 4 die Frage, wer in dieser Weise in der Welt ist, bevor Kap. 5 die Struktur des In-Seins genauer unter die Lupe nimmt. Schließlich werden diese Bestimmungsmomente im 6. Kapitel wieder in eine Strukturganzheit zusammengefasst, die den Namen ‚Sorge' erhält.

4.3   Weiterführende Gedanken

Heideggers Herangehensweise unterscheidet sich grundlegend von jenem Denkrahmen, der in der heutigen Philosophie am weitesten verbreitet ist. Dieser beruht in der Annahme, dass wir Erklärungen brauchen, die reduktiv und atomistisch verfahren; dass wir also Modelle bilden müssen, die von einzelnen Elementen ausgehen und die Eigenschaften von größeren Systemen durch Rückführung auf die einzelnen Elemente und ihre Wechselwirkungen erklären. Heidegger ist hingegen ein Verfechter einer *anti-reduktionistischen* und *holistischen* Vorgehensweise. Wenn wir ein Phänomen erklären wollen, müssen wir laut Heidegger von seiner voll entwickelten Struktur in seiner Ganzheit ausgehen. Nur in Rückbindung an Strukturganzheiten ist es sinnvoll, einzelne Elemente einer Struktur analytisch hervorzuheben und einer genaueren Untersuchung zuzuführen. Dies ist eine zentrale Weichenstellung Heideggers, die wesentliche Impulse für die Gegenwartsphilosophie bereitstellt, in ihren Konsequenzen aber zumeist zu wenig ernst genommen wird.

Allerdings kann an dieser Stelle kritisch angemerkt werden, dass weder das Vertreten eines anti-reduktionistischen Holismus noch der Ausgang bei der Alltäglichkeit (Lebenswelt) implizieren, dass zum Beispiel von ethnologischen, entwicklungspsychologischen oder zoologischen Forschungen nichts gelernt werden könne. Bei Heidegger ist regelmäßig eine Abwertung anderer Disziplinen zu finden, die deren Vertreter:innen Naivität in Methodenfragen und Unfähigkeit zu philosophischer Reflexion unterstellt. Dagegen gilt es zu betonen, dass sich empirische Forschungen gewinnbringend mit einem an Heidegger anknüpfenden Verständnis von Phänomenologie verbinden lassen. In diesem Zusammenhang muss auch Heideggers Vorstellung einer strengen Arbeitsteilung kritisch gesehen werden, wonach die Philosophie für die ontologischen Fundamente zuständig ist und anderen Disziplinen nur empirische Forschungen durchführen, die erst auf Basis dieser Fundamente möglich werden. Forscher:innen sind in der Regel nicht so naiv, wie Heidegger uns glauben machen möchte, und brauchen nicht die rettende Hilfe von Philosoph:innen, um ihre Grundbegriffe zu verstehen. Es gibt in den verschiedenen Wissenschaftsdisziplinen eine Selbstreflexion auf die ontologischen und methodologischen Grundlagen, sodass sich eine Arbeitsteilung, wie sie Heidegger vorschwebt, nicht halten lässt. Das ist einerseits eine Warnung vor philosophischer Überheblichkeit, derer sich Heidegger schuldig macht; andererseits ist es vielleicht auch nicht verkehrt, sich ein wenig von Heideggers philosophischem Selbstvertrauen abzukupfern: konkret die Überzeugung, als Philosoph:in zur ontologischen und methodologischen Weiterentwicklung der Wissenschaften einen Beitrag leisten zu können.

Die Weltlichkeit der Welt (§§ 14–24)

Im 3. Kapitel des 1. Abschnitts geht es um die Bestimmung der Welt in ihrer Weltlichkeit, also was die Welt als Welt ausmacht. Zentral ist hierfür Heideggers Unterscheidung von vier Verständnissen von **Welt** (SZ 64–65):

- Erstens nennt Heidegger einen ontisch-kategorialen Begriff von Welt. Demnach meint Welt die Summe aller Seiender, also alles, was ist. Heidegger verwendet „Welt" in Anführungszeichen, um diesen Begriff von Welt zu bezeichnen.
- Diesem ontischen Begriff von „Welt" entspricht ein ontologisch-kategorialer Begriff, wonach Welt die Gegenständlichkeit der Gegenstände meint, also die Frage, was zum Beispiel – um Heideggers Beispiel aufzugreifen – einen Gegenstand der Mathematik als Gegenstand der Mathematik definiert.
- Drittens kann Welt in einer ontisch-existenziellen Weise verwendet werden. Es meint hier das, was geläufig als Lebenswelt bezeichnet wird, also das gewöhnliche, alltägliche Lebensumfeld, mit dem jemand vertraut ist. Heidegger verwendet statt des Begriffs ‚Lebenswelt' den Begriff ‚**Umwelt**'. Heidegger deutet an, dass die Umwelt sowohl öffentlich, im Sinne einer gemeinsamen Lebenswelt, als auch privat, im Sinne des je eigenen Umfelds, verstanden werden könne.
- Diesem ontisch-existenziellen Verständnis von Umwelt entspricht der existenzial-ontologische Begriff ‚**Weltlichkeit**'. Weltlichkeit bezeichnet die ontologische Beschaffenheit von Welt überhaupt, wovon einzelne Umwelten Instanziierungen sind. Der verblüffende – und zunächst wahrscheinlich äußerst irritierende, vielleicht sogar widersinnig scheinende – Clou von Heideggers existenzial-ontologischem Verständnis der Welt als Weltlichkeit besteht darin, dass Welt ein Existenzial des Daseins ist. Dasein steht der Welt nicht gegenüber. Vielmehr ist Dasein fundamental In-der-Welt-sein, was impliziert, dass es die Welt als eines seiner Strukturmomente umfasst. Eines der zentralen

© Der/die Autor(en), exklusiv lizenziert durch Springer-Verlag GmbH, DE, ein Teil von Springer Nature 2022

G. Thonhauser, *Heideggers „Sein und Zeit"*, https://doi.org/10.1007/978-3-662-64689-2_5

Anliegen des 1. Abschnitts von *Sein und Zeit* besteht darin, verständlich zu machen, wie dies sinnvollerweise zu verstehen ist.

Weil Welt – in diesen letzten beiden, für Heidegger entscheidenden Bedeutungen von *Umwelt* und *Weltlichkeit* – ein Existenzial des Daseins ist, kann auch nur Dasein als **weltlich** bezeichnet werden. Während Dasein weltlich ist und mit Welt im Modus des In-Seins verbunden ist, wird anderes Seiendes, das nur ‚in‘ der Welt vorhanden ist, von Heidegger als **innerweltlich** bezeichnet.

Neben dieser Differenzierung von vier Weltbegriffen dient § 14, der das 3. Kapitel einleitet, wiederum vor allem zur Abwehr von Missverständnissen, die ein angemessenes Verständnis von Weltlichkeit erschweren. Daran ist insbesondere Heideggers kurze Diskussion des Begriffs ‚**Natur**‘ interessant (SZ 65). Heidegger unterscheidet dabei drei Weisen, wie Natur üblicherweise verstanden werde, um deutlich zu machen, dass keines dieser drei Verständnisse von Natur geeignet ist, um zum gesuchten Verständnis von Welt beizutragen.

- An erster und wichtigster Stelle steht das Verständnis von Natur, wie es im Zusammenhang mit den neuzeitlichen Naturwissenschaften, insbesondere der Physik, eingeführt wurde. Heidegger denkt hier konkret an den Naturbegriff bei Kant, wie eine Randbemerkung zeigt: Vereinfachend zusammengefasst meint Natur bei Kant die Gesamtheit der nach Kausalbeziehungen zusammenhängenden Erscheinungen. Im Rahmen der Terminologie von *Sein und Zeit* können wir sagen, dass dieses Verständnis von Natur das Korrelat des Erkennens ist, also des Verhaltens des Daseins zu Seiendem in der Gegebenheitsweise der Vorhandenheit. Dieses Verständnis von Natur ist also eine Variante, wie die „Welt" konzeptualisiert wird. Heideggers entscheidender Punkt ist dabei einerseits, was er bereits in § 13 entfaltete, und zwar, dass das Erkennen ein Modus des In-der-Welt-seins ist. Wenn Erkennen aber als Modus des In-der-Welt-seins verstanden werden muss, hat das zur Konsequenz, dass das naturwissenschaftliche Verständnis von Natur nur auf Basis der Weltlichkeit des Daseins möglich ist. Entsprechend wird Heidegger zeigen, dass es einer noch näher zu bestimmenden *Entweltlichung* der Welt bedarf, damit wir zur „Welt" und zum naturwissenschaftlichen Verständnis von Natur gelangen können. Andererseits ist Heideggers zweiter wichtiger Punkt – im Rahmen seiner Destruktion bisheriger Vorverständnisse –, dass die Orientierung am naturwissenschaftlichen Verständnis von Natur zur Konsequenz habe, dass wir nur den kategorialen Begriff von „Welt" bedenken und dabei die Weltlichkeit der Welt übersehen. Es wird also darum gehen, in Abgrenzung zum am Leitfaden der Naturwissenschaften verstandenen Begriff von „Welt" die Welt in ihrer Weltlichkeit sichtbar zu machen.
- Zweitens nennt Heidegger den Naturbegriff der Romantik. Wir benutzen Natur in diesem Sinn, wenn wir etwa von einer ‚düsteren Landschaft‘, einem ‚kahlen Felsen‘ oder einem ‚romantischen Plätzchen‘ sprechen.

- Drittens ergänzt Heidegger an einer späteren Stelle noch das Verständnis von Natur als Ressource: „Der Wald ist Forst, der Berg Steinbruch, der Fluß Wasserkraft, der Wind ist Wind ‚in den Segeln‘." (SZ 70) In der Terminologie von *Sein und Zeit* lässt sich sagen, dass Natur in diesem Sinn als ein Zuhandenes besorgt wird. Beim späteren Heidegger wird dieser Gedanke in modifizierter Form aufgegriffen, wenn er in seinen Überlegungen zum Wesen der Technik zeigt, dass dieses Verständnis von Natur – als durchgängig verfügbare Ressource – durch den zunehmenden Vorrang der Technik in der fortschreitenden Moderne hegemonial wurde. Diese Überlegungen des späteren Heideggers wurden und werden in der Technikphilosophie breit rezipiert. Für *Sein und Zeit* kann aber festgehalten werden, dass nicht der technische Weltzugriff, wie er sich in der Dominanz der Ingenieurswissenschaften manifestiert, sondern der naturwissenschaftliche Weltzugang, wie er in der frühen Neuzeit von Descartes bis Kant philosophisch reflektiert wurde, die zentrale Kontrastfolie ist, von der sich Heidegger abgrenzt, um seinen Weltbegriff zu entwickeln.

In Kontrast zu diesen naturwissenschaftlichen, romantischen und ingenieurswissenschaftlichen Naturbegriffen möchte Heidegger ein Verständnis des Phänomens der Welt aus der durchschnittlichen Alltäglichkeit des Daseins gewinnen. Darin besteht die Aufgabe des 3. Kapitels des 1. Abschnitts.

Das 3. Kapitel geht dabei in drei Schritten vor. In Teil A entfaltet Heidegger seine Analyse der Weltlichkeit am Leitfaden des Besorgens von Zuhandenem. Teil B bietet eine Kritik an Descartes Ontologie. Heidegger hatte Descartes' Verständnis der *res cogitans* (also des Geistes oder Bewusstseins) bereits in § 10 kritisiert. In diesem Teil folgt die kritische Destruktion von Descartes' Verständnis der *res extensa* (also des übrigen, nicht-geistigen Seins). Bereits der Name *res extensa* zeigt an, dass Descartes alles nicht geistig Seiende anhand der Ausdehnung versteht. Im Kontrast zu diesem Verständnis von Gegenständlichkeit am Leitfaden der Ausdehnung entwickelt Heidegger in Teil C ein existenziales Verständnis von Räumlichkeit.

5.1 Das Zeug in seiner Zeughaftigkeit

Teil A zur Weltlichkeit beginnt in § 15 damit, dass Heidegger die Seinsart des Zuhandenen näher bestimmt – er nennt sie auch die Zeughaftigkeit des Zeuges. § 16 behandelt darauf aufbauend, wie sich am Zuhandenen die Welt meldet, das heißt, wie ausgehend von der Zeuganalyse die Weltlichkeit der Welt sichtbar gemacht werden kann. Den Gedanken von § 15 aufgreifend, dass für das Verständnis von Welt das Phänomen der Verweisung wichtig ist, geht § 17 ausführlicher auf das Phänomen der Verweisung ein, allerdings anhand eines Exkurses, nämlich anhand einer Analyse von Zeichen als eines spezifischen Typs von Zeug. Der abschließende § 18 bietet eine ausführliche Bestimmung der Weltlichkeit der Welt. Dabei werden zahlreiche neue Begrifflichkeiten eingeführt, die im weiteren Verlauf der Daseinsanalyse teilweise nicht wieder aufgegriffen werden. Für Leser:innen, die sich ein erstes Verständnis von *Sein und Zeit* erarbeiten, ist es ratsam, § 17 zu überspringen und sich von der Verwirrung, die die zahlreichen Begrifflichkeiten in § 18 möglicherweise hervorrufen, nicht beirren zu lassen.

§ 15 folgt dem „Leitfaden des alltäglichen In-der-Welt-seins" (SZ 66). Der vorrangige Modus des Daseins, in dem es sich zu anderen Seienden verhält, ist nicht das Erkennen, sondern das Besorgen. In § 15 geht es zunächst um eine Bestimmung des im Besorgen begegnenden Seienden. Heidegger beginnt dabei mit einem methodischen Hinweis, der darin besteht, dass phänomenologische Auslegung nicht mit dem Erkennen gleichgesetzt werden könne. Es gehe vielmehr gerade darum, den Modus des Erkennens zu vermeiden, um das Besorgen zu entdecken. Die phänomenologische Auslegung muss dabei dem folgen, was wir im alltäglichen Tun zunächst und zumeist machen; und dabei vor allem darauf achten, dieses alltägliche Tun nicht mit theoretischen Vorannahmen zu verdecken. Anhand dieses methodischen Leitfadens soll das vorontologische Seinsverständnis des alltäglichen Daseins expliziert und dadurch in eine ontologische Bestimmung überführt werden.

Heidegger wählt anschließend eine etymologische Annäherung, wie er es bereits bei der vorläufigen Bestimmung des In-Seins in § 12 getan hatte, und hält fest, dass ihm der Begriff ‚Ding' ungeeignet scheine, weil er Konnotationen von „Substanzialität, Materialität, Ausgedehntheit, Nebeneinander" (SZ 68) habe – all diese Begriffe gelte es, zu vermeiden. In Kontrast zu dieser schnellen Verabschiedung des Begriffs in *Sein und Zeit* wird Heidegger in seinem späteren Denken das Wort ‚Ding' affirmativ aufgreifen und anhand eines etymologisch inspirierten Nachdenkens über das Ding unter anderem auch seine eigene Zeuganalyse kritisieren. Das ist ein Sachverhalt, der in der Schlussbetrachtung zum Thema werden wird. Heideggers Zeuganalyse greift Gedanken auf, die er in seinen früheren Vorlesungen zu Aristotles entwickelte (GA 62, GA 18, GA 19, GA 22). Heidegger kondensiert dies in *Sein und Zeit* in die affirmative Anknüpfung an den griechischen Begriff *Prágmata*, den er übersetzt als: „das, womit man es im besorgenden Umgang zu tun hat", wobei *besorgender Umgang* als Übersetzung des griechischen Wortes *Praxis* fungiert (SZ 68). Schließlich führt Heidegger seinen eigenen ein, um Seiendes von der Seinsart der Zuhandenheit zu bezeichnen: **Zeug.** Ebenso wie die Bezeichnung **Zuhandenheit** – die darauf anspielt, wie etwas ‚zur Hand' ist – ist auch Zeug ein aus der Alltagssprache zu uns sprechender Begriff, wie Heidegger verdeutlicht: „Schreibzeug, Nähzeug, Werk-, Fahr-, Meßzeug" (SZ 68). § 15 behandelt nun die Frage: Was macht ein Zeug zum Zeug? Worin besteht die Zeughaftigkeit des Zeuges?

Heidegger bestimmt das Zeug anhand von vier Charakteristika: Erstens ist Zeug durch eine ‚Um-zu'-Relation bestimmt: ein Kochlöffel ist zum Umrühren, ein Hammer zum Hämmern und eine Wurfscheibe zum Werfen. Heidegger bezeichnet das ‚um-zu' auch als **Verweisung.** Zeug verweist auf gewisse Tätigkeiten, für die es geeignet ist. Zweitens gibt es nie nur ein Zeug. Ein Zeug verweist immer auf ein Zeugganzes, innerhalb dessen es seine spezifische

Funktion erhält. Ein Hammer verweist zum Beispiel auf eine Zeugganzheit, die auch Nägel, Bretter und eine Reihe weiterer ‚Zeuge‘ enthält. Drittens begegnet Zeug im Modus der unauffälligen Vertrautheit, die sich darin zeigt, das Zeug hinter das mit seiner Hilfe geschaffene Werk zurücktritt. Zum Beispiel tritt die Tastatur völlig in den Hintergrund, während ich diesen Satz tippe. Das Werk trägt die Verweisungsganzheit, es ist ebenfalls Zeug, verweist aber als Werk auf die gesamte Produktionskette, die um es strukturiert ist. Viertens verweist Zeug auf Träger:innen und Benutzer:innen, also auf Dasein, das von ihm Gebrauch macht.

Diese erste Bestimmung der Zeughaftigkeit des Zeuges zeigt, dass Zeug in vielfältige Verweisungsstrukturen eingebettet ist und nur innerhalb solcher Verweisungszusammenhänge als Zeug sein kann. An dieser ersten Charakterisierung des Zeuges sollen zwei Aspekte hervorgehoben werden, die nicht explizit in Heideggers Text stehen, aber für ein angemessenes Verständnis von Heideggers Zeuganalyse zentral sind: Erstens ein erklärender Hinweis zu Heideggers Bemerkung zum Verhältnis von Zuhandenheit und Vorhandenheit am Ende von § 15. Es ist wichtig zu betonen, dass Zuhandenheit und Vorhandenheit Gegebenheitsweisen bezeichnen und nicht Gegenstandsbereiche. Dasselbe Stück Plastik kann entweder als Wurfscheibe aufgefasst werden oder als 175 g schweres Objekt mit einer bestimmten chemischen Zusammensetzung. Diese beiden Gegebenheitsweisen sind nicht aufeinander zurückführbar. In Heideggers Worten: Zuhandenheit und Vorhandenheit sind gleichursprünglich. Nur aus der spezifischen Hinsicht ergibt sich ein scheinbarer Vorrang der einen oder anderen Gegebenheitsweise: Wenn wir beim Besorgen ansetzen, deutet dies auf einen Vorrang der Zuhandenheit; ein Fokus auf das Erkennen lässt hingegen die Vorhandenheit als vorgängig erscheinen. Die Orientierung der Daseinsanalytik am Leitfaden der Alltäglichkeit – und dem darin dominierenden besorgenden Umgang mit Zeug – hat zur Konsequenz, dass in der Daseinsanalytik die Zuhandenheit als vorrangig erscheint.

Zweitens soll ein Begriff hervorgehoben werden, der leicht überlesen werden kann, aber zentral ist, um Missverständnissen vorzubeugen. Es handelt sich dabei um den Begriff ‚**Umsicht**‘. Mit Umsicht bezeichnet Heidegger die spezifische Form von praktischem Wissen, das dem Besorgen eigen ist. Die Umsicht ist dabei vom Erkennen zu unterscheiden: Erkennen hat es mit Vorhandenem zu tun, die Umsicht meint hingehen das Sich-Auskennen mit Zeug. Dabei ist es wichtig, zu betonen, dass auch die Umsicht methodisch ausgebildet werden kann. Wer zum Beispiel einen Tunnel durch die Alpen graben möchte, muss dafür sorgen, dass kilometerlange Röhren sich auf den Zentimeter genau treffen, wofür komplexe Messungen und Berechnungen nötig sind. Doch die Ingenieure haben es dabei durchweg mit Zuhandenem zu tun. Diese Überlegungen zur Umsicht machen deutlich, dass der Unterschied von Besorgen und Erkennen nicht mit einem etwaigen Unterschied von Praxis und Theorie identisch ist. Vielmehr muss festgehalten werden – sofern wir die Terminologie von Theorie und Praxis überhaupt verwenden wollen –, dass auch Besorgen seine ‚Theorie‘ hat, ebenso wie Erkennen seine ‚Praxis‘.

In § 16 geht Heidegger von der Analyse der Zeughaftigkeit des Zeuges zur
Bestimmung der Weltlichkeit der Welt über. Dabei sind vor allem die beiden Hinweise wichtig, die Heidegger am Anfang und am Ende dieses Paragrafen gibt.
Erstens der einleitende Hinweis, dass die Welt kein Seiendes ist, sondern eine
Seinsmöglichkeit des Daseins. Wie bereits die Kommentierung dieses Kapitels
einleitend bemerkt hat, wird es darauf ankommen, diesen Satz angemessen zu verstehen. Zweitens der abschließende Hinweis, dass die Alltäglichkeit ein Existieren
im Modus der unauffälligen **Vertrautheit** mit Welt ist:

> In-der-Welt-sein besagt nach der bisherigen Interpretation [also im Modus der Alltäg-
> lichkeit, die im 1. Abschnitt expliziert wird; Anm. G. T.]: das unthematische, umsichtige
> Aufgehen in den für die Zuhandenheit des Zeugganzen konstitutiven Verweisungen. Das
> Besorgen ist je schon, wie es ist, auf dem Grund einer Vertrautheit mit Welt. (SZ 76)

In § 15 hatte Heidegger kurz angedeutet, wie das zur Herstellung verwendete Zeug
in den Hintergrund des Werkes tritt, zu dessen Herstellung es diente. In analoger
Weise tritt die Welt in den Hintergrund des Zeuges, das es ermöglicht. Daraus
ergibt sich Heideggers methodischer Vorschlag, den er in § 16 verfolgt: Gerade in
einer Störung der vertrauten Verweisungszusammenhänge wird die Zeughaftigkeit
des Zeuges und damit auch die Weltlichkeit der Welt zugänglich. Das ist der Fall,
weil die Störung die unauffällige Vertrautheit bricht und dadurch den Blick auf
das richtet, mit dem wir vertraut sind, ohne es normalerweise zu bemerken oder
zu thematisieren. Als während der Arbeit an diesem Buch das Ladekabel meines
Laptops plötzlich nicht mehr funktionierte, konfrontierte mich das mit der Tatsache, dass das Schreiben dieses Buches nicht nur einen funktionierenden Laptop
voraussetzte, sondern auch eine Infrastruktur, die mir überall, wo ich mich auf-
hielt, Elektrizität zur Verfügung stellte, um meinen Laptop aufzuladen.

Heidegger nennt drei Modi der Störung (SZ 73): Zeug *fällt auf,* wenn es
unverwendbar ist; es wird *aufdringlich,* wenn es fehlt; und es wird *aufsässig,*
wenn es im Weg liegt. Auffälligkeit, Aufdringlichkeit und Aufsässigkeit sind
die drei Modi der **Unzuhandenheit,** die Heidegger hier nennt. Die genaue
Charakterisierung der einzelnen Modi und die Frage, ob diese Aufzählung vollständig ist, ist dabei nicht so wichtig. Wichtiger ist der zugrunde liegende
Gedanke, dass Strukturen, die normalerweise so selbstverständlich sind, dass wir
sie nicht bemerken, vor allem dann sichtbar werden, wenn eine Störung eintritt.
In unserer Lebenswelt ist die universale Verfügbarkeit von Strom das vielleicht
bedeutendste Beispiele für eine äußerst komplexe Struktur, die für uns so selbstverständlich ist, dass wir unsere umfassende Angewiesenheit auf sie völlig ausblenden. Gelegentliche Stromausfälle führen uns vor Augen, wie vulnerabel
unsere Lebenswelt in dieser Hinsicht ist. Das Licht geht aus und wir benutzen
unsere Handys als Taschenlampe, nur um zu bemerken, dass diese ebenso auf
Strom angewiesen sind. In den meisten Haushalten funktionieren weder Heizung
noch Herd ohne Strom und die Vorräte im nunmehr warmen Kühlschrank ver-
derben.

Doch kehren wir zurück zu den sich daraus ergebenden ontologischen Einsichten: Was macht die Störung der Zuhandenheit sichtbar? Heideggers Ausführungen lassen an dieser Stelle etwas an Klarheit vermissen. Der zentrale Gedanke ist folgendermaßen zu rekonstruieren: In der Störung verliert das Zuhandene seine Zuhandenheit, es wird *unzuhanden;* das Zeug erweist sich als nicht länger benutzbar, es kann seine Funktion nicht mehr erfüllen. Wenn ein Zeug unzuhanden wird, wird es damit aber nicht einfach zu einem Vorhandenen. Die Störung der Zuhandenheit bewirkt nicht notwendig einen Wechsel in den Modus des Erkennens. Die Störung kann vielmehr gerade sichtbar machen, was fehlt. Die Umsicht kann in der Störung also gerade das Zeug in seiner Zeughaftigkeit entdecken – wenn auch als fehlerhaft. Eine Störung zwingt dazu, über die Zusammenhänge nachzudenken, in die ein Zeug eingebettet ist; Zusammenhänge, die – solange alles einwandfrei funktioniert – so selbstverständlich sind, dass sie nicht beachtet werden. Der Fehler gibt dabei *ex negativo* zu verstehen, was normalerweise gegeben sein muss, um die Funktion zu gewährleisten.

Eine Störung macht erstens ersichtlich, dass das Sein des Zeugs in seinen vielfältigen Verweisungen besteht. Wenn Zeug unzuhanden wird, manifestiert sich die Unzuhandenheit als „Störung der Verweisung – in der Unverwendbarkeit für … wird aber die Verweisung ausdrücklich" (SZ 74). An dieser Stelle kann § 17 herangezogen werden, um das Verständnis von **Verweisung** weiter zu entfalten. Der zentrale Gedanke besteht darin, dass Verweisung eine ontologische Beschreibungskategorie ist, die nicht ontisch missverstanden werden darf. Heidegger macht dies in § 17 deutlich, indem er Verweisung von Zeichen abgrenzt. Zeichen sind Seiende, die auf anderes verweisen – mit Heidegger können wir sagen: Sie sind Zeigzeug. Ein Pfeil zum Beispiel verweist auf einen Weg, dem wir folgen sollen. Die Verweisung, die für Zeug konstitutiv ist, ist hingegen nicht selbst ein Seiendes. Ein Kochlöffel verweist auf das Umrühren, ein Hammer auf das Hämmern und eine Wurfscheibe auf das Werfen, doch sind dies nicht zwei Seiende. In der Verweisung wird ein Zeug vielmehr auf seine Funktion verwiesen, die selbst jedoch kein Seiendes ist. Das ist auch ein erstes Beispiel für den Sinn der – häufig missverstandenen – ontologischen Differenz, bei der es einfach darum geht, dass ontologische Beschreibungskategorien nicht ontisiert werden dürfen, das heißt so verstanden werden dürfen, als bezeichneten sie Seiende.

In einer Störung meldet sich zweitens die **Umwelt,** mit der wir im Normalzustand so selbstverständlich vertraut sind, dass wir sie gar nicht bemerken. Damit machen wir aber keine neue Entdeckung; vielmehr wird nur etwas thematisch, mit dem wir unthematisch bereits vertraut sind: „Der Zeugzusammenhang leuchtet auf nicht als ein noch nie gesehenes, sondern in der Umsicht ständig im vorhinein schon gesichtetes Ganzes." (SZ 75) Mit dem gestörten Zeugzusammenhang meldet sich das Phänomen der Umwelt: „Die Umsicht stößt ins Leere und sieht erst jetzt, *wofür* und *womit* das Fehlende zuhanden war. Wiederum meldet sich die Umwelt." (SZ 75). Anhand dieses Aufscheinens von Welt – hier verstanden als Umwelt des besorgenden Daseins – entwickelt Heidegger eine erste

Charakterisierung der **Weltlichkeit.** Er hebt dabei hervor, dass die (Um-)Welt kein Seiendes ist – auch hier ist die ontologische Differenz zentral. Die Welt ist kein Seiendes, sondern im ‚Da‘ des Daseins: Es ist zentrales Bestimmungsmoment der Erschlossenheit des Daseins. „Es ist im ‚Da‘ vor aller Feststellung und Betrachtung. Es ist selbst der Umsicht unzugänglich, sofern diese immer auf Seiendes geht, aber es ist für die Umsicht je schon erschlossen." (SZ 75) Die hier erstmals genannte *Erschlossenheit* als Grundcharakteristikum des Daseins weist voraus auf die Klärung des In-Seins anhand von Befindlichkeit, Verstehen und Rede im 5. Kapitel. Der Weltbegriff ist ein Beispiel für Heideggers methodische Feststellung, dass die phänomenologischen Phänomene gerade jene sind, die sich normalerweise nicht zeigen; die phänomenologischen Phänomene sind die zunächst und zumeist verborgenen Bedingungen der Möglichkeit dessen, womit wir im Alltag zu tun haben: „Das *Sich-nicht-melden* der Welt ist die Bedingung der Möglichkeit des Nichtheraustretens des Zuhandenen aus seiner Unauffällig-keit." (SZ 75) Die Welt ist kein Seiendes, sondern lässt Seiendes erscheinen. Am derzeitigen Stand der Analyse lässt sich das so verdeutlichen, dass die **Umwelt** Zeug erscheinen lässt, indem sie es in einen Verweisungszusammenhang ein-bettet. Dabei ist die Umwelt immer schon mit erschlossen, wenn auch zunächst und zumeist unthematisch; wir verstehen die Verweisungszusammenhänge, doch tun wir dies zumeist nicht in expliziter Weise, sondern indem wir Zeug in einer spezifischen Weise verwenden.

Wie bereits weiter oben bemerkt, greift Heidegger in § 18 die Charakterisierungen der Zeughaftigkeit des Zeuges und der Weltlichkeit der Welt, die er in § 15 und § 16 eingeführt hatte, abermals auf. Anhand von § 18 können den bisherigen Ausführungen einige Präzisierungen hinzugefügt werden.

Heidegger macht deutlich, dass die für Zeug konstitutiven Verweisungen keine Eigenschaften von Seienden sind. Sie sind aber andererseits auch keine Projektionen eines ‚Subjekts‘, sondern als Bestimmungsmomente von Welt das, *woraufhin* Seiendes *entdeckt* ist. In einer Sprache, die Heidegger vermeidet, kann dies so zum Ausdruck gebracht werden, dass Verweisung ein relationaler Begriff ist, der sich in der Relation von Dasein und nicht-daseinsmäßigen Seienden konstituiert. Verweisung wird von Heidegger nunmehr genauer bestimmt als „bewenden lassen mit etwas bei etwas" (SZ 84). Die Präpositionen ‚mit‘ und ‚bei‘ bringen die Beziehung zum Ausdruck, die Heidegger Verweisung nennt. Die Gesamtstruktur dieser Phrase nennt er **Bewandtnis.** Um Heideggers eigentüm-liche Terminologie an einem Beispiel zu erläutern: *Mit* einer Wurfscheibe hat es seine Bewandtnis *beim* Werfen. Die Bewandtnis besteht in einer Beziehung, was anhand des Beispiels dahingehend veranschaulicht werden kann, dass der Vollzug dieser Bewandtnis sowohl ein geeignetes Seiendes mit entsprechenden Flugeigen-schaften als auch eine befähigte Benutzerin mit entsprechenden Wurffertigkeiten erfordert. Die Scheibe wird im Werfen daraufhin freigegeben, Wurfzeug zu sein. In Heideggers Worten: „Bewandtnis ist das Sein des innerweltlichen Seienden, darauf es je schon zunächst freigegeben ist." (SZ 84) Die Bewandtnis, als die in der Relation liegende Freigabe eines Zeugs, macht das Sein des Zuhanden aus.

Die angemessene Weise, sich zum Sein des Zuhandenen zu verhalten, besteht im entsprechenden Benutzen eines Zeugs. Um Missverständnissen vorzubeugen, kann dazu angemerkt werden, dass ein Zeug nie nur eine Verwendungsweise hat und diese auch nicht unveränderbar festgeschrieben sind, sondern sich dynamisch aus den jeweiligen Kontexten ergeben. Kenner der Discsportarten wissen zum Beispiel, dass sich Scheiben auch vorzüglich als Teller, Schreibunterlage oder Sonnenschutz eignen.

Vor diesem Hintergrund wird die Zeugganzheit nunmehr terminologisch genauer fassbar als **Bewandtnisganzheit.** Heidegger bringt dabei einen zentralen Sachverhalt zur Sprache, der in der vorherigen Bestimmung der Bewandtnis bereits implizit enthalten war: „Die Bewandtnisganzheit selbst aber geht letztlich auf ein Wozu zurück, bei dem es *keine* Bewandtnis mehr hat […]. Das primäre ‚Wozu‘ ist ein Worum-willen. Das ‚Umwillen‘ betrifft aber immer das Sein des *Daseins*.“ (SZ 84) Bewandtnis gibt es nur, weil es Dasein gibt; Bewandtnis ist daher keine objektive Eigenschaft eines Dinges, sondern relativ auf das **Umwillen** des Daseins. Das impliziert allerdings nicht, dass Dasein Bewandtnis einfach erfindet; es scheint angemessener zu sagen, dass Dasein Seiendes in seiner Bewandtnis entdeckt und so Seiendes als Zuhandenes begegnen lässt. Heidegger gebraucht hierfür den Ausdruck ‚Bewendenlassen‘. Das ist ein höchst passender Ausdruck, weil er die Medialität des Geschehens zum Ausdruck bringt, das weder in einem ‚Subjekt‘ noch in einem ‚Objekt‘ verortet werden kann, sondern im In-der-Welt-sein als einer Beziehung liegt. Bewendenlassen impliziert immer das Zusammenspiel einer fähigen Benutzerin mit einem geeigneten Zeug. Bewendenlassen ist die Bedingung der Möglichkeit von Zuhandenheit. Zugleich ist es ein zentraler Seinscharakter des In-der-Welt-seins. Mit anderen Worten: Dasein ist ein Seiendes, das andere Seiende in ihrer Bewandtnis entdeckt bzw. immer schon entdeckt hat. Sobald Dasein ist, begegnet ihm Seiendes als zuhanden: „Das auf Bewandtnis hin freigebende Je-schon-haben-bewenden-lassen ist ein *apriorisches Perfekt,* das die Seinsart des Daseins selbst charakterisiert.“ (SZ 85) Wenn Heidegger das ‚Je-schon-haben-bewenden-lassen‘ als ein ‚apriorisches Perfekt‘ bezeichnet, meint er damit, dass es das Sein des Daseins so grundsätzlich bestimmt, dass es kein Dasein geben kann, das es nicht mit Zeug bewenden lässt, dieses nicht in seiner Zuhandenheit freigibt. Heidegger bringt dies am Ende von § 18 noch einmal zum Ausdruck, wenn von der *Angewiesenheit* des Daseins auf Welt spricht. Im Umkehrschluss bedeutet dies aber auch, dass Dasein die *ontische* Bedingung der Möglichkeit für die Entdecktheit von Seienden ist. Es gäbe Seiendes zwar auch dann, wenn es kein Dasein gäbe, doch wäre Seiendes dann nicht entdeckt, es hätte mit ihm dann keine Bewandtnis. Die „Welt“ ist unabhängig vom Dasein; die Welt hingegen gibt es nur, wenn und solange es Dasein gibt.

Wir nähern uns Heideggers Bestimmung der Weltlichkeit der Welt an, wenn wir bedenken, dass das Bewendenlassen von Zeug die Bewandtnisganzheit immer schon mitentdeckt hat. Es mit einem Zeug bewenden zu lassen, bedeutet immer, es auf einen Kontext hin freizugeben. Die Gesamtheit der Bewandtnisstrukturen, in denen Zeug Verwendung findet, ist die **Welt:** *„Das Worin des sichverweisenden Verstehens als Woraufhin des Begegnenlassens von Seiendem in der Seinsart der Bewandtnis ist das Phänomen der Welt."* (SZ 86) An dieser Stelle lässt sich der Leitfaden exemplifizieren, wonach auch in uneigentlichen Existenzvollzügen die volle Strukturganzheit des In-der-Welt-seins zur Explikation gebracht werden kann. Im Rahmen der Zeuganalyse wird Welt vorerst nur als Bewandtnisganzheit verstanden. Das ist einerseits nur ein erstes Vorverständnis von Welt, denn in unserer Welt begegnet uns nicht nur Zuhandenes. Dieses Vorverständnis von Welt muss also verallgemeinert werden, um zur Frage nach der Weltlichkeit der Welt überhaupt zu gelangen. Andererseits gibt auch die Bewandtnisganzheit, als ontologische Beschaffenheit der Zuhandenheit, schon die volle Struktur von Welt zu verstehen, die allgemeiner formuliert darin besteht, dass innerhalb eines umgrenzenden Horizonts etwas als etwas begegnet, dass es mit etwas seine Bedeutung hat.

Heidegger macht in diesem Zusammenhang auch deutlich, wie die Begriffe ‚Erschlossenheit' und ‚Entdecktheit' aufeinander bezogen sind: Der **Erschlossenheit** des ‚Da' von Welt entspricht die **Entdecktheit** des innerweltlichen Seienden. Vollends verständlich wird diese Aussage erst durch § 31 zum Verstehen und § 44 zur Wahrheit. Die Erschlossenheit von Welt (und die korrespondierende Entdecktheit des innerweltlichen Seienden) ist dabei letztlich nichts anderes als eine ausführlichere Explikation des Grundgedankens, dass Seinsverständnis zum Sein des Daseins gehört. Heidegger drückt dies so aus:

> Wenn dem Dasein wesenhaft die Seinsart des In-der-Welt-seins zukommt, dann gehört zum wesenhaften Bestand seines Seinsverständnisses das Verstehen von In-der-Welt-sein. Das vorgängige Erschließen dessen, woraufhin die Freigabe des innerweltlichen Begegnenden erfolgt, ist nichts anderes als das Verstehen von Welt, zu der sich das Dasein als Seiendes schon immer verhält. (SZ 86)

Es lässt sich jetzt genauer fassen, was es bedeutet, in einem **vorontologischen Seinsverständnis** zu existieren. Es bedeutet, dass das alltägliche Dasein all das, was Heidegger hier als existenziale Strukturen beschreibt, ontisch-existenziell vollzieht, ohne es ontologisch erfasst zu haben. Etwas flapsig formuliert: Dasein versteht sich als so oder so Tätiges, indem es Zeug als so oder so Nützliches verwendet.

An diesem Punkt in der Daseinsanalyse wird das Je-schon-haben-bewendenlassen von Zeug als die ursprüngliche **Vertrautheit** des Daseins mit der Welt identifiziert. Diese Weltvertrautheit ist für das Dasein in seiner Alltäglichkeit konstitutiv. Die Charakterisierung der Weltlichkeit der Welt abschließend kann vorausblickend angemerkt werden, dass es die Störung dieser konstitutiven Weltvertrautheit sein wird, die dem Dasein in der Angst widerfährt und es so aus den Strukturen des Alltags reißt und auf den Pfad ontologischen Fragens führt. Die Weltvertrautheit, die aus der Perspektive des Alltags als fester Boden erscheint, wird sich also als Abgrund erweisen, der auf einer ursprünglicheren Unheimlichkeit beruht und diese dabei zugleich verdeckt.

5.2   Die Räumlichkeit des Daseins

Teil B setzt die Kritik am cartesianischen Dualismus von Geist und Natur, *res cogitans* und *res extensa*, fort, die bereits in § 10 durch eine Destruktion der *res cogitans* begonnen wurde. Nunmehr folgt die Destruktion der *res extensa*. Descartes versteht die „Welt" als *res extensa*, also anhand der Ausdehnung. Damit verfehlt er aber ebenso den existenzial-ontologischen Begriff von Welt wie die Weltmäßigkeit des innerweltlichen Seienden. Die „Welt" bei Descartes entspricht dem Erkennen „im Sinne der mathematisch-physikalischen Erkenntnis" (SZ 95). Heideggers zentrale Kritik besteht darin, dass Descartes durch die Festlegung seiner Methode der „Welt" im Vorhinein ihr Sein vorschreibt. Sein wird von ihm verstanden als „ständige Vorhandenheit" (SZ 96). Dieser Festschreibung des Seins als ständiger Vorhandenheit entspricht die Mathematik als Leitdisziplin, die besonders geeignet ist, um solcherart unveränderliche Strukturen zu beschreiben. Heidegger identifiziert also Descartes als einen der radikalsten Vertreter der Sichtweise, dass alles Sein von der Seinsart der Vorhandenheit sei. Das ist eine verhängnisvolle Entscheidung, weil sie impliziert, dass ein wirklicher Zugang zur „Welt" nur durch die Mathematik bzw. durch eine nach dem Vorbild der Mathematik entwickelten Naturwissenschaft gewährleistet werden könne, während alle anderen Weltzugänge kein vergleichbares ontologisches Gewicht für sich beanspruchen könnten.

Teil C hält einem solchen Zugang, der die Gesamtheit des Seienden am Leitfaden der Ausdehnung als ständige Vorhandenheit konzipiert, ein Verständnis der Räumlichkeit des Daseins entgegen. Der zentrale Gedanke ist uns bereits aus der Vorbestimmung des In-Seins in § 12 bekannt: Das In-Sein des Daseins kann nicht im Sinne dessen verstanden werden, was man das Behältermodell des Raumes nennen könnte: „Dies besagt: ein selbst ausgedehntes Seiendes ist von den ausgedehnten Grenzen eines Ausgedehnten umschlossen." (SZ 101) In diesem Modus ist das Wasser im Glas, die Suppe im Topf oder die Luft im Fahrradschlauch. Heidegger nennt diesen Modus ‚Inwendigkeit' – ein Seiendes ist innerhalb eines anderen Seienden. Wir haben allerdings bereits gesehen, dass das In-Sein des Daseins nicht anhand dieses Behältermodells verstanden werden kann.

In Teil C des 3. Kapitels geht es nunmehr darum, die dem Dasein eigentümliche Räumlichkeit zu bestimmen. Das wir uns dabei nicht am Behältermodell orientieren dürfen, impliziert auch, dass für die Räumlichkeit des Daseins nicht das cartesianische Koordinatensystem bzw. der dreidimensionale Raum der entscheidende Leitfaden ist. Stattdessen muss der Orientierung gefolgt werden, die dem Dasein eigen ist und auch das Zuhandene orientiert. Dabei folgt Heidegger der Beobachtung, dass das uns nächste Seiende häufig nicht dasjenige mit dem geringsten geometrischen Abstand ist. Zum Beispiel ist uns der Bildschirm weit näher als die Brille, die auf unserer Nase sitzt, oder die Kontaktlinsen, die auf der Hornhaut aufliegen. Ebenso ist uns der Gesprächspartner bei einer Videokonferenz näher als der Bildschirm, auf dem dieser erscheint. Beim Laufen wird dies ebenfalls erfahrbar, wenn wir immer ein paar Schritte voraus sind und nie bei dem

Untergrund, mit dem gerade unsere Fußsohlen in Kontakt stehen. Innerweltliche Nähe ergibt sich also nicht aus messbarem, geometrischem Abstand, sondern aus der „Reich-, Greif- und Blickweite" (SZ 107) des Daseins.

Es geht Heidegger also darum zu zeigen, „in welchem Sinne der Raum ein Konstituens der Welt ist, die ihrerseits als Strukturmoment des In-der-Welt-seins charakterisiert wurde." (SZ 101) Entsprechend der Orientierung an der nächsten Umwelt, die in diesem Kapitel leitend ist, nimmt Heidegger dabei das „Umhafte der Umwelt" (SZ 101) zum leitenden Phänomen. Daraus ergeben sich die drei Schritte, in denen Heidegger vorgeht: Er beginnt in § 22 mit der Behandlung der Räumlichkeit des innerweltlich Zuhandenen, analysiert anschließend in § 23 die Räumlichkeit des In-der-Welt-seins und verallgemeinert dies schließlich in § 24 zu Beobachtungen zur Räumlichkeit des Daseins und zum Status von Raum über-haupt. In § 70 wird Heidegger noch einmal auf die Räumlichkeit des Daseins zurückkommen, wiederholt dabei aber weitgehend seine früheren Ausführungen. Sofern Stellen dieses späteren Paragrafen zu mehr Klarheit beitragen, werden diese bereits hier in die Kommentierung einbezogen.

Heidegger beginnt damit, dass er die räumliche Dimension der Zeuganaly-se explizit hervorhebt. Zeug ist ‚zur Hand', indem es in der Nähe, in einer angemessenen Richtung und an seinem angestammten Platz ist. Entsprechend des Sachverhalts, dass jedes Zeug immer nur innerhalb einer Zeugganzheit seine Funktion erfüllen kann, verweisen auch Nähe, Richtung und Platz auf eine ent-sprechende Ordnung der Zeugganzheit, die in räumlicher Hinsicht nunmehr als *Platzmannigfaltigkeit* bzw. in weiterer Folge als *Gegend* fassbar ist: „Diese gegendhafte Orientierung der Platzmannigfaltigkeit des Zuhandenen macht das Umhafte, das Um-uns-herum des umweltlich nächstbegegnenden Seienden aus." (SZ 103) Unsere Umwelt begegnet uns also so, dass Zeug nicht nur seine Funktion innerhalb einer Bewandtnisganzheit hat, sondern auch seinen Platz innerhalb einer Platzmannigfaltigkeit. Diese Platzganzheit oder Gegend ist dabei die Bedingung der Möglichkeit dafür, dass ein Zeug seinen spezifischen Platz haben kann. Ana-log dazu, wie das Worumwillen der Bewandtnis auf ein Umwillen des Daseins verweist, macht Heidegger in § 23 darauf aufmerksam, dass auch die räumliche Ordnung der Zeugganzheit auf die ursprüngliche Räumlichkeit des Daseins ver-weist. Diese Räumlichkeit des Daseins charakterisiert Heidegger durch Entfernung und Ausrichtung.

Entfernung ist ein schönes Beispiel dafür, wie Heidegger Begriffe genau umgekehrt versteht, als wir es im Alltag tun, und dadurch unser normales Ver-ständnis stört. Wenn wir alltagssprachlich sagen, dass etwas entfernt ist, dann meinen wir damit, dass es in größerer Distanz liegt. Heidegger hingegen fordert uns dazu auf, den Begriff als Ent-Fernung zu lesen, also als das Wegnehmen von Ferne. Entfernung bedeutet dann, dass wir etwas in die Nähe bringen. Von der Zeuganalyse ausgehend besteht der Kerngedanke darin, dass Dasein immer dort ist, wo es gerade etwas zu tun hat, und durch sein Tätigsein Seiendes in der Nähe sein lässt. Wenn ich eine Scheibe werfe, dann lasse ich diese in der Nähe sein. Werfe ich die Scheibe auf einen Korb, dann lasse ich dadurch auch diesen Korb in der Nähe sein, selbst wenn dieser vielleicht ziemlich weit weg von mir steht. Daraus wird ersichtlich, dass sich die existenzial-ontologisch verstandene Entfernung nicht anhand des geometrischen Abstands bestimmen lässt, sondern anhand der Erreich- und Verfügbarkeit, die sich aus den Handlungsmöglichkeiten des Daseins ergibt. Nähe bestimmt sich aus der Perspektive des umsichtigen Besorgens: „In der Nähe besagt: in dem Umkreis des umsichtig zunächst Zuhandenen. Die Näherung ist nicht orientiert auf das körperbehaftete Ich-ding, sondern auf das besorgende In-der-Welt-sein." (SZ 107) Ob zum Beispiel ein Tagesausflug von einer Stadt in eine andere eine lohnende Option ist, hängt von der zur Verfügung stehenden Verkehrsinfrastruktur ab, aus der sich die Nähe oder Ferne der beiden Städte zueinander und damit die Attraktivität des Ausflugs ergibt. Nähe und Ferne hängen also wesentlich von der technologischen Beschaffenheit der Umwelt ab und haben sich daher im Lauf der Geschichte stark verändert – ein Sachverhalt, der sich mithilfe von Heideggers Ausführungen zur Entfernung treffend konzeptualisieren lässt.

Heidegger macht in diesem Zusammenhang darauf aufmerksam, dass Dasein zunächst und zumeist nicht hier ist, wo sich sein Körper befindet, sondern dort, wo das Zeug ist, mit dem es zu tun hat: „Das Dasein nimmt – im wörtlichen Verstande – Raum ein. Es ist keineswegs nur in dem Raumstück vorhanden, den der Leibkörper ausfüllt. Existierend hat es sich je schon einen Spielraum eingeräumt." (SZ 368) Wenn der klopfende Gast mich dazu auffordert, die Tür zu öffnen, so bin ich, als umsichtig besorgendes In-der-Welt-sein, bei der zu öffnenden Tür, noch bevor mein Körper dort angelangt ist; und ich bin es zum Beispiel auch, wenn ich die Tür aus der Distanz mittels Fernbedienung öffne. „Mit Rücksicht auf diesen ekstatisch eingenommenen Raum bedeutet das Hier der jeweiligen faktischen Lage bzw. Situation nie eine Raumstelle, sondern den in Ausrichtung und Entfernung geöffneten Spielraum des Umkreises des nächstbesorgten Zeugganzen." (SZ 369) Im Tätigsein erfahre ich mich primär beim Zeug, mit dem ich es zu tun habe, und nicht an den Koordinaten meiner physikalischen Lokalisierung.

An diesen Beschreibungen ist auffällig, dass Heidegger den Begriff ‚Leib' kaum verwendet. Heidegger spricht nicht vom Leib, weil er jede Anleihe an einen Geist-Körper-Dualismus vermeiden möchte. Heideggers zeigt, dass eine angemessene Beschreibung unseres alltäglichen Tätigseins gänzlich ohne Rekurs auf geistige Vorgänge oder körperliche Prozesse auskommt. Dasein ist in einer Weise räumlich, „die einem ausgedehnten Körperding wesenhaft unmöglich bleibt" (SZ 368). Doch zugleich lässt sich festhalten, dass Heideggers Beschreibungen auf das Dasein als diesen Akteur verweisen, dessen – metaphorische und tatsächliche – Hände in die Umwelt reichen und das in angemessener Nähe und Richtung befindliche Zeug ergreifen. Hier schlägt sich nieder, dass Heidegger kein Verständnis von *Leiblichkeit* zur Verfügung hatte, wie es Merleau-Ponty (2011 [1945]) einige Jahre später – in kritischer Anknüpfung an Heidegger und Husserl – entwickeln wird. Daher ist es Heidegger unmöglich, zu Merleau-Pontys zentralen Einsicht vorzudringen, dass es primär der Leib ist, der Dasein in der Welt verortet und andere Seiende zuhanden sein lässt. Dieser fungierende Leib ist dabei weder auf den Geist noch auf den Körper reduzierbar, sondern geht beiden gleichermaßen voraus. Das obige

Bespiel aufgreifend kann mit Merleau-Ponty also gesagt werden, dass mein Leib auch dann bei der Tür ist, wenn mein Körper mit dieser durch eine Fernsteuerung verbunden ist. Der hier vertretenen Interpretation zufolge sind Merleau-Pontys Beschreibungen der fungierenden Leiblichkeit also mit den Ausführungen in *Sein und Zeit* kompatibel. Es geht in beiden Fällen darum, das Weltverhältnis in Begriffen zu beschreiben, die der Unterscheidung von Geist und Körper vorgängig sind. Es spricht in Heideggers Konzeption des Daseins nichts dagegen, es im Sinne Merleau-Pontys als leibliches Zur-Welt-sein weiter zu entfalten, sofern der Begriff ‚Leib' klar vom Begriff ‚Körper' unterschieden wird.

Diese implizite Leiblichkeit des besorgenden In-der-Welt-seins zeigt sich auch anhand der zweiten Charakteristik der Räumlichkeit des Daseins, der **Ausrichtung.** Wenig überraschend ist dies auch die einzige Stelle in *Sein und Zeit,* an der die „Leiblichkeit" des Daseins erwähnt wird, wobei Heidegger dazu nur anmerkt, dass diese „eine eigene hier nicht zu behandelnde Problematik in sich birgt" (SZ 108). Zentral an der Ausrichtung ist, dass jede Näherung eines Zeuges immer schon in einer bestimmten Richtung erfolgt und diese ausgerichtete Nähe im Dasein als In-der-Welt-sein fundiert ist. Als Beispiel für die leibliche Fundierung der Ausrichtung nennt Heidegger Handschuhe, die für die rechte und linke Hand geschneidert sind. An dem folgenden Satz ist interessant, dass Heidegger mit einem Hammer ein Zeug als Beispiel wählt, das von Rechts- und Linkshänder:innen gleichermaßen benutzbar ist, während dies bei vielen anderen Gebrauchsgegenständen wie Scheren, Computermäusen oder Gitarren nicht der Fall ist – die entweder in eigenen Varianten für Links- und Rechtshänder:innen hergestellt werden müssen oder Linkshänder:innen eine andere Technik abverlangen. Darüber nachzudenken, wie Zeug zum Nachteil von Linkshänder:innen dem Umwillen von Rechtshänder:innen angepasst ist, hätte Heidegger den Zusammenhang von Ausrichtung und Leiblichkeit vielleicht noch einmal deutlicher vor Augen geführt. Denn es ist ein Beispiel dafür, dass es von der spezifischen Beschaffenheit unseres Leibes abhängt, was uns wie zuhanden werden kann. Das ist ein Aspekt, über den Heidegger zu schnell hinwegsieht.

In § 24 fasst Heidegger zusammen, dass die Analyse der Räumlichkeit der Umwelt zeigt, dass die Bewandtnisganzheit um die Dimension der Raumbewandtnis ergänzt werden muss. Diese beruht auf der *ausgerichteten Ent-Fernung* des Daseins, wodurch Zeug sein Platz innerhalb einer Gegend zugewiesen bekommt. Die zentrale ontologische Schlussfolgerung ist dabei die folgende: *„Der Raum ist weder im Subjekt, noch ist die Welt im Raum."* (SZ 111) Die erste These ist jene Kants, der in der transzendentalen Ästhetik der *Kritik der reinen Vernunft* den Raum neben der Zeit als eine der beiden Anschauungsformen untersucht, die aller Erkenntnis vorausgehen. Die zweite These ist jene Descartes, der alles Sein anhand seiner Ausgedehntheit definiert. Heidegger vertritt eine Zwischenposition, wobei sich gleich zeigt, dass diese Kant näher ist als Descartes: „Der Raum ist vielmehr ‚in' der Welt, sofern das für das Dasein konstitutive In-der-Welt-sein Raum erschlossen hat." (SZ 111) Heidegger wendet sich also entschieden gegen Descartes, wenn er betont, dass es Raum nur gibt, weil das Dasein ihn aufgrund seiner eigenen Räumlichkeit erschlossen hat. Der zentrale Einwand gegen Kant besteht darin, dass die primäre Begegnung des Raumes nicht der dreidimensionale Raum der euklidischen Geometrie sei, sondern die räumliche Ordnung des Zuhandenen (Gegend). Heidegger wirft Kant also ebenso wie Descartes vor, dass er das Phänomen der Welt in ihrer Bedeutsamkeit übersehen habe und daher zu fälschlicherweise weltlosen Bestimmungen von Subjektivität und Raum gelange. Heidegger wird den Vorwurf, dass Kant das Phänomen der Welt übersehe, noch mehrfach an wichtigen Stellen von *Sein und Zeit* wiederholen (SZ 205, SZ 321, SZ 419).

In der zweiten Hälfte von § 24 thematisiert Heidegger, wie es dazu kommen konnte, dass die Räumlichkeit primär am Leitfaden der Geometrie verstanden werde und in welcher Hinsicht dieses Verständnis auch seine Berechtigung habe. Zentral für diese Entwicklung ist aus Heideggers Sicht, dass der Raum für die Umsicht thematisch und zum Gegenstand der Ausmessung und Berechnung werden könne. Um das Beispiel von weiter oben wieder aufzugreifen: Um einen Tunnel durch einen Berg zu graben, bedarf es komplexer geometrischer Modelle und Berechnungsmethoden, die es erlauben, unter schwierigen Bedingungen millimetergenaue Grabungen vorzunehmen. Aus Heideggers Sicht hat eine solche umsichtige Berechnung ihre volle Berechtigung innerhalb des umsichtigen Besorgens des Daseins. Allerdings besteht die Tendenz, von der umsichtigen Berechnung zur umsichtsfreien, nur noch berechnenden Erkenntnis des Raumes zu wechseln. Heidegger macht darauf aufmerksam, dass damit eine *Entweltlichung* einhergehe. Doch auch diese sollte nicht als problematisch angesehen werden, sofern etwa im Rahmen der Geometrie als Wissenschaftsdisziplin in solcher Weise über den Raum nachgedacht werde. Zum Missverständnis werde es, wenn dieser entweltlichte Raum der Geometrie zum Leitfaden gemacht werde, anhand dessen die Räumlichkeit des Daseins und der Welt verstanden werden solle. Einem solchen Zugang hält Heidegger entgegen, dass „Raum [...] erst im Rückgang auf die Welt begriffen werden [kann]" (SZ 113). Raum ist für die Welt ko-konstitutiv, doch dies nur „entsprechend der wesenhaften Räumlichkeit des Daseins selbst" (SZ 113). Mit dieser Bestimmung der Räumlichkeit des In-der-Welt-seins kommt die Analyse der Weltlichkeit der Welt zu einem Abschluss. Implizit wird die Thematik der Räumlichkeit im 5. Kapitel wieder aufgegriffen, wenn das bereits in § 12 vorläufig charakterisierte Phänomen des In-Seins weiter entfaltet wird. Denn anhand der Ausführungen zur Räumlichkeit wird deutlich, dass es kein Zufall ist, dass die Bezeichnung In-Sein Anklänge an Räumlichkeit vernehmen lässt. Nunmehr ist klarer geworden, wie die daseinsgemäße Räumlichkeit anders als nach dem Behältermodell verstanden werden kann.

5.3 Weiterführende Gedanken

An Heideggers Zeuganalyse ist auffällig, dass diese fast ausschließlich in einer kleinbürgerlichen Handwerkswelt verortet ist. Es ist kein Zufall, dass Heidegger in den 1920er-Jahren – als die Massengesellschaft zum zentralen gesellschaftstheoretischen Thema wurde – eine Handwerkeridylle beschreibt. Vielmehr muss das dahinterstehende politische Programm berücksichtigt werden, wie aus der Beachtung des Zeitkontextes ersichtlich wird. So kann etwa auf Georg Lukács' 1923 veröffentlichte Essaysammlung *Geschichte und Klassenbewußtsein* verwiesen werden, welche für die Weiterentwicklung marxistischen Denkens zentrale Ausführungen zur Verdinglichung enthält. Auch Heideggers Zeuganalyse kann im Kontext einer Kritik an der Entfremdung und Verdinglichung in der Massengesellschaft und Massenproduktion verortet werden. Doch Heideggers Kritik ist – anders als bei Lukács – nicht marxistisch motiviert, sondern kultur-konservativ. Daher wählt er nicht den technologischen Fortschritt, sondern das Idyll der Handwerkswelt als Leitfaden für seine Analyse – eine Welt, die heute nicht mehr besteht und wahrscheinlich auch damals mehr Mythos als Wirklichkeit war. In wenigen Sätzen spricht Heidegger zwar an, dass auch Massenproduktionsanlagen und öffentliche Infrastruktur in der Seinsweise der Zuhandenheit sind (SZ 71), doch interessiert er sich kaum für deren Analyse.

Für uns Interpret:innen stellt sich daher die Aufgabe, nicht nur darüber nachzudenken, welchen Einfluss Heideggers kultur-konservative Einstellung auf seine phänomenologischen Beschreibungen hatte, sondern uns ebenso zu fragen, wie eine Zeuganalyse für das 21. Jahrhundert aussehen könnte: Lassen sich Laptops, Tablets und Smartphones als Zeuge beschreiben? Lässt sich diese Analyse auch auf Webseiten, Textverarbeitungsprogramme und soziale Netzwerke übertragen? Das sind zentrale Fragen, die nicht nur eine post-phänomenologische Technikphilosophie, sondern auch eine kritische Sozial- und Gesellschaftstheorie betreffen.

Dasein als Mitsein und Selbstsein (§§ 25–27)

6

Heidegger hatte im 1. Abschnitt einleitend erklärt, dass das In-der-Welt-sein eine Strukturganzheit ist, deren Bestimmungsmomente nur aus der Gesamtstruktur verständlich gemacht werden können. Im Rahmen einer Analytik dieser Strukturganzheit ist es allerdings möglich, einzelne Momente besonders hervorzuheben und eingehender zu analysieren, wobei bei einer solchen Bestimmung der einzelnen Momente immer auch die anderen mitaufscheinen. Die Reihenfolge, in der Heidegger im 1. Abschnitt die Bestimmungsmomente des In-der-Welt-seins behandelt, entspricht dabei dem vorontologischen Seinsverständnis des alltäglichen Daseins. Die Daseinsanalytik beginnt mit der Bestimmung der Weltlichkeit der Welt, weil sich das alltägliche Dasein primär am innerweltlich begegnenden Seienden orientiert. Diese Orientierung am innerweltlich begegnenden Seienden bestimmt auch, wie die Frage nach dem ‚Wer‘ des alltäglichen Daseins üblicherweise verstanden wird.

§ 25 beginnt Heidegger mit jener Charakteristik des Daseins, die unter den bereits bekannten Charakteristika als der naheliegende Ausgangspunkt für die Beantwortung der Frage erscheint, wer das Dasein ist: der Jemeinigkeit. „Dasein ist Seiendes, das je ich selbst bin, das Sein ist je meines." (SZ 114) Die Orientierung an der Jemeinigkeit legt nahe, dass die Frage nach dem Wer des alltäglichen Daseins mit ‚Ich selbst‘ zu beantworten ist. Heidegger hält dies jedoch für einen Irrtum. Dieser scheinbar offensichtlichen Antwort hält er die These entgegen: „Es könnte sein, daß das Wer des alltäglichen Daseins gerade *nicht* je ich selbst bin." (SZ 115) An dieser Stelle bleibt dieser Verdacht allerdings noch dunkel, wie auch Heidegger selbst festhält: „*Zunächst* ist das Wer des Daseins nicht nur *ontologisch* ein Problem, sondern es bleibt auch *ontisch* verdeckt." (SZ 116) Erst in den folgenden beiden Paragrafen wird Heidegger eine Antwort auf die Wer-Frage entwickeln. § 25 gibt dafür nur den methodischen Leitfaden vor.

© Der/die Autor(en), exklusiv lizenziert durch Springer-Verlag GmbH, DE, ein Teil von Springer Nature 2022
G. Thonhauser, *Heideggers „Sein und Zeit"*,
https://doi.org/10.1007/978-3-662-64689-2_6

Entgegen der ersten Annahme schlägt Heidegger vor, dass die Wer-Frage nicht primär am Leitfaden der Jemeinigkeit zu klären ist, sondern anhand der anderen Grundcharakteristik des Daseins, dem Zu-Sein bzw. dem Existieren. Heidegger möchte damit betonen, dass Dasein zunächst weder ein ‚Ich' noch ein ‚Geist', ein ‚Bewusstsein' oder ein ‚Leib' ist; es ist auch keine Synthese dieser verschiedenen Begriffe. Aus Heideggers Sicht ist es vielmehr umgekehrt erst möglich, all diese Begriffe angemessen zu verstehen, wenn zunächst das Sein des Daseins geklärt wird. Das Sein des Daseins bezeichnet Heidegger als *Existenz.* Damit ist vor allem gemeint, dass keine wie auch immer gehaltene kategoriale Bestimmung dem Dasein angemessen sein kann. Das Dasein hat keine Substanz, es hat auch keine Eigenschaften, es ist reiner Prozess – oder wie es mit Heidegger ausdrückt werden kann: Vollzug. Dasein bestimmt sich also immer nur im jemeinigen Existenz*vollzug* und das hat zur Konsequenz, dass das ‚Wesen' des Daseins radikal dynamisch verstanden werden muss. Aus dieser Dynamik des Existenzvollzugs gilt es nun, auch die Frage nach dem Wer des Daseins zu beantworten. Wir sollten also darauf vorbereitet sein, dass uns Heideggers Antwort auf die Frage nach dem *Wer* des Daseins zunächst vielleicht gar nicht als Antwort auf diese Frage verständlich wird. Sie wird uns deswegen nicht als Antwort auf diese Frage einleuchten, weil wir mit dem Vorverständnis an den Text herangehen, dass die Antwort auf die Wer-Frage nach dem Muster von Begriffen wie ‚Ich', ‚Subjekt', ‚Bewusstsein' oder ‚Selbst' ausfallen muss. Heidegger bietet hingegen eine Antwort auf die Frage nach dem Wer des Daseins, die solche Bestimmung radikal vermeidet und stattdessen auf nichts anderes als die Dynamik des Existenzvollzuges selbst verweist.

Sein Verständnis von Selbstheit wird Heidegger erst im 2. Abschnitt, nämlich in § 64 genauer entfalten. In diesem Kapitel klärt er zwei vorläufige Fragen: einerseits in § 27 die Frage nach dem alltäglichen Selbstsein und andererseits die Frage nach dem alltäglichen Mitsein, die Heidegger zuerst behandelt – in § 26. Bevor wir Heideggers Bestimmungen alltäglichen Mitseins und Selbstseins ausführlich diskutieren, noch ein einleitender Hinweis zur eigenwilligen Struktur dieser beiden Paragrafen. Heidegger beschreibt in § 26 und § 27 jeweils zugleich ein existenziales Strukturmoment des Daseins und den alltäglichen Vollzug dieses Strukturmoments. Diese Unterscheidung von existenzial-ontologischen Strukturbeschreibungen und verschiedenen ontisch-existenziellen Vollzugsmodi ist an dieser Stelle noch reichlich abstrakt und entsprechend schwierig nachvollziehbar. In § 26 werden wir im Zusammenhang mit dem Begriff ‚Fürsorge' anhand eines ersten Beispiels sehen, was damit gemeint ist. Auch Heidegger selbst hält diese beiden Beschreibungshinsichten nicht klar auseinander, was wohl eine zentrale Ursache für die zahlreichen konkurrierenden Interpretationen dieses Kapitels ist. Viele dieser Unstimmigkeiten lassen sich vermeiden, wenn wir Heideggers Gedanken in einer Weise rekonstruieren, die zwischen existenzial-ontologischen Strukturbeschreibungen und ontisch-existenziellen Vollzugsmodi klar unterscheidet.

6.1 Das alltägliche Mitsein

Bei der folgenden Interpretation des alltäglichen Mitseins wird so vorgegangen, dass zuerst die existenzial-ontologischen Struktur des Mitseins und anschließend die Beschreibung der ontisch-existenziellen Vollzugsmodi rekonstruiert wird. An die Zeuganalyse anknüpfend beginnt Heidegger mit der Feststellung, dass dem Dasein nicht nur Zeug begegnet, sondern auch andere Seiende von derselben Seinsart wie es selbst. Heideggers Bezeichnung für diese anderen ist **Mitdasein.** Wie so oft bei Heidegger ist auch das ein sprechender Begriff, der bereits hören lässt, was damit gemeint ist:

> Die Welt des Daseins gibt demnach Seiendes frei, das nicht nur von Zeug und Dingen überhaupt verschieden ist, sondern gemäß seiner Seinsart *als* Dasein selbst in der Weise des In-der-Welt-seins ‚in' der Welt ist, in der es zugleich innerweltlich begegnet. Dieses Seiende ist weder vorhanden noch zuhanden, sondern so, *wie* das freigebende Dasein selbst – es *ist auch und mit da.* (SZ 118)

Anhand dieser Passage zeigt sich, dass Mitdasein – wie Zuhandenheit und Vorhandenheit – als eine Gegebenheitsweise verstanden werden muss. Mitdasein ist Heideggers „Bezeichnung *des* Seins […], daraufhin die seienden Anderen innerweltlich freigegeben sind" (SZ 120). Auch hier zeigt sich der Clou von Heideggers Weise, **Ontologie** zu betreiben: Heidegger erachtet Gegebenheitsweisen als nicht aufeinander zurückführbar. Das impliziert auch, dass wir es nicht so denken dürfen, als ob es eine Entität hinter den Gegebenheitsweisen gäbe, die deren Träger wäre. Das gilt nicht nur für naturwissenschaftliche Gegenstände oder Zeug, sondern auch für Mitdasein und sogar für die Selbstgegebenheit des Daseins. Alles, was ist, ist Seiendes; Seiendes ist aber immer in einer spezifischen Seinsweise und es gibt keinen Zugang zu Seienden jenseits dieser spezifischen Gegebenheit. Seiendes gibt es nur, sofern es sich in einer je spezifischen Seinsweise zeigt. Zu Mitdasein lässt sich entsprechend sagen, dass es nur begegnet, wenn Seiendes als anderes In-der-Welt-sein freigeben wird, das in der gleichen Weise wie Dasein *auch* und *mit* in der Welt ist.

Aus der vorherigen Bestimmung wird dabei bereits klar, dass das *Auch* und *Mit* des Mitdaseins nicht kategorial verstanden werden darf. Die anderen sind keine vorhandenen Dinge, die auch in der Welt vorkommen, genauso wenig sind sie Zeug. Mitsein und Auch-sein sind vielmehr existenziale Bestimmungen, die ko-konstitutiv sind für das gesamte In-der-Welt-sein. Heideggers zentraler Gedanke besteht darin, dass die Welt immer **Mitwelt** ist. Es ist Teil der Beschaffenheit von Welt, dass diese notwendig mit anderen geteilt ist. Es kann keine Welt geben, die nicht Mitwelt ist. Entsprechend muss auch die vorhergehende Analyse der Weltlichkeit der Welt dahingehend ergänzt werden, dass das Umwillen des Daseins, das die Bewandtnisganzheit strukturiert, immer auch auf das Umwillen anderer verwiesen ist. Es ist ein fundamentales Charakteristikum unseres Besorgens von Zeug, dass Zeug auch von anderen verwendet werden kann und sich dessen Bewandtnis nach diesem geteilten Zeuggebrauch richtet. In diesem Sinn ist

Mitsein für die Bedeutsamkeit konstitutiv. „Diese mit dem Mitsein vorgängig konstituierte Erschlossenheit der Anderen macht demnach auch die Bedeutsamkeit, d. h. die Weltlichkeit mit aus, als welche sie im existenzialen Worumwillen festgemacht ist." (SZ 123) Damit geht einher, dass In-Sein immer Mitsein ist. Dasein ist immer gemeinsam mit anderen *in* der Welt, die ebenfalls in diesem speziellen, existenzialen Sinn *in* der Welt sind wie das Dasein selbst. Es kann keine Welt geben, die nicht Mitwelt ist. Das ist gleichbedeutend damit, dass es kein In-der-Welt-sein geben kann, das nicht gemeinsames In-der-Welt-sein ist. ‚Mitsein' ist Heideggers Name für dieses Wesensmerkmal des Daseins, das es nie allein *in* der Welt ist, sondern die Welt notwendig eine mit anderen geteilte ist. Die Bedeutsamkeit der Welt verweist auf die existenziale Bestimmung der Welt als Mitwelt.

Heidegger warnt uns davor, dass diese existenzialen Zusammenhänge üblicherweise übersehen oder sogar vehement angezweifelt werden. Den Grund dafür sieht er darin, dass wir es auch hinsichtlich der Frage nach dem Sein der anderen gewohnt sind, diese als eine erkenntnistheoretische Fragestellung zu behandeln. Insbesondere die Philosophie ist von diesem Vorurteil betroffen. Die Frage nach den anderen erhält in der Philosophie häufig die folgende Form: Wie kann ich wissen, dass der andere wirklich ein anderer ist? Wie kann ich sicher sein, dass der andere ebenso Bewusstsein hat wie ich und nicht nur eine Schaufensterpuppe, ein Zombie oder ein Roboter ist? Solcherart sind die Fragen, welche unter Überschriften wie soziale Kognition, Fremdwahrnehmung, Intersubjektivität oder Einfühlung die philosophischen Debatten zum Anderen dominieren. Woher kommt das epistemologische Vorgehen, die Thematik des Mitseins als Intersubjektivitätsproblem zu konstruieren? Heidegger bemerkt dazu (SZ 124), dass die Problemstellung, wie sie herkömmlicherweise unter Begriffen wie ‚sozialer Kognition', ‚Fremdwahrnehmung', ‚Intersubjektivität' und ‚Einfühlung' die Philosophie dominiert, im alltäglichen Dasein angelegt ist und in gewissen Kontexten auch ihre Berechtigung hat. Es gibt gewisse soziale Begegnungen – wie Verhandlungen, Poker spielen oder Flirten – bei denen es darauf ankommt, den anderen zu durchschauen und gleichzeitig möglichst zu kontrollieren, was man von sich selbst preisgibt. Die meisten Philosoph:innen scheinen solche Situationen zum Leitfaden zu nehmen, wenn sie danach streben, die Begegnung mit anderen auf einen philosophischen Begriff zu bringen. Dagegen wendet Heidegger ein, dass es solche Situationen zwar gebe – und die Frage nach sozialer Kognition folglich innerhalb klar abgesteckter Grenzen seine Berechtigung habe –, dass sie allerdings nicht zum Leitfaden für die Analyse des Mitseins gemacht werden könne. Diesen Leitfaden macht Heidegger vielmehr in der Beschaffenheit der Welt als Mitwelt fest, also in dem Faktum, dass die Welt immer eine mit anderen geteilte ist.

Auch hinsichtlich der Frage nach sozialer Kognition – also der konkreten Begegnung anderer vor dem Hintergrund einer geteilten Welt – hält Heidegger fest, dass wir uns an die Faktizität des Miteinanderseins halten sollen. Wenn wir von der Analyse des faktischen Miteinanderseins ausgehen, dann zeigt sich, dass mir die anderen zunächst und zumeist beim Besorgen von Zeug begegnen. Daran ist der entscheidende Punkt, dass mir andere im alltäglichen Umgang gerade nicht als andere Subjekte begegnen, über deren mentales Leben ich rätsle, wie es in vielen philosophischen Zugängen zum Intersubjektivitätsproblem konstruiert wird. Sie begegnen mir vielmehr als andere, die es auch mit Zeug zu tun haben. Daher kann die Pointe von Heideggers Behandlung des Mitseins vielleicht auf folgenden provokanten Slogan gebracht werden: Es gibt kein Intersubjektivitätsproblem; es gibt nur das Problem der Philosoph:innen, das Mitsein als Intersubjektivitätsproblem zu konstruieren, statt sich an der Faktizität des Miteinanderseins zu orientieren. Eine solche Orientierung würde uns auf die notwendig geteilte Welt und die alltägliche Begegnung mit anderen im Zeuggebrauch verweisen.

Die existenzial-ontologische Rekonstruktion des Mitseins abschließend kann noch auf einen möglichen Einwand eingegangen werden, den Heidegger selbst einwirft: Aber Dasein kann doch faktisch allein oder einsam sein; widerspricht dies nicht der existenzial-ontologischen Bestimmung, wonach In-Sein notwendig Mitsein ist? Heidegger antwortet darauf mit der abermaligen Betonung, dass die Bestimmung des Daseins als Mitsein „einen existenzial-ontologischen Sinn [hat]. Es will nicht ontisch feststellen, daß ich faktisch nicht alleine vorhanden bin" (SZ 120). Wie Heidegger wenige Zeilen später festhält, ist Dasein auch dann Mitsein, wenn es gerade allein ist. Alleinsein ist ein Modus des Mitseins. Um es deutlicher zu machen: Dass es so etwas wie Einsamkeit gibt, ist nur verständlich, weil Dasein wesenhaft Mitsein ist. Ich kann mich nur einsam fühlen, weil meine Welt ständig darauf verweist, Mitwelt – das heißt eine mit anderen geteilte Welt – zu sein. Auch das konkrete Fehlen anderer ist ein Modus ihres Mitdaseins. Wenn sie mir fehlen, begegnen mir andere als Abwesende, die normalerweise auch hier sein sollten, es aber gerade nicht sind. Mit Heidegger lässt sich sagen, dass Geschichten wie jene von Robinson Crusoe gerade daraus ihre Faszination beziehen, dass sie das Fehlen der anderen auf die Spitze treiben. Sie wären somit also keine Einwände gegen Heideggers Charakterisierung des Daseins als Mitsein, sondern können als Beispiele für den literarischen Versuch interpretiert werden, sich mit diesem Sachverhalt auseinanderzusetzen, indem dessen Negation so konsequent wie möglich durchdacht wird.

Ich komme nunmehr noch kurz zur Beschreibung der ontisch-existenziellen Vollzugsmodi des konkreten Umgangs mit anderen, die Heidegger in *Sein und Zeit* beschreibt. Während *Mitsein* ein konstitutives Bestimmungsmoment des In-der-Welt-seins bezeichnet, verwendet Heidegger den Ausdruck **‚Fürsorge'**, um die konkreten Weisen, wie sich Dasein zu Mitdasein verhält, zu bezeichnen. Diese Bezeichnung erfolgt analog zum Begriff ‚Besorgen', den wir im vorherigen Kapitel als Bezeichnung für den Umgang mit Zuhandenem kennengelernt hatten. Somit kennen wir nunmehr alle drei Modi des Verhaltens zu Seienden, die Heidegger in *Sein und Zeit* behandelt: das *Erkennen* von Vorhandenem, das *Besorgen* von Zuhandenem und die *Fürsorge* für Mitdasein.

Ebenso wie dem Besorgen eine Form des praktischen Wissens eigen ist, die Heidegger Umsicht nennt, hat auch die Fürsorge ihre eigenen Formen praktischen Wissens; Heidegger nennt diese „Rücksicht" bzw. „Nachsicht" (SZ 123). An dieser Stelle muss wiederum der Hinweis erfolgen, dass es sich dabei um kein Wissen im Modus des Erkennens handelt, sondern um ein mitweltliches Vertrautsein mit anderen. Zudem kann darauf hingewiesen werden, dass die Unterscheidung von Besorgen und Fürsorge in erster Linie eine analytische Unterscheidung ist. Auch hier haben wir es mit Strukturganzheiten zu tun, die im konkreten Vollzug zumeist in Mischformen vorkommen. Beim Hantieren mit Zeug habe ich es zumeist auch mit anderen zu tun, ebenso wie bei der Begegnung mit anderen zumeist auch Zeug eine Rolle spielt. Entsprechend spricht Heidegger von „fürsorgendem Besorgen" und „besorgender Fürsorge" (SZ 124).

Die Fürsorge kann wiederum auf verschiedene Weisen vollzogen werden, die auf einem Spektrum von *einspringend-beherrschender Fürsorge* bis *vorspringend-befreiender Fürsorge* liegen (SZ 122). Die einspringend-beherrschende Fürsorge trägt dazu bei, dass der andere sich in seinem Selbstsein verfehlt, während die vorspringend-befreiende Fürsorge den anderen dabei unterstützt, sich in seinem eigenen Selbstsein zu ergreifen. Heidegger geht aber nicht darauf ein, wie dies genauer zu verstehen sei. Ebenso erwähnt Heidegger nur beiläufig „das Für-, Wider-, Ohne-einandersein, das Aneinandervorbeigehen, das Einander-nichts-angehen" als „defiziente Modi der Fürsorge" (SZ 121). Zentral an Heideggers Ausführungen in § 26 sind nicht diese sozial- und gesellschaftstheoretischen Andeutungen anhand der Fürsorge, sondern die ontologischen Bestimmungen der Welt als Mitwelt.

6.2   Das alltägliche Selbstsein

§ 27 macht es in noch höherem Maß als § 26 erforderlich, nicht einfach Heideggers Darstellung zu folgen, sondern die entscheidenden Aspekte an Heideggers Analyse alltäglichen Selbstseins in eigener Ordnung zu rekonstruieren und dabei zugleich auch zu markieren, wo Heideggers Phänomenbeschreibungen problematische Wendungen nehmen. Das hängt damit zusammen, dass die kultur-konservative Programmatik, die sich bereits in der Beschreibung der Hand-werkswelt ankündigte, hier so deutlich zum Vorschein kommt, dass sie zum dominierenden Faktor an der Textoberfläche wird und dadurch droht, die zentralen Einsichten dieses Paragrafen zu verdecken. Heideggers Ausführungen legen eine kulturkritische Interpretation nahe: Es scheint sich hier um eine konservativ-existenzialistische Kulturkritik zu handeln, wie sie zum Beispiel schon bei Kierke-gaard zu finden ist. Einer solchen Interpretation zufolge würde es Heidegger hier darum gehen, der Uneigentlichkeit des Man die Eigentlichkeit der je eigenen Existenz entgegenzustellen. Wie es Kierkegaard ausdrückt: „Ist die Menge das Böse, ist es das Chaos, was uns droht; so bleibt nur die eine Rettung, daß man der Einzelne wird; der rettende Gedanke ist: ‚jener Einzelne'." (Kierkegaard 1922, S. 44) Aber wie lässt sich eine solche Interpretation von § 27 damit ver-binden, dass Heidegger unmissverständlich schreibt: *„Das Man ist ein Existenzial und gehört als ursprüngliches Phänomen zur positiven Verfassung des Daseins"* (SZ 129)? Um in dieser Frage weiterzukommen, soll hier ein Systematisierungs-vorschlag angeboten werden, der es schafft, die zentralen Einsichten dieses

Paragrafen in einer kohärenten Strukturbeschreibung zu verbinden. In den weiterführenden Gedanken wird anschließend problematisiert, wo Heideggers kultur-
konservative Einstellung in den Vordergrund tritt und zur ontisch-existenziellen
Programmatik wird.

Mein Systematisierungsvorschlag greift Hubert Dreyfus' Unterscheidung
zwischen Konformität und Konformismus als zwei zentrale Dimensionen in
Heideggers Analyse auf (1992, S. 154). *Konformität* bezieht sich darauf, dass
gewisse Wissensbestände, Regeln, Normen und Konventionen für das fürsorgende
Besorgen des Daseins konstitutiv sind. Was Dreyfus als Konformität bezeichnet,
entspricht dem Vorrang der Alltäglichkeit in der Daseinsanalytik. Dasein lebt
immer aus einem alltäglichen Seinsverständnis heraus. In § 27 macht Heidegger
nunmehr deutlich, dass dieses alltägliche Seinsverständnis keine individuelle
Angelegenheit jedes einzelnen Daseins ist, sondern eine Frage der materiellen und
diskursiven Beschaffenheit unserer Umwelt. In wissenssoziologischen Begriffen
formuliert entspricht das alltägliche Seinsverständnis dem gemeinsamen Wissens-
vorrat, der in der Lebenswelt sedimentiert ist (von der Architektur, über diverse
Institutionen bis hin zu alltäglichen Umgangsformen). Heidegger nennt diese
in einer Gesellschaft sedimentierten Wissensbestände **das Man**. Heideggers
existenzial-ontologischer Punkt besteht nun darin, dass eine Existenz, die sich
nicht auf der Basis einer solchen standardisierten (materiellen, habituellen und
diskursiven) Beschaffenheit der Umwelt und des Miteinanderseins vollzieht,
undenkbar ist. In-der-Welt-sein vollzieht sich immer auf der Grundlage des Man,
das heißt einer zur gesellschaftlichen Normalität gewordenen und in die sozio-
materielle Beschaffenheit der „Welt" sedimentierten Bedeutsamkeit. Das Man
impliziert also die notwendige Konformität der Bedeutsamkeit.

Dazu lässt sich noch sagen, dass das Man – im Sinne dieser notwendigen
Konformität der Bedeutsamkeit – alle und niemand ist. Das Man lässt sich nicht
an einzelnen Personen und ihren Überzeugungen festmachen; es ist vielmehr
das, was einzelne Überzeugungen erst möglich macht. Nur weil die Welt in einer
bestimmten Weise beschaffen ist, können einzelne Personen Überzeugungen
zu dieser Welt entwickeln. In Heideggers Worten: „Das *Man,* mit dem sich die
Frage nach dem *Wer* des alltäglichen Daseins beantwortet, ist das *Niemand,* dem
alles Dasein im Untereinandersein sich je schon ausgeliefert hat." (SZ 128) Entscheidend ist dabei der nächste Satz, der leicht überlesen werden kann: „In den
herausgestellten Seinscharakteren des alltäglichen Untereinanderseins [...] liegt
die nächste ‚Ständigkeit' des Daseins." (SZ 128) Heidegger bekräftigt hier, dass
die Charakteristika, die er in diesem Paragrafen herausarbeitet, eine Antwort auf
die Frage nach dem Wer des alltäglichen Daseins geben. *Das Wer des alltäglichen
Daseins ist das Man.* Damit gemeint ist die notwendige Konformität alltäglicher
Bedeutsamkeit.

Von dieser Konformität ist ein *Konformismus* zu unterscheiden. Denn eine zu
strenge Orientierung an der konventionellen Bedeutsamkeit verkennt die Seinsart
des Daseins. Dasein ist *jemeinig existierend:* Daraus folgt erstens, dass das Dasein
sein Da *vollziehen* muss – es ist existierend; und zweitens, dass jedes Dasein *je für
sich selbst* sein Da vollziehen muss – es ist *jemeinig* existierend. Wenn ein Dasein

im Man aufgeht, wenn es sich also nur daran orientiert, wie die Welt herkömmlicherweise verstanden wird, dann verkennt es dadurch, was es bedeutet, jemeinig
zu existieren: Es vollzieht seine Existenz dann uneigentlich. Es ist weiterhin
Dasein, allerdings in einem Modus des Selbstmissverständnisses. Ein solches
Dasein vollzieht seine Existenz so, als ob es nur die aktuelle Form des Man gäbe,
als ob die aktuell hegemoniale Bedeutsamkeit die einzig mögliche Beschaffenheit der Welt wäre. Heidegger bezeichnet ein solches konformistisches Aufgehen
im Man als **Man-selbst**. Wenn wir uns streng an der existenzial-ontologischen
Strukturbeschreibung orientieren, lässt sich das Man-selbst ohne kulturkritische
Untertöne rekonstruieren. Mit Man-selbst wird ein Existenzvollzug bezeichnet,
der die aktuelle Bedeutsamkeit als feststehend und unveränderlich hinnimmt.
Der Gegenbegriff zum Man-selbst ist – in einer ersten formalen Anzeige – das
eigentliche Selbst: Dieses pflegt einen kritischen Umgang mit dem Man, indem
es das alltägliche Seinsverständnis zum Ausgangspunkt nimmt, um in kritischer
Destruktion dieses Seinsverständnisses den Pfad ontologischen Fragens zu
beschreiten. Das eigentliche Selbst macht also genau das, was Heidegger in *Sein
und Zeit* vorzeichnet.

Die Ausführungen zum Man machen zwei Sachverhalte deutlich, die bereits
in der Einführung kurz erläutert wurden: Erstens nimmt die methodisch aus-
gebildete Frage nach dem Sinn von Sein ihren Ausgang beim vorontologischen
Seinsverständnis der Alltäglichkeit. Das ist unvermeidbar, weil die Beschaffenheit von Welt als **Mitwelt** die notwendige Konformität alltäglicher Bedeutsamkeit
impliziert:

> *Zunächst* ist das faktische Dasein in der durchschnittlich entdeckten Mitwelt. *Zunächst*
> ‚bin' nicht ‚ich' im Sinne des eigenen Selbst, sondern die Anderen in der Weise des Man.
> Aus diesem her und als dieses werde ich mir ‚selbst' zunächst ‚gegeben'. Zunächst ist
> das Dasein Man und zumeist bleibt es so. Wenn das Dasein die Welt eigens entdeckt und
> sich nahebringt, wenn es ihm selbst sein eigentliches Sein erschließt, dann vollzieht sich
> dieses Entdecken von ‚Welt' und Erschließen von Dasein immer als Wegräumen der Ver-
> deckungen und Verdunkelungen, als Zerbrechen der Verstellungen, mit denen sich das
> Dasein gegen es selbst abriegelt. (SZ 129)

Das hat zur Konsequenz, dass auch ein eigentliches Verständnis ontologischer
Strukturen nur eine Modifikation des alltäglichen Seinsverständnisses sein kann,
wie Heidegger das Kapitel abschließend schreibt: „Das *eigentliche Selbstsein*
beruht nicht auf einem vom Man abgelösten Ausnahmezustand des Subjekts,
sondern *ist eine existenzielle Modifikation des Man als eines wesenhaften
Existenzials.*" (SZ 130) Heidegger macht also unmissverständlich klar, dass
es nur eine Welt gibt, deren Bedeutsamkeit durch das **Man** kodifiziert wird. Es
wäre allerdings ein Ausdruck von Uneigentlichkeit, würde man glauben, dass die
aktuelle Beschaffenheit der Welt die einzig mögliche ist.

Zweitens verweist Heidegger auf die Tendenz, dass Konformität, aufgrund ihrer
zentralen Rolle, leicht zu Konformismus führt. Der Ausgang im durchschnittlichen
Verständnis des Man kann leicht dazu führen, dass man auch in diesem Verständnis verbleibt. Heidegger fasst diese Tendenz terminologisch als *Verfallen,* wie wir

anhand der §§ 35–38 sehen werden. Dieser zweite Punkt hilft auch, das *Verhält-nis von Konformität und Konformismus* zu klären. Konformität ist notwendig, weil die jemeinige Existenz immer von jenem vorontologischen Seinsverständnis ihren Ausgang nehmen muss, das in der aktuellen Beschaffenheit des Man artikuliert wird. Konformismus hingegen ist Ausdruck eines uneigentlichen Vollzugs der Existenz, der so tut, als ob die aktuelle Beschaffenheit der Welt die einzig mögliche sei.

An dieser Stelle muss betont werden, dass die konkrete Gestalt des **Man** historisch und kulturell variabel ist. Die gesellschaftlichen Sedimentierungen sind je nach Kultur verschiedenen und unterliegen einem historischen Wandel. Es ist zentral, die historische und kulturelle Variabilität des Man zu betonen, damit Heideggers Rede von der „Diktatur" (SZ 126) des Man nicht so verstanden wird, als hätten wir es hier mit einem determinierenden Faktor zu tun. Je nach ihrer konkreten Gestalt erlauben die Wissensbestände einer Gesellschaft zudem unterschiedliche Spielräume, um sich zu ihnen zu verhalten. Heidegger bringt dies zum Ausdruck, wenn er schreibt, dass das Man „verschiedene Möglichkeiten seiner daseinsmäßigen Konkretion [hat]. Eindringlichkeit und Ausdrücklichkeit seiner Herrschaft können geschichtlich wechseln." (SZ 129) Dieser Aspekt muss hervorgehoben werden, weil es Heideggers Ausführungen so scheinen lassen, als wäre das Man eine monolithische Struktur, die frei von interner Heterogenität ist und kaum Spielräume ließe. Wir sollten das Man dynamischer und vielschichtiger konzeptualisieren, als es in Heideggers Darstellung der Fall ist. Wir müssen hier also das Phänomen gegen eine gewisse Einseitigkeit in Heidegger Beschreibung stark machen.

Nach dieser Rekonstruktion der existenzial-ontologische Bestimmung des Man können wir noch kurz auf Heideggers Bestimmung des alltäglichen Vollzugs des Miteinanderseins eingehen, die er in diesem Paragrafen entwickelt. Hierbei ist zu beachten, dass es sich bei diesen Charakterisierungen um eine Beschreibung der Alltäglichkeit handelt, wie sie sich für Heidegger in den 1920er-Jahren zeigte. Die Beschreibung ontisch-existenzieller Vollzugsweisen betrifft immer die jeweiligen gesellschaftlichen Gegebenheiten, sodass diese Analysen nicht einfach auf unsere Gegenwart übertragbar sind. Bis in die Nachkriegszeit räsonierten Heideggers Ausführungen mit zentralen gesellschaftstheoretischen Diagnosen. Der alltägliche Existenzvollzug im Modus der Anonymität wurde etwa von Maurice Natanson (1986) in Anknüpfung an Alfred Schütz (1932) analysiert. Mit Herbert Marcuse (2004 [1964]) ließe sich unterstreichen, dass es sich hierbei um einen eindimensionalen Vollzugsmodus der Existenz handelte. Heidegger beschreibt das alltägliche Miteinandersein anhand von *Abständigkeit, Botmäßigkeit, Durchschnittlichkeit* und *Einebnung*. All diesen Bestimmungen gemein ist die Orientierung am Vergleich. Im alltäglichen Miteinandersein gehe es immer um den Vergleich mit anderen, der an einer durchschnittlichen Norm orientiert sei. Es ist fraglich, ob die gesellschaftsdiagnostische Relevanz dieser Beschreibungen auch heute noch in ähnlicher Weise gegeben ist. Das weiter zu untersuchen, liegt aber außerhalb der Reichweite dieses Kommentars.

6.3   Weiterführende Gedanken

Mit Blick auf die Zeuganalyse wurde kritisch kommentiert, dass Heidegger diese anhand der Beschreibung einer Handwerkeridylle entwickelte, die Ausdruck seiner kultur-konservative Orientierung ist. Ähnliche Untertöne lassen sich auch bei den Begrifflichkeiten ausmachen, die Heidegger für die Beschreibung des Mitsein in § 26 wählt. ,**Fürsorge'**, ,Rücksicht' und ,Nachsicht' haben allesamt einen paternalistischen Unterton. In der Vorlesung vom Wintersemester 1925/26, die zahlreiche Parallelstellen zu *Sein und Zeit* beinhaltet, verwendet Heidegger statt ,Fürsorge' den Begriff der ,Mitsorge' (GA 21, S. 223). Hätte sich Heidegger auch in *Sein und Zeit* für diesen terminologischen Zugang entschieden, so hätte er auch von ,Mitsicht' (statt ,Rücksicht' und ,Nachsicht') sprechen können. Die Terminologie des ,Mit' scheint mir besser geeignet, um das In-der-Welt-sein konsequent als Mitsein zu thematisieren. Heideggers Beschreibungssprache birgt hingegen die Gefahr, dass seine zentralen Einsichten in die notwendige Geteiltheit von Welt und die notwendige Konformität alltäglicher Bedeutsamkeit übersehen werden. Heidegger hätte sich viel stärker auf die Analyse der Welt als Mitwelt konzentrieren sollen. Stattdessen dominiert in diesen Paragrafen eine spezifische sozial- und gesellschaftsdiagnostische Programmatik die Textoberfläche und verdeckt die ontologische Tragweite der Überlegungen.

Hinsichtlich Heideggers Beschreibungen des alltäglichen Miteinanderseins drängen sich zudem einige kritische Anmerkungen auf: Seine Ausführungen tendieren dazu, die konkreten Modi des Umgangs mit anderen auf den Gegensatz von Paternalismus und Selbstständigkeit zu reduzieren. Markant zeigt sich dies in den beiden Modi der Fürsorge, die Heidegger unterscheidet (SZ 122): Einerseits die *einspringend-beherrschende Fürsorge* als paternalistische Variante und andererseits die *vorspringend-befreiende Fürsorge,* die der Modus der Selbstständigkeit ist. Die Modalitäten des Alltags liegen wohl irgendwo dazwischen. Merkwürdigerweise interessiert sich Heidegger aber kaum für diese Modalitäten, sondern scheint damit zufrieden zu sein, die Fürsorge als ein Spektrum von Paternalismus und Selbstständigkeit erscheinen zu lassen. Auch hier konfrontiert uns *Sein und Zeit* also mit der Aufgabe, selbst den Phänomenen nachzuspüren, um uns über eine angemessene Beschreibung der Mitsorge in der Alltäglichkeit Gedanken zu machen.

Zudem ist auffällig, dass andere in Heideggers Zeuganalyse uns nur als Lieferant:innen und Benutzer:innen begegnen, wie auch zu Beginn des § 26 noch einmal betont wird. Heidegger betont zwar, dass die Welt eine mit anderen geteilte ist. Es ist für die Bewandtnis von Zeug konstitutiv, dass Zeug auch von anderen benützt wird. Hämmer, Kochlöffel und Wurfscheiben stehen anderen genauso zur Verfügung wie mir und ihre Bewandtnis bezieht sich auf die geteilten Möglichkeiten des Zeuggebrauchs. Heideggers konkrete Beschreibungen lassen es aber so scheinen, als ob die Handwerker allein in ihrer Werkstatt stünden. Heidegger geht kaum darauf ein, dass wir Zeug auch häufig gemeinsam besorgen. Wir hämmern gemeinsam, um ein Baumhaus zu bauen. Wir bereiten gemeinsam das Abendessen zu. Wir werfen uns gegenseitig die Scheibe zu, um das Spiel zu gewinnen. Es ist offensichtlich, dass ein zentraler Aspekt unserer Alltäglichkeit darin besteht, dass wir mit anderen gemeinsam tätig sind, ob im Berufsleben oder in der Freizeit. Während Heidegger in umliegenden Vorlesungen das „Miteinanderbesorgen" (GA 20, S. 336–337, GA 21, S. 224), also das gemeinsame Besorgen von Zeug, zumindest erwähnt, kommt dieser Aspekt in *Sein und Zeit* überhaupt nicht vor. Er übersieht damit also eine zentrale Modalität des alltäglichen Miteinanderseins.

Es lässt sich zudem anmerken, dass sich Heidegger mit seiner Beschreibung von **Öffentlichkeit** in § 27 bewusst in Opposition zum modernen Verständnis von Öffentlichkeit stellt, wie es für die Entwicklung der liberalen Demokratie entscheidend war. Die bürgerliche Öffentlichkeit, deren Aufstieg und Niedergang zum Beispiel von Jürgen Habermas (2019 [1962]) in *Strukturwandel der Öffentlichkeit* analysiert wurde, erachtete Heidegger als ein Verfallensphänomen – ohne jede Ambivalenz. Anders als bei Habermas, dem es um eine Kritik der bürgerlichen Öffentlichkeit mit dem Ziel ihrer verstärkten Demokratisierung geht, positioniert sich Heidegger in Opposition zum Projekt einer liberalen Öffentlichkeit. Im Einklang mit Kierkegaard charakterisiert Heidegger Öffentlichkeit als Unwahrheit und kontrastiert diese nicht etwa – wie im Liberalismus – mit Privatheit, sondern mit Kierkegaards Kategorie des Einzelnen. Eine Stelle aus einem Manuskript, das Heidegger 1922 verfasste, zeigt dies deutlich:

> An der Verfallensgeneigtheit liegt es, daß das Leben, das eigentlich je solches des Einzelnen ist, meist nicht als dieses gelebt wird. Es bewegt sich vielmehr in einer bestimmten Durchschnittlichkeit […]. Diese ist die der jeweiligen Öffentlichkeit […]. Das ‚man' ist es, das faktisch das einzelne Leben lebt […]. (GA 62, S. 358)

Eine existenzialistisch-kulturkritische Interpretation von § 27 hat also insofern ihre Berechtigung, als sie dem politischen Programm, das in Heideggers Beschreibungen durchscheint, entspricht. Spätestens bei der Lektüre des 2. Abschnitts werden wir merken, dass dieses Vorurteil gegen die Öffentlichkeit eine Reihe von systematischen Spannungen im Text von *Sein und Zeit* zur Folge hat. Denn wenn Heidegger öffentliches Verständnis per Definition als irreführend charakterisiert, dann hat dies im Umkehrschluss zur Folge, dass er eigentliches Verständnis zu einer Sache machen muss, die nur von isolierten Einzelnen erreicht werden kann. Wenn das aber zuträfe, dann würde es keinen Sinn ergeben, sich über ein eigentliches Verständnis auszutauschen, weil dieser Austausch unweigerlich dazu führen würde, ein solches Verständnis zu verfehlen. Auch die existenziale Analytik wäre dann eine Aufgabe, die notwendigerweise in Isolation betrieben werden müsste. In der Tat gibt es in Heideggers Oeuvre eine esoterische Tendenz – weswegen es wichtig ist, auf diese hinzuweisen. Dem einführenden Leitfaden für die Interpretation von *Sein und Zeit* folgend, ist die zentrale Methode, um die esoterischen Fallstricke in Heideggers Text zu vermeiden, sich im Zweifelsfall an den Phänomenen zu orientieren und nicht an Heideggers Text. So wird es möglich, im Namen des Projekts von *Sein und Zeit* gegen diese problematischen Tendenzen in Heideggers Denken vorzugehen.

Befindlichkeit, Verstehen, Rede, Verfallen (§§ 28–38)

Bereits in § 12 lieferte Heidegger eine erste, noch vage Bestimmung des In-Seins. Das 5. Kapitel hat nunmehr die Aufgabe, die Strukturen des In-Seins ausführlicher zu entfalten. Erinnern wir uns kurz an die Ausführungen in § 12. In-Sein darf nicht nach dem Modus der Vorhandenheit verstanden werden. Das gesuchte In-Sein kann eher im Sinne von ‚wohnen bei‘ oder ‚vertraut sein mit‘ verstanden werden. In den §§ 22–24 untersuchte Heidegger anschließend die spezifische Räumlichkeit des Daseins. Daraus wurde deutlich, dass das In-Sein nicht im Sinne eines Behältermodells verstanden werden darf. Dasein ist nicht ‚in‘ der Welt wie Wasser in einem Krug oder ein Krug im Kühlschrank. In § 28 greift Heidegger diese Analysen wieder auf. Er gibt dafür dem Wort **‚Da‘** eine besondere Bedeutung. Es ist für das Verständnis wichtig zu beachten, dass sich der Begriff ‚Da‘ auf dasselbe Phänomen wie der Begriff ‚In-Sein‘ bezieht, nur in einer gesteigerten Komplexität der Beschreibung. Heideggers Ausführungen zum Da geben uns also genauer zu verstehen, wie das In-Sein des Daseins beschaffen ist. Diese zunehmend komplexere Bestimmung desselben Phänomens entspricht Heideggers Methode der hermeneutischen Spirale. Wir hatten diese zum Beispiel bereits im Rahmen der Zeuganalyse kennengelernt, bei der Heidegger dasselbe Phänomen zunächst als *Zeugganzheit*, dann als *Bewandtnisganzheit* und schließlich als *Bedeutungsganzes* angesprochen hatte, was einer zunehmenden Steigerung der Beschreibungskomplexität entspricht. So ist es auch hier, wenn Heidegger die erste Annäherung an das In-Sein in § 12 zunächst in § 28 anhand des Begriffs ‚Da‘ aufgreift und dann in den folgenden Paragrafen im Detail weiter entfaltet.

Heideggers Bestimmung des Da ist auch dahingehend für das Gesamtverständnis von *Sein und Zeit* relevant, weil es uns verständlich macht, wie der Begriff **‚Dasein‘** genauer zu verstehen ist. Das zeigt bereits der erste Satz, in dem Heidegger vom Da spricht: „Das Seiende, das wesenhaft durch das In-der-Welt-sein konstituiert ist, *ist* selbst je sein ‚Da‘." (SZ 132) In diesem zunächst noch

© Der/die Autor(en), exklusiv lizenziert durch Springer-Verlag GmbH, DE, ein Teil von Springer Nature 2022
G. Thonhauser, *Heideggers „Sein und Zeit",*
https://doi.org/10.1007/978-3-662-64689-2_7

dunklen Satz gibt Heidegger zu verstehen, was der Name ‚Dasein' zum Ausdruck bringen soll: *das Dasein ist das Sein des Da*. Der Ausdruck ‚Da' meint die **Erschlossenheit,** die wir bereits im Rahmen der Bestimmung der Weltlichkeit der Welt kennengelernt hatten. Nunmehr lässt sich festhalten: *„Das Dasein ist seine Erschlossenheit.* " (SZ 133) Ebenso werden damit die Ausführungen zur Räumlichkeit noch einmal deutlicher in die Strukturganzheit des In-der-Welt-seins eingebunden. „‚Hier' und ‚Dort' sind nur möglich in einem ‚Da', das heißt, wenn Seiendes ist, das als Sein des ‚Da' Räumlichkeit erschlossen hat." (SZ 132) Die **Räumlichkeit** des Daseins ist also ein Bestimmungsmoment der Weise, in der das Dasein seine Erschlossenheit ist.

Am Anfang des § 12 schreibt Heidegger: „Dasein ist Seiendes, das sich in seinem Sein verstehend zu diesem Sein verhält." (SZ 52–53) Im 5. Kapitel geht es nunmehr um eine genauere Erläuterung des darin angesprochenen Seinsverständnisses und Seinsverhältnisses. Der Begriff ‚Erschlossenheit' erläutert genauer, was es bedeutet, Seinsverständnis zu haben. Dasein existiert in Mit- und Umwelt; es ist gemeinsam mit anderen in einer Welt, die ihm als bedeutsam begegnet und in der es sich besorgend-fürsorgend verhält. Diese komplexen Strukturen des vertrauten Umgangs mit Welt, die wir in den vorangegangen beiden Kapiteln kennengelernt hatten, werden nunmehr im Begriff ‚Erschlossenheit' bzw. noch kompakter in der Silbe ‚Da' zusammengefasst. Wie Heidegger unermüdlich betont, sind Welt, Mitsein und Existenz nur als Momente der Strukturganzheit des In-der-Welt-seins möglich. Mit den Begriffen ‚Erschlossenheit' und ‚Da' geht es nunmehr darum, diese Momente explizit als Momente dieser Strukturganzheit des In-der-Welt-seins zu denken. Die Bestimmung des Daseins, Seinsverständnis zu haben, lässt sich am nunmehrigen Stand der Analyse so reformulieren, dass Dasein seine eigene Existenz, sein Mitsein mit anderen und eine geteilte Welt erschlossen ist. Die vorläufige Bestimmung aus § 9, wonach Dasein jemeinig existierend ist, bedeutet also bei genauerer Betrachtung: „das Sein, darum es diesem Seienden in seinem Sein geht, ist, sein ‚Da' zu sein." (SZ 133).

Heideggers genauere Bestimmung des Da erfolgt anhand von *Befindlichkeit, Verstehen* und *Rede*. Bevor wir detailliert auf diese Existenzialien eingehen, ist es wichtig, noch einmal in Erinnerung zu rufen, dass es dabei um die Bestimmung der Struktur der Erschlossenheit im Ganzen geht. Befindlichkeit und Verstehen sind gleichursprünglich und bilden eine Strukturganzheit. „Befindlichkeit hat je ihr Verständnis" und „Verstehen ist immer gestimmtes" (SZ 142). Es gibt keine Befindlichkeit, die nicht verstehend ist; ebenso gibt es kein Verstehen, das nicht befindlich ist. Beim Dasein ist es zudem so, dass sämtliche Strukturmomente durch Rede (also durch Sprachlichkeit, wobei dies gleich noch zu präzisieren sein wird) bestimmt sind. Befindlichkeit und Verstehen sind gleichursprünglich durch Rede bestimmt (SZ 133), was in einer ersten Annäherung bedeutet, dass wir durch und durch sprachliche Wesen sind. Erst im Kontext ihrer zeitlichen Interpretation in § 68 wird es möglich sein, das Verhältnis von Befindlichkeit, Verstehen und Rede genauer zu beschreiben.

Befindlichkeit, Verstehen und Rede erlauben es uns, genauer zu erfassen, in welcher spezifischen Weise Welt, Mitsein und Existenz erschlossen sind. Die folgenden Analysen der Strukturmomente der Erschlossenheit lassen daher auch die vorhergehenden Analysen der Weltlichkeit, des Mitseins und des Selbstseins in einem neuen Licht erscheinen. Erst in Anbetracht von Befindlichkeit, Verstehen und Rede werden die vorherigen Analysen vollends verständlich. Die Notwendigkeit, bei der Daseinsanalytik in hermeneutischen Spiralen vorzugehen, hat zur Konsequenz, dass das Buch erst beim wiederholten Lesen wirklich verständlich wird, weil erst bei wiederholter Lektüre das in späteren Analyseschritten erarbeitete Vorverständnis es ermöglicht, den Text früherer Analyseschritte in seiner vollen Komplexität zu erfassen.

7.1 Befindlichkeit

Heideggers Ausführungen zur Befindlichkeit gehören zu den bahnbrechendsten in *Sein und Zeit*. Um das zu verstehen, ist es allerdings erforderlich, Heideggers Ausführungen nicht in einem psychologischen Sinn zu verstehen. Das ist eine schwierige Herausforderung, weil es im Rahmen unseres heutigen Vorverständnisses völlig selbstverständlich ist, Stimmung im Sinne eines in unserem Bewusstsein vorfindlichen Gefühls zu verstehen. Heidegger macht hingegen gleich zu Beginn deutlich: „Vor aller Psychologie der Stimmungen, die zudem noch völlig brach liegt, gilt es, dieses Phänomen als fundamentales Existenzial zu sehen und in seiner Struktur zu umreißen." (SZ 134) Noch deutlicher schreibt er in der Vorlesung des Wintersemesters 1929/30:

> Die Stimmungen sind keine *Begleiterscheinungen*, sondern solches, was im vorhinein gerade das Miteinandersein bestimmt. Es scheint so, als sei gleichsam je eine Stimmung schon da, wie eine Atmosphäre, in die wir je erst eintauchten und von der wir dann durchstimmt würden. Es sieht nicht nur so aus, als ob es so sei, sondern es ist so, und es gilt, angesichts dieses Tatbestandes die Psychologie der Gefühle und der Erlebnisse und des Bewußtseins zu verabschieden. Es gilt, zu *sehen* und zu *sagen*, was da geschieht. (GA 29/30, S. 100)

Heidegger fordert uns also dazu auf, das Phänomen zu sehen, ohne es zu psychologisieren, indem wir es als einen mentalen Zustand interpretieren.

Heidegger weist mit seinen Ausführungen zur Befindlichkeit auf etwas hin, das wir normalerweise für so selbstverständlich halten, dass wir nie darüber nachdenken, das sich aber bei genauerer Betrachtung als wahres Rätsel erweist: Warum ist es so, dass uns etwas als Zeug begegnet, dass es für uns mit etwas eine Bewandtnis hat? Oder allgemeiner formuliert: Warum ist für uns überhaupt etwas von Relevanz? Warum fühlen wir uns von Sachen betroffen? Warum gibt es für uns Bedeutung? Es ist eine der faszinierendsten Facetten unserer Faktizität, dass wir immer von Sachen angegangen werden. Heidegger möchte diese **„Angänglichkeit"** (SZ 137) genauer verstehen. Wir können die Erfahrung einer

Bedrohung als Beispiel dafür nehmen, wie wir von innerweltlich Seienden angegangen werden. Etwas als bedrohlich zu erfahren (etwa im Gefühl der Furcht) impliziert sowohl die Wahrnehmung von etwas als bedrohlich als auch von uns selbst als bedroht. In der Furcht erfahren wir also sowohl etwas über eine Sache als auch etwas über uns selbst. Damit ist auch bereits der Kern von § 30 skizziert, in dem die Furcht als Beispiel für einen alltäglichen Modus der Befindlichkeit analysiert wird. Dieses Betroffenwerden durch die Angänglichkeit des innerweltlich Seidenden gilt jedoch nicht nur in emotional aufgeladenen Fällen, sondern ist ein Grundcharakteristikum unseres In-der-Welt-seins überhaupt. Weil wir Seiende sind, die nicht anders können, als von Seienden angegangen zu werden, begegnen uns Seiende als mehr oder weniger relevant, mehr oder weniger dienlich oder abträglich. Ohne solche Angänglichkeit gebe es überhaupt keinen Umgang mit Seienden. Auch wenn wir daran arbeiten, ein mathematisches Problem zu lösen, so geschieht dies vor dem Hintergrund, dass wir dieses Problem als relevant und entsprechend dessen Lösung als unsere Anstrengung wert erfahren. Das Sein des Daseins ist wesentlich dadurch konstituiert, dass uns die Angänglichkeit des Seienden betrifft.

Die existenzial-ontologische Ermöglichungsbedingung der Angänglichkeit fasst Heidegger terminologisch als **Befindlichkeit** zusammen. Daran ist vor allem wichtig, den Grundgedanken festzuhalten: Wir können uns zum Beispiel nur fürchten, weil wir befindliche Wesen sind, d. h. Wesen, die von anderen Seienden angegangen werden und sich von diesen betroffen fühlen. In diesem Sinn schreibt Heidegger: „Die Gestimmtheit der Befindlichkeit konstituiert existenzial die Weltoffenheit des Daseins." (SZ 137) **Stimmungen** sind die ontischen Manifestationen der Befindlichkeit. Unsere Befindlichkeit erfahren wir darin, dass wir immer in einer spezifischen Weise gestimmt sind.

Heidegger beginnt § 29 mit der Feststellung, dass „Dasein je schon immer gestimmt ist" (SZ 134). Auch eine vermeintliche Ungestimmtheit ist eine spezifische Stimmung. Gerade wenn uns Stimmungen nicht auffallen, wenn sie so selbstverständlich sind, dass wir sie nicht bemerken, sind sie vielleicht besonders dominant. Die geforderte Ernsthaftigkeit in einem Seminar ist ein Beispiel für eine solche Stimmung, die eine Situation bestimmt, aber so selbstverständlich ist, dass sie uns üblicherweise nicht auffällt. Stimmungen treten häufig in den Hintergrund, bestimmen aber gerade auch dann, wie uns die Welt erscheint. Bei einem Treffen in angenehmer Atmosphäre ist es einfacher, sich auf ein gemeinsames Vorgehen zu einigen, als in einer Situation, in der die Lage bereits angespannt und die Beteiligten schlecht aufeinander zu sprechen sind. Unser Miteinandersein ist beständig von solchen invasiven Atmosphären bestimmt, die gewisse Handlungsoptionen naheliegender erscheinen lassen als andere.

Nach der soeben rekonstruierten kurzen Skizze zur Omnipräsenz von Stimmungen kommt Heidegger schnell zu seiner zentralen These: Unser primärer Zugang zur Welt, zu den anderen und zu uns selbst erfolgt durch Stimmungen: „Die Stimmung macht offenbar, ‚wie einem ist und wird'. In diesem ‚wie einem ist' bringt das Gestimmtsein das Sein in sein ‚Da'." (SZ 134) Später im Paragrafen nennt Heidegger als Beispiel, dass in der antiken Philosophie die *Theoría* als *„ruhige[s] Verweilen bei …“* (SZ 138) verstanden wird. Also auch ein Weltzugang, der sich rein der Kontemplation verschreibt, erfolgt in einer spezifischen Stimmung. Heidegger spricht sich nicht für die Irrationalität oder eine Herrschaft der Gefühle aus. Ihn so zu verstehen, würde bedeuten, Stimmungen psychologisch zu deuten. Es geht ihm vielmehr um eine Beschreibung der Art und Weise, wie wir von Welt angegangen werden und wie wir uns selbst erschlossen sind.

„In der Gestimmtheit ist immer schon stimmungsmäßig das Dasein als *das Seiende* erschlossen, dem das Dasein in seinem Sein überantwortet wurde als dem Sein, das es existierend zu sein hat.“ (SZ 134) Anhand dieser Feststellung erfolgt der Übergang zu einer weiteren zentralen Charakteristik der Befindlichkeit. Die Befindlichkeit konfrontiert das Dasein damit, „Daß es ist und zu sein hat.“ (SZ 135) Heidegger gibt diesem ‚Daß es ist‘ die Bezeichnung **Geworfenheit.** Wir können uns nicht aussuchen, ob wir existieren oder nicht. Solange wir sind, sind wir jemeinig existierend. Wir können versuchen, diese Seinsverfassung zu leugnen, aber das ändert nichts an dieser Seinsverfassung; es wäre ein Existieren im Modus der Flucht vor der Durchsichtigkeit dieser Seinsverfassung. Die Faktizität der Existenz ist dabei keine bloße Tatsache, sondern so etwas wie eine Aufgabe: Wir haben es in unserem jemeinigen Existenzvollzug zu übernehmen, ein Seiendes von der Seinsweise der Existenz zu sein. Damit wird klar, dass die Geworfenheit des Daseins etwas gänzlich anderes ist als die Tatsächlichkeit eines Vorhandenen. Allerdings vollzieht das Dasein seine Geworfenheit zunächst und zumeist im Modus der Verdrängung – Heidegger nennt es Abkehr oder Flucht –, womit wir beim alltäglichen Vollzugsmodus der Befindlichkeit sind:

> Das Dasein weicht zumeist *ontisch*-existenziell dem in der Stimmung erschlossenen Sein aus; das besagt *ontologisch*-existenzial; in dem, woran solche Stimmung sich nicht kehrt, ist das Dasein in seinem Überantwortetsein an das Da enthüllt. Im Ausweichen selbst *ist* das Da erschlossenes. (SZ 135)

Im alltäglichen Existenzvollzug versuchen wir es zu vermeiden, uns explizit mit unserer Geworfenheit zu beschäftigen. Aber auch dieses Existieren im Modus der Abkehr oder Flucht ist eine Weise, wie uns unsere Existenz erschlossen ist. Heidegger fasst das eben Gesagte in der ersten Charakteristik der Befindlichkeit zusammen: *„Die Befindlichkeit erschließt das Dasein in seiner Geworfenheit und zunächst und zumeist in der Weise der ausweichenden Abkehr.“* (SZ 136) Die alltäglichen Stimmungen lassen die verschiedensten Sachen interessant und relevant erscheinen und tragen damit dazu bei, dass der alltägliche Existenzvollzug sich nicht mit der Geworfenheit der Existenz konfrontiert sieht.

Heidegger geht in diesem Kontext auf zwei mögliche Einwände ein: Der erste Einwand betrifft das Verhältnis von Religion und Geworfenheit (SZ 135–136). Heidegger versteht Religionen als Antworten auf die Geworfenheit. Heilsversprechungen mögen den Umgang mit der Geworfenheit erleichtern. Eine religiöse Überzeugung nimmt der Geworfenheit aber nichts von ihrer existenzial-ontologischen Radikalität, sie kann nur den ontisch-existenziellen Umgang mit ihr in bestimmte Bahnen lenken. Der zweite Einwand betrifft das Verhältnis von Widerfahrnischarakter und aktiver Kontrolle der Stimmungen (SZ 136). Hierzu erklärt Heidegger, dass der etwaige Versuch einer Kontrolle unserer Stimmungen – oder auch die erfolgreiche Kontrolle in einzelnen Fällen – nicht dem Widerfahrnischarakter von Stimmungen widerspricht. Stimmungen überkommen uns. Daher können wir einer Stimmung auch „nie stimmungslos, sondern je aus einer Gegenstimmung" (SZ 136) Herr werden. Der geübte ontisch-existenzielle Umgang mit Stimmungen – also die Fähigkeit zur Kontrolle unserer Stimmungen – ist kein Einwand gegen den existenzial-ontologischen Widerfahrnischarakter von Stimmungen, sondern eine Antwort auf diesen. Daher bleibt die Kontrolle unserer Stimmungen auch immer eine prekäre Sache, die uns leicht misslingt.

Anschließend geht Heidegger auf jenes Charakteristikum der Befindlichkeit ein, das in dieser Kommentierung bereits an den Anfang gestellt wurde: *„Die Stimmung hat je schon das In-der-Welt-sein als Ganzes erschlossen und macht ein Sichrichten auf ... allererst möglich."* (SZ 137) Dieser Satz beinhaltet zwei Gedanken. Der erste besteht darin, dass **Stimmung** „eine Grundart der *gleichursprünglichen Erschlossenheit* von Welt, Mitdasein und Existenz" (SZ 137) sei, wie Heidegger wenige Zeilen später schreibt. Der zweite Teil des Satzes bekräftigt noch einmal den zentralen Gedanken dieses Paragrafen, dass wir uns nur konkret auf andere Seiende beziehen können, weil diese zunächst in Stimmung entdeckt und wir selbst uns in Stimmung erschlossen sind. Er weist damit auf einen zentralen Aspekt hin, der bei der ersten Charakterisierung der Weltlichkeit der Welt nicht beachtet wurde. „Das umsichtig besorgende Begegnenlassen hat – so können wir jetzt von der Befindlichkeit her schärfer sehen – den Charakter des Betroffenwerdens." (SZ 137) Nur aufgrund des Betroffenwerdens von der Angänglichkeit von innerweltlich Seienden, die immer in einer spezifischen Stimmung erfolgt, kann uns überhaupt etwas als bedeutsam begegnen: „Die Gestimmtheit der Befindlichkeit konstituiert existenzial die Weltoffenheit des Daseins." (SZ 137).

Der anschließende Hinweis auf die *Rhetorik* des Aristoteles macht deutlich, dass diese welterschließende Rolle der Stimmungen nicht rein individualistisch gedeutet werden darf. Es geht nicht nur darum, dass uns in heiterer Stimmung die Welt anders erscheint, als sie es tut, wenn wir schlecht gelaunt sind. Heidegger versteht das zweite Buch der Aristotelische *Rhetorik,* in der sich dieser mit den Emotionen oder Affekten beschäftigt, als eine Lehre der Weisen des Betroffenwerdens, worin er eine „erste systematische Hermeneutik der Alltäglichkeit des Miteinanderseins" (SZ 138) sieht. Wie uns die Welt stimmungsmäßig erschlossen wird, ist also wesentlich eine öffentliche Angelegenheit, die für das institutionalisierte Seinsverständnis des Man konstitutiv ist und zugleich in diesem kodifiziert wird. Das Man artikuliert die Bedeutsamkeit, indem es die Weisen vorgibt, in denen wir von Seienden angegangen werden.

7.2 Verstehen

In § 31 macht Heidegger eine Reihe von Sachverhalten explizit, die in diesem Kommentar bereits vorweggenommen wurden. So findet sich hier die Unterscheidungen von *Eigentlichkeit* und *Uneigentlichkeit* (SZ 146). Ebenso fasst Heidegger die dreifache Sicht des Daseins zusammen: als *Umsicht* des Besorgens von Zuhandenen, als *Rücksicht* der Fürsorge von Mitdasein, und als *Durchsichtigkeit* der eigenen Existenz (SZ 146). Die Umsicht in der Welt, die Rücksicht auf Mitdasein und die Durchsichtigkeit von Existenz machen gemeinsam die *Erschlossenheit des Da* aus. Zudem werden anhand des Verstehens mehrere Sachverhalte genauer verständlich, die bereits in den vorangegangenen Kapiteln Thema waren. Im Rahmen der Zeuganalyse waren wir auf den Zusammenhang von Bedeutsamkeit der Welt und Worumwillen des Daseins gestoßen. *Worumwillen des Daseins* und *Bedeutsamkeit der Welt* machen zusammen die *Erschlossenheit des In-der-Welt-seins* aus. Diese komplexe Struktur wird nunmehr anhand von neuen Begrifflichkeiten genauer analysiert. Damit kann ein genaueres Verständnis der Feststellung gewonnen werden, dass Dasein wesentlich dadurch bestimmt ist, Seinsverständnis zu haben. Seinsverständnis zu haben, bedeutet, als diese komplexe Erschlossenheit des Da zu existieren.

An den Begriff ‚**Verstehens**' bietet Heidegger wiederum eine alltagssprachliche Annäherung: ‚sich auf etwas verstehen' bedeutet so viel wie ‚etwas können'. Heidegger meint mit Verstehen also kein ‚Wissen' im herkömmlichen Sinn, sondern Formen des praktischen Umgangs: Eine Tür verstehen wir, wenn wir sie öffnen; eine Wurfscheibe verstehen wir, wenn wir sie werfen. Wir werden uns das gleich genauer ansehen. Zunächst kann als weitere Begriffsklärung vorausgeschickt werden, dass Heidegger jenes Phänomen, dass er im 3. Kapitel **Worumwillen** nannte, nunmehr **Entwurf** nennen wird. Seine Analyse des Worumwillens bzw. des Entwurfs wird jetzt dahingehend weitergeführt, dass er zeigen wird, dass deren Ermöglichungsbedingung darin besteht, dass Dasein **Seinkönnen** ist.

Die Kernaussage dieses Paragrafen besteht darin, dass Dasein „primär Möglichsein" (SZ 143) ist:

> Dasein ist je das, was es sein kann und wie es seine Möglichkeiten ist. Das wesenhafte Möglichsein des Daseins betrifft die charakterisierten Weisen des Besorgens der ‚Welt', der Fürsorge für die anderen und in all dem und immer schon das Seinkönnen zu ihm selbst, umwillen seiner. (SZ 143)

Das ist ein höchst ungewöhnliches Verständnis von **Möglichkeit,** denn Möglichkeit gehört normalerweise neben Wirklichkeit und Notwendigkeit zu den Modalbegriffen. In diesem modalen Sinn meint Wirklichkeit all jenes, was tatsächlich der Fall ist; notwendig ist all jenes, was der Fall sein muss, also unmöglich nicht der Fall sein kann; möglich ist hingegen all jenes, was wirklich sein kann. Als Modalbegriff verstanden ist Möglichkeit also immer auf Wirklichkeit bezogen. Heidegger hingegen denkt Möglichkeit nicht von der Wirklichkeit her, sondern am Leitfaden des Könnens. Das lässt sich anhand eines Beispiels am einfachsten erläutern: Ich kann eine Scheibe werfen. Diese Möglichkeit hört nicht auf, eine Möglichkeit zu sein, wenn ich sie verwirkliche, also tatsächlich werfe. Anders als bei den Modalbegriffen, ist das existenziale Verständnis von Möglichkeit sozusagen ,höher' als die Wirklichkeit. „Die Möglichkeit als Existenzial […] ist die ursprünglichste und letzte positive ontologische Bestimmtheit des Daseins." (SZ 143–144) Anders als Vorhandenes verwirklicht Dasein keine in ihm angelegten Möglichkeiten, sondern ist letztlich nur „die Möglichkeit des Freiseins *für* das eigenste Seinkönnen." (SZ 144) Dasein ist die existenziale Möglichkeit, sich auf konkrete Möglichkeiten hin zu entwerfen und sich in diesem Entwerfen selbst zu bestimmen.

Dabei ist zu beachten, dass diese existenziale Bestimmung des Daseins als **Möglichsein** oder Seinkönnen nicht bedeutet, dass Dasein immer machen kann, was es will. Dasein ist „geworfene Möglichkeit" (SZ 144), das heißt, dass Dasein immer in einer Situation ist, die bestimmte Optionen bietet. Heidegger geht es um folgenden Sachverhalt: Eine Situation bietet nur deswegen Möglichkeiten, weil Dasein Möglichsein ist. Das Seinkönnen des Daseins ist die Bedingung der Möglichkeit dafür, dass Dasein konkrete Möglichkeiten haben kann. Dass eine Situation immer bestimmte Möglichkeiten bietet, liegt andererseits an der Geworfenheit. Die Faktizität des Daseins ist die Bedingung der Möglichkeit dafür, dass dem Dasein immer ein bestimmter, begrenzter Spielraum an Möglichkeiten erschlossen ist. Heidegger kann daher schreiben, dass das Dasein „ständig ,mehr' [ist], als es tatsächlich ist", aber „nie mehr [ist], als es faktisch ist" (SZ 145). Dasein geht nie darin auf, was es gerade tatsächlich ist – anders als ein Vorhandenes liegt es am Dasein als Seinkönnen, sich selbst zu entwerfen. Allerdings bedeutet dies nicht, dass sich Dasein nach Belieben entwerfen kann: Als Geworfenes kann es nur das sein, was ihm faktisch ermöglicht wird.

Vor diesem Hintergrund kann Verstehen als ein Erschließen von Handlungsmöglichkeiten aufgefasst werden. Das Verstehen von Handlungsmöglichkeiten impliziert einerseits den Entwurf meines Seinkönnens und andererseits die Bedeutsamkeit der Welt. Wahrscheinlich ist es einfacher, die Sache zuerst aus der Perspektive der Welt zu betrachten, weil deren Bedeutsamkeit im 3. Kapitel bereits eingehend beleuchtet wurde. Als befindlich Verstehendes ist Dasein immer von Möglichkeiten angegangen. Die Tür lädt mich dazu ein, sie zu öffnen. Die Wurfscheibe fordert mich dazu auf, sie zu werfen. Der Hammer eröffnet mir die Option, einen Nagel einzuschlagen. Das Verstehen von Handlungsmöglichkeiten konstituiert also die Bedeutsamkeit der Welt. Im Verstehen von Handlungsmöglichkeiten ist aber zugleich ein Verständnis von mir selbst als jemandem impliziert, der gewisse Tätigkeiten ausführen kann. Ich verstehe mich als jemand, der hämmern, werfen und Türen öffnen kann. Heidegger schreibt dazu: „Der Entwurfcharakter des Verstehens konstituiert das In-der-Welt-sein hinsichtlich der Erschlossenheit seines Da als Da eines Seinkönnens. Der Entwurf ist die existenziale Seinsverfassung des Spielraums des faktischen Seinkönnens." (SZ 145) Jede Option, mit einem Zeug etwas zu tun, impliziert ein ,Ich kann' aufseiten des Daseins. Handlungsmöglichkeiten gibt es nur in dieser Beziehung eines als geeignet entdeckten Zeugs und eines als könnend erschlossenen Daseins. Anhand dieses am Besorgen von Zeug orientierten Beispiels haben wir jetzt ein genaueres Verständnis davon gewonnen, was mit der – zunächst noch dunklen – **Erschlossenheit** des Da gemeint ist.

In den anschließenden §§ 32 und 33 erläutert Heidegger genauer, wie sich das Verstehen von Möglichkeiten vollzieht. Verstehen kann sich sprachlich artikulieren, es vollzieht sich dann im „*apophantischen* ‚Als‘ der Aussage"; es gibt aber auch eine vor-sprachliche Ausbildung des Verstehens, die Heidegger als vorgängig betrachtet, diese bezeichnet er als „das existenzial-*hermeneutische* ‚Als‘" der Auslegung (SZ 158).

Mit **Auslegung** bezeichnet Heidegger die „Ausbildung des Verstehens" als die „Ausarbeitung der im Verstehen entworfenen Möglichkeiten" (SZ 148). In der Auslegung wird das Verstehen ausdrücklich, indem das Dasein Möglichkeiten als Möglichkeiten erfasst. Heidegger schreibt, dass die Auslegung die formale „Struktur des *Etwas als Etwas*" (SZ 149) hat, die er auch als *hermeneutisches Als* bezeichnet. In der Auslegung erfasse ich zum Beispiel eine Scheibe *als* Wurfzeug, die mir entsprechende Möglichkeiten bietet. Die Scheibe wird von mir also *als* etwas *zum* Werfen verstanden. Durch die Auslegung mache ich mir die Handlungsmöglichkeiten ausdrücklich, die mir dieses Zeug bietet. Daher kann Heidegger auch schreiben, dass „in der Auslegung […] das Verstehen nicht etwas anderes [wird], sondern es selbst." (SZ 148) Die in der Auslegung sich ausbildende Ausdrücklichkeit des Verstehens bedeutet allerdings nicht, dass ich über mein Tun sprechen muss; es impliziert nicht einmal, dass ich Worte haben muss, um verschiedene sich bietende Handlungsmöglichkeiten zu benennen. Man kann zum Beispiel äußerst geschickt darin sein, eine Scheibe zu werfen, ohne die entsprechenden Fachtermini zu kennen, mit denen die verschiedenen Wurfarten bezeichnet werden, oder sich je Gedanken darüber gemacht zu haben, wie man diese benennen würde. „Aus dem Fehlen der Worte darf nicht auf das Fehlen der Auslegung geschlossen werden." (SZ 157).

Andererseits besteht für das Dasein auch die Möglichkeit, sein Verstehen einer Sache sprachlich zu artikulieren. Das Verstehen vollzieht sich dann als **Aussage.** Heidegger vertritt allerdings die These, dass die Aussage „ein abkünftiger Modus der Auslegung" (SZ 153) sei. Es kann also eine Ausbildung des Verstehens geben, die ohne Aussagen auskommt, jedoch keine Aussage, die nicht auf einer auslegenden Ausbildung des Verstehens beruht. Das *apophanitische Als* der Aussage gründet im *hermeneutischen Als* der Auslegung (SZ 158). Heidegger differenziert drei Bedeutungen von Aussage, die stufenweise aufeinander aufbauen:

- Die primäre Bedeutung von Aussage bestimmt Heidegger als *Aufzeigung,* womit er das griechische Wort ‚*apophansis*‘ übersetzt. Wir waren diesem Wort bereits in § 7 begegnet und werden in § 44 wieder darauf treffen. Er bestimmt dieses hier als „Seiendes von ihm selbst her sehen lassen." (SZ 154)

- Davon abgeleitet ist die Bedeutung von Aussage als *Prädikation*. Das ist die übliche Bedeutung von Aussage, in der einem Satzsubjekt eine Bestimmung zugesprochen wird.
- Auf Basis der ersten beiden Bedeutungen kann Aussage drittens *Mitteilung* sein. Durch die Aussage teile ich anderen eine Bedeutung mit und gebe ihnen dadurch die Möglichkeit, das Seiende, das in der Aussage angesprochen wird, ebenfalls zu sehen. Die Mitteilung beruht auf der gemeinsamen Bezogenheit auf Seiendes (Welt ist Mitwelt) und vollzieht sich in geschriebener oder gesprochener Sprache.

Die §§ 31–33 sind vor allem deswegen relevant, weil die hier entwickelten Verständnisse von Verstehen, Auslegungen und Aussage auch Heideggers eigene Vorgehensweise in *Sein und Zeit* beschreiben. Diese Paragrafen sind also nicht nur daseinsanalytische Beschreibungen, sondern zugleich auch Metatexte zur Untersuchungsmethode. Das wird besonders deutlich anhand Heideggers Erklärung, was es heißt, ein Vorverständnis einer Sache zu haben (SZ 150–151). Diese Frage ist für die Interpretation Heideggers Daseinsanalytik von größtem Interesse, weil Heidegger davon ausgeht, dass jedes Verstehen immer von einem Vorverständnis ausgehen und Verstehen sich daher notwendig in hermeneutischen Spiralen vollziehen muss. Was versteht Heidegger also unter **Vorverständnis?** Heidegger entwickelt die Vor-Struktur des Verstehens – sehr technisch – anhand der Begriffe ‚Vorhabe', ‚Vorsicht' und ‚Vorgriff'.

- Die *Vorhabe* bestimmt, was überhaupt als Phänomen in den Blick genommen wird.
- Die *Vorsicht* regelt, in welcher Hinsicht es in den Blick genommen wird.
- Der *Vorgriff* legt fest, mit welchen Begriffen es beschrieben wird.

Zum Beispiel kann ein Exemplar von *Sein und Zeit* als Objekt in Hinblick auf seine materielle Beschaffenheit betrachtet und in Begriffen der Vorhandenheit beschrieben werden, oder es kann als Buch verstanden werden, von dem etwas gelernt werden kann, und dieser Sachverhalt in den Begriffen von Heideggers Zeuganalyse beschrieben werden. Je nach der gewählten Vor-Struktur des Verstehens wird Unterschiedliches gesehen. Verstehen beruht dabei immer auf einem gewissen Vor-Verständnis. Entsprechend gibt es kein Verstehen, das nicht schon in der einen oder anderen Weise vorstrukturiert ist.

Auf diese notwendige Vor-Struktur des Verstehens aufbauend definiert Heidegger auch den Begriff ‚**Sinn':** *„Sinn ist das durch Vorhabe, Vorsicht und Vorgriff strukturierte Woraufhin des Entwurfs, aus dem her etwas als etwas verständlich wird."* (SZ 151) Mit Sinn meint Heideggers also einfach das Vorverständnis, das wir schon haben müssen, damit uns etwas als etwas verständlich werden kann. In genau dieser Weise verwendet Heidegger den Begriff ‚Sinn' auch in Bezug auf die Frage nach dem **Sinn von Sein,** wie er in § 65 noch einmal explizit machen wird. Es wird damit deutlich, dass mit der Frage nach dem Sinn von Sein

nichts Tiefsinniges gemeint ist (der Einblick in irgendeine mystische Sache, die
Heidegger „Sein" nennt), sondern einfach die Frage nach dem Vorverständnis, aus
dem heraus die ontologische Beschaffenheit von Seienden verständlich gemacht
wird. Das ist aber andererseits keine triviale Angelegenheit, denn es impliziert
eine grundlegende Revision im Vergleich dazu, wie üblicherweise über **Ontologie**
nachgedacht wird. In diesem Zusammenhang kann erstens noch einmal betont
werden, dass verschiedene Seinsweisen nicht aufeinander zurückführbar sind. Insbesondere wäre es falsch, zu denken, Dasein erschließe sich Zuhandenheit, indem
es zunächst vorhandenem Seienden eine Bedeutsamkeit verleihe. Die Auslegung

> wirft nicht gleichsam über das nackte Vorhandene eine ‚Bedeutung' und beklebt es nicht
> mit einem Wert, sondern mit dem innerweltlichen Begegnenden als solchem hat es je
> schon eine im Weltverstehen erschlossene Bewandtnis, die durch die Auslegung heraus-
> gelegt wird. (SZ 150)

Vielmehr ist es so zu verstehen, dass es vom jeweiligen Woraufhin des Entwurfs
abhängt, ob etwas als Zuhandenes oder als Vorhandenes verständlich wird, ob
etwas also zum Beispiel als Stück Plastik oder als Wurfscheibe verstanden wird.

Das bedeutet aber andererseits nicht, dass Dasein Bedeutungen nach Belieben
erfinden könne. Vielmehr ist es so, dass „die Freigabe des Innerweltlichen [...]
dieses Seiende frei auf *seine* Möglichkeiten" (SZ 144) gibt. Wenn wir etwas als
etwas verstehen, dann geht es dabei immer darum, die Möglichkeiten zu erfassen,
die dem damit angesprochenen Seienden eigen sind. Daher sprechen wir davon,
dass Dasein Bedeutungen entdeckt, und nicht davon, dass es sie erfindet. Auch
das, was wir herkömmlich die ‚Erfindung' eines neuen Zeugs nennen (Wurfscheiben, genauso wie Hämmer oder Kochlöffel wurden irgendwann ‚erfunden'),
lässt sich im Rahmen von Heideggers Terminologie als eine ‚Entdeckung'
beschreiben, welche Bewandtnis es mit diesem Seienden haben kann. Einerseits
kann sich Seiendes also immer nur im Rahmen eines Vorverständnisses zeigen,
das festlegt, was in welcher Hinsicht in den Blick genommen wird. Andererseits
bleibt unser Verstehen aber verwiesen darauf, wie sich das damit angesprochene
Seiende von ihm selbst her zeigt. Die Freigabe des Seienden im Verstehen steht
also unter jenem Maßstab, den Heidegger in § 7 als Vorbegriff der Phänomenologie eingeführt hatte: „Das was sich zeigt, so wie es sich von ihm selbst her zeigt,
von ihm selbst her sehen lassen." (SZ 34).

7.3　Rede

Anknüpfend an Heideggers Verständnis von Verstehen, Auslegung und Aussage kann die nächste überraschende Begriffsverwendung verständlich gemacht
werden, die entscheidend ist, damit § 34 verständlich wird: Heidegger nennt die
„Artikulation der Verständlichkeit" (SZ 161), die schon anzutreffen ist, bevor
sie in Worte gefasst wird, **Rede**. Rede ist nicht nur das *„existenzial-ontologische
Fundament der Sprache"* (SZ 160), sondern liegt auch „der Auslegung und Aussage schon zugrunde" (SZ 161). Als Artikulation der Verständlichkeit bezeichnet

Rede die Gliederung des Bedeutungsganzen, die der Ausbildung des Verstehens in Auslegung und Aussage zugrunde liegt. Auslegung und Aussage bezeichnen die (vor-sprachliche und die sprachliche Variante der) Thematisierung des Bedeutungsganzen, die bereits durch die Rede artikuliert ist. Dieser Gedanken einer Gliederung des Bedeutungsganzen war bereits ab § 15, bei der ersten Bestimmung der Weltlichkeit der Umwelt, ein zentrales Thema. In den Ausführungen der vorangegangenen beiden Kapitel war das Phänomen, das nunmehr als Rede bezeichnet wird, also bereits ständig Teil der Analyse, wenn auch nicht als solches benannt.

Wir hatten gesehen, dass sich **Verstehen** immer zugleich auf den Entwurf des Seinkönnens und die Bedeutsamkeit der Welt bezieht – diese sind wie zwei Seiten derselben Medaille. Der **Entwurf** des Seinkönnens ist auf die Bedeutsamkeit der Welt angewiesen und die **Bedeutsamkeit** der Welt gründet im Entwurf des Seinkönnens. Wenn wir die Rede zuerst mit Blick auf den Entwurf des Seinkönnens betrachten, kann im Rückgriff auf § 32 das in der Rede artikulierte, die Gliederung der Bedeutsamkeit, als Sinn gefasst werden. Der Entwurf des Seinkönnens gliedert sich als Vor-Struktur des Verstehens, das heißt, er hat im Vorhinein festgelegt, was wie in den Blick genommen wird. Wenn wir die Sache von der Seite der Bedeutsamkeit der Welt her betrachten, kann die Artikulation der Verständlichkeit als die Gliederung des Bedeutungsganzen gefasst werden. Vielleicht hilft ein Beispiel zur Veranschaulichung: Um fachkundig Bier brauen zu können, müssen zum Beispiel verschiedene Hefesorten hinsichtlich ihres Einflusses auf den Brauvorgang unterschieden werden. Eine Hefe zeigt sich als geeignet zum Brauen von obergärigem Bier, während eine andere als Pilsner Hefe bestimmt wird. Diese Differenzierungsleistung im befindlichen Verstehen bezeichnet Heidegger als Rede.

Ebenso wie sich das Existenzial der Befindlichkeit ontisch als Stimmung manifestiert, hat das Existenzial der Rede seine ontische Manifestation als **Sprache**. Das bringt Heidegger in der folgenden, extrem dichten Passage zum Ausdruck:

> Wenn die Rede, die Artikulation der Verständlichkeit des Da, ursprüngliches Existenzial der Erschlossenheit ist, diese aber primär konstituiert wird durch das In-der-Welt-sein, muß auch die Rede wesenhaft eine spezifisch *weltliche* Seinsart haben. Die befindliche Verständlichkeit des In-der-Welt-seins *spricht sich als Rede aus.* Das Bedeutungsganze der Verständlichkeit *kommt zu Wort.* Den Bedeutungen wachsen Worte zu. Nicht aber werden Wörterdinge mit Bedeutungen versehen. (SZ 161)

In diesen wenigen Sätzen ist eine ganze Sprachphilosophie impliziert, über die bereits zahlreiche Bücher geschrieben wurden (besonders empfehlenswert: Lafont 1994; Demmerling 2016; Flatscher 2016). Es ist dabei aber zu bemerken, dass Heidegger in *Sein und Zeit* vieles noch offen, unbestimmt und vage lässt. Darin zeigt sich, dass er mit seinen sprachphilosophischen Überlegungen zur Zeit der Abfassung dieses Werks noch nicht sehr weit fortgeschritten war. Erst im Spätwerk wird Heidegger eine elaborierte Sprachphilosophie entwickeln (GA 12).

Zur groben Einordnung können drei Kernaussagen der zitierten Passage hervor-gehoben werden. Erstens wird der Kerngedanke des Existenzials der *Rede* wieder-holt: Es gibt eine vor- oder proto-sprachliche Artikulation der Verständlichkeit der Erschlossenheit, welche die existenzial-ontologische Bedingung der Möglich-keit von Sprache ist. Zweitens wird die **Sprache** als die weltliche Erscheinungs-weise der Rede definiert, wie auch der Anfang des folgenden Absatzes deutlich macht: „Die Hinausgesprochenheit der Rede ist die Sprache." (SZ 161) Sofern Rede innerweltlich erscheint, tut sie dies als gesprochene oder geschriebene Sprache. Sie hat dann ein innerweltliches Sein ähnlich dem Zuhandenen, wie Heidegger ebenfalls im dritten Absatz schreibt – auch das ist ausgesprochen vage und vielleicht sogar falsch. Ferner erklärt er: „Die Rede ist existenzial Sprache." (SZ 161) Weil wir sprechende Wesen sind, ist Rede bei uns immer mit Sprache verbunden. Hier stellt sich die Frage, ob es Wesen geben kann oder tatsächlich gibt, die Rede haben, aber über keine oder nur eine rudimentäre Sprache ver-fügen. Das wäre etwa mit Blick auf höher entwickelte Tierarten zu diskutieren. Schließlich kann auch noch die dritte Aussage der zuvor zitierten Passage hervorgehoben werden: Das Bedeutungsganze „kommt zu Wort", Bedeutungen „wachsen Worte zu" (SZ 161). In diesen Wendungen deutet Heidegger eine originelle Theorie von Referenzialität und Bedeutung an: Kernthemen der Sprach-philosophie. Er verbleibt aber auch hier bei diesen wenigen Andeutungen, sodass aus *Sein und Zeit* – die umliegenden Vorlesungen und Manuskripten helfen dahin-gehend auch nicht viel weiter – Heideggers sprachphilosophische Position nicht eindeutig rekonstruiert werden kann.

Nur die ersten beiden Absätze von § 34 beziehen sich auf das Existenzial der Rede. Ab dem dritten Absatz geht es um Sprache, also um hinausgesprochene oder hinausgeschriebene Rede. Heidegger macht das nicht deutlich und scheint bei der Unterscheidung von Rede und Sprache auch nicht vollends konsequent zu ver-fahren – dies kann als weiteres Anzeichen seiner noch unterentwickelten sprach-philosophischen Position gedeutet werden. Gleichwohl bietet Heidegger nicht nur ein eigenwilliges Verständnis von Rede an, sondern hat auch einige interessante Überlegungen zur Sprache.

Heidegger bestimmt *Sprache* – also die innerweltliche Manifestation der Rede – anhand von vier Charakteristika: Erstens handelt Sprache immer über etwas. Sie hat ein Worüber oder ein Beredetes. Zweitens vollzieht sich Sprache immer durch Worte, durch die etwas gesagt wird: Sie ist Geredetes. Drittens ist Sprache immer Mitteilung. Heidegger macht an dieser Stelle deutlich, dass Verstehen immer auch im Sinne von Mit-Verstehen und Befindlichkeit immer auch im Sinne von Mit-Befindlichkeit verstanden werden muss. Dieser mit-weltliche Charakter von Befindlichkeit und Verstehen wird darin explizit, dass wir miteinander sprechen. Unser Miteinandersein ist in entscheidender Weise Miteinandersprechen. Daher ist umgekehrt auch jedes Sprechen ein Miteinander-sprechen. Auch wenn wir Selbstgespräche führen, hat Sprache diese mitteilende Funktion. Schließlich ist Sprache viertens ein Sichaussprechen bzw. eine Bekundung. Im Sprechen oder Schreiben geben wir immer etwas von uns preis, auch wenn wir dies nicht beabsichtigen. „In der Art des Sprechens" (SZ 162) bekunden wir, wie wir uns befinden.

Der zentrale Gedanke des restlichen Paragrafen besteht darin, dass Hören als Teil des Verstehens des Daseins verstanden werden muss. Heidegger wendet sich damit gegen eine wahrnehmungspsychologische Sichtweise, die davon ausgeht, dass Hören zunächst auf der Umwandlung von Schallwellen in isolierte Töne besteht. Heidegger hält dem entgegen, dass Hören als Modus der Rede auf die Artikulation des Bedeutungsganzen bezogen ist. Das bedeutet, dass wir üblicherweise „nie und nimmer Geräusche und Lautkomplexe, sondern den knarrenden Wagen, das Motorrad" (SZ 163) hören. „Es bedarf schon einer sehr künstlichen und komplizierten Einstellung, um ein ‚reines Geräusch' zu ‚hören'." (SZ 164) Auch dann, wenn uns etwas unverständlich ist, „hören wir zunächst *unverständliche* Worte und nicht eine Mannigfaltigkeit von Tondaten" (SZ 164). Im Hören sind wir bezogen auf das innerweltlich Seiende in seiner Bedeutsamkeit, also auf die Artikulation von Sinn, die Heidegger als Rede bezeichnet.

7.4 Verfallen

Der 1. Abschnitt von *Sein und Zeit* hat die Aufgabe, am Seinsmodus der durchschnittlichen Alltäglichkeit die existenzialen Bestimmungen des Daseins zur Abhebung zu bringen. Am nunmehrigen Stand der Analyse zeigt sich, dass diese Aufgabe zwei Dimensionen hat, die unterschieden werden können und für ein angemessenes Verständnis der Daseinsanalytik auch unterschieden werden müssen: einerseits die Ausarbeitung der *existenzialen Strukturen in ihrer modalen Indifferenz,* andererseits die Charakterisierung des *spezifischen Vollzugsmodus der Alltäglichkeit.*

Diese Unterscheidung bedarf zunächst einer allgemeinen Erläuterung. Heidegger erklärt, dass die Existenzialien den Status der **formalen Anzeige** haben, was bedeutet, dass sie nur in ihrem Vollzug durch das jemeinig existierende Dasein *sind.* Dasein hat dabei verschiedene Möglichkeiten des Vollzugs, die Heidegger zur ersten Orientierung in eigentliche und uneigentliche Formen unterteilt. Die existenzial-ontologischen Begriffe sind die vor- und mitgängigen Bedingungen der Möglichkeiten für konkrete Existenzvollzüge. Das bedeutet, dass zum Beispiel die verschiedenen Verhaltensweisen zu anderen die Fürsorge als ihre Bedingung der Möglichkeit mit erscheinen lassen, der existenzial-ontologische Begriff ‚Fürsorge' aber eine Abstraktion darstellt, zu dem wir nur gelangen, wenn wir von den konkreten Vollzügen absehen. In diesem Sinn spricht Heidegger davon, dass diese Begriffe *formal* anzeigend sind. Die formale Bestimmung gibt den konkreten Modus des Vollzugs nicht vor. Zugleich weisen die formalen Bestimmungen aber auch auf die Möglichkeit des konkreten Vollzugs hin, sie sind in diesem Sinn *anzeigend.* Heidegger bringt denselben Sachverhalt auch dadurch zum Ausdruck, dass er von der **modalen Indifferenz** der existenzialen Beschreibungen spricht. Im Gegensatz zu den existenziellen Vollzügen, die immer einen konkreten Vollzugsmodus haben, sind die existenzialen Beschreibungen modal indifferent. Die existenziellen Vollzugsmodalitäten ergeben dabei ein Spektrum, wobei Eigentlichkeit und Uneigentlichkeit als entgegengesetzte Enden einer Skala verstanden werden können, während die Alltäglichkeit auf dieser Skala irgendwo dazwischenliegt. Leider trägt Heidegger zur begrifflichen Verwirrung bei, wenn er diese Platzierung der Alltäglichkeit zwischen Eigentlichkeit und Uneigentlichkeit als Indifferenz der Alltäglichkeit bezeichnet. Es gibt in *Sein und Zeit* also zwei Verständnisse von Indifferenz, die unterschieden werden sollten, von Heidegger selbst aber nicht streng auseinandergehalten werden: einerseits die *Indifferenz existenzialer Beschreibungen,* die insofern indifferent sind, als sie nur als die vor- und mitgängigen Ermöglichungsbedingungen des jeweiligen existenziellen Vollzugsmodus erscheinen, andererseits die **Indifferenz der Alltäglichkeit,** die insofern indifferent ist, als sie einen durchschnittlichen und in diesem Sinne sozusagen neutralen existenziellen Vollzugsmodus beschreibt.

Bei der Kommentierung des 4. Kapitels zum alltäglichen Mitsein und Selbstsein wurde darauf hingewiesen, dass sich aus der Vermischung von existenzial-ontologischen Strukturen und ontisch-existenziellen Vollzugsmodi in Heideggers Text eine Reihe von interpretatorischen Schwierigkeiten ergeben, weswegen in diesem Kommentar der Versuch unternommen wurde, zwischen den beiden Ebenen strenger zu differenzieren, als dies in Heideggers Text der Fall ist. Hingegen lässt sich die Unterscheidung von existenzialer Struktur und alltäglichem Vollzugsmodus im 5. Kapitel bereits bei einem Blick ins Inhaltsverzeichnis erkennen. Das 5. Kapitel ist zweigeteilt: Teil A trägt den Titel „Existenziale Konstitution des Da", Teil B den Titel „Das alltägliche Sein des Da". Die Ausführungen zu Befindlichkeit, Verstehen und Rede präsentierten uns existenziale Strukturen in ihrer modalen Indifferenz, was impliziert, dass diese Existenzialien immer auf eine spezifische Weise ontisch-existenziell vollzogen werden müssen. Teilweise hatte Heidegger diese Vollzugsmodi auch bereits in den existenzialen Beschreibungen von Befindlichkeit, Verstehen und Rede angedeutet. Teil B des 5. Kapitels präsentiert anschließend die alltäglichen Modi dieser Existenziale.

In Teil B des 5. Kapitels geht es also um eine Beschreibung, wie Befindlichkeit, Verstehen und Rede in der durchschnittlichen Alltäglichkeit vollzogen werden. Um den systematischen Zusammenhang dieser Ausführungen nachzuvollziehen, ist es sinnvoll, sich zunächst den Zusammenhang der verschiedenen Begriffe zu verdeutlichen:

- Das Existenzial der **Rede** wird alltäglich vollzogen als **Gerede,** was Heidegger in § 35 zum Thema macht. Den eigentlichen Modus der Rede nennt Heidegger **Schweigen,** dieser wird im Kontext des Gewissens eine wichtige Rolle spielen.
- Der alltägliche Vollzugsmodus des Existenzial des **Verstehens** ist die **Neugier,** wie Heidegger in § 36 zeigt. Den eigentlichen Modus werden wir im Zusammenhang mit dem Sein zum Tode kennenlernen – Heidegger nennt ihn **Vorlaufen.**

- Die **Zweideutigkeit,** die Heidegger in § 37 behandelt, ist der uneigentliche Modus der *Auslegung.*
- Bei der *Befindlichkeit* ist es komplizierter. Wie es sich mit der Befindlichkeit und ihren Vollzugsmodi verhält, kann erst anhand der Angst erläutert werden. Denn damit hängt auch die entscheidende Frage zusammen, wie das alltägliche Dasein auf den Pfad der Eigentlichkeit geführt werden kann.

Das **Gerede** nimmt in Heideggers Überlegungen zum Verfallen eine Schlüsselrolle ein. Wie Heidegger in § 34 erklärte, wird Rede verlautbart in Wort und Schrift, sie erscheint in der Welt als Sprache. In § 35 macht Heidegger nunmehr deutlich, dass in der Sprache das gesellschaftliche Normale und Übliche tradiert wird, dem Heidegger in § 27 die Bezeichnung *das Man* gab: „Die Ausgesprochenheit verwahrt im Ganzen ihrer gegliederten Bedeutungszusammenhänge ein Verstehen der erschlossenen Welt und gleichursprünglich damit ein Verstehen des Mitdaseins Anderer und des je eigenen In-Seins." (SZ 168) Im Gerede wird also artikuliert, wie man die Welt, die anderen und sich selbst in der durchschnittlichen Alltäglichkeit versteht.

Hieran zeigt sich, dass Heideggers Beschreibungen der **Öffentlichkeit** – trotz der Einseitigkeit, auf die in den weiterführenden Gedanken zum vorherigen Kapitel hingewiesen wurde – einen interessanten sozialtheoretischen Kern haben, der auch gesellschaftsdiagnostisch fruchtbar gemacht werden kann. Heidegger macht mit seiner Analyse des Geredes auf folgendes Phänomen aufmerksam: Weil Miteinandersein primär Miteinandersprechen ist, verlassen wir uns häufig darauf, was andere zu einer Sache zu sagen haben. Dieses Vertrauen auf das Zeugnis anderer ist zunächst unproblematisch: Es ist ein gewöhnlicher und auch notwendiger Vorgang unseres Miteinanderseins. Allerdings kann es leicht dazu führen, dass sich unser Wissen über eine Sache nicht auf Sachkenntnis stützt, sondern auf Hörensagen. Heideggers Analyse deckt sich dabei weitgehend mit einer Einschätzung, die sich zum Beispiel auch bei Habermas oder Luhmann finden lässt: dass das Wissen über die Welt hauptsächlich aus Massenmedien bezogen wurde. Heidegger dachte dabei wohl vor allem an Zeitungen, Habermas und Luhmann wohl zusätzlich an das Radio und das Fernsehen. Für unsere heutige Zeit müsste dieses Phänomen anhand des Leitmediums der sozialen Medien bedacht werden. In allen diesen Medienkonstellationen findet sich die ambivalente Dynamik von Sachzugang und Hörensagen, von echtem Zeugnis und Verschwörungstheorie, von Austausch zur Wissenserweiterung und Verengung des Weltzugangs in der Echokammer.

Das „Weiter- und Nachreden" (SZ 168) von Sachverhalten, die man selbst nur vom Hörensagen kennt, bezeichnet Heidegger treffend als „Gerede" (SZ 168) bzw. „Geschreibe" (SZ 169). Die existenzielle Herausforderung besteht nun darin, dass sich Gerede und Geschreibe kaum von solchen Formen der gesprochenen oder geschriebenen Rede unterscheiden lassen, die auf echter Sachkenntnis beruhen. Auf jeden Fall ist klar, dass die durchschnittliche Alltäglichkeit kein Maßstab sein kann, um über die Sachangemessenheit einer Aussage zu entscheiden. Denn es ist naheliegend, dass im alltäglichen Meinungsaustausch das Gerede und Geschreibe sogar im Vorteil ist, weil es der verbreiteten Meinung entspricht und sich dieser problemlos einordnen lässt, während eine ungewöhnliche Aussage, auch wenn sie sachlich zutreffender ist, mit hoher Wahrscheinlichkeit auf größere Vorbehalte stoßen wird.

Für die systematische Einordnung des **Geredes** sind vier Sachverhalte festzuhalten. Weil Rede sich als Sprache manifestiert, ist es erstens so, dass das Existenzial der Rede durch die Tendenz charakterisiert ist, zunächst und zumeist als Gerede vollzogen zu werden. Weil das Gerede dabei zweitens das alltägliche Seinsverständnis des Daseins artikuliert, ist es für das Sein des Daseins konstitutiv und kann von diesem nicht weggedacht werden: „Dieser alltäglichen Ausgelegtheit, in die das Dasein zunächst hineinwächst, vermag es sich nie zu entziehen. In ihr und aus ihr und gegen sie vollzieht sich alles echte Verstehen, Auslegen und Mitteilen, Wiederentdecken und neu Zueignen." (SZ 169) Doch obwohl Dasein auf das Gerede des Man angewiesen ist, hat dieses den Effekt, den Blick für die eigentlichen Phänomene zu verstellen. Das Verfallen an die durchschnittliche Ausgelegtheit führt zu einer Verschließung des Bezugs zu den Sachen selbst: „Das im Gerede sich haltende Dasein ist als In-der-Welt-sein von den primären und ursprünglichen Seinsbezügen zur Welt, zum Mitdasein, zum In-Sein selbst abgeschnitten." (SZ 170) Das Gerede hat dabei viertens die Tendenz, die dominanten Meinungen zu verstärken, sodass ein Dasein, das im Gerede gefangen ist, seine Sachferne nicht bemerkt, sondern die alltägliche Ausgelegtheit für den echten und einzigen Sachbezug hält.

Zur Behandlung der **Neugier** in § 36 kann zunächst angemerkt werden, dass Heidegger diesen Begriff in Anknüpfung an Augustinus und die christliche Tradition nur als Verfallensphänomen versteht. Es gibt bei ihm keine Ansätze, etwa wissenschaftliche Neugier als eine Grundstimmung zu verstehen, die zu echtem Fragen nach der Beschaffenheit einer Sache führt. Im Rahmen der Systematik der Daseinsanalytik dient die Neugier ausschließlich als Bezeichnung für den uneigentlichen Vollzugsmodus des Verstehens. Wie wir es schon von der Beschreibung des Geredes kennen, ist auch die Neugier durch einen nur scheinbaren Sachbezug charakterisiert. Heidegger spezifiziert diesen Grundgedanken anhand von Unverweilen, Zerstreuung und Aufenthaltlosigkeit weiter aus, ohne dabei jedoch wirklich neue Sachverhalte zu präsentieren. Das setzt sich auch in der Analyse der **Zweideutigkeit** in § 37 fort. Diese bezeichnet den uneigentlichen Vollzugsmodus der Auslegung und besagt, dass „bald nicht mehr entscheidbar [ist], was in echtem Verstehen erschlossen ist und was nicht" (SZ 173). Anhand des Begriffs ‚Zweideutigkeit' fasst Heidegger den Gedanken, dass Gerede dann besonders wirkmächtig ist, wenn der Unterschied zwischen echter Mitteilung und Gerede weitgehend verwischt ist, sodass kaum noch unterscheidbar ist, was echter Sachkenntnis und was bloßem Hörensagen entspringt.

An diesen Paragrafen sind vor allem zwei Sachverhalte interessant. Erstens spricht er kurz den Zusammenhang an, der zwischen der Erschlossenheit des Daseins und den Metaphoriken von Sehen und Licht besteht. Wie Heidegger anhand von Aristoteles, Parmenides und Augustinus belegt, lässt sich in der philosophischen Tradition eine gewisse *Privilegierung des Sehens* konstatieren. Während Heidegger in seinem späteren Denken dieser Bevorzugung des Sehsinns kritischer gegenüberstehen und als Gegenbewegung dazu auditive Metaphern bevorzugen wird, ist seine Haltung zu dieser Tradition in *Sein und Zeit* ambivalent. Einerseits lässt die Diskussion dieses Zusammenhangs im Kontext des Verfallens darauf schließen, dass Heidegger den Fokus auf den Sehsinn als primärer Erkenntnisquelle als Form von Uneigentlichkeit identifiziert. Andererseits gibt es aber mehrere Stellen, an denen Heidegger für seine eigene Methodik und die Ausarbeitung der existenzialen Strukturen auf diese Tradition zurückgreift. So greift Heidegger in § 7 – ohne erkennbare destruktive Absicht und auch ohne die Quelle zu nennen – auf Parmenides zurück, wenn er schreibt, dass „das schlicht hinsehende Vernehmen" im „reinsten und ursprünglichsten Sinne ‚wahr'" (SZ 33) sei. Ebenso spricht er in § 28 bei der ersten Bestimmung der Erschlossenheit affirmativ vom *lumen naturale* und der *Gelichtetheit* bzw. ***Lichtung*** (SZ 133) und stellt in § 7 eine Verbindung zwischen der Offenbarkeit der Phänomene und dem Licht her (SZ 28). In seinem späteren Denken versucht sich Heidegger von dieser Lichtmetaphorik zu lösen und die Lichtung etymologisch mit der Wortwurzel ‚leicht' zu verbinden, wie in der Redewendung ‚den Anker lichten'. Während diese spätere Metaphorik versucht, ein Bild zu evozieren, wonach die Phänomene dann offenbar werden, wenn sie freigegeben und dadurch leicht gemacht werden, ist in *Sein und Zeit* die Lichtmetaphorik dominant, wonach sich Phänomene dann zeigen, wenn sie durch eine Lichtquelle beschienen werden, was sie „sowohl ‚offen' als auch ‚hell' macht" (SZ 350).

Die systematischen Konsequenzen der Beschreibungen von Gerede, Neugier und Zweideutigkeit für die Daseinsanalytik werden in § 38 im Begriff **‚Verfallen'** zusammengefasst. Heidegger macht hier den Sachverhalt explizit, mit dem die Kommentierung zu diesem Kapitel begonnen wurde. Die Existenzialien stellen kein „starres Gerüst" (SZ 176) dar, sondern *sind* nur in ihrem dynamischen Vollzug. Die Alltäglichkeit wird dabei dominiert von einem verfallenden Vollzugsmodus. Dass es hier um die Beschreibung von Vollzugsmodi geht, zeichnet sich auch an Heideggers Begriffswahl ab. Er verwendet eine Reihe von dynamischen Begriffen wie ‚Absturz', ‚Wirbel', ‚Bewegtheit', ‚Los- und Hinreißen', um die Verfallenstendenz zu beschreiben (SZ 178–179). Die Metaphorik von Absturz und Wirbel stellt dabei das Gegenstück zur Metaphorik des Werfens dar, durch die das „Entwerfen eigentlicher Möglichkeiten" (SZ 178) beschrieben wird.

Die Tendenz zum Verfallen beruht dabei laut Heidegger darauf, dass „das Dasein […] zunächst und zumeist *bei* der besorgten Welt" (SZ 175) ist. Durch das Verfallen wird das *Sein-bei* der Welt zu einem *Aufgehen-bei* der Welt. Dieses **Aufgehen-bei** charakterisiert Heidegger als „Verlorensein in die Öffentlichkeit des Man", womit ein Verlust des „eigentlichen Selbsteinkönnens" einhergehe (SZ 175) In weiterer Folge erfährt das Verfallen von Heidegger verschiedene Charakterisierungen: als *Versuchung, Beruhigung, Entfremdung* und *Sichverfangen* (SZ 177–178). Es ist in diesem Zusammenhang unwichtig,

Heideggers Begriffsgeflecht zur Beschreibung des Verfallens in allen Details nachzuvollziehen. Entscheidend ist vielmehr, sich den Grundgedanken zu verdeutlichen und diesen zu diskutieren.

Die zentrale Einsicht besteht darin, dass die Dynamik des Verfallens das Dasein
dazu bringt, sich selbst misszuverstehen: Wenn Dasein verfällt, wird es nicht in
seinem Sein durchsichtig, es versteht sich dann nicht als das, was es eigentlich ist.
Diese Dynamik des Missverstehens bezeichnet Heidegger als **Uneigentlichkeit.**
Eine wichtige Variante der Uneigentlichkeit, die wir in Heideggers Diskussion
von Descartes kennengelernt hatten, besteht darin, dass sich *Dasein anhand der
Seinsweise der Vorhandenheit* versteht. Es versteht sich dann, wie bei Descartes,
als ein Ding, das aus denkender und ausgedehnter Materie zusammengesetzt ist –
der Mensch als *res cogitans* und *res extensa.* Das ist eine philosophisch sehr
elaborierte – und entsprechend schwerwiegende – Form des Selbstmissverständnisses. Aber auch die Alltäglichkeit ist voll von Varianten dieses Selbstmissverständnisses, die auf keiner expliziten Ontologie aufbauen, aber dennoch das Sein
des Daseins verkennen. All diesen Varianten ist gemeinsam, dass sie nicht berücksichtigen, dass das Sein des Daseins Existenz ist. Wenn wir uns selbst nach dem
Leitfaden der Vorhandenheit verstehen – umgangssprachlich formuliert: uns
selbst zum Ding machen –, verkennen wir, dass wir zu existieren haben. Wer wir
sind, steht nicht fest wie die chemische Struktur von Wasser, sondern ist von uns
dynamisch im Existenzvollzug zu bestimmen. Das wird übersehen, wenn wir uns
am Leitfaden der Vorhandenheit verstehen. Die zweite Hauptform des Selbstmissverständnisses, die Heidegger als *Verlorensein an das Man* bezeichnet, besteht
darin, uns im Existenzvollzug völlig am Man, das heißt am bestehenden gesunden
Menschenverstand, zu orientieren. Wenn wir in dieser Weise völlig in dem aufgehen, was herkömmlicherweise getan wird, verkennen wir, dass die Existenz
jemeinig vollzogen werden muss. Mit diesen Beschreibungen der Selbst-Ver-
dinglichung am Leitfaden der Vorhandenheit und des Verkennens der Jemeinigkeit
im Konformismus liefert Heidegger wichtige Ressourcen für eine Entfremdungs-
kritik, wie auch in der Kritischen Theorie bemerkt wurde (Jaeggi 2006).

In diesem Zusammenhang hebt Heidegger überzeugend hervor, dass ein
konformistisches Aufgehen im Bestehenden gerade deswegen so attraktiv ist, weil
es die **Vertrautheit** mit der Welt ausmacht. Alles so zu verstehen, wie man es tut,
wirkt beruhigend, weil es die Welt in Ordnung erscheinen lässt, und sorgt zugleich
für so viel Umtriebigkeit, dass keine Zeit bleibt, um die Ordnung infrage zu
stellen. Doch wenn die Verfallenstendenz so stark ist – und sich das Verfallen noch
dazu durch Behaglichkeit und Umtriebigkeit auszeichnet, die Fragen und Zweifel
nicht aufkommen lassen –, dann stellt sich die Frage: Wie ist es überhaupt möglich, dem Verfallen in die Uneigentlichkeit entgegenzuwirken? Wie ist es möglich,
das konformistische Aufgehen im Man zu erschüttern? Diese Frage beantwortet
Heidegger anhand der Grundstimmung der Angst.

7.5   Weiterführende Gedanken

Mit Blick auf Heideggers Bestimmung des alltäglichen Mitseins wurde bereits angemerkt, dass Heidegger *Öffentlichkeit* rein pejorativ bestimmt – Öffentlichkeit ist bei ihm immer uneigentlich, das heißt ein Ort des Missverständnisses. Im Kontext des Geredes wurden Heideggers Beschreibung teilweise rehabilitiert. Dennoch lässt sich festhalten, dass sein öffentlichkeitskritischer Reflex und die damit zusammenhängende Tendenz, die Möglichkeit von Eigentlichkeit in der Ausnahmeleistung von Einzelnen festzumachen, ihn dazu führen, sich bei der Ausarbeitung der Daseinsanalytik einer unberechtigten Einseitigkeit in den Phänomenbeschreibungen schuldig zu machen. Das lässt sich insbesondere an zwei Überlegungen festmachen: Erstens müsste die Feststellung, dass das *Sein-bei* durch den Vollzugsmodus des Verfallens zu einem *Aufgehen-bei* wird, eigentlich den Gedanken implizieren, dass es auch ein nicht-verfallendes Sein-bei gibt, also ein Sein-bei der Welt, das kein Aufgehen-bei der Welt ist, sondern ein Umgang auf Basis eines eigentlichen Verständnisses. Doch in Heideggers Text gibt es die klare Tendenz, das Sein-bei der Welt insgesamt mit dem Verfallen zu identifizieren, was systematisch unplausibel ist, wie in der deutschsprachigen Rezeption schon früh bemerkt wurde (Theunissen 1965, S. 182–183; Figal 1988, S. 212). Es stellt sich daher einerseits die Frage, ob Heideggers Identifizierung von Sein-bei und Verfallen eine sachliche Berechtigung hat, und andererseits, wie ein *eigentlicher Vollzugsmodus des Sein-bei* aussehen könnte, sofern es einen solchen gibt. Erst im Kontext des 4. Kapitels des 2. Abschnitts zur Zeitlichkeit der Alltäglichkeit wird es möglich sein, diese Fragen wieder aufzugreifen.

Zweitens scheint Heidegger das **Sein-bei** ausschließlich mit dem Besorgen zu identifizieren. Es ist auffällig, dass die Dimension des Mitseins in Heideggers Phänomenbeschreibungen zunehmend vernachlässigt wird. Wenn wir allerdings Heideggers eigene Ausführungen im 4. Kapitel des 1. Abschnitts ernst nehmen, wonach Dasein immer als Mitsein, die Welt immer als Mitwelt und Besorgen immer als fürsorgendes Besorgen gedacht werden müssen, dann hat dies konsequenterweise zur Folge, dass das Sein-bei eine irreduzible und alles durchdringende Dimension des Miteinanderseins hat. Ebenso würde es die Systematik der Daseinsanalytik dann verlangen, dass es neben dem alltäglichen Miteinandersein, wie es im 4. Kapitel des 1. Abschnitts beschrieben wurde, auch ein *eigentliches Miteinandersein* gibt. Doch eine solche Beschreibung sucht man im Text von *Sein und Zeit* vergebens; von den wenigen Ausführungen im 5. Kapitel des 2. Abschnitts abgesehen, die noch kritisch zu diskutieren sein werden.

Angst, Sorge, Realität, Wahrheit (§§ 39–44)

8

An dieser Stelle soll zunächst eine Übersicht über das 6. Kapitel des 1. Abschnitts gegeben werden: § 39 ist eine Einleitung in das Kapitel; § 40 behandelt das für die Daseinsanalytik insgesamt zentrale Phänomen der Angst; § 41 beinhaltet die Zusammenführung der Strukturganzheit des In-der-Welt-seins unter dem Namen ‚Sorge'; § 42 behandelt, inwiefern die Sorge auch in der vorontologischen Seinsauslegung bedacht, wenn auch nicht auf den Begriff gebracht wird. Wir sind mittlerweile so tief in die Daseinsanalytik eingetaucht, dass es leicht ist, deren nur vorbereitenden Status zu vergessen. Zur zwischenzeitlichen Erinnerung an die umfassende Frage des Gesamtprojekts – die Frage nach dem Sinn von Sein – verbinden die abschließenden §§ 43 und 44 die bislang erarbeiteten Inhalte der Daseinsanalytik explizit mit grundlegenden philosophischen Fragestellungen. § 43 behandelt die Frage, wie die verschiedenen Seinsweisen, die wir bislang kennenlernten (Existenz, Zuhandenheit, Vorhandenheit), mit dem traditionellen Verständnis von Realität zusammenhängen. Es geht hier also auf einem höheren Kenntnisstand um Fragen, die wir bereits im Zusammenhang mit Heideggers Auseinandersetzung mit Descartes in Ansätzen kennenlernten. § 44 stellt die Frage, welcher Zusammenhang zwischen der Erschlossenheit des Daseins und dem Wahrheitsbegriff, wie er traditionell in der Philosophie diskutiert wird, besteht. Wie könnte ein Verständnis von Wahrheit aussehen, der dem Seinsverständnis des Daseins entspricht?

8.1 Angst

Wie wir im Zusammenhang mit dem Verfallen gehört hatten, wirft die Mächtigkeit des Verfallens die Frage auf, wie es überhaupt möglich ist, dem Verfallen entgegenzuwirken: Wie kann das konformistische Aufgehen im aktuellen Seinsverständnis, das unsere Alltäglichkeit beherrscht, erschüttert werden? Diese

© Der/die Autor(en), exklusiv lizenziert durch Springer-Verlag GmbH, DE, ein Teil von Springer Nature 2022
G. Thonhauser, *Heideggers „Sein und Zeit"*,
https://doi.org/10.1007/978-3-662-64689-2_8

Frage betrifft auch das Projekt von *Sein und Zeit:* Was ist die ontisch-existenzielle Bedingung der Möglichkeit dafür, ein Buch wie *Sein und Zeit* schreiben bzw. es lesend nachvollziehen zu können? Anhand dieser Frage zeichnet sich ab, dass die Überlegungen zur Angst eine zentrale Funktion für die Gesamtkonzeption des Projekts von *Sein und Zeit* haben. Denn hier entscheidet sich die Frage, wie es überhaupt als ein Entwurf des Daseins möglich ist. Warum konnte Heidegger dieses Buch schreiben und warum können wir es verstehen? Wieso sind wir nicht alle im tradierten Seinsverständnis gefangen, sodass gar keine Infragestellung und Veränderung dieses Seinsverständnisses möglich ist? Existenzial-ontologisch gesprochen ließe sich dazu einfach sagen: Weil Dasein primär Seinkönnen ist, hat es auch die Möglichkeit, sein eigenes Sein eigentlich zu verstehen. Allerdings beantwortet dies nicht die Frage, wie es Dasein ontisch-existenziell gelingen kann, der vorontologischen Seinsauslegung der Alltäglichkeit zu entkommen und sein eigenes Sein – ebenso wie das Sein aller anderen Seienden – eigentlich zu verstehen. Worin besteht also die ontisch-existenzielle Möglichkeit, der vorontologischen Seinsauslegung der Alltäglichkeit zu entkommen und ein eigentliches Seinsverständnis zu entwickeln? Wie kann Dasein ontisch-existenziell auf den Pfad gestoßen werden, die Möglichkeit, seine eigene Erschlossenheit in Durchsichtigkeit zu vollziehen, auch tatsächlich zu ergreifen?

Aufbauend auf den Ausführungen zur Befindlichkeit bietet Heidegger wiederum eine verblüffende Antwort: Es gibt gewisse Stimmungen – Heidegger nennt sie **Grundstimmungen** –, die das Dasein aus dem Verfallen an das Man reißen und ihm sein eigenes Sein – ebenso wie das Sein überhaupt – in ausgezeichneter Weise erschließen. Entsprechend fragt Heidegger in § 39: „Gibt es eine verstehende Befindlichkeit im Dasein, in der es ihm selbst in ausgezeichneter Weise erschlossen ist?" (SZ 182) Es geht also darum, „eine der *weitgehendsten* und *ursprünglichsten* Erschließungsmöglichkeiten [zu] suchen, die im Dasein selbst liegt" (SZ 182). In *Sein und Zeit* behandelt Heidegger nur die Angst explizit als eine Grundstimmung, die eine solche ausgezeichnete Erschließungsmöglichkeit darstellt. In umliegenden Vorlesungen und anderen Schriften behandelt er allerdings auch noch weitere Grundstimmungen, die dafür infrage kommen. In diesem Zusammenhang sind insbesondere der Vortrag „Was ist Metaphysik?" (GA 9, S. 103–122), in dem Heidegger neben der Angst noch die Langeweile und die Freude nennt, sowie die Ausführungen zur Langeweile in der Vorlesung *Grundbegriffe der Metaphysik* (GA 29/30, S. 89–249) aufzuführen. Wichtig ist aber vor allem, den Grundgedanken festzuhalten: Dasein kann von Grundstimmungen überkommen werden, die es aus dem Verfallen herausreißen und zu einer kritischen Auseinandersetzung mit der alltäglichen Seinsauslegung des Man führen.

Es ist dabei wichtig, noch einmal zu betonen, dass es sich bei Heideggers Grundstimmungen um keine psychologischen Erfahrungen handelt, sondern eher um etwas wie Haltungen oder Dispositionen, die den Modus der Erschlossenheit insgesamt bestimmen. Wobei auch dies unzureichende Begriffe sind, denn sie lassen es so klingen, als könnten wir über unsere Grundstimmungen verfügen. Doch wie Heidegger in § 29 zur Befindlichkeit zeigte, ist die primäre Welterschließung dadurch bestimmt, wie wir von Seienden angegangen werden. Gleichwohl ist unsere gestimmte Welterschließung kein reines Widerfahrnis, sondern Teil unserer Daseinsvollzüge, die wir als befindlich verstehende Wesen vollziehen. Die gemeinsame etymologische Wurzel von ,bestimmt' und ,gestimmt' erlaubt es, diesen Gedanken etwas spielerisch zu formulieren: Eine Grundstimmung bestimmt die Erschlossenheit des Daseins, indem sie es im Ganzen durchstimmt und dadurch auf gewisse Möglichkeiten einstimmt, auf die sich Dasein verständig entwerfen kann. Als solche gestimmte Bestimmung der Erschlossenheit im Ganzen übernimmt die **Angst** „für die existenziale Analytik eine *grundsätzliche* methodische Funktion" (SZ 190). Die Angst ist dabei so etwas wie die Einstimmung in eine philosophische Grundhaltung, vergleichbar dem Staunen bei Platon und Aristoteles, der Skepsis bei Hume oder der Epoché bei Husserl.

Die Überschrift von § 40 lautet: „Die Grundbefindlichkeit der Angst als eine ausgezeichnete Erschlossenheit des Daseins". Hierbei ist der Genitiv in beiden Funktionen zu lesen: als *Genitivus obiectivus* – die Angst erschließt das In-der-Welt-sein als Ganzes in einer ausgezeichneten Weise – und als *Genitivus subiectivus* – diese ausgezeichnete Erschlossenheit ist eine existenzielle Möglichkeit des Daseins selbst. Das Dasein ist Subjekt und Objekt dieser Erschlossenheit; diese Erschlossenheit ist Selbstdurchsichtigkeit. Der zentrale Sachverhalt ist uns bereits von den Ausführungen zur Befindlichkeit bekannt. Die Befindlichkeit konfrontiert das Dasein mit seiner Geworfenheit, jedoch zumeist im Modus der Flucht oder Abkehr, das heißt in einer Weise, die das Dasein gerade von der Radikalität der Geworfenheit ablenkt. Das Verfallen ist die „*Flucht* des Daseins vor ihm selbst als eigentlichem Selbst-sein-können." (SZ 184) Nunmehr geht es um die Gegenbewegung zum Verfallen: „*Die Abkehr des Verfallens gründet* [...] *in der Angst.*" (SZ 186).

Eine weitere Möglichkeit, sich Heideggers Charakterisierung der Angst anzunähern, ist über den Umweg der **Furcht**, wie sie von Heidegger in § 30 dargestellt wird. Dabei ist zu beachten, dass das Phänomen, das Heidegger als Furcht bezeichnet, im Sinne einer Emotion verstanden werden kann, wie sie üblicherweise in der Psychologie behandelt wird. Heideggers Furcht entspricht weitgehend dem, was die Psychologie unter der Emotion der Angst versteht. Heideggers Angst hingegen kann, wie bereits mehrfach betont wurde, nicht psychologisch rekonstruiert werden. Bei der Furcht ist es so, dass das *Wovor* der Furcht ein bedrohliches innerweltliches Seiendes (z. B. ein zähnefletschender Hund) und das *Worum* der Furcht ein bedrohtes Seiendes ist (das kann ich selbst sein, ein Mitdasein, oder ein anderes Seiendes, das mir wichtig ist); in der Furcht erweist sich daher immer *etwas* als bedrohlich für *mein* Seinkönnen: etwas ist bedrohlich, weil es etwas bedroht, das mir wichtig ist (mich selbst oder eine für mich relevante Person oder Sache).

Auch die Angst analysiert Heidegger anhand der Frage nach dem Wovor und dem Worum der Angst. Anders als bei der Furcht ist das *Wovor* der Angst jedoch kein bedrohliches innerweltliches Seiendes, sondern das In-der-Welt-sein als solches. Phänomenal zeigt sich dies als eine Unbestimmtheit der Quelle der Angst: Wenn uns die Angst überkommt, können wir nicht sagen, was Auslöser und Ursache sind. Das *Worum* der Angst ist ebenfalls das In-der-Welt-sein als solches. In § 41 wird dies noch einmal genauer differenziert: Das *Wovor der Angst* ist das geworfene In-der-Welt-sein; die Angst überkommt das Dasein aus seiner Geworfenheit. Das *Worum der Angst* ist das In-der-Welt-sein-können; das Dasein ängstigt sich um sein eigenstes Sein als Seinkönnen, als Möglichsein. Diese Bestimmung der Angst beruht auf der Grundcharakteristik der Erschlossenheit des Da als geworfener Entwurf, als befindlich verstehend bzw. als faktisch existierend und weist zugleich vor auf die Zeitlichkeit des Daseins, die wir im 2. Abschnitt kennenlernen werden. Soweit eine formale Bestimmung der Angst.

Was gibt uns die Angst nun genau zu verstehen? Was wird uns in der Angst erschlossen? Die Unbestimmtheit, die uns in der Angst widerfährt, besagt, „daß überhaupt das innerweltliche Seiende nicht ‚relevant' ist" (SZ 186). Die Angst lässt die Welt insgesamt als *unbedeutsam* erscheinen. In dieser Erfahrung von Bedeutungslosigkeit drängt sich die Welt und unsere Rolle im Seinlassen von Welt auf. Das ist ein Gedankenmuster, das uns bereits von der Unzuhandenheit des Zeugs bekannt ist: Im Zusammenbruch oder der Krise wird ersichtlich, was normalerweise gegeben sein muss, damit alles wie gewohnt funktioniert. Wenn ein Zeug unzuhanden wird, dann geht damit nur eine spezifische Verweisung ins Leere. Wenn uns hingegen **Angst** überkommt, sind wir mit einem globalen Zusammenbruch der Bedeutsamkeit konfrontiert. In einem solchen globalen Versagen von Bedeutsamkeit stößt das Dasein darauf, wie es normalerweise als geworfenes Seinkönnen die Welt in ihrer Bedeutsamkeit sein lässt. In der Angst steht daher die Möglichkeit von Welt überhaupt auf dem Spiel. In diesem Sinn schreibt Heidegger: „Das Sichängsten erschließt ursprünglich und direkt die Welt als Welt. [D]ie Angst erschließt als Modus der Befindlichkeit allererst die *Welt als Welt.*" (SZ 187) In der Angst wird das Dasein mit seiner konstitutiven Rolle für die Welt konfrontiert: Bedeutsamkeit gibt es nur, weil Dasein als verstehend befindliches In-der-Welt-sein die Welt bedeutsam sein lässt. Ohne diese welterschließende Rolle der Erschlossenheit des Daseins hat nichts Bedeutung. Die Bedeutsamkeit, in der sich das Dasein einrichtet, ist daher durch keine andere Instanz gesichert als es selbst. Die Welt gibt es nur, weil es Dasein gibt, dem andere Seiende als bedeutsam begegnet.

In der Einführung wurde als ein Leitfaden für die Lektüre vorgeschlagen, dass wir agnostisch sein sollten hinsichtlich der Extension des Begriffs ‚**Dasein'**. Die Relevanz dieses Leitfadens wird im Kontext der Angstanalyse erstmals klar ersichtlich. Wenn wir beim Lesen des Worts ‚Dasein' an ein Individuum denken, dann ist es naheliegend, die Angst als eine existenzielle Sinnkrise zu verstehen – psychologisch gedeutet zum Beispiel als eine Art Depression. Doch das verfehlt die Radikalität von Heideggers Ansatz, denn der von ihm anvisierte globale Bedeutungsverlust ist umfassender und radikaler, als breche, wie man zu sagen pflegt, für ein Individuum die Welt zusammen. Wie dies genauer zu verstehen ist, wird erst im 2. Abschnitt verständlich, vor allem im Kontext des 2. Kapitels zu Gewissen und Schuld. Daher ist es auf dem aktuellen Stand der Analyse sinnvoll, sich zunächst an die formalen Bestimmungen zu halten, die in der Angstanalyse impliziert sind.

Welt – verstanden als Bedeutungsganzes – gibt es nur, weil es ein Seiendes gibt, das Seinsverständnis hat. Bedeutsamkeit ist vom Seinsverständnis des Daseins abhängig und daher ist die Welt ein Existenzial des Daseins. Allerdings bedeutet das nicht, dass wir über die Bedeutsamkeit der Welt frei verfügen könnten. Vielmehr sind wir als befindliche Wesen in eine bestimmte Konstellation des Man geworfen – dies macht unsere unhintergehbare historische und kulturelle Situierung aus. Wenn uns **Angst** überkommt, konfrontiert uns dies mit der Kontingenz dieses tradierten Seinsverständnisses. Wir können daher die Welt nicht länger vom durchschnittlichen Seinsverständnis der Alltäglichkeit vorgegeben verstehen: „Die Angst benimmt so dem Dasein die Möglichkeit, verfallend sich aus der ‚Welt' und der öffentlichen Ausgelegtheit zu verstehen. Sie wirft das Dasein auf das zurück, worum es sich ängstet, sein eigentliches In-der-Welt-sein-können." (SZ 187) Die Angst konfrontiert uns damit, dass das jemeinig existierende Dasein die einzige Instanz ist, für die es Sinn gibt. Diesen gibt es nur, weil Dasein als geworfenes Seinkönnen sich eine Welt als bedeutsam erschließt und es Seiende als für es relevant begegnen lässt. Die Angst bringt das Dasein zu dieser Einsicht und erschließt ihm dadurch die Welt in ihrer Weltlichkeit.

Dieses Erschließen der Welt als Welt ist freilich noch kein Begreifen der existential-ontologischen Strukturen von Welt. Die Angst führt das Dasein auf den Pfad existenzial-ontologischen Fragens, es bietet noch keine ausgearbeitete Ontologie. In der **Angst** wird zuallererst die ontisch-existenzielle Möglichkeit eröffnet, sich ontologische Fragen zu stellen. Diese Möglichkeit muss anschließend explizit ergriffen und methodisch ausgebildet werden. Wenn uns die Angst überkommt, erschließt sich uns also, dass so etwas wie das Projekt von *Sein und Zeit* möglich, ja vielleicht sogar notwendig ist. Das gibt aber nur den ersten Anstoß, sich auf diesen Pfad zu begeben, der dann konsequent weiterverfolgt werden muss. Wie Heidegger im einleitenden Motto erklärt: Wir müssen in Verlegenheit kommen, damit wir zuallererst den Sinn für die Frage nach dem Sein entwickeln. Erst dann wird das Projekt von *Sein und Zeit* wirklich zu uns sprechen. Doch diese Verlegenheit ist nur ein Anfang, der dann konsequent weiterverfolgt werden muss.

Wir sehen allerdings, wie sich die Perspektive der Untersuchung durch die **Angst** fundamental wendet. Wir stoßen mit der Angst auf ein neues Vorverständnis, das die weitere Daseinsanalytik, wie sie im 2. Abschnitt durchgeführt wird, leiten wird. Bislang wurde das In-Sein als ‚Wohnen bei' bzw. ‚**Vertrautheit** mit' charakterisiert. Die Ausführungen zur Angst machen deutlich, dass diese alltägliche Charakterisierung des In-Seins als eine spezifische Stimmung verstanden werden muss, nämlich als jener Vollzugsmodus der Befindlichkeit, der die Alltäglichkeit dominiert. Das alltägliche Dasein vollzieht sein In-sein im Modus der Vertrautheit, der Heimeligkeit, der Behaglichkeit und des Sich-Auskennens – es fühlt sich zu Hause in der Welt. Am nunmehrigen Stand der Analyse wird aber deutlich, dass diese Vertrautheit auch eine Form der Flucht vor der Geworfenheit ist. Die Vertrautheit als Grundstimmung der Alltäglichkeit wird in der **Angst** global gestört. In der Angst wird einem unheimlich, unbehaglich, man fühlt sich grundsätzlich nicht-zu-Hause; jedes Sich-Auskennen geht ins Leere. „Die alltägliche Vertrautheit bricht in sich zusammen. [...] Das In-Sein kommt in den existenzialen ‚Modus‘ des *Un-zuhause.*" (SZ 189) Mit den Begriffen ‚**Un-Zuhause**‘ und ‚**Unheimlichkeit**‘ zeigt Heidegger den Zusammenbruch der alltäglichen Vertrautheit an.

Auch die Unheimlichkeit wird von Heidegger nicht ontisch-existenziell verstanden – es geht nicht darum, dass ein Individuum eine Sinnkrise durchlebt –, sondern existenzial-ontologisch: *„Das Un-zuhause muß existenzial-ontologisch als das ursprünglichere Phänomen begriffen werden."* (SZ 189) Es geht darum, existenzial-ontologisch die ursprüngliche Kontingenz der Bedeutsamkeit festzuhalten. Die Radikalität der Angst besteht in der Einsicht, dass die Unbedeutsamkeit ursprünglicher ist als die Strukturganzheit des In-der-Welt-seins, durch die das Dasein die Welt bedeutsam sein lässt. Die alltägliche Vertrautheit, das Zuhausesein, dass das In-Sein zunächst und zumeist bestimmt, beruht auf einem ursprünglicheren Un-zuhause. Am Grund der Erschlossenheit von Welt klafft ein Abgrund. Als geworfenes In-der-Welt-sein ist Dasein ursprüngliche Unheimlichkeit und nur auf diesem Boden der Unheimlichkeit richtet es sich eine Welt ein, in der es sich zu Hause und mit der es sich vertraut fühlen kann.

Die Unheimlichkeit ist also die Bedingung der Möglichkeit für alle anderen Stimmungen und für die Erschlossenheit des In-der-Welt-seins überhaupt. Nichts ist ‚an sich‘ bedeutsam; Bedeutsamkeit gibt es nur, weil wir das Bedeutungsganze der Welt freigeben, innerhalb dessen wir Seiendes bedeutsam sein lassen. Gleichwohl steht die Welt nicht in unserer Verfügungsgewalt; vielmehr werden wir von Sinn betroffen, weil wir befindliche Wesen sind. Wir leben in der Faktizität von Bedeutsamkeit, von Vertrautheit mit der Welt, und das auf dem Abgrund einer ursprünglicheren Unbedeutsamkeit, einer radikalen Unheimlichkeit. Das ist es, was uns in der Angst erschlossen wird. Diese Erfahrung wird dem weiteren Verlauf der Daseinsanalytik als Leitfaden dienen und insbesondere in den Kapiteln zum Sein zum Tode und zum Ruf des Gewissens weiterverfolgt werden. Doch bevor wir dazu übergehen, geht es nunmehr noch darum, die im 1. Abschnitt von *Sein und Zeit* beschrittene hermeneutische Spirale zu Ende zu führen.

8.2   Sorge

Wie Heidegger im letzten Absatz von § 38 zusammenfassend festhält, haben wir in den ersten fünf Kapiteln des 1. Abschnitts von *Sein und Zeit* die gesamten Strukturmomente des Daseins kennengelernt (SZ 180). Dasein als In-der-Welt-sein ist Welt, Mitsein und Selbstsein; seine Erschlossenheit ist charakterisiert durch Befindlichkeit, Verstehen und Rede. Wir kennen also bereits alle Strukturmomente der Strukturganzheit, die Heidegger zu Beginn des 1. Abschnitts in einer ersten formalen Anzeige als In-der-Welt-sein bestimmte. In den Ausführungen zur *Sorge* geht es nunmehr darum, diese *Strukturganzheit als solche* zu denken. Mit dieser Erfassung der Ganzheit des Strukturganzen des In-der-Welt-sein kommt die hermeneutische Spirale des 1. Abschnitts von *Sein und Zeit* zu einem Abschluss. Wie Heidegger zu Beginn des § 39 anmerkt, können die Vielfältigkeit der Strukturmomente und der Detailreichtum der Beschreibungen, mit denen wir in den vorangegangenen Kapiteln konfrontiert waren, leicht dazu führen, dass der Überblick und insbesondere der Zusammenhang zwischen den Strukturmomenten verloren ging (SZ 180–181). Das 6. Kapitel, und dabei besonders die §§ 39 und 41 haben die Aufgabe, den Zusammenhang der einzelnen Strukturmomente explizit zu machen, indem In-der-Welt-sein in seiner Strukturganzheit betrachtet wird. Wir lernen hier also keine zusätzlichen Bestimmungsmomente des Daseins kennen, sondern erfahren, wie die verschiedenen Bestimmungen miteinander zusammenhängen und eine Gesamtstruktur ausmachen.

In § 39 fasst Heidegger das Ergebnis der bisherigen Analytik des Daseins folgendermaßen zusammen: *„Die durchschnittliche Alltäglichkeit des Daseins* kann demnach bestimmt werden als *das verfallend-erschlossene, geworfen-entwerfende In-der-Welt-sein, dem es in seinem Sein bei der ‚Welt‘ und im Mitsein mit Anderen um das eigenste Seinkönnen selbst geht.“* (SZ 181) Diese vielfältigen Bestimmungsmomente werden in § 41 explizit als eine Strukturganzheit gedacht, der Heidegger den Namen ‚Sorge‘ gibt.

Es geht also nunmehr darum, Seinkönnen (Verstehen), Geworfenheit (Befindlichkeit) und Sein-bei (fürsorgendes Besorgen) als Bestandteile einer Strukturganzheit zu denken. Verstehen bzw. Seinkönnen besagt, dass es Dasein immer um etwas geht; Dasein ist in seinen Entwürfen immer über sich hinaus. Dieses Charakteristikum „es geht um …“ und „es ist über sich hinaus …“ fasst Heidegger nunmehr in der Wendung *Sich-Vorweg-sein* zusammen (SZ 192). Analog bezeichnet Heidegger das Existenzial der Befindlichkeit bzw. Geworfenheit nunmehr als *Schon-sein-in-der-Welt*. Sofern einem die Charakterisierungen von Verstehen und Befindlichkeit noch hinreichend in Erinnerung sind, ist an diesen Bestimmungen nichts überraschend.

Allerdings ist daran neu, dass sich in dieser Reformulierung bereits der Bezug auf Zeitlichkeit andeutet, der im 2. Abschnitt zum zentralen Thema werden wird. Verstehen bzw. Seinkönnen als *Sich-Vorweg-sein* verweist auf Zukunft. Befindlichkeit bzw. Geworfenheit als *Schon-sein-in-der-Welt* verweist auf Vergangenheit. Freilich beides nicht im Sinne eines herkömmlichen Zeitverständnisses, sondern in einem spezifischen existenzial-ontologischen Sinn, den Heidegger im 2. Abschnitt herausarbeiten wird. Wie der Bezug auf Zukunft und Vergangenheit vermuten lässt, fehlt als drittes Element in dieser Aufzählung noch die Gegenwart. Diese identifiziert Heidegger mit dem Sein-bei bzw. dem fürsorgenden Besorgen. Aus diesen drei Elementen oder Dimensionen ergibt sich die Strukturganzheit der **Sorge**. Diese bringt Heidegger auf folgende Formel: „Sich-vorweg-schon-sein-in-(der-Welt-) als Sein-bei (innerweltlich begegnenden

Seienden)." (SZ 192) Das ist das Verständnis des Daseins, das wir am Ende des
1. Abschnitts von *Sein und Zeit* erreicht haben und dem Heidegger den Namen
‚Sorge' gibt.

8.3 Realität

Die beiden abschließenden Paragrafen des 1. Abschnitts ziehen nach Abschluss
der vorbereitenden Fundamentalanalyse des Daseins eine Art Zwischenfazit zum
Gesamtprojekt von *Sein und Zeit* – der Weckung von Verlegenheit angesichts der
Frage nach dem Sinn von Sein. Zu Beginn des § 43 erinnert Heidegger an den
dafür entscheidenden Leitfaden: „Die Frage nach dem Sinn von Sein wird überhaupt nur möglich, wenn so etwas wie Seinsverständnis *ist*. Zur Seinsart des
Seienden, das wir Dasein nennen, gehört Seinsverständnis." (SZ 200) Mittlerweile wurden Verstehen, Sinn und Auslegung einer Klärung zugeführt, sodass
genauer gefasst werden kann, was mit der Frage nach dem **Sinn von Sein** gemeint
ist: Es geht dabei um die Klärung des leitenden Vorverständnisses für jede Ontologie. Ebenso ist die Rede vom *vorontologischen Seinsverständnis* nunmehr klarer
zu explizieren: Damit ist gemeint, dass sowohl das Sein von innerweltlichen
Seienden als auch das Sein des Daseins selbst „in gewisser Weise immer schon
verstanden, wenngleich nicht angemessen ontologisch begriffen" (SZ 200) sind.

Zudem wurde die Dynamik des *Verfallens* als Aufgehen-bei der Welt herausgearbeitet. Diese Dynamik bewirkt, dass „das Sein des zunächst Zuhandenen
übersprungen und zuerst das Seiende als vorhandener Dingzusammenhang (res)
begriffen" (SZ 201) wird. In § 43 thematisiert Heidegger das daraus resultierende
Seinsverständnis: „Das *Sein* erhält den Sinn von *Realität*. Die Grundbestimmtheit des Seins wird die Substanzialität." (SZ 201) Der Sache nach hatte Heidegger
dies bereits in den §§ 19 bis 21 in kritischer Auseinandersetzung mit Descartes
Konzeption der *res extensa* gezeigt. Analog diente Descartes Verständnis der *res
cogitans* bereits in § 10 als Referenzpunkt für den Gedanken, dass das verfallende
Dasein auch sich selbst anhand dieses Seinsverständnisses als Vorhandenes unter
Vorhandenen versteht: „So erhält denn das *Sein überhaupt* den Sinn von *Realität*."
(SZ 201) Diese durch Descartes vollzogene Weichenstellung ist für Heidegger
das Grundübel neuzeitlichen Denkens, das es zu überwinden gilt: „Deshalb muß
nicht nur die Analytik des Daseins, sondern die Ausarbeitung der Frage nach dem
Sinn von Sein überhaupt aus der einseitigen Orientierung am Sein im Sinne von
Realität herausgedreht werden." (SZ 201) Heidegger geht dabei in § 43 in zwei
Schritten vor: § 43a dient der Dekonstruktion des Realitätsproblem; § 43b und
§ 43c entfalten darauf aufbauend, wie der Begriff ‚Realität' aus existenzial-ontologischer Perspektive sinnvoll verstanden werden kann.

In § 43a diskutiert Heidegger, was als „Außenweltproblem" zum Teil des
philosophischen Lehrkanons geworden ist. Damit gemeint sind Fragen wie:
Gibt es überhaupt eine bewusstseinstranszendente Welt? Können wir gesichertes
Wissen von dieser Außenwelt erlangen? Aus der Perspektive der Daseinsanalytik wird sofort ersichtlich, dass dies unsinnige Fragen sind. Denn wer sollte

diese Fragen stellen, wenn nicht das Dasein? Doch wir hatten gesehen, dass die Fundamentalstruktur des Daseins das In-der-Welt-sein ist. Es gibt kein Dasein, das nicht *in* Welt *ist,* in der spezifischen Weise des daseinsgemäßen In-Seins; es gibt kein Dasein, dem nicht Welt erschlossen ist. Weltlichkeit erweist sich als fundamental, weil es zu den Voraussetzungen allen Fragens gehört. Welt muss immer schon vorausgesetzt werden, wenn nach der Realität der Außenwelt gefragt wird. Heidegger bemerkt zusätzlich, dass die Frage nach der Außenwelt doppeldeutig ist. Denn es ist unklar, ob damit nach der Welt (als Bedeutungsganzes) oder der „Welt" (als der Gesamtheit aller innerweltlich Seienden) gefragt wird. Daran zeigt sich, dass das Außenweltproblem nicht nur auf einem fundamentalen Selbstmissverständnis des Daseins beruht, sondern zudem auf einer mangelhaften Klärung des Phänomens von Welt. Aus existenzial-ontologischer Perspektive lässt sich dagegen festhalten, dass Welt als Ganzheit der Bedeutsamkeit „*mit dem Sein* des Daseins wesenhaft erschlossen" und innerweltliches Seiendes „mit der Erschlossenheit von Welt je schon entdeckt" (SZ 203) ist. Daher kann festgehalten werden, dass das Außenweltproblem ein Scheinproblem ist, das aus falschen ontologischen Annahmen erwächst, die es zu überwinden gilt.

Die existenzial-ontologisch relevante Frage besteht darin, wie es überhaupt dazu kommen konnte, dass sich das Dasein die Frage nach der Realität der Außenwelt stellt. Am nunmehrigen Stand der Daseinsanalytik lassen sich darauf klare Antworten geben: Die Möglichkeit dieser Frage beruht auf einem Selbstmissverständnis des Daseins, konkret darin, dass das Phänomen der Welt nicht gesehen wird und kein angemessenes Verständnis von Dasein als In-der-Welt-sein besteht. Diese beiden Missverständnisse beruhen wiederum auf einer Nivellierung allen Seins auf Vorhandenheit; das heißt auf der ontologischen These, dass alles, was ist, im Modus der Vorhandenheit ist. Dagegen hatte Heidegger nicht nur die Strukturganzheit des In-der-Welt-seins und insbesondere das Strukturmoment der Weltlichkeit der Welt detailliert ausgearbeitet, sondern zudem gezeigt, dass Erkennen, als Erschließungsmodus von Vorhandenem, ein Modus des In-der-Welt-seins ist. Daraus wird noch einmal deutlich, dass in Fragen nach der Realität der Außenwelt immer schon vorausgesetzt werden muss, wonach gefragt wird.

Heidegger zitiert Kants Aussage, dass der fehlende Beweis für die Außenwelt ein Skandal der Philosophie sei und hält dem provokant entgegen: „Der ‚Skandal der Philosophie' besteht nicht darin, daß dieser Beweis bislang noch aussteht, sondern *darin, daß solche Beweise immer wieder erwartet und versucht werden.*" (SZ 205) Das Außenweltproblem ist ein Scheinproblem und es kann daher nicht darum gehen, eine Lösung dieses Problems zu finden, sondern auf die Unsinnigkeit der Problemstellung hinzuweisen. Heidegger tut dies, indem er die falschen ontologischen Annahmen freilegt, die dieses Scheinproblem erst möglich machen. Diese lassen sich zusammenfassen in der Voraussetzung eines zunächst weltlosen Subjekts, das sich dann erst der Realität und Erkennbarkeit der Außenwelt versichern müsste. Als Voraussetzung, die das Dasein macht, ist diese Annahme aus den oben genannten Gründen – eigentlich betrachtet – unsinnig, sodass sich die Frage dahin verlagert, wie es dazu kommen konnte, dass sich das Dasein als weltloses Subjekt missversteht. Am nunmehrigen Stand der Daseinsanalytik ist deutlich geworden, dass das Verfallen des Daseins (an tradierte, unangemessene Verständnisse seines eigenen Seins ebenso wie des Seins anderer Seiender) der Grund dafür ist, dass sich das Scheinproblem der Außenwelt dem Dasein stellen kann. Daran anknüpfend betont Heidegger, dass auch der Gegensatz von Realismus und Idealismus ein Scheingegensatz sei, der nur auf Basis der Scheinfrage nach der Realität der Außenwelt überhaupt als sinnvolle Alternative erachtet werden könne (SZ 208).

Anschließend thematisiert Heidegger das Verhältnis seines Projekts zu Kant und dessen Transzendentalphilosophie. Es zeigt sich hier, dass Heidegger seine Daseinsanalytik als Fortführung und Radikalisierung des transzendentalen Projekts versteht. Heidegger geht es darum, die bei Kant selbst unbedachten Fundamente der Transzendentalphilosophie freizulegen. In § 6 moniert Heidegger in Vorblick auf die geplante Aufgabe für den 1. Abschnitt des 2. Teils von *Sein und Zeit* insbesondere „das Fehlen einer thematischen Ontologie des Daseins, Kantisch gesprochen, einer vorgängigen ontologischen Analytik der Subjektivität des Subjekts" (SZ 24). Heidegger verfolgt mit seiner Fundamentalontologie den Anspruch, die fehlende Klärung der Fundamente der Transzendentalphilosophie nachzuliefern. Nach Abschluss der vorbereitenden Fundamentalanalyse des Daseins lässt sich nunmehr genauer fassen, dass es Heidegger darum geht, dass nicht nur das Erkenntnisvermögen eines Vernunftsubjekts, sondern die Strukturganzheit des In-der-Welt-seins in den Blick genommen werden muss: die Formen des Umgangs mit innerweltlichen Seienden, mit Mitdasein und uns selbst; die komplexe Struktur der Erschlossenheit (Befindlichkeit, Verstehen, Rede), unsere Angewiesenheit auf tradierte Bedeutsamkeit im Man sowie die im 2. Abschnitt noch zu explizierende Zeitlichkeit der Sorgestruktur – all das macht die Bedingungen der Möglichkeit transzendentalen Fragens aus. Daher müssen gegen die kantische Durchführung des transzendentalen Projekts zwei Punkte festgehalten werden: Erstens ist transzendentales Fragen eine Möglichkeit faktischen Existierens. Weil das faktisch existierende Dasein aber nur als In-der-Welt-sein *ist*, ist die transzendentale Frage zweitens nicht zu trennen von der Bedeutsamkeit der Welt. Heidegger kritisiert an Kant, dass diese beiden Voraussetzungen der Transzendentalphilosophie – die Faktizität von Existenz und das Faktum der Welt – von ihm übersehen wurden und er daher die transzendentale Frage auf die Frage nach der Subjektivität des Subjekts verengte.

In § 43b und c widmet sich Heidegger der Frage, wie **Realität** aus einer existenzial-ontologischen Perspektive sinnvoll verstanden werden kann. Er bemerkt dazu einleitend:

> Wenn der Titel Realität das Sein des innerweltlich vorhandenen Seienden (res) meint – und nichts anderes wird darunter verstanden –, dann bedeutet das für die Analyse dieses Seinsmodus: *innerweltliches* Seiendes ist ontologisch nur zu begreifen, wenn das Phänomen der Innerweltlichkeit geklärt ist. (SZ 209)

Auf Basis dieses Verständnisses von Realität lassen sich auch „Zuhandenheit und Vorhandenheit als Modi der Realität" (SZ 211) begreifen. Das macht aber auch deutlich, dass das Verstehen von Realität das Verstehen von *Innerweltlichkeit* voraussetzt und das Verstehen dessen wiederum nur anhand des Phänomens der Welt erfolgen kann. Welt aber erschließt sich nur als Strukturmoment des In-der-Welt-seins. Daraus folgt, dass die Klärung des Seins von innerweltlich Seiendem – das heißt eines existenzial-ontologisch sinnvollen Verständnisses von Realität – die gesamte Existenzialanalytik voraussetzt: *„Realität ist […] auf das Phänomen der Sorge zurückverwiesen."* (SZ 211).

Darauf aufbauend muss geklärt werden, was diese Rückbezogenheit von Realität auf Sorge impliziert und was nicht. Wie Heidegger wiederholt betont, ist das faktische Dasein die ontische Bedingung der Möglichkeit von Seinsverständnis: „nur wenn Seinsverständnis *ist*, wird Seiendes als Seiendes zugänglich; nur wenn Seiendes ist von der Seinsart des Daseins, ist Seinsverständnis als Seiendes möglich." (SZ 212) Daraus folgt umgekehrt: Wenn es kein Dasein gibt, gibt es auch kein Seinsverständnis. Für Heidegger ist dies gleichbedeutend mit dem Satz: „nur solange Dasein *ist*, […] ‚gibt es' Sein." (SZ 212) Daran wird ersichtlich, dass **Sein** – allerdings nur in einer ersten Annäherung – gleichbedeutend mit Seinsverständnis ist. Genauer lässt sich sagen, dass es bei der Seinsfrage um die Klärung des spezifischen Sinns geht, in dem uns überhaupt etwas als etwas erscheint. Sein ist daher nicht unabhängig von unseren Verstehensbedingungen denkbar. Wenn wir nach dem Sein fragen, dann geht es dabei gerade um die Reflexion auf unsere Verstehensbedingungen. Das Stellen der Seinsfrage erfordert eine Rückwendung des Daseins auf seine eigene hermeneutische Situation.

Das ist auch der Sinn der **ontologischen Differenz**, die in Heideggers späterem Denken ein zentrales Thema sein wird und bereits in *Sein und Zeit* ein zentraler Teil der Theoriekonzeption ist, gleichwohl sie hier noch weniger explizit besprochen wird. Mit Sein ist kein weiteres Seiendes gemeint – das Sein darf nicht ontisiert werden. Daher müssen auch Formulierungen vermieden werden, die suggerieren, dass mit dem Wort ‚Sein' eine eigene Ebene oder Sphäre neben, hinter, unter, über oder jenseits des Seienden gemeint wäre. Wenn wir vom Sein sprechen, dann ist damit nichts anders gemeint als die explizite Frage nach der Zugänglichkeit von Seienden, der spezifischen Weise, in der sich Seiendes zeigt. Zugänglichkeit ist aber immer Zugänglichkeit für jemanden. Daher ergibt es nur mit Bezug auf das Dasein Sinn, vom Sein zu sprechen. Das Sein ist daseinsrelativ – Sein gibt es nur, wenn es Dasein gibt, das ein Verständnis von Sein hat.

Allerdings ist es wichtig, diese Daseinsrelativität von Sein nicht falsch zu verstehen. Zunächst können innerhalb der Terminologie von *Sein und Zeit* zwei Sachverhalte festgehalten werden: Erstens ist es angemessener, nicht von der Daseinsrelativität des Seins zu sprechen, sondern eher von der Seinsrelativität des Daseins. Erinnern wir uns an die formal anzeigende Bestimmung des Daseins: Dasein ist die Bezeichnung für jenes Seiende, in dem Seinsverständnis geschieht. Daraus lässt sich nunmehr die Konsequenz ziehen, dass sich Sein und Dasein wechselseitig bedingen: Es gibt Sein nur, weil es Dasein gibt, dem eine Welt erschlossen ist; umgekehrt gibt es Dasein nur, weil sich ihm Seiendes innerhalb einer bedeutsamen Welt zeigt. Zweitens muss betont werden, dass aus der wechselseitigen Bedingtheit von Sein und Dasein nicht folgt, dass es andere Seiende nur gibt, solange es Dasein gibt. Sinnvollerweise ist davon auszugehen, dass es Seiendes bereits gegeben hatte, bevor es Dasein gab, und es weiter Seiendes geben wird, auch wenn es kein Dasein mehr gibt. Im Gegensatz zur Daseinsrelativität des Seins ist die Unabhängigkeit des Seienden von unserer Existenz zu betonen. Heidegger spricht entsprechend von der „Abhängigkeit des Seins, nicht des Seienden [...], der Realität, nicht des Realen, von der Sorge" (SZ 212). Die Möglichkeit von Sein ist abhängig von der Existenz des Daseins. Die Möglichkeit von Seienden ist hingegen unabhängig davon, ob es Dasein gibt.

In einer heute üblicheren Terminologie lässt sich dieser Gedanke vielleicht folgendermaßen rekonstruieren: Heidegger wendet sich einerseits entschieden gegen jede Form des naiven oder direkten Realismus. Die Entdecktheit von Seienden findet immer im Rahmen eines spezifischen Seinsverständnisses statt; das bedeutet, dass es keinen unvermittelten Zugriff auf Seiendes gibt. Seiendes begegnet uns immer nur innerhalb einer selektiven und historisch sowie kulturell variablen Form von Zugänglichkeit. Andererseits spricht sich Heidegger aber auch entschieden gegen einen Konstruktivismus aus. Sein ist nicht von uns bewirkt, vielmehr sind wir immer schon in ein Seinsverständnis geworfen. Die Abhängigkeit von einem tradierten Seinsverständnis macht den Kern unserer Geworfenheit aus. Zudem muss betont werden, dass Seiendes nicht von uns abhängig ist. Zwar lässt sich mit Heidegger sagen, dass wir es sind, die Seiendes begegnen lassen. Doch das meint nicht, dass wir über Seiendes verfügen; wir verfügen auch nicht über die Zugänglichkeit von Seienden. Es ist vielmehr umgekehrt die doppelte Angewiesenheit des Daseins festzuhalten: auf die Geworfenheit in ein Seinsverständnis und auf die Begegnung von Seienden. Dasein gibt es nur, weil es Seinsverständnis hat und innerhalb eines spezifischen Seinsverständnisses von Seienden angegangen wird.

Aus Heideggers Sicht sind Realismus und Konstruktivismus zwei Spielarten menschlicher Hybris. Es sind zwei Varianten einer Theoriebildung, die von einer uneingeschränkten Verfügbarkeit des Menschen über das Seiende ausgehen: die Realistin denkt, dass sie direkten Zugriff auf Seiendes haben könne; die Konstruktivistin denkt, dass Seiendes von ihr bewirkt werde. Gegen diese Annahmen betont Heidegger die Angewiesenheit des Daseins darauf, dass Seiendes sich ihm zeigt; wobei dieses Sichzeigen immer vor dem Hintergrund eines spezifischen Seinsverständnisses stattfindet, in das Dasein geworfen ist. Die wichtigste Pointe von Heideggers Reflexion auf die Bedingungen der Möglichkeit von **Ontologie** überhaupt besteht also darin, dass es keinen unmittelbaren Zugriff auf Seiendes gibt, weder direkt gegeben noch von uns bewirkt. Es gibt nur die Entdecktheit von Seienden innerhalb einer spezifischen Erschlossenheit von Welt.

Mit § 43 wirft Heidegger tiefgreifende ontologische Fragen auf, deren umfassende Klärung Aufgabe des 3. Abschnitts von *Sein und Zeit* gewesen wäre. Da dieser 3. Abschnitt nicht vorliegt, kann nur auf Basis von Heideggers vorliegenden Schriften der Versuch einer Rekonstruktion unternommen werden, wie seine voll entwickelte Position ausgesehen hätte. Die hier vorgelegte Kommentierung zu § 43 stellt einen solchen Rekonstruktionsversuch dar. Die Ausführungen des 2. Abschnitts werden es ermöglichen, diese Rekonstruktion weiter zu verfeinern. Insbesondere der § 69 spielt hierbei eine zentrale Rolle.

8.4 Wahrheit

§ 44 gehört zu den schwierigsten von *Sein und Zeit*, was mehrere Gründe
hat: Erstens liefert Heidegger hier eine Tour de Force durch die Philosophiegeschichte von den Vorsokratikern bis hin zu seiner Gegenwartsphilosophie,
sodass es schwierig ist, den zahlreichen Anknüpfungen, Ablehnungen und Ein-
ordnungen zu folgen. Zweitens hat dieser Paragraf, weit stärker als alle bisherigen im 1. Abschnitt von *Sein und Zeit*, eine Dimension der Selbstanwendung:
Heidegger hat mit *Sein und Zeit* den Anspruch, die Wahrheit auszusagen, sodass
sich die Frage nach dem angemessenen Wahrheitsbegriff der Daseinsanalytik in
beiden Sinnen des Genitivs stellt – wie ist ein angemessenes Wahrheitsverständnis auf Basis der existenzialen Analytik beschaffen; wie sieht ein angemessenes
Wahrheitsverständnis aus, dass der existenzialen Analytik als Basis dienen kann?
Es ist daher wenig überraschend, dass Heidegger im Kontext der Wahrheits-
thematik zahlreiche Fäden wieder aufgreift, die er im bisherigen Verlauf der
Daseinsanalytik zu knüpfen begonnen hatte. Er meint dazu selbst: „Weil Sein in
der Tat mit Wahrheit ‚zusammengeht', hat das Wahrheitsphänomen denn auch
schon im Thema der früheren Analysen gestanden, wenngleich nicht ausdrücklich unter diesem Titel." (SZ 213) Die Behandlung des Wahrheitsphänomens wird
dabei insbesondere die methodischen Überlegungen aufgreifen, die zum einen
in Heideggers Explikation seines Verständnisses von Phänomenologie in § 7 und
zum anderen in den §§ 31 bis 34 im Kontext von Verstehen, Auslegung, Aussage
und Rede eingeführt wurden.

In § 43 ließ sich mit Bezug auf Kants Transzendentalphilosophie die These
schärfen, dass es sich bei der *Fundamentalontologie* um eine *Metareflexion auf
die Bedingungen der Möglichkeit von Ontologie* handelt. In analoger Weise lässt
sich über § 44 sagen, dass es sich hier um eine *Metareflexion auf die Bedingungen
der Möglichkeit von Wahrheit* handelt. Heidegger verfolgt dabei analog zum vorherigen Paragrafen eine doppelte Zielsetzung: Einerseits geht es ihm um die
Destruktion der Voraussetzungen des traditionellen Wahrheitsbegriffes, also einer
Klärung, was wir herkömmlicherweise meinen, wenn wir von Wahrheit sprechen.
Andererseits möchte er die existenzial-ontologischen Voraussetzungen des Wahrheitsbegriffs klären: Wie kann im Rahmen einer fundamentalontologischen
Reflexion sinnvoll von Wahrheit gesprochen werden?

Heidegger eröffnet § 44 mit einer Art *cold open* zur Aristotelischen Metaphysik, das ohne umfangreiche Vorkenntnisse kaum verständlich ist, und geht
anschließend in drei Schritten vor: Erstens geht er in § 44a vom traditionellen
Wahrheitsbegriff aus und legt dessen ontologische Fundamente frei, um auf
diesem Weg zum ursprünglichen Phänomen der Wahrheit vorzudringen. Dieses
ursprüngliche Wahrheitsphänomen wird Heidegger wenig überraschend in der
existenzial-ontologischen Beschaffenheit des Daseins festmachen. Zweitens
erfolgt in § 44b der Weg zurück vom ursprünglichen Wahrheitsphänomen zum
traditionellen Wahrheitsbegriff, um zu zeigen, wie der traditionelle Wahrheitsbegriff existenzial-ontologisch fundiert ist – was ebenso wenig überraschend
darauf hinauslaufen wird, dass der traditionelle Wahrheitsbegriff ein abkünftiger

Modus des ursprünglichen Wahrheitsphänomens ist und diese Modifikation im Verfallen beruht. In einem dritten Schritt zieht Heidegger in § 44c die Schlussfolgerungen aus seinen bisherigen Ausführungen für den Status von Wahrheit.

Zu Beginn des § 44a definiert Heidegger den traditionellen Wahrheitsbegriff anhand von zwei systematischen und einer historischen These. Erstere lauten: „1. Der ‚Ort' der Wahrheit ist die Aussage (das Urteil). 2. Das Wesen der Wahrheit liegt in der ‚Übereinstimmung' des Urteils mit seinem Gegenstand." (SZ 214) Letztere besagt, dass Aristoteles der Urheber dieses Wahrheitsbegriffes sei. Was Heidegger hier beschreibt, kann als als *Korrespondenztheorie der Wahrheit* bezeichnet werden. Diese besagt, dass Wahrheit in der Übereinstimmung einer Aussage, Vorstellung etc. mit den Tatsachen, der Wirklichkeit etc. besteht. Kurzgefasst: Etwas ist dann wahr, wenn es damit übereinstimmt, wie eine Sache tatsächlich beschaffen ist. Im Detail ist es eine schwierige Frage, was hier mit was übereinstimmt und was überhaupt unter Übereinstimmung zu verstehen ist. Entsprechend gibt es viele Varianten der Korrespondenztheorie (in der Gegenwartsphilosophie sind etwa die Varianten von Wittgenstein und Tarski weiterhin prominent). Von diesen wichtigen Detailfragen abgesehen ist Heideggers These zuzustimmen, dass die Korrespondenztheorie fast so alt ist wie die Philosophie selbst und bis heute eine der maßgeblichen Wahrheitstheorien darstellt. In einem kurzen philosophiegeschichtlichen Abriss zeigt Heidegger, dass sich die Korrespondenztheorie bereits bei Aristoteles finden lässt und in der mittelalterlichen Scholastik kanonisiert wurde. Sie wurde dort verstanden als „adaequatio (Angleichung)", „correspondentia (Entsprechung)" oder „convenientia (Übereinkunft)" von „intellectus" (Erkennen) und „res" (Sache) (SZ 214). Abschließend kommentiert Heidegger zur Korrespondenztheorie, dass diese „zwar sehr allgemein und leer" sei, in der Sache „aber doch irgendein Recht haben [wird], wenn sie, unbeschadet der verschiedenartigsten Interpretationen der Erkenntnis […] sich durchhält" (SZ 215).

Um den zentralen Schlüssel für die Deutung von Heideggers Ausführungen zur Wahrheit gleich vorwegzunehmen: Heidegger wird zwar alle drei zuvor genannten Thesen, anhand derer er den traditionellen Wahrheitsbegriff definiert, verwerfen (der Ort der Wahrheit ist nicht das Urteil; die Rede von Übereinstimmung ist ein Missverständnis des zentralen Sachverhalts; es ist eine Fehlinterpretation von Aristoteles' Texten, ihm diese Wahrheitstheorie zuzuschreiben). Doch Heidegger wird an der prinzipiellen Richtigkeit der Korrespondenztheorie festhalten. Sein zentrales Anliegen besteht darin, nach den existenzial-ontologischen Fundamenten der Korrespondenztheorie zu fragen. Es geht Heidegger also nicht darum, die Korrespondenztheorie zu widerlegen oder zu ersetzen, sondern darum, die bislang unbedachten Bedingungen der Möglichkeit von Wahrheit als Übereinstimmung freizulegen. Die für ihn entscheidende Frage lautet daher: *„Was ist in dem Beziehungsganzen – adaequatio intellectus et rei – unausdrücklich mitgesetzt? Welchen ontologischen Charakter hat das Mitgesetzte selbst?"* (SZ 215).

Der Beantwortung dieser Frage nähert sich Heidegger zunächst anhand einer Klärung des Verständnisses von Übereinstimmung an. Dazu bemerkt er, dass Übereinstimmung erstens eine besondere Art von Beziehung und zweitens immer

Übereinstimmung im Hinblick auf etwas sei. Ferner soll Erkenntnis „doch die Sache *so* ‚geben‘, *wie* sie ist", woraus Heidegger herleitet, dass Übereinstimmung den „Relationscharakter: ‚So – Wie'" (SZ 216) habe. Anschließend diskutiert Heidegger die These, dass das Urteil der ‚Ort' der Wahrheit sei. Dazu bemerkt er, dass dieser Satz ausgesprochen vage sei, weil zunächst geklärt werden müsse, ob mit Urteil der reale psychische Vorgang oder der ideale Gehalt gemeint sei, und sodann geklärt werden müsse, wie deren Beziehung zueinander sei und was genau mit der Sache übereinstimmen solle. Diese Überlegungen zum Urteil führen laut Heidegger in eine Sackgasse, und er referiert diese auch nur, um zu konkludieren, dass seines Erachtens die entscheidende Thematik nicht in der Analyse des Urteils bestehe, sondern in der Klärung der *Seinsart des Erkennens* (intellectus). Für eine solche Analyse des Erkennens gibt er folgenden Leitfaden vor:

> Wann wird im Erkennen selbst die Wahrheit phänomenal ausdrücklich? Dann, wenn sich das Erkennen *als wahres* ausweist. Die Selbstausweisung sichert ihm seine Wahrheit. Im phänomenalen Zusammenhang der Ausweisung muß demnach die Übereinstimmungsbeziehung sichtbar werden. (SZ 217)

Heidegger beginnt die entsprechende Analyse des Erkennens mit der Beschreibung einer Alltagssituation. Dieses zunächst unscheinbare Beispiel ist für das Verständnis von Heideggers Wahrheitskonzeption zentral. Heidegger schreibt, dass die Aussage „Das Bild an der Wand hängt schief" (SZ 217) dadurch ausgewiesen werde, dass wir das schief an der Wand hängende Bild wahrnehmen. Worauf ist diese Aussage bezogen, woran weist sie sich aus? Für Heidegger ist offensichtlich, dass sich die Aussage auf das reale Bild an der Wand bezieht und sich anhand dieses realen Bildes ausweist. Heidegger wendet sich damit gegen Wahrheitstheorien, die zwischen Aussage und realem Gegenstand ein Zwischenglied (zum Beispiel eine Vorstellung oder Repräsentation) einfügen. Er hält dazu fest: „Das Aussagen ist ein Sein zum seienden Ding selbst." (SZ 218) Sodann stellt sich die Frage, was mit Ausweisen genauer gemeint ist. Dazu schreibt Heidegger: „Zur Bewährung kommt, daß das aussagende Sein zum Ausgesagten ein Aufzeigen des Seienden ist, *daß* es das Seiende, zu dem es ist, *entdeckt*. Ausgewiesen wird das Entdeckend-sein der Aussage." (SZ 218).

An dieser Stelle werden die Parallelen dieser Ausführungen zu den Vorbegriffen von Phänomen und Phänomenologie in § 7 deutlich. Zur Erinnerung: Phänomen bestimmte Heidegger als „das *Sich-an-ihm-selbst-zeigende*" (SZ 28). Nunmehr schreibt er zum Aufzeigen des Seienden, das wesentlich für die Wahrheit einer Aussage ist: „Das gemeinte Seiende selbst zeigt sich *so, wie* es an ihm selbst ist, das heißt, daß *es* in Selbigkeit so ist, als wie seiend *es* in der Aussage aufgezeigt, entdeckt wird." (SZ 218) Phänomenologie definierte er als: „Das was sich zeigt, so wie es sich von ihm selbst her zeigt, von ihm selbst her sehen lassen." (SZ 34) Nunmehr schreibt er im Kontext des Wahrheitsphänomens: „Zur Ausweisung steht einzig das Entdeckt-sein des Seienden selbst, *es* im Wie seiner Entdeckheit. Diese bewährt sich darin, daß sich das Ausgesagte, das ist das Seiende selbst, *als dasselbe* zeigt." (SZ 218) Die Wahrheit einer Aussage weist sich also darin aus, dass sich das angesprochene Seiende so zeigt, wie es in der Aussage angesprochen wird;

die Bewährung der Wahrheit einer Aussage beruht also auf dem entsprechenden Sichzeigen des angesprochenen Seienden. Dass eine Aussage wahr ist, bedeutet, dass es ein Seiendes so anspricht, wie sich dieses an ihm selbst zeigt. Das ist der Kern des existenzial-ontologischen Wahrheitsbegriffs, der Hand in Hand geht mit der **Maxime der Phänomenologie**: ‚Zu den Sachen selbst' impliziert die Forderung, dem Sichzeigenden gerecht zu werden. Das bedeutet, das Seiende in unseren Beschreibungen so anzusprechen, wie es sich an ihm selbst zeigt.

Sofern man es so formulieren möchte, lässt sich sagen, dass diese Forderung nach Sachangemessenheit den ethischen Kern von Heideggers gesamtem Projekt darstellt. Ontologie ist für Heidegger nur als Phänomenologie möglich, weil diese im Kern nichts anderes als die fundamentale Forderung meint, dem Sichzeigen des Seienden gerecht zu werden. Heideggers **Phänomenologie** besteht in der Berufung auf Sachangemessenheit als oberstes Kriterium; jede Beschreibung einer Sache muss sich daran ausweisen, ob es die Sache so anspricht, wie sich diese zeigt. Wenn Trump und seine Anhänger:innen behaupteten, dass bei dessen Angelobung eine größere Menschenmenge versammelt war als bei jener Obamas, dann war das wahrscheinlich eine strategische Lüge aus politischen Gründen. Aber niemand bei halbwegs klarem Verstand kann beim Vergleich von Bildern beider Veranstaltungen nicht sehen, dass sich diese Aussage nicht an der Sache ausweisen lässt. Neben solchen eklatanten Beispielen von Lüge, die gleichwohl auch regelmäßig anzutreffen sind, sind wir umgeben von unzähligen weniger offensichtlichen Fällen von sachunangemessenen Behauptungen. Das bringt Heidegger zum Ausdruck, wenn er von der Dynamik des Verfallens spricht: Diese bewirkt, dass wir uns zunächst und zumeist in unangemessenen Beschreibungen zufriedengeben. Doch gegen diese Dynamik kann festgehalten werden, dass das Sichzeigen einer Sache immer ins Spiel gebracht werden kann und sich eine apophantische Aussage immer daran messen muss, ob sich die Sache so zeigt, wie von ihr behauptet wird.

Heidegger interessiert sich allerdings nicht für solche praktischen Implikationen. Ihm geht es um eine Reflexion auf die Bedingungen der Möglichkeit des bislang entfalteten Wahrheitsbegriffs. Der Kerngedanke besteht darin, dass ein Sichzeigen von Seienden nur möglich ist, weil und sofern es erkennendes Dasein gibt. Die Korrespondenztheorie der Wahrheit beruht also auf der Erschlossenheit des Daseins und der damit einhergehenden Entdecktheit von Seienden. So wie in § 43 der Begriff ‚Realität' auf der Basis der Fundamentalstruktur des In-der-Welt-seins eine sinnvolle existenzial-ontologische Bedeutung erhält, liefert Heidegger in § 44 eine existenzial-ontologische Bestimmung des Wahrheitsbegriffs. Zusammengefasst besteht dieses Verständnis von **Wahrheit** im Wahrsein (der Erschlossenheit) als Entdeckend-sein (von Seienden). Die existenzial-ontologischen Fundamenten der Korrespondenztheorie der Wahrheit liegen in der Erschlossenheit des Daseins, die die Entdecktheit von Seienden ermöglicht. Daran zeigt sich auch, dass von Wahrheit auf zumindest zwei Ebenen gesprochen werden kann. Erstens kann sich Wahrheit auf die Entdecktheit von innerweltlich Seienden beziehen: Dann geht es darum, ob sich das Bild an der Wand tatsächlich als schief zeigt. Zweitens kann sich Wahrheit aber auch darauf beziehen, wie dem Dasein die Welt erschlossen ist: Darauf bezogen können wir fragen, wie es um die Angemessenheit des Bedeutungsganzen bestellt ist, in dem es so etwas wie Bilder und Schiefe gibt. Diese beiden Fragehinsichten, die hier nur angedeutet werden können, werden im Kontext von § 69 von entscheidender Bedeutung werden.

Zu Beginn des § 44b konfrontiert Heidegger seine bisherigen Ausführungen mit dem Einwand, ob die existenzial-ontologische Fundierung der Korrespondenztheorie nicht willkürlich und beliebig sei. Er hält dem entgegen, dass ein entsprechendes Verständnis bereits bei Aristoteles zu finden sei. Die anschließenden Erläuterungen zu Aristoteles greifen zahlreiche Motive auf, die bereits in den §§ 7 und 31 bis 34 behandelt wurden. Heidegger übersetzt *Lógos* als Rede. Mit *Lógos apophantikos* werde jene Art von ausgesprochener Rede (also Aussage) bezeichnet, die sehen ließe, worüber die Rede sei. Eine solche Rede sei ein *aletheúein*, also ein Herausnehmen aus der Verborgenheit, im Sinne des *apophaínesthai*, des Etwas-sehen-Lassens (SZ 219). Heidegger übersetzt *aletheúein*, das Verb zum griechischen Substantiv für Wahrheit, *Alétheia*, mit „aus der Verborgenheit herausnehmend" (SZ 219). Interessanterweise kennt die deutsche Sprache kein Verb, das direkt dem Substantiv Wahrheit entspricht. Heidegger macht zudem darauf aufmerksam, dass Aristoteles *Alétheia* (Wahrheit) auch mit *Phainómena* (Phänomene) und *Prâgma* (Sache oder Ding) gleichsetze. In der Zeuganalyse hatte Heidegger *Prâgma* als Zeug übersetzt. Mit dem Phänomenbegriff ist der maßgebliche Methodenbegriff der Phänomenologie benannt. Wir erahnen hier die Bedeutung dieser Ausführung zu Aristoteles für Heideggers Gesamtprojekt. Sie betreffen deren Grundannahmen, inklusive der Maxime der Phänomenologie. Heidegger geht in diesem Kontext genauer darauf ein, was „die Sache selbst" ist: Es ist *„das Seiende im Wie seiner Entdecktheit."* (SZ 219) Ebenso wird durch diese Ausführungen deutlich, dass Heidegger die eingangs dieses Paragrafen genannte historische These, Aristoteles sei der Urheber des traditionellen Wahrheitsbegriffs, nur für begrenzt zutreffend hält. Denn bei Aristoteles ließe sich bereits die Grundzüge der existenzial-ontologische Fundierung der Korrespondenztheorie finden, sodass dessen Werk, wenn es angemessen interpretiert werde, über den kanonischen Wahrheitsbegriff hinausgehe.

Nach diesen Ausführungen zu Aristoteles geht Heidegger bis Heraklit zurück, um darauf hinzuweisen, dass bereits in den Anfängen der griechischen Philosophie der Zusammenhang von *Lógos* (Rede, Aussage) und *Alétheia* (Wahrheit) zu finden sei. Das Wort ‚*Alétheia*' werde gebildet aus dem Wort ‚*Lethe*', das Vergessenheit oder Verborgenheit bedeutet, und dem *Alpha privativum* – das Präfix *a*, das eine Verneinung zum Ausdruck bringt. Heidegger übersetzt daher *A-létheia* wortgetreu mit *Unverborgenheit*. Es geht also um den Zusammenhang von Rede und Unverborgenheit. Heidegger schließt diese philosophiegeschichtliche Rückbindung seiner Ausführungen mit folgender Feststellung ab: „Die vorgelegte ‚Definition' der Wahrheit ist kein *Abschütteln* der Tradition, sondern die ursprüngliche *Aneignung.*" (SZ 220) Daran zeigt sich, dass Heideggers Destruktion nicht auf eine Widerlegung hinausläuft, sondern einen positiven Charakter hat, in dem mitunter entscheidende Motive für Heideggers eigenes Verständnis eines Phänomens freigelegt werden.

Zusammenfassend kann folgendes Ergebnis des bisherigen Gedankengangs von § 44 festgehalten werden: Das *ursprüngliche Wahrsein* ist das *Entdeckend-sein* als Seinsweise des Daseins. *Wahrheit* kann definiert werden als *Entdeckt-sein* im Sinne einer im Entdeckend-sein des Daseins fundierten Seinsweise des innerweltlich Seienden. Das ursprüngliche Phänomen der Wahrheit ist also identisch mit der Erschlossenheit des Daseins: „Wahrheit, im ursprünglichen Sinne verstanden, gehört zur Grundverfassung des Daseins. Der Titel bedeutet ein Existenzial." (SZ 226) Das impliziert, dass das Phänomen der Wahrheit die volle Strukturganzheit des In-der-Welt-seins voraussetzt. Wahrheit gibt es nur für ein Seiendes, das alle in der bisherigen Daseinsanalytik herausgearbeiteten und im 2. Abschnitt noch zu explizierenden Existenzialien aufweist.

Besonders interessant ist dabei der Zusammenhang von Wahrheit und Verfallen, denn anhand des Verfallens lässt sich erklären, wieso das Dasein auch in der Unwahrheit sein kann. Das Verfallen bewirkt nämlich, dass Seiendes anders gesehen wird, als es sich an ihm selbst zeigt. Dasein kann sich irren, es kann die Beschaffenheit von innerweltlich Seienden, Mitdasein und sich selbst missverstehen. Die dynamische Verstehensstruktur des Daseins als geworfener Entwurf in Kombination mit der Verfallensdynamik verdeutlichen sogar, dass Missverständnisse unvermeidbar sind. Daher ist Wahrheit auch nur dadurch zu erreichen, dass ständig versucht wird, Verfallenstendenzen aufzudecken und zu vermeiden. Das zeigt sich auch an den Mühen der Daseinsanalytik, die ein ständiges Ankämpfen gegen die Selbstmissverständnisse des Daseins ist. Ein Streben nach Wahrheit ist also nur in Auseinandersetzung mit ständig drohenden Unwahrheiten möglich. Diese Dynamik von Entdecken und Verbergen meint Heidegger ebenso bereits in den Anfängen der griechischen Philosophie, konkret bei Parmenides, thematisiert zu finden (SZ 222–223) Folglich wäre dies eine Dynamik, welche die Philosophie seit ihren Anfängen beschäftigt. Daran zeigt sich abermals die Komplexität des Slogans ‚zu den Sachen selbst' – für Heidegger gibt es die Sache selbst nur in der Dynamik von Entdecken und Verbergen, also im Rahmen eines unabschließbaren Strebens nach Wahrheit, das notwendigerweise die Destruktion von Vorverständnissen und die Abwehr von Missverständnissen umfassen muss.

Wir hatten bereits gesehen, dass Heidegger die Korrespondenztheorie nicht widerlegen, sonderen deren ontologische Fundierung in der Erschlossenheit des Daseins freilegen möchte. Für den Rest von § 44b bleibt ihm noch zu zeigen, dass es an der Struktur der Erschlossenheit selbst liegt, dass das Wahrheitsphänomen zunächst und zumeist als Korrespondenz gesehen und deren Einbettung in die Erschlossenheit des Daseins übersehen wird. Das traditionelle Wahrheitsverständnis sieht das Urteil als den ‚Ort' der Wahrheit. Daseinsanalytisch können wir festhalten, dass ein Urteil eine Aussage ist. In den §§ 31 bis 34 hatte Heidegger gezeigt, dass die Aussage im Verstehen und der Rede des Daseins fundiert ist. Die Entdecktheit des Seienden, die sich als befindliches Verstehen vollzieht und durch die Rede artikuliert ist, kommt in der Aussage zur Sprache. Wie Heidegger in § 34 gezeigt hatte, kommt das Existenzial der Rede zur Sprache, wenn es ausgesprochen oder geschrieben wird. Die Sprache versteht Heidegger als ein innerweltlich Seiendes – Sprache ist die sicht- und hörbare Manifestation der Rede. In § 35 hatte Heidegger darauf aufbauend gezeigt, wie Sprache zum Gerede werden kann. Weil Rede sich innerweltlich als Sprache manifestiert, kann Hörensagen an die Stelle eines echten Sachbezugs treten. Während echte Mitteilung im Hinweis auf die Möglichkeit einer eigenständigen Erfahrung der besprochenen Sache besteht, vollzieht sich das Gerede ohne „ursprünglichen Nachvollzug des Entdeckens" (SZ 224). Soweit eine Wiederholung des 5. Kapitels.

Im nunmehrigen Kontext will Heidegger darauf hinaus, dass die Aussage in ontologischer Hinsicht ein Zuhandenes ist. Die Aussage ist nicht nur selbst ein Zuhandenes, sondern bezieht sich auch auf anderes Zuhandenes oder Vorhandenes. Es kann daher so scheinen, als ob die für die Wahrheit konstitutive Korrespondenz in der Übereinstimmung zwischen zwei innerweltlich Seienden zu suchen sei – nämlich der zuhandenen Aussage und einer weiteren zuhandenen oder vorhandenen Sache. Wenn man diesem Pfad des Fragens folgt, dann ist eine ontologische Nivellierung des Wahrheitsphänomens im Sinne einer Ontologie, die nur Vorhandenes kennt, nicht fern, sodass man leicht zum Ergebnis kommen könnte, *intellectus* (Erkennen) und *res* (Sache) seien Vorhandene, deren Übereinstimmung zu erklären sei. Dabei wird allerdings übersehen, dass die Korrespondenz von ausgesprochener Aussage und besprochener Sache in der Übereinstimmung von Verstehen und Verstandenem – das heißt in der Erschlossenheit des Daseins und der Entdecktheit des innerweltlich Seienden – fundiert ist. Daher konkludiert Heidegger: „Nicht die Aussage ist der primäre ‚Ort' der Wahrheit, sondern *umgekehrt,* die Aussage als Aneignungsmodus der Entdecktheit und als Weise des In-der-Welt-seins gründet im Entdecken bzw. der *Erschlossenheit* des Daseins." (SZ 226).

Aus den bisherigen Ausführungen lassen sich Schlussfolgerungen ziehen, die analog zu jenen sind, die Heidegger in § 43 zum Begriff ‚Realität' gezogen hatte. Dieser Thematik widmet sich Heidegger in § 44c. Dazu lässt sich festhalten: Weil das ursprüngliche Wahrheitsphänomen gleichbedeutend mit der Erschlossenheit des Daseins ist, ist klar, dass es Wahrheit nur geben kann, wenn es Dasein gibt. Daher ist auch jede Wahrheit nur solange wahr, als Dasein existiert. Heidegger schreibt dazu polemisch: „Daß es ‚ewige Wahrheiten' gibt, wird erst dann zureichend bewiesen sein, wenn der Nachweis gelungen ist, daß in alle Ewigkeit Dasein war und sein wird." (SZ 227) Ebenso wie hinsichtlich des Seins, lässt sich also auch hinsichtlich der Wahrheit sagen, dass sie daseinsrelativ ist. Allerdings ist es zentral, diese Daseinsrelativität von Wahrheit angemessen zu verstehen. Heidegger schreibt: „*Alle Wahrheit ist gemäß deren wesenhaften daseinsmäßgen Seinsart relativ auf das Sein des Daseins.*" (SZ 227) Heidegger betont aber sogleich, dass daraus gerade nicht folgt, dass Wahrheit ‚subjektiv' sei. Das Gegenteil sei der Fall: „Denn das Entdecken entzieht seinem eigensten Sinne nach das Aussagen dem ‚subjektiven' Belieben und bringt das entdeckende Dasein vor das Seiende selbst." (SZ 227) Weil Wahrheit in ontologischer Hinsicht daseinsrelativ ist, ist sie in ontischer Hinsicht der Beliebigkeit entzogen, und zwar durch die Rückbindung der Aussage an die Entdecktheit der Sache selbst. Das bedeutet freilich nicht, dass Aussagen nicht falsch sein können. Es soll damit im Gegenteil betont werden, dass die Möglichkeit, über die Wahrheit oder Falschheit einer

Aussage zu entscheiden, auf der Entdecktheit der darin angesprochenen Sache beruht, und diese Entdecktheit wiederum in der Erschlossenheit des Daseins fundiert ist. Die Erschlossenheit des Daseins kann daher als das ursprüngliche Wahrheitsphänomen bezeichnet werden, da es jenes Geschehen ist, das es zuerst ermöglicht, dass sich Seiendes so oder anders zeigen kann und daher eine Aussage war oder falsch sein kann.

Die Daseinsrelativität von Sein und Wahrheit, allerdings nicht von Seienden, exemplifiziert Heidegger am Beispiel der Gesetze Newtons: „Bevor die Gesetze *Newtons* entdeckt wurden, waren sie nicht ‚wahr'; daraus folgt nicht, daß sie falsch waren, gar noch, daß sie, wenn ontisch keine Entdecktheit mehr möglich ist, falsch würden." (SZ 226) Naturwissenschaftliche Gesetze sind Aussagen des Daseins und daher von dessen Existenz abhängig. Wahrheit als Entdecktheit des Seienden ebenso wie die naturwissenschaftlichen Gesetze, die auf Basis unserer Entdecktheit von Seienden formuliert werden können, kann es nur geben, sofern Dasein in einem entsprechenden Seinsverständnis existiert. Daher macht die Frage nach der Wahrheit oder Falschheit einer naturwissenschaftlichen Theorie nur in einer hermeneutischen Situation Sinn, in der dem Dasein die Welt in einer Weise erschlossen ist, die das Sichzeigen der in der Theorie angesprochenen Sache ermöglicht. Diese Daseinsrelativität von Wahrheit, die auch vor Naturgesetzen nicht haltmacht, darf allerdings nicht im Sinn eines schlechten Relativismus missverstanden werden. Im Rahmen von Heideggers Ansatz können wir im Gegenteil gerade betonen, dass es die Auszeichnung Newtons war, mit seinen Gesetzen dem Sichzeigen des Seienden, wie es sich in seiner hermeneutischen Situation darbot, in ausgezeichneter Weise gerecht geworden zu sein. Die existenzial-ontologische Daseinsrelativität von Wahrheit impliziert gerade keinen Subjektivismus, als ob Wahrheit der subjektiven Beliebigkeit unterstellt wäre, sondern die unabdingbare Forderung, dass sich alle Beschreibungen an ihrer Sachangemessenheit messen lassen müssen.

In § 43 hatten wir gesehen, dass die Widerlegung des Idealismus unsinnig ist, weil das Außenweltproblem, auf das eine solche Widerlegung antworten möchte, ein Scheinproblem ist, das auf falschen ontologischen Annahmen beruht. In § 44c veranschaulicht Heidegger, dass die Widerlegung des Skeptizismus ein ebenso unsinniges Unterfangen ist, weil der Skeptizismus – verstanden als die These, dass es keine Wahrheit gibt oder diese zumindest nicht für uns erkennbar ist – eine widersinnige Position ist. Wie im 1. Abschnitt von *Sein und Zeit* gezeigt wurde, gibt es kein Dasein, dem nicht Welt erschlossen ist und das nicht Seiendes entdeckt hat. So wie es sich kein Dasein ausgesucht hat, in die Existenz zu treten, so hat es auch kein Dasein gewählt, dass sich ihm Seiendes zeigt. Erschlossenheit von Welt und Entdecktheit von Seienden gehören zur Geworfenheit des Daseins, hinter die nicht weiter zurückgegangen werden kann. Heidegger schreibt dazu wiederum polemisch: „‚An sich' ist gar nicht einzusehen, warum Seiendes *entdeckt* sein soll, warum *Wahrheit* und *Dasein* sein muß." (SZ 228) Der Skeptizismus kann also nicht widerlegt werden, weil es keinen Beweis dafür geben kann, dass Dasein existiert und Seiendes entdeckt ist. Der Skeptizismus braucht allerdings auch nicht widerlegt zu werden: Denn sofern eine Skeptikerin ein

Dasein ist, muss sie in der Formulierung des Skeptizismus ihre eigene Existenz und die Entdecktheit von Seienden bereits voraussetzen. Vor dem Hintergrund der Daseinsanalytik ist also klar, dass die Skeptikerin einen performativen Selbstwiderspruch begeht und sich der Skeptizismus daher selbst widerlegt.

Das ursprüngliche Phänomen der Wahrheit als Erschlossenheit von Welt und Entdecktheit von Seienden gehört zur Faktizität des Daseins und ist in dessen Existenz immer schon vorausgesetzt. Wobei das irreführend ausgedrückt ist, wie Heidegger bemerkt, denn „[n]icht wir setzen die ‚Wahrheit' voraus, sondern *sie* ist es, die ontologisch überhaupt möglich macht, daß wir so *sein* können, daß wir etwas ‚voraussetzen'. Wahrheit *ermöglicht* erst so etwas wie Voraussetzung." (SZ 227–228) So wie wir keinen Beweis für die Existenz des Daseins geben können, weil jeder Beweis die Existenz bereits voraussetzen muss, können wir auch keinen Beweis dafür geben, dass dem Dasein das ursprüngliche Wahrheitsphänomen mitgegeben ist, weil das ursprüngliche Wahrheitsphänomen – die Erschlossenheit von Welt und Entdecktheit von Seienden – so etwas wie einen Beweis erst ermöglicht. Heideggers Argument erweist das ursprüngliche Wahrheitsphänomen also als etwas, das es einerseits nur als Vollzug des Daseins gibt, das aber andererseits in jedem Vollzug des Daseins notwendigerweise bereits vorausgesetzt werden muss. Heidegger kann daher konkludieren: „Sein und Wahrheit ‚sind' gleichursprünglich." (SZ 230) Es gibt nur Sein, weil es Dasein gibt; ebenso gibt es nur Wahrheit, weil es Dasein gibt. Es gilt aber auch umgekehrt: Es kann kein Dasein geben, das nicht Seinsverständnis und Wahrheit hat; Seinsverständnis und Wahrheit machen die ursprünglichste Faktizität des Daseins aus.

8.5 Weiterführende Gedanken

Heideggers Ausführungen zu Realität und Wahrheit sind am Stand der Daseinsanalytik zum Abschluss des 1. Abschnitts kaum verständlich. Erst die Analysen des 2. Abschnitts bringen die Leser:innen in eine hermeneutische Situation, in der die Tragweite und Plausibilität dieser Ausführungen nachvollziehbar werden. Daher gehe ich in der Lehre üblicherweise so vor, dass ich § 43 und § 44 ebenso wie die Einleitung von *Sein und Zeit* einstweilig überspringe und erst nach Beschäftigung mit dem 2. Abschnitt zunächst die Einleitung mit Fokus auf § 7 zur phänomenologischen Methode und anschließend die Paragrafen zu Realität und Wahrheit lese. So lässt sich zum Abschluss einer Lehrveranstaltung, nachdem im Durchgang durch die zentralen Etappen der gesamten Daseinsanalytik eine entsprechende hermeneutische Situation hergestellt wurde, anhand dieser drei Paragrafen ein Blick auf Heideggers Gesamtprojekt werfen.

Hinsichtlich der These, dass die Alltäglichkeit in der Stimmung der **Vertrautheit** fundiert ist, ist eine kritische Einordnung erforderlich. Die gesamte klassische Phänomenologie von Husserl über Heidegger bis Merleau-Ponty (2011 [1945]) geht davon aus, dass Alltäglichkeit durch die Vertrautheit mit der Welt charakterisiert ist. Allerdings lässt sich vor dem Hintergrund neuerer Strömungen – für die es sich eingebürgert hat, sie unter der Sammelbezeichnung ‚kritische

Phänomenologie' zusammenzufassen – die Frage stellen, ob diese Annahme nicht
Ausdruck eines privilegierten Weltzugangs ist. Denn es erscheint plausibel, dass
für viele Bevölkerungsgruppen, die in Unterdrückungsverhältnissen leben, die
Welt gerade nicht als ein vertrauter und heimeliger Ort erscheint. Bereits Mitte des
20. Jahrhunderts wurde dieser Sachverhalt unter anderem von Simone de Beauvoir
(2002 [1949]) aus feministischer Perspektive und von Frantz Fanon (2013 [1952])
aus der Perspektive jener, die von Rassismus betroffen sind, zum zentralen Ausgangspunkt einer alternativen phänomenologischen Herangehensweise. In
aktuellen Arbeiten der kritischen Phänomenologie geht es insbesondere auch um
die Frage, welche methodischen Konsequenzen daraus zu ziehen sind (Ahmed
2006; Weiss et al. 2020).

Das Ganzsein des Daseins und das Sein zum Tode (§§ 45–53)

Heideggers Behandlung des Seins zum Tode ist von zentraler Bedeutung für das Gesamtverständnis der Daseinsanalytik. Es handelt sich dabei aber auch um ein Kapitel, das besonders viel Interpretationsspielraum lässt und besonders häufig missverstanden wurde. Hier ist es besonders wichtig, zunächst den Grundgedanken des Kapitels sowie dessen Funktion im Gesamtkontext von *Sein und Zeit* zu verstehen, bevor man sich vorschnell auf die Details von Heideggers Ausführungen stürzt. Dafür ist es erforderlich, sich zunächst zu vergegenwärtigen, welches Zwischenergebnis die Daseinsanalyse am Ende des 1. Abschnitt erreicht hat und welche Aufgabenstellung Heidegger für den 2. Abschnitt formuliert. Aus dieser Einbettung in den Gesamtgedankengang von *Sein und Zeit* wird klar, dass die Behandlung des Seins zum Tode eine sehr spezifische Zielsetzung verfolgt, die aufgrund der zahlreichen Nebenstränge und kulturell aufgeladenen Beschreibungen, von denen dieses Kapitel an der Textoberfläche geprägt ist, leicht aus dem Blick gerät. Aus den genannten Gründen wird hier zunächst der 1. Abschnitt rekapituliert und die Einleitung in den 2. Abschnitt in § 45 diskutiert, bevor der Kommentar die Ausführungen zum Sein zum Tode in den Blick nimmt.

9.1 Überleitung vom 1. zum 2. Abschnitt

Der 1. Abschnitt hatte die Aufgabe einer vorbereitenden Analyse des Daseins im Ausgang dessen, wie das Dasein in der durchschnittlichen Alltäglichkeit existiert. Das Ziel war dabei einerseits die Freilegung der zentralen existenzial-ontologischen Strukturen des Daseins und andererseits die Nachzeichnung jener Art des Vollzugs dieser Strukturen, die das Dasein in der Alltäglichkeit dominiert.

Zu Beginn des 1. Abschnitt wurde Dasein formal als In-der-Welt-sein charakterisiert. Die Analysen des 1. Abschnitts erlaubten es, die Strukturganzheit des In-der-Welt-seins abschließend in der Sorgestruktur zusammenzufassen:

© Der/die Autor(en), exklusiv lizenziert durch Springer-Verlag GmbH, DE, ein Teil von Springer Nature 2022
G. Thonhauser, *Heideggers „Sein und Zeit"*,
https://doi.org/10.1007/978-3-662-64689-2_9

„Sich-vorweg-schon-sein-in-(der-Welt-) als Sein-bei (innerweltlich begegnenden Seienden)." (SZ 192) Zentral am Dasein ist jene Charakteristik, die Heidegger zunächst als *In-Sein* anzeigte. Später wurde die besondere Weise, in der Dasein *in* der Welt *ist*, als *Erschlossenheit* oder kurz als *Da* gefasst. Dadurch wurde auch die volle Bedeutung der Bezeichnung Dasein ersichtlich. *Dasein* ist die Bezeichnung für jenes Seiende, welches das Sein des Da ist, also jenes Seiende, das die Erschlossenheit vollzieht. Was mit Erschlossenheit genauer gemeint ist, entfaltete Heidegger anhand von Befindlichkeit, Verstehen und Rede weiter. Dasein existiert – in verschiedenen Formulierungen, die auf dieselben oder sehr ähnliche Phänomene verweisen – als *befindlich Verstehendes,* als *geworfener Entwurf* bzw. als *betroffenes Seinkönnen.* Als befindlich Verstehendes verhält sich Dasein zu anderen Seienden, es ist *Sein-bei* (innerweltlich begegnenden Seienden). Genauer ist es *bei* der Welt im *Besorgen* von Zeug und in der *Fürsorge* mit Mitdasein. Dem Dasein ist eine bedeutsame Welt erschlossen, die immer schon Mitwelt ist. Die Erschlossenheit und das von ihr ermöglichte Sein-bei sind gleichursprünglich dadurch bestimmt, dass Dasein ein sprachliches Wesen ist, dessen Bedeutsamkeit artikuliert *(Rede)* und das als Mitsein immer schon ein Miteinandersprechen ist.

Soweit die Nachzeichnung der existenzial-ontologischen Strukturen des Daseins in modaler Indifferenz. In methodischer Hinsicht kann daran erinnert werden, dass die Existenzialien die vor- und mitgängigen Bedingungen der Möglichkeit für konkrete Existenzvollzüge sind. Das heißt aber umgekehrt auch, dass es die *existenzial-ontologischen* Strukturen nur gibt, sofern sie immer auf eine spezifische Weise *ontisch-existenziell* vollzogen werden. Heidegger wies bereits zu Beginn des 1. Abschnitts darauf hin, dass Dasein wesentlich durch *Jemeinigkeit* und *Existenz* charakterisiert ist. Das Dasein muss seine Existenz je selbst vollziehen – es muss seine Existenz *vollziehen;* und es muss sie *je selbst* vollziehen. Der alltägliche Existenzvollzug ist allerdings durch einen Vollzugsmodus gekennzeichnet, der von der Dynamik des *Verfallens* bestimmt ist. Daraus ergibt sich ein Vollzugsmodus, dem die Strukturen der eigenen Existenz nicht durchsichtig sind und der entsprechend auf Selbstmissverständnissen beruht. Als wichtigste Missverständnisse identifiziert Heidegger, dass entweder gar nicht erkannt wird, dass die Existenz *vollzogen* werden muss – und gedacht wird, die Existenz sei so festgelegt wie das Sein von Vorhandenen –, oder nicht erkannt wird, dass die Existenz *je selbst* vollzogen werden muss – sondern so gelebt wird, wie man es eben tut. Zunächst und zumeist existiert Dasein in solchen Selbstmissverständnissen. Es lebt dann im Modus der Anonymität, die in der gesellschaftlichen Normalität aufgeht – Heidegger bezeichnet die entsprechende Form des Selbstseins als *Man-selbst.*

Heidegger führt anschließend die *Angst* als eine Grundstimmung ein, die es vermag, Dasein aus dem Verfallen zu reißen. In der Angst wird das Dasein mit der Kontingenz der Bedeutsamkeit konfrontiert – die Welt ist nur deswegen relevant, weil wir sie als relevant begegnen lassen. Damit erweist sich die alltägliche Vertrautheit mit der Welt als Flucht vor einer ursprünglicheren *Unvertrautheit,* einer konstitutiven *Unheimlichkeit* am Grund des Daseins und der Welt. Durch diese

Erfahrung stößt die Angst das Dasein auf den Pfad, nach einem eigentlichen Verständnis seines eigenen Seins – und von Sein überhaupt – zu fragen.

Der 2. Abschnitt widmet sich der Frage nach einer Beschreibung des eigentlichen Seins des Daseins. Diese methodische Zielsetzung des 2. Abschnitts lässt sich vielleicht mit Hilfe der folgenden Analogie zwischen den Begrifflichkeiten von *Sein und Zeit* sowie zentralen Begriffen von Husserls Version der Phänomenologie verdeutlichen. Die Analyse nahm im 1. Abschnitt ihren Ausgang bei der *Alltäglichkeit,* die sich in Anknüpfung an Husserl auch als *Lebenswelt* bezeichnen lässt. Das ungeprüfte Aufgehen in lebensweltlichen Strukturen und der damit verbundene Glaube, dass es sich bei der Lebenswelt um ein festes Fundament für unsere Existenz handle, wird bei Heidegger als *Uneigentlichkeit* gefasst. Diese ist vergleichbar mit dem naiven Weltglauben der *natürlichen Einstellung* bei Husserl. Wir gehen zunächst und zumeist davon aus, dass die Welt notwendigerweise so ist, wie sie uns in unserer Lebenswelt erscheint. Die Einklammerung dieses Weltglaubens, die Husserl *Epoché* nennt, wird bei Heidegger durch gewisse *Grundstimmungen* (wie Angst und Langeweile) bewirkt, die das Vertrauen in die Strukturen der Alltäglichkeit erschüttern und uns damit konfrontieren, dass die Welt nicht notwendigerweise so sein muss, wie sie derzeit erscheint. Aus diesen Analogien wird deutlich, dass die *Eigentlichkeit* des Daseins bei Heidegger dieselbe Theoriestelle einnimmt wie die *phänomenologische Einstellung* bei Husserl. Die Eigentlichkeit des Daseins bezeichnet jenen Existenzvollzug, der eigentliche Beschreibungen ontologischer Strukturen ermöglicht. Diese eigentlichen Beschreibungen betreffen sowohl das Sein des Daseins – Dasein existiert dann in Durchsichtigkeit der eigenen existenzial-ontologischen Beschaffenheit – als auch das Sein aller anderen Seienden. Anhand dieser Analogien wurde auch der methodische Sinn von Eigentlichkeit noch einmal deutlich: Die Hinwendung zur Eigentlichkeit des Daseins hat den Zweck, die existenzial-ontologischen und ontisch-existenziellen Bedingungen der Möglichkeit des expliziten Stellens der Seinsfrage zu untersuchen. Es geht also darum, anhand der Analytik des Daseins zu klären, wie Ontologie möglich ist.

Nach dieser Rekapitulation der Ausgangssituation kommen wir nunmehr zu § 45, der als Einleitung in den 2. Abschnitt dient. Heidegger setzt hier bei zwei konkreten Fragen an, um die Analyse über den Rahmen des 1. Abschnitts hinauszutreiben: Erstens wirft er die Frage auf, ob die Strukturganzheit der *Sorge* wirklich das ganze Dasein erfasst hat. Daran bestehen begründete Zweifel, denn „Seiendes, dessen Essenz die Existenz ausmacht, widersetzt sich wesenhaft der möglichen Erfassung seiner als ganzes Seiendes." (SZ 233). Die besondere Seinsweise der Existenz besteht darin, dass Dasein sein Sein je selbst zu vollziehen hat – im Gegensatz zu Zuhandenen oder Vorhandenen, die ihre Bestimmung von außen erhalten. Dasein ist primär Seinkönnen und sein Sein ist daher abhängig von der Dynamik seines geworfenen Entwerfens. Wenn diese Beschreibung der Fundamentalstruktur des Daseins zutreffend ist, dann spricht dies allerdings dafür, dass ein Seiendes wie das Dasein nie vollständig in einer ontologischen Strukturbeschreibung erfasst werden kann. Denn eine solche vollständige ontologische

Beschreibung würde voraussetzen, dass es eine invariante ontologische Struktur gibt, die Gegenstand der Beschreibung werden kann. Heidegger stellt daher die Frage, ob eine solche vollständige Strukturbeschreibung des Daseins „überhaupt erreichbar ist und ob nicht eine ursprüngliche ontologische Interpretation des Daseins scheitern muß" (SZ 233). Die bisherigen Ergebnisse der Daseinsanalytik würden dann also dafür sprechen, dass das Sein des Daseins so beschaffen ist, dass es sich der existenzial-ontologischen Analyse, die Heidegger in *Sein und Zeit* leisten möchte, prinzipiell widersetzt. Es könnte also so scheinen, also ob diese Überlegungen zur möglichen Vollständigkeit der existenzial-ontologischen Strukturschreibung des Daseins das Vorhaben der Daseinsanalytik insgesamt infrage stellen. Diese Problematik muss daher im 2. Abschnitt explizit zum Thema werden. Die dafür entscheidenden Schritte setzt Heidegger gleich im 1. Kapitel, wenn er anhand des Seins zum Tode die Frage nach dem Ganzseinkönnen des Daseins diskutiert. Dabei wird sich herausstellen, dass sich Fragen der Form – ‚Wie kann Dasein ganz sein?', ‚Wie kann es vollständig beschrieben werden?' – nicht sinnvoll beantworten lassen, weil sie der Seinsweise des Daseins widersprechen. Dasein kann nicht ganz sein, wie es sich beispielsweise von einem Produkt sagen lässt, wenn seine Herstellung abgeschlossen ist, denn dies widerspricht der existenzialen Bestimmung, wonach Dasein primär Seinkönnen ist. Daseinsgemäß gilt es vielmehr zu fragen: ‚Wie *kann* Dasein ganz sein?' Daseinsgemäß kann also nur danach gefragt werden, wie Ganzheit eine Möglichkeit des Daseins *ist*, etwas, was Dasein als geworfener Entwurf vermag. Die entscheidende Frage muss also auf das Ganzsein*können* des Daseins zielen; sie muss untersuchen, was Ganzheit für ein Seiendes bedeutet, das eine solche Ganzheit je selbst zu vollziehen hat.

Die zweite Frage ergibt sich daraus, dass der 1. Abschnitt das Dasein in seiner durchschnittlichen Alltäglichkeit analysiert und dabei neben den existenzialen Strukturen nur deren uneigentlichen Existenzvollzug betrachtet hatte – von wenigen Ausblicken auf einen möglichen eigentlichen Vollzug abgesehen. Es stellt sich daher die Frage nach dem eigentlichen Existenzvollzug des Daseins. Dabei ist zu beachten, was Heidegger bereits in § 27 angemerkt hatte: „Das *eigentliche Selbstsein* beruht nicht auf einem vom Man abgelösten Ausnahmezustand des Subjekts, sondern *ist eine existenzielle Modifikation des Man als eines wesenhaften Existenzials.*" (SZ 130) Was damit gemeint ist, lässt sich nunmehr genauer fassen: Ebenso wie es bei der Frage nach der Ganzheit der Strukturbeschreibungen des Daseins nicht darum gehen kann, Dasein von außen vollständig zu beschreiben, kann es auch bei der Frage nach dem eigentlichen Existenzvollzug nicht darum gehen, wie sich ein solcher für einen Dritten zeigt. Wie wir gesehen hatten, kann Dasein – sofern es jemeinige Existenz ist, die sich je selbst vollzieht und nur in diesem Vollzug *ist* – nie vollständig beschrieben werden. Ebenso kann es bei der Frage nach der Eigentlichkeit des Daseins um nichts anderes gehen als um die Frage, wie es für das Dasein möglich ist, seine Existenz in eigentlicher Weise – das heißt in Durchsichtigkeit der eigenen existenzialen Strukturen – zu vollziehen. Die Frage nach der *Eigentlichkeit* kann sich also nur auf die Möglichkeit eines *eigentlichen Seinkönnens* beziehen: Wie *kann* Dasein eigentlich sein?

Wie *ist* ein eigentlicher Existenzvollzug möglich? Dieser Frage widmet sich Heidegger vor allem im 2. Kapitel anhand seiner eigenwilligen Interpretationen des Gewissens und des Schuldigseins. Wobei die Sache noch einmal dadurch verkompliziert wird, dass Dasein – wenn ihm die eigenen existenzialen Strukturen durchsichtig werden – mit der fundamentalen Unbegründetheit und Unbestimmtheit der eigenen Existenz konfrontiert wird. Auf diesem Abgrund ursprünglicher Unbedeutsamkeit hat Dasein je selbst seine Existenz zu vollziehen. Die ersten drei Kapitel des 2. Abschnitts haben die Funktion, diesen Gedanken einer ursprünglichen Kontingenz aller Bedeutsamkeit verständlich zu machen und in seinen ontologischen Konsequenzen zu bedenken.

Werden die Fragen nach dem *Ganzseinkönnen* und dem *eigentlich Seinkönnen* zusammengefasst, ergibt sich daraus die Frage nach einem *eigentlichen Ganzseinkönnen*. Diese Zusammenführung vollzieht Heidegger im 3. Kapitel. Auch die weiteren Thematiken des 2. Abschnitts sind für uns zum jetzigen Zeitpunkt bereits nachvollziehbar. Bei der ersten Betrachtung der Sorgestruktur – „Sich-vorweg-schon-sein-in-(der-Welt-) als Sein-bei (innerweltlich begegnenden Seienden)" (SZ 192) – hatten wir bereits bemerkt, dass *Sich-vorweg* auf Zukunft verweist, *Schon-sein-in* auf Vergangenheit und *Sein-bei* auf Gegenwart. Ab dem 4. Kapitel wird Heidegger diesen Faden explizit aufgreifen und sich mit der Zeitlichkeit als dem existenzial-ontologischen Grund der Sorge beschäftigen.

9.2   Das Sein zum Tode

Der Grundgedanke von Heideggers Behandlung des Seins zum Tode wurde bereits in der vorangestellten Einleitung in den 2. Abschnitt vorläufig skizziert und soll nunmehr genauer gefasst werden. Heidegger bezeichnet das existenziale Verständnis des Todes, um den es ihm in diesem Kapitel geht, als Sein zum Tode. Dieses existenziale Verständnis des Todes ist einfach eine andere Bezeichnung für das gesuchte *Ganzseinkönnen des Daseins*. Es ist dabei eben kein Ganzsein am Leitfaden des Vorhandenen oder Zuhandenen, denn in einem solchen Sinne kann Dasein – sofern es sein Sein je selbst zu vollziehen hat – nie ganz sein. Das Sein zum Tode charakterisiert vielmehr das Ganzsein*können* des Daseins, also wie Dasein seine Ganzheit vollziehen muss, dabei aber nie abschließend erreichen kann.

Um das Ganzseinkönnen des Daseins am Leitfaden des Seins zum Tode genauer zu bestimmen, folgt das 1. Kapitel des 2. Abschnitts folgender Struktur: In § 46 geht Heidegger genauer auf die Unmöglichkeit des Daseins ein, in einem herkömmlichen Sinne ganz zu sein; die §§ 47 bis 49 nutzt Heideggers zur Abgrenzung seiner Analyse von möglichen Missverständnissen, benachbarten Phänomenen und unangemessenen Begrifflichkeiten; in § 50 skizziert er anschließend die existenzial-ontologische Struktur des Seins zum Tode; die §§ 51 und 52 beschäftigen sich mit dem alltäglichen Vollzug des Seins zum Tode, bevor im abschließenden § 53 der eigentliche Vollzug des Seins zum Tode behandelt wird. In diesem Kapitel folgt Heidegger also folgendem Schema: Nach einer einleitenden Problembeschreibung dringt er zunächst anhand der Destruktion von Vorverständnissen zu einer eigentlichen Beschreibung der existenzial-onto-logischen Struktur vor. Auf dieser Basis beschreibt er dann zuerst den uneigent-lichen und dann den eigentlichen Vollzugsmodus dieser Struktur.

In § 46 bietet Heidegger eine präzise Fassung des Problems, das sich ergibt, wenn nach der Vollständigkeit der existenzial-ontologischen Strukturbeschreibung des Daseins gefragt wird: „Der Sorge, welche die Ganzheit des Strukturganzen des Daseins bildet, widerspricht offenbar ihrem ontologischen Sinn nach ein mög-liches Ganzsein dieses Seienden." (SZ 236) Die Frage, ob die Sorge die Struktur des Daseins vollständig beschreibe, führt in einen performativen Widerspruch. Denn das Sein des Seienden, dessen Sein als Sorge beschriebenen werden soll, erlaubt keine solche Vollständigkeit. Diese Unmöglichkeit einer vollständigen Strukturbeschreibung liegt vor allem am Strukturmoment des Sich-vorweg-seins – Dasein ist primär Seinkönnen, Möglichsein: „Dieses Strukturmoment der Sorge sagt doch unzweideutig, daß im Dasein immer noch etwas *aussteht,* was als Seinkönnen seiner selbst noch nicht ‚wirklich' geworden ist. Im Wesen der Grundverfassung des Daseins liegt demnach eine *ständige Unabgeschlossen-heit.*" (SZ 236) Der performative Widerspruch besteht also darin, dass aus einer angemessenen Beschreibung des Seins des Daseins folgt, dass die Vollständigkeit einer solchen Beschreibung unmöglich ist, weil sie dem Sein des beschriebenen Seienden widerspricht. Denn Dasein ist primär Seinkönnen und kann sich daher immer anders und neu bestimmen, sodass es nie vollständig erfasst werden kann; solange es existiert, bleibt ihm die Möglichkeit zur Neu- und Andersbestimmung.

Sobald Dasein hingegen gestorben ist, existiert es nicht mehr. Es gibt also auch im Tod keine Vollständigkeit der Existenz zu erfahren, weil es dann überhaupt keine Existenz mehr gibt. Denn in seinem Tod hört Dasein auf, im Modus der Existenz zu sein: „Die Behebung des Seinsausstandes besagt Vernichtung seines Seins. Solange Dasein als Seiendes *ist,* hat es seine ‚Gänze' nie erreicht. Gewinnt es sie aber, dann wird der Gewinn zum Verlust des In-der-Welt-seins schlechthin. *Als Seiendes* wird es dann nie mehr erfahrbar." (SZ 236). Solange es existiert, ist die Ganzheit des Daseins also nicht erreichbar; in seinem Tod ist die Ganzheit des Daseins aber ebenso wenig erreichbar. Wir scheinen hier also vor einer Aporie zu stehen – das heißt an einem Punkt, an dem kein Weg zur Lösung des Problems gangbar ist, weil alle Wege in einen Widerspruch führen.

In diesem Kommentar wurde die Lösung freilich bereits vorweggenommen. Sie wird im Umschlag der Frage nach dem Ganzsein zur Frage nach dem Ganzsein*können* bestehen. Heidegger führt uns langsam an diese Lösung heran, indem er zunächst alternative Lösungen zurückweist bzw. mögliche Missverständ-nisse abwehrt. In diesem Sinn diskutiert § 47 einen zunächst naheliegenden Vor-schlag. Wenn das Ganzsein des Daseins an der eigenen Existenz nicht erfahrbar ist, dann lässt es sich vielleicht alternativ am Mitdasein beobachten. Könnte die Vollständigkeit der Strukturbeschreibung des Daseins vielleicht garantiert werden, wenn wir das Sein des Mitdaseins zum Leitfaden nähmen? Der Tod anderer könnte als „Ersatzthema" (SZ 238) dienen, anhand dessen das Ganzsein des Daseins erfahrbar wird. Was spricht für diese Alternative? Der Tod anderer kann eine einschneidende Erfahrung sein. Der Verlust des Miteinanderseins kann zu einer drastischen Veränderung unserer Welt führen. Aber lässt sich daran die Vollständigkeit der Strukturganzheit des Daseins gewährleisten? Wie Heidegger verdeutlicht, ist die Frage nach dem Tod anderer zwar äußerst relevant für das Dasein als Miteinandersein, es ist aber kein geeigneter Leitfaden für die Frage nach dem Ganzsein des Daseins:

> Je angemessener das Nichtmehrdasein des Verstorbenen phänomenal gefaßt wird, um so deutlicher zeigt sich, daß solches Mitsein mit dem Toten gerade *nicht* das eigentliche Zuendegekommensein des Verstorbenen erfährt. Der Tod enthüllt sich zwar als Verlust, aber mehr als solcher, den die Verbleibenden erfahren. Im Erleiden des Verlustes wird jedoch nicht der Seinsverlust als solcher zugänglich, den der Sterbende ‚erleidet'. (SZ 238–239)

Am Tod von Mitdasein erfahren wir die – mitunter radikale – Modifikation unserer Mitwelt und damit unseres gesamten In-der-Welt-seins. Wir erfahren allerdings nicht, was es heißt, nicht mehr zu existieren. Die Erfahrung des Todes anderer bietet also keinen Weg aus der Aporie.

Damit ist die negative Konklusion dieses Paragrafen zusammengefasst. Bevor wir zur positiven Schlussfolgerung kommen, die Heidegger für den weiteren Fortgang seiner Analyse zieht, kann kurz auf Heideggers Beschreibung der Erfahrung des Todes eines anderen eingegangen werden. Zunächst ist man vielleicht geneigt, die ontologische Schlussfolgerung zu ziehen, dass Mitdasein durch den Tod in ein Vorhandenes transformiert wird. Heidegger macht aber deutlich, dass eine solche Analyse zu kurz greift. Ein Leichnam ist kein pures Körperding, dass wir wie ein Vorhandenes behandeln. Es begegnet uns vielmehr in einer spezifischen Weise als *Unlebendiges* (SZ 238). Dieses Unlebendige kann zum Gegenstand des Besorgens und der Fürsorge werden – man denke hier an Bestattungs- und Trauerrituale. Zudem bleibt die Welt für die Hinterbliebenen Mitwelt mit der Verstorbenen – gerade darin besteht der Verlust, der von diesen erfahren wird. All das könnte viel ausführlicher behandelt werden, es ist aber ein anderes Thema als die Frage nach der möglichen Vollständigkeit der Strukturbeschreibungen des Daseins, die Heidegger an diesem Ort der Daseinsanalytik klären möchte. Daher belässt es Heidegger bei diesen wenigen Andeutungen.

Kommen wir nun zur zentralen Einsicht, die Heidegger aus diesem Paragrafen für die existenziale Struktur des Seins zum Tode mitnimmt. In der Alltäglichkeit des Man herrscht prinzipielle Vertretbarkeit. Wenn ich meinen Job kündige, dann übernimmt ihn jemand anderes. Wenn jemand ausfällt, dann springt ein anderer ein. So ist es allerdings nicht, wenn wir von der Jemeinigkeit der Existenz sprechen. Niemand kann mir mein Existieren abnehmen. Jede und jeder hat *je selbst* zu existieren; dies zu verkennen und als Man-selbst in vermeintlicher Austauschbarkeit zu existieren, ist eine Form von Selbstentfremdung. In der Konfrontation mit dem Tod wird diese **Unvertretbarkeit** der Jemeinigkeit besonders eindringlich phänomenal erfahrbar. *„Keiner kann dem Anderen sein Sterben abnehmen."* (SZ 240) Wobei wir gleich sehen werden, dass **‚Sterben'** Heideggers neuer Begriff für ‚Existieren' ist. Der Satz bedeutet also gleichermaßen: ‚Keiner kann dem Anderen seine Existenz abnehmen.' Im uneigentlichen Existenzvollzug, der in der Alltäglichkeit vorherrscht, wird dies geleugnet, indem eine prinzipielle Vertretbarkeit postuliert wird. Doch die Jemeinigkeit der Existenz impliziert eine Unvertretbarkeit, die es existenzial-onto-logische festzuhalten gilt.

§ 48 beschäftigt sich vor allem mit Begriffsklärungen. Zunächst fasst Heidegger den bisherigen Stand des Kapitels in drei Thesen zusammen:

> 1. Zum Dasein gehört, solange es ist, ein Noch-nicht, das es sein wird – der ständige Aus-stand. 2. Das Zu-seinem-Ende-kommen des je Noch-nicht-zu-Ende-seienden [...] hat den Charakter des Nichtmehrdaseins. 3. Das zu-Ende-kommen beschließt in sich einen für das jeweilige Dasein schlechthin unvertretbaren Seinsmodus. (SZ 242)

Der dritte Punkt fasst die eben skizzierte Einsicht in die Unvertretbarkeit des Existenzvollzugs zusammen. Die ersten beiden Punkte sind eine Zusammen-fassung der beiden Alternativen der Aporie hinsichtlich der Frage nach der Voll-ständigkeit der Strukturganzheit des Daseins: Einerseits ist es so, dass Dasein, solange es existiert, nie vollständig ist, weil es sich als Seinkönnen immer anders bestimmen kann; und andererseits gilt, dass Dasein, sobald es zu seinem Ende gekommen ist, nicht mehr existiert und entsprechend auch die Existenzstrukturen dann nicht mehr an ihm erfahrbar sind. Heidegger untersucht diese beiden ungang-baren Alternativen nunmehr genauer, indem er danach fragt, wie einerseits Unganzheit, Noch-nicht bzw. Ausstand und andererseits Enden genauer zu ver-stehen sind.

Heidegger verwendet die Begriffe ‚Unganzheit, ‚Noch-nicht' und ‚Ausstand', um sich demselben Phänomen anzunähern. Er verfährt nun wiederum so, wie wir es bereits regelmäßig sehen: Er nähert sich dem gesuchten Phänomen an, indem er zunächst benachbarte Phänomene beschreibt, die nicht mit dem gesuchten Phänomen identisch sind, und Phänomenbeschreibungen identifiziert, die dem gesuchten Phänomen unangemessen sind. Konkret verfährt er vor allem anhand von zwei Beispielen: Erstens könnte *Unganzheit* anhand des Leitfadens des Voll-mondes verstanden werden. Wir sagen zum Beispiel, dass dem Mond noch ein Viertel fehle, bis er voll sei. Heidegger hält dagegen fest, dass die Ganzheit des Daseins nicht wie eine *Summe* verstanden werden könne, der noch etwas fehle. Zweitens könnte Unganzheit anhand des Leitfadens der *Reifung* einer Frucht ver-standen werden, wie wir zum Beispiel sagen, der Frucht fehle noch ein Sonnen-tag, bis sie vollständig gereift sei. Dagegen bemerkt Heidegger, dass das Dasein keine entsprechende Vollendung hat. Die Unvollständigkeit und entsprechend auch Vollständigkeit des Daseins kann weder am Modell eines Ganzen, das sich als Summe von Teilen zusammensetzt, noch am Modell der Vollendung, etwa durch Reifung, verstanden werden.

Damit kommen wir andererseits zur Frage, was *Enden* bedeuten kann, wenn wir diesen Begriff auf das Dasein beziehen. Heidegger diskutiert hier wiederum ein Verständnis von Enden, dass am Leitfaden von nicht-daseinsmäßigen Seienden gewonnen wird. Im innerweltlichen Kontext kann Enden synonym mit *Auf-hören* verstanden werden: Sätze wie ‚Der Regen endet' oder ‚Der Weg endet' sind synonym mit ‚Der Regen hört auf' und ‚Der Weg hört auf'. Sie bringen ein Verschwinden zum Ausdruck. Ebenso kann gesagt werden, ein Lebensmittel ist zu Ende, wenn es aufgebraucht wurde. Das ist aber wiederum kein Verständnis von Enden, das für das Sein des Daseins angemessen ist. Heidegger macht deutlich, dass alle bislang genannten Verständnisse am Leitfaden von innerweltlich Seienden gewonnen wurden und nicht für eine Beschreibung des Seins des Daseins herangezogen werden können: „Im Tod ist das Dasein weder vollendet, noch einfach verschwunden, noch gar fertig geworden oder als Zuhandenes ganz verfügbar." (SZ 245).

Heideggers Ausweg besteht wiederum in einer Umkehrung der Perspektive. Wenn es um die Vollständigkeit und das Ende des Daseins geht, dann ist die entscheidende Perspektive nicht jene, die sich auf das *zu-Ende-sein* dieses Seienden konzentriert, sondern jene auf sein *Sein zum Ende*. Entscheidend ist also nicht die Frage, wie Dasein zu Ende kommt, sondern wie es sich zu seinem Ende *verhält*. Dasein ist primär Seinkönnen und daher ist auch die Frage nach seiner Ganzheit und seinem Ende anhand dieses Leitfadens zu beantworten; also als Frage danach, wie es sich zu seiner Ganzheit und zu seinem Ende verhält, wie es diese vollzieht. Die Frage nach dem Ganzsein muss im Ausgang von der Sorgestruktur als die Frage nach dem Ganzsein*können* gestellt werden. Dasselbe gilt auch für die existenzial-ontologische Frage nach dem Tod: „Der Tod ist eine Weise zu sein, die das Dasein übernimmt, sobald es ist." (SZ 245) Heidegger hat uns in § 48 also zur zentralen Schlussfolgerung geführt, dass die entscheidende existenzial-ontologische Frage das **Sein zum Ende** und nicht um das zu-Ende-Sein des Daseins betrifft.

§ 49 liefert weitere Begriffsklärungen. Heidegger diskutiert hier insbesondere den Unterschied zwischen Dasein und biologischen Organismen. An dieser Stelle muss wiederum in Erinnerung gerufen werden, dass die verschiedenen Seinsweisen nicht Gegenstandsbereiche bezeichnen, sondern Gegebenheitsweisen. Im medizinischen Kontext ist es zum Beispiel angemessen, den Tod als biologischen Vorgang zu betrachten. Für eine existenziale Untersuchung des Todes wäre eine solche Perspektive allerdings unangemessen, da diese am Leitfaden der Existenz zu erfolgen hat. Heidegger führt in § 49 eine Begriffsunterscheidung ein, um diese verschiedenen Fragehinsichten zu differenzieren. Das Enden von Lebendigem bezeichnet er als **Verenden** und unterscheidet es vom Sein zum Tode des Daseins, das er als *Sterben* bezeichnet. Es lässt sich also terminologisch festhalten: Nur Dasein stirbt, während Lebendiges verendet. Nun ist es aber auch für Dasein so, dass es zu einem Ende kommt. Es reicht also nicht, mit Sterben nur einen Begriff für das Sein zum Ende zu haben, es braucht auch einen Begriff für das zu-Ende-Sein des Daseins. Dafür führt Heidegger den Begriff ‚**Ableben**' ein. Heidegger geht es allerdings nicht um eine Analyse des Ablebens, das heißt des zu-Ende-Seins, sondern des Sterbens, das heißt des Seins zum Ende. An dieser Unterscheidung von Sterben und Ableben wird noch einmal deutlich – und das ist für ein angemessenes Verständnis dieses Kapitels zentral –, dass **Sterben** letztlich nichts anders als eine neue Bezeichnung für Existieren ist. Im Lichte der Überlegungen zur Ganzheit des Daseins erweist sich die *Existenz des Daseins als*

Sterben, das heißt als *Sein zum Tode.* Wie wir schon öfters gesehen hatten, wird mit diesem neuen Begriff kein neues Phänomen bezeichnet, sondern ein bereits bekanntes in einem neuen Sinn betrachtet. Es geht nunmehr darum, die Existenz des Daseins in ihrer Endlichkeit zu betrachten.

In § 50 wird es darum gehen, diesen Kerngedanken in eine existenzial-ontologische Beschreibung des *Existierens als Sterbens* auszuarbeiten. Zuvor wehrt Heidegger in § 49 noch ein mögliches Missverständnis ab, das wir schon im Kontext der Geworfenheit kurz besprochen hatten. Heidegger verdeutlicht, dass die existenziale Analytik des Seins zum Tode der Frage nach den Weisen, wie das Sein zum Tode ontisch-existenziell vollzogen werden kann, insofern vorgelagert sei, als es deren existenzial-ontologische Bedingung der Möglichkeit beschreibe. Die existenziale Analytik liege daher auch vor jeder Religion, insofern Religionen als Organisation von ontisch-existenziellen Antworten auf die existenzial-ontologisch zu beschreibenden Existenzbedingungen verstanden werden können. Religionen können folglich als Antworten auf die existenziale Verfasstheit des Daseins, das es Sein zum Tode ist, verstanden werden, indem sie Arten des ontisch-existenziellen Umgangs mit dem Tod bzw. konkrete Vollzugsweisen des Seins zum Tode, vorzeichnen. Heideggers existenzial-ontologische Frage möchte hingegen klären, was es überhaupt sinnvollerweise bedeuten kann, sterblich zu sein.

Ziehen wir an dieser Stelle eine kurze Zwischenbilanz, bevor wir zur existenzial-ontologischen Strukturbeschreibung des Seins zum Tode kommen. Soll die Frage nach Ganzheit und Ende des Daseins in einer Weise gestellt werden, die dem Sein des Daseins angemessen ist, muss sie ausgehend von der Sorgestruktur gestellt werden, das heißt als Frage nach dem Ganzsein*können* und dem *Sein zum Ende. „Das Sterben gründet hinsichtlich seiner ontologischen Möglichkeit in der Sorge."* (SZ 252) In einer Formulierung, die paradoxal anmutet, aber die existenzialen Zusammenhänge zum Ausdruck bringt, lässt sich also festhalten: *Dasein stirbt nur, weil es existiert; seine Existenz erweist sich aber bei genauerer Betrachtung als Sterben.* Wie wir in § 48 gesehen hatten, muss eine daseinsgemäße Betrachtung des Endes den Blick wenden vom Ende des Seins zum Sein zum Ende; „etwas, *wozu* das Dasein *sich verhält."* (SZ 250) In § 47 wurde zuvor bereits gezeigt, dass Dasein in seiner jemeinigen Existenz unvertretbar ist: Es geht dem Dasein je um sein eigenstes Seinkönnen. Mit dem Begriff **‚eigenst'**, der in weiterer Folge regelmäßig vorkommen wird, markiert Heidegger die *Unvertretbarkeit des jemeinigen Existenzvollzugs.*

In § 50 ergänzt Heidegger nunmehr, dass diese Hinwendung auf das je eigenste Seinkönnen das Dasein aus seinen Bezügen zu anderen herausreißt, und damit insbesondere aus dem Verfallen an das Man-selbst – in diesem spezifischen Sinn ist das eigenste Seinkönnen *unbezüglich.* Ferner kann ergänzt werden, dass das Ende des Daseins ein Nicht-mehr-Dasein bzw. Nicht-mehr-in-der-Welt-sein ist; dieses zeigt sich aus der Perspektive des Seins zum Ende als die Möglichkeit der Daseinsunmöglichkeit. Im Ableben hört Dasein auf, Dasein zu sein. Diese Möglichkeit der Daseinsunmöglichkeit ist *unüberholbar,* weil es nach ihr keine daseinsmäßige Möglichkeit mehr gibt. Diese Charakteristika machen zusammen das existenziale Verständnis von **Sterben** aus. Entsprechend fasst Heidegger den „existenzialen Begriff des Sterbens als geworfenes Sein zum eigensten, unbezüglichen und unüberholbaren Seinkönnen." (SZ 251).

In der Beschreibung der Angst hatten wir gesehen, dass sich das Dasein in der Angst *vor* seiner Geworfenheit und *um* sein Seinkönnen ängstigt. Dies lässt sich jetzt genauer fassen: In der *Angst* geht es um das eigenste, unbezügliche und unüberholbare Seinkönnen. Die Grundstimmung der **Angst** erschließt das Dasein als geworfenes Sein zum Ende. Die alltäglichen Stimmungen sind hingegen – wie bereits in § 29 zur Befindlichkeit zu lesen ist – als Flucht vor der Geworfenheit und entsprechend auch als Flucht vor dem Sein zum Tode zu charakterisieren.

Das Sein zum Tode konfrontiert das Dasein mit der Unvertretbarkeit der jemeinigen Existenz. Das Wer der Alltäglichkeit ist hingegen das Man-selbst, das durch Austauschbarkeit charakterisiert wurde. Der dem zugrunde liegende *alltägliche Umgang mit dem Tod* wird in § 51 behandelt. Für das alltägliche Selbst ist der Tod etwas, das die anderen betrifft, aber nicht es selbst. Es betrachtet ihn als Todesfall und spricht davon, dass man stirbt. Angesichts der existentialen Struktur des Sterbens erweist sich dies allerdings als Ausweichen oder Flucht vor der Geworfenheit in das eigenste Seinkönnen. Der alltägliche Umgang mit dem Tod entfremdet das Dasein also von seinem eigensten Sein. Es lässt die Angst nicht aufkommen, die Dasein mit seinem eigensten Sein konfrontieren würde: „Das Man besorgt dergestalt eine *ständige Beruhigung über den Tod.*" (SZ 253) Allerdings lässt sich vor dem Hintergrund der existentialen Struktur des Sterbens festhalten, dass auch dem Man-selbst ein Sein zum Tode eigen ist, wenn auch im Modus der Uneigentlichkeit, des Selbstmissverständnisses.

Nach dieser Charakterisierung des alltäglichen Seins zum Tode gewinnt Heidegger in § 52 zwei weitere Charakteristika des Seins zum Tode aus einer weiterführenden Untersuchung des alltäglichen Umgangs mit dem Tod. Erstens kennt auch die Alltäglichkeit die Gewissheit des Todes. Allerdings stellt diese Gewissheit für das alltägliche Verständnis eine Erfahrungstatsache dar, die ich vom Tod anderer lerne: Weil andere sterben, ist davon auszugehen, dass auch ich sterben werde. Dann wäre der Tod allerdings nur empirisch gewiss bzw. wäre er es nur aufgrund einer empirischen Tatsachenwahrheit. Eine solche empirische Tatsache wäre aber falsifizierbar, es könnte auch anders sein. Heidegger merkt dazu an, dass der Tod anderer zwar in einer individuellen Biografie der Weg sein mag, der es dazu führt, sich mit der Sterblichkeit auseinanderzusetzen. Doch die **Gewissheit** des Todes hat einen existenzial-ontologischen Status: Der Tod ist eine gewisse Möglichkeit, deren Gewissheit Teil unserer Faktizität ist. Die Gewissheit des Todes geht dabei einher mit seiner **Unbestimmtheit;** der Tod ist jederzeit möglich, sein Zeitpunkt unbestimmt. Der Tod ist also eine gewisse, aber unbestimmte Möglichkeit des Daseins.

Zusammengenommen mit den bereits genannten Charakteristika des Sterbens bringt Heidegger das **existenzial-ontologische Verständnis des Todes** auf folgende Formel: „*Der Tod als Ende des Daseins ist die eigenste, unbezügliche, gewisse und als solche unbestimmte, unüberholbare Möglichkeit des*

Daseins. " (SZ 258–259) Es hilft für das Verständnis, diese existenzialen Struktur-beschreibung des Todes mit jener des Sterbens „als geworfenes Sein zum eigensten, unbezüglichen und unüberholbaren Seinkönnen" (SZ 251) zu ver-gleichen. Aus diesem Vergleich wird deutlich: Der Tod, das heißt das Ende seines Seins, ist dem Dasein gewiss, aber hinsichtlich des Zeitpunkts seines Eintretens unbestimmt. Daher erweist sich seine gesamte Existenz als Sterben, das heißt als geworfenes Sein zum Ende. Wir treten damit auf eine neue Stufe der Daseins-analytik. Auf dieser neuen Stufe der Analyse erweist sich das **Seinkönnen** des Daseins als eigenst, unbezüglich und unüberholbar. Das Dasein ist in seinem Seinkönnen unvertretbar *(eigenst),* es kann seine Existenz daher nur um den Preis des Selbstmissverständnisses als Man-selbst vollziehen *(unbezüglich)* und es kann sich nie darin erfahren, kein Seinkönnen mehr zu sein *(unüberholbar).* Anhand der Untersuchung des Seins zum Tode haben wir also einen wichtigen Schritt in Richtung eines eigentlichen Verständnisses des Seins des Daseins unternommen.

Für den Gesamtzusammenhang der Daseinsanalytik ist folgender Punkt ent-scheidend: Die Frage nach der Ganzheit des Daseins, das heißt nach der mög-lichen Vollständigkeit der Strukturganzheit des Daseins, hat nichts mit dem Ableben des Daseins zu tun. Dasein ist das Noch-nicht und mögliche Nicht-mehr seiner selbst in jedem Moment seines Existierens. Worauf wir anhand der Ana-lyse des Seins zum Tode gestoßen sind, sagt uns also kaum etwas darüber, was es mit dem Tod, wie er herkömmlich verstanden wird, auf sich hat. Es verweist uns vielmehr auf die Frage, wie die Existenz des Daseins beschaffen sein muss, soll ein jemeiniger Existenzvollzug als geworfener Entwurf verständlich werden. Wir stießen dabei auf das Verständnis des faktischen Seinkönnens als eigenst, unbezüglich und unüberholbar. Das ist der existenzial-ontologische Kerngedanke, den Heidegger etwas missverständlich zum Ausdruck bringt, wenn er **Existenz** mit **Sterben** gleichsetzt: Solange Dasein existiert, ist es Sichvorweg, das heißt die Möglichkeit der Neu- und Anders-Bestimmung; es ist dabei aber auch jederzeit mit der Möglichkeit, irgendwann nicht mehr zu sein, konfrontiert, gleichwohl es diese Möglichkeit nie erfahren kann. Vor diesem Hintergrund hat Dasein je selbst seine Existenz zu vollziehen – in seinem Existenzvollzug ist es unvertretbar. Das Seinkönnen des Daseins ist dabei zugleich unüberholbar. Sobald Dasein ist, ist es geworfenes Seinkönnen. Es gibt kein Dasein, das nicht geworfenes Seinkönnen ist. Kontrafaktisch formuliert: Nur weil wir geworfenes Seinkönnen sind, können wir sterben. Aus demselben Grund erweist sich aber unser geworfenes Seinkönnen immer schon als Sterben. Wiederum kontrafaktisch formuliert: Es gibt kein geworfenes Seinkönnen, das nicht mit der Möglichkeit konfrontiert ist, dass es genauso gut auch nicht mehr sein könnte. Soweit die existential-ontologische Strukturbeschreibung des Daseins, die uns dieses 1. Kapitel des 2. Abschnitts bietet. Worauf diese Beschreibung abzielt, ist die konstitutive **Endlichkeit** der Existenz.

Allerdings kann bereits an dieser Stelle bemerkt werden, dass die existenzial-ontologische Beschreibung der Endlichkeit nicht – wie man erwarten würde – im Rahmen der Behandlung des Seins zum Tode entfaltet wird, sondern erst im folgenden Kapitel anhand des ursprünglichen Schuldigseins. Dies verdeutlich, dass es bei der existenzial-ontologischen Frage nach dem Sein zum Tode nicht um die Sterblichkeit von Individuen geht. Vielmehr geht es darum, dass uns die vorläufige Bestimmung der Existenz als geworfenes Seinskönnen, wie wir sie im 1. Abschnitt kennengelernt hatten, bei genauerer Betrachtung dahin führen wird, dass die Existenz notwendig durch Endlichkeit bestimmt ist. Warum dies der Fall ist, zeigt uns Heidegger allerdings erst im folgenden Kapitel und insbesondere in § 58.

Zunächst geht es Heidegger zum Abschluss seiner Behandlung des Seins zum Tode in § 53 noch um die Frage nach der existenziellen Möglichkeit eines eigentlichen Seins zum Tode. Diese Beschreibung dient als Vorbereitung auf die Ausführungen zur **Eigentlichkeit** des Daseins in den folgenden beiden Kapiteln. Um diese Ausführungen zu verstehen, ist es wichtig, sich noch einmal den streng methodischen Sinn von Eigentlichkeit in Erinnerung zu rufen: Eigentlich zu existieren bedeutet einen Existenzvollzug, in dem die Strukturen der Existenz durchsichtig bzw. transparent sind. Es wäre eine Existenz ohne Selbstmissverständnis oder Entfremdung. Ein eigentlicher Existenzvollzug wäre ein solcher, der einer eigentlichen Beschreibung der Existenz entspricht. Ein eigentliches Sein zum Tode wäre entsprechend ein solches, dass der existenzialen Struktur des Sterbens und des Todes nicht ausweicht, sondern sie in Transparenz vollzieht. Wie könnte ein solches eigentliches Sein zum Tode aussehen?

Hinter dieser Frage verbirgt sich die zweite Hälfte des Clous dieses Kapitels, den es zu verstehen gilt, um dieses Kapitel und die Daseinsanalytik insgesamt zu verstehen. In § 31 hatten wir gelesen, dass Verstehen auf einen existenzialen Möglichkeitsbegriff verweist, der grundsätzlich anders beschaffen ist als Möglichkeit im Sinne einer modalen Kategorie. Am jetzigen Stand der Analyse können wir genauer erfassen, was es bedeutet, in einem existenzialen Sinne *möglich* zu sein. Anhand des Seins zum Tode klärt Heidegger also die genaue Beschaffenheit des existenzialen Verständnisses von Möglichkeit. Was es im existenzialen Sinn bedeutet, *möglich* zu sein, gilt aber für das Seinkönnen insgesamt, also für jede Möglichkeit des Daseins, sofern das Dasein primär Möglichsein bzw. Seinkönnen ist, nicht nur für das Verhalten des Daseins zum eigenen Tod. Wir erfahren hier also, wie es genauer zu verstehen ist, dass Dasein primär **Seinkönnen** ist.

Heidegger beginnt dabei zunächst wiederum mit einer Klärung, wie existenziale **Möglichkeit** nicht verstanden werden kann (SZ 261). Erstens ist es nicht am Leitfaden der *Verwirklichung* zu verstehen. Die Unangemessenheit dieses Leitfadens wird am Beispiel des Seins zum Tode besonders deutlich: Die Verwirklichung des Todes wäre das Ende des Möglichseins – man kann auch sagen: die *Un-möglichkeit* (analog zur *Un-zuhandenheit* oder zum *Un-lebendigen*) – also die Negation der existenzialen Möglichkeit. Was ein solches Ende existenzialen Möglichseins bedeutet, lässt sich aber – sofern es sich überhaupt ansatzweise verstehen lässt – nur im Ausgang von der existenzialen Möglichkeit verstehen. Im Bereich des zu- oder vorhandenen verweisen Möglichkeiten auf ihre mögliche Verwirklichung – hier ist der modale Möglichkeitsbegriff angemessen – nicht jedoch mit Hinblick auf das Sein des Daseins. Das Möglichsein des Daseins heißt zweitens auch nicht *Nachdenken* über Möglichkeiten. Wir hatten bereits in § 31 gelesen, dass wir ein Zeug nicht dann verstehen, wenn wir darüber nachdenken, sondern dann, wenn wir es umsichtig verwenden. Diesen Gedanken führt Heidegger nunmehr weiter aus: Verstehen heißt „sich verstehen in dem Seinkönnen, das sich im Entwurf enthüllt." (SZ 263) Möglichkeiten als Möglichkeiten zu verstehen, meine also kein Nachdenken über Möglichkeiten, sondern ein Ergreifen von Möglichkeiten, indem wir uns auf diese hin entwerfen. Drittens könne das Möglichsein des Daseins auch nicht im Sinn einer *Erwartung* verstanden werden, weil dies wiederum ein Verständnis evoziere, in welchem auf Verwirklichung als Ende der Möglichkeit abziele werde.

In Abgrenzung von diesen unangemessenen Verständnissen von Möglichkeit hält Heidegger terminologisch fest, dass er das Verstehen von Möglichkeiten *als* Möglichkeiten als **Vorlaufen** in die Möglichkeit bezeichnet. Wie im Kommentar zu den §§35 bis 38 bereits angekündigt wurde, ist Vorlaufen Heideggers Bezeichnung für das *eigentliche Verstehen*. Das Vorlaufen in eine Möglichkeit zielt nicht auf ihre Verwirklichung im Sinne eines Endes dieser Möglichkeit ab, es denkt auch nicht über die Möglichkeit nach, sondern es ermöglicht diese Möglichkeit, es gibt sie als Möglichkeit frei, es lässt sie als Möglichkeit sein – wobei noch genauer zu klären sein wird, wie es das genau tut.

Entsprechend dieser Bestimmung des Vorlaufens kann das eigentliche **Sein zum Tode** als *Vorlaufen zum Tod* bezeichnet werden. Hier zeigt sich, dass das Vorlaufen zum Tod nichts mit dem Ableben zu tun hat, sondern vielmehr darin besteht, dass Dasein etwas darüber erfährt, was es bedeutet, zu existieren: „Das Sein zum Tode ist Vorlaufen in ein Seinkönnen *des* Seienden, dessen Seinsart das Vorlaufen selbst ist." (SZ 262) Eigentliches Sein zum Tode lehrt das Dasein, was es heißt, als Seinkönnen zu existieren. In Eigentlichkeit zu existieren bedeutet – am nunmehrigen Stand der Daseinsanalytik – im Vorlaufen in Möglichkeiten zu existieren; und das bedeutet wiederum nichts anderes als einen Vollzug des eigensten Seinkönnens in Durchsichtigkeit der existenzialen Beschaffenheit des Seinkönnens, das heißt im Lichte eines eigentlichen Verständnisses des Seins des Daseins. „Das Vorlaufen erweist sich als Möglichkeit des Verstehens des *eigensten* äußersten Seinkönnens, das heißt als Möglichkeit *eigentlicher Existenz.*" (SZ 263) Im 1. Abschnitt hatten wir erfahren, dass die existenzial-ontologische Bedingung der Möglichkeit dafür, dass sich Dasein auf Möglichkeiten entwerfen kann, darin besteht, dass Dasein Seinkönnen ist. Dieser Gedanke ist am nunmehrigen Kenntnisstand folgendermaßen reformulierbar: „Die Erschlossenheit der Möglichkeit gründet in der vorlaufenden Ermöglichung." (SZ 264) Weil Dasein Vorlaufen in Möglichkeiten ist, sind ihm Möglichkeiten erschlossen.

Vor diesem Hintergrund erhält nun auch die Frage nach dem Ganzseinkönnen, welche die Untersuchung dieses Kapitels in Gang gesetzt hatte, ihre abschließende Bestimmung. Wir hatten bereits gesagt, dass es darin genau betrachtet um das Ganzsein*können* geht. Doch auch dieses Ganzsein*können* muss jetzt noch einmal anders gehört werden als zuvor, nämlich als: *ganz Seinkönnen*. Heidegger vollzieht hier eine besonders raffinierte, aber entsprechend auch besonders schwierig nachvollziehbare hermeneutische Spirale: von der aus dem alltäglichen Vorverständnis gewonnenen Frage nach dem *Ganzsein*können, über das daseinsgemäßere Ganzsein*können* zur existenzial-ontologisch angemessenen Frage nach dem *Seinkönnen im Ganzen*. Dem eigentlichen Seinkönnen, das als Vorlaufen bezeichnet wird, geht es darum, *ganz Seinkönnen* zu sein: „Weil das Vorlaufen in die unüberholbare Möglichkeit alle ihre vorgelagerten Möglichkeiten mit erschließt, liegt in ihm die Möglichkeit eines existenziellen Vorwegnehmens des *ganzen* Daseins, das heißt die Möglichkeit, als *ganzes Seinkönnen* zu existieren." (SZ 264) Einfacher formuliert: Dasein ist in unvertretbarer und unüberholbarer Weise Seinkönnen. Ein eigentlicher Existenzvollzug meint ein Existieren in Transparenz dieses Sachverhalts. Eigentliches Verstehen, d. h. Vorlaufen, bedeutet entsprechend, dass sich Dasein den Sachverhalt, dass es unvertretbares und unüberholbares Seinkönnen ist, unmissverständlich deutlich macht. Ein eigentlicher Existenzvollzug kann daher der Aufgabe, sein eigenes Seinkönnen je selbst zu vollziehen, nicht länger ausweichen – Uneigentlichkeit erweist sich für es als keine Option.

Damit wird auch die *Unbestimmtheit des Todes* genauer fassbar, wofür in Erinnerung gerufen werden muss, dass „[a]lles Verstehen [...] befindliches [ist]. Die Stimmung bringt das Dasein vor die Geworfenheit seines ‚daß-es-da-ist'." (SZ 265) In der Befindlichkeit erschließt sich dem Dasein, dass es als geworfenes ständig bedroht ist. Die Geworfenheit impliziert die gewisse, aber unbestimmte Möglichkeit des nicht-mehr-Seinkönnens. Entsprechend hatten wir gesehen, dass es dem Dasein in der Angst *vor* der Geworfenheit *um* sein eigenstes Seinkönnen geht. „In ihr [der Angst; Anm. G. T.] befindet sich das Dasein *vor* dem Nichts der möglichen Unmöglichkeit seiner Existenz. Die Angst ängstet sich *um* das Seinkönnen des so bestimmten Seienden und erschließt so die äußerste Möglichkeit." (SZ 266) In der Angst wird das Dasein also neben der Unbedeutsamkeit der Welt auch damit konfrontiert, dass es genauso gut nicht sein könnte.

Als Überleitung zum folgenden 2. Kapitel kann kurz darauf eingegangen werden, dass Heidegger über die Behandlung des Seins zum Tode abschließend schreibt, dass das von ihm skizzierte eigentliche Sein zum Tode eine „phantastische Zumutung" (SZ 266) sei. Damit wirft Heidegger selbst die Frage auf, ob ein eigentlicher Existenzvollzug, wie er in *Sein und Zeit* beschrieben wird, überhaupt faktisch möglich sei. Kann es Dasein tatsächlich gelingen, in völliger Durchsichtigkeit der eigenen existenzial-ontologischen Beschaffenheit zu existieren, oder ist ein solcher Existenzvollzug vielleicht nur ein Gedankenexperiment im Rahmen der Daseinsanalytik? In diesem 1. Kapitel des 2. Abschnitts ging es zunächst nur darum, verständlich zu machen, was es existenzial-ontologisch bedeutet, als Möglichsein bzw. Seinkönnen zu existieren. Es ging hier also um eine eigentliche Beschreibung des Seinkönnens, das in der existenzial-ontologischen Struktur des Sterbens und dem eigentlichen Verstehen als Vorlaufen erreicht wurde. Die Frage, ob ein solches eigentliches Existieren auch als ontisch-existenzieller Daseinsvollzug möglich ist, ist Thema des folgenden Kapitels.

9.3   Weiterführende Gedanken

In der Einführung wurde ein Agnostizismus hinsichtlich der Frage nach der Extension des Begriffs ‚**Dasein**' vorgeschlagen – also der Frage, wer oder was alles unter den Begriff ‚Dasein' fällt. Im Kontext einer Interpretation der Eigentlichkeit des Daseins macht es aber einen großen Unterschied, welches Vorverständnis bei uns evoziert wird, wenn wir uns ein Dasein vorstellen. Denn wenn wir Dasein als Individuum verstehen, dann ist es naheliegend, den Tod des Daseins mit dem Verenden des entsprechenden Organismus zu identifizieren (für eine explizite Verteidigung dieser üblichen Interpretation: Carman 2003). Folgen wir hingegen dem alternativen Vorschlag John Haugelands (2013), dass mit dem Begriff ‚Dasein' so etwas wie eine Existenzweise bezeichnet werde – das heißt eine Gemeinschaft, die in einem spezifischen Seinsverständnis existiere –, dann muss sich auch der Tod des Daseins auf das Ende solcher Existenzweisen beziehen und nicht auf das Verenden eines Organismus. In Haugelands Verständnis tritt der Tod einer Existenzweise dann ein, wenn es niemanden mehr gibt, der das entsprechende Seinsverständnis vollzieht. Das kann der Fall sein, weil das letzte Individuum, das eine Existenzweise verkörpert, verendet. Der Tod einer Lebensform kann aber auch eintreten, wenn das zugrunde liegende Seinsverständnis aufgegeben wird, obwohl die Organismen, die es zuvor verkörpert hatten, weiterleben. Der existenzial-ontologisch verstandene Tod bedeutet daher in Haugelands Interpretation, dass ein ganzes Seinsverständnis in die Unbedeutsamkeit gestürzt werde, weil es niemanden mehr gebe, der in diesem Seinsverständnis existiere. Eine solche Interpretation hat die Stärke, dass sie die ontologische Tragweite der (vermeintlich existenzialistischen) Ausführungen der ersten beiden Kapitel des 2. Abschnitts unmittelbar verdeutlicht.

Es stellt sich allerdings die grundsätzliche Frage, ob es diese Ausführungen zum Sein zum Tode überhaupt braucht und ob sie nicht eher verwirrend als hilfreich sind. Wenn die in diesem Kommentar vorgelegte Interpretation zutrifft, dann gelten die existenzial-ontologischen Sachverhalte, die Heidegger in diesem Kapitel herausstellt, für jeden Existenzvollzug und nicht nur für den Bezug zum Tod als Ende des Daseins. Die Beschäftigung mit dem Tod wäre dann also nur ein Vehikel, um die Daseinsanalytik über den Verstehenshorizont des 1. Abschnitts hinauszuführen. Die Pointe der Wendung, Existieren nunmehr als Sterben zu bezeichnen, besteht gerade darin, dass wir ein neues Verständnis davon erhalten, was es bedeutet, jemeinig zu existieren. Doch ist diese Bezeichnung des Existierens als Sterben eine Formulierung, die den Leser:innen wirklich dabei hilft, das Phänomen, um das es geht, in den Blick zu bekommen? Besteht nicht eher die Gefahr, dass Leser:innen die Existenz dadurch als eine düstere Angelegenheit verstehen, statt den existenzial-ontologischen Sachverhalt, auf den Heidegger hier hinweisen möchte, in den Blick zu bekommen? Dieses Problem entsteht vor allem deswegen, weil Heidegger in diesem 1. Kapitel des 2. Abschnitts nicht erläutert, was mit der Endlichkeit des Daseins gemeint ist. Die meisten Leser:innen begegnen dem Text wahrscheinlich mit der Erwartung, dass ein Kapitel, welches das Wort ‚Tod' im Titel trägt, eine solche Klärung der End-lichkeit liefern werde. Doch diese Klärung folgt erst im darauffolgenden Kapitel. Es wird daher auch erst im darauffolgenden Kapitel verständlich, inwiefern die Existenz nicht nur kontingenterweise, sondern notwendig endlich ist.

Auch die Umwege, die Heidegger in § 47 zum Tod anderer und in § 48 zu Ausstand, Ende und Ganzheit nimmt, bergen die Gefahr, Leser:innen eher auf Abwege zu führen, als ihnen die relevanten Phänomene anzuzeigen. Denn sie orientieren den Blick gerade nicht auf das eigenste Seinkönnen, das in diesem Kapitel genauer verstanden werden soll, sondern lenken von diesem ab, indem sie uns mit komplizierten Fragen zu anderen Phänomenen beschäftigen. Bereits der Ausgangspunkt dieses Kapitels in den Überlegungen zum Ganzseinkönnen des Daseins ist merkwürdig konzipiert. Das liegt nicht nur an der etwas umständ-lichen Terminologie, die Heidegger hier verwendet, sondern auch am dabei evozierten Vorverständnis. Wenn wir uns das Dasein als ein Vorhandenes oder Zuhandenes vorstellen, dann stellt sich uns das Problem, dass wir nach einer möglichst vollständigen kategorialen Beschreibung des Daseins streben müssten. Doch der Unterschied zwischen der Existenz und den Seinsweisen der Vorhanden-heit und Zuhandenheit sowie die Gefahr des Verfallens, uns als Vorhandenes oder Zuhandenes misszuverstehen, wurden im 1. Abschnitt bereits überzeugend expliziert. Heidegger hatte dabei verdeutlicht, dass Dasein sich gerade darin von Vorhandenem und Zuhandenem unterscheidet, dass es primär Seinkönnen ist, das heißt reiner Vollzug, der in der ständigen Möglichkeit der Neu- und Anders-bestimmung besteht. Das Problem, mit dem uns Heidegger in § 45 zur Ein-leitung in den 2. Abschnitt konfrontiert, fällt also hinter das Vorverständnis zurück, dass wir am Ende des 1. Abschnitts erreicht hatten. Die Frage, um die es in diesem 1. Kapitel des 2. Abschnitt geht, besteht einfach darin, was es genauer bedeutet, dass Dasein primär Seinkönnen ist. Dies wird weiter expliziert durch die Bestimmung des Seinkönnens als eigenst, unbezüglich und unüberholbar.

Der Ruf des Gewissens und das ursprüngliche Schuldigsein (§§ 54–60)

Um die Thematik des 2. Kapitels des 2. Abschnitts verständlich zu machen, muss jener Sachverhalt betont werden, den Heidegger zu Beginn des § 54 zusammenfassend festhält. Ein Kerngedanke der Daseinsanalytik besteht darin, dass bei der Bestimmung des Daseins nicht nach einem *Was* gefragt werden kann, sondern nach einem *Wer* bzw. noch angemessener nach einem *Wie* gefragt werden muss. Dasein lässt sich nicht substanziell bestimmen, vielmehr muss nach seiner Vollzugsweise gefragt werden. Daher muss auch die Frage nach dem **Selbst** anders gestellt werden, als wir das üblicherweise kennen, wenn wir – im Rahmen eines uneigentlichen Seinsverständnisses – nach unserem eigenen Sein anhand des Leitfadens der Vorhandenheit fragen. Eine angemessene Herangehensweise an das Dasein, die sich an den Besonderheiten des Seins des Daseins orientiert, führt hingegen zu einer Bestimmung der „Selbstheit des Daseins […] als eine *Weise zu existieren.*" (SZ 267) Es ist zentral, sich vor Augen zu führen, dass Heidegger mit Selbstheit eine Existenzweise, das heißt einen Vollzugsmodus der Existenz meint. Wenn Heidegger vom ‚Selbst' spricht, dann meint er damit also keine Entität, deren Eigenschaften beschrieben werden könnte, sondern den Modus (auf dem Spektrum von Eigentlichkeit und Uneigentlichkeit), in dem Dasein seine Existenz vollzieht. Daraus wird klar, dass auch das nunmehr gesuchte eigentliche Selbstsein eine Weise des Existenzvollzugs meint.

Implizit stand dieser Sachverhalt schon bei der Behandlung des alltäglichen Mit- und Selbstseins im 1. Abschnitt im Fokus. Heidegger charakterisierte die übliche Vollzugsweise der Alltäglichkeit als Man-selbst. Diese Existenzweise ist unter anderem durch Anonymität und Vertretbarkeit gekennzeichnet. Mit den Ausführungen zum Verfallen erhielt diese uneigentliche Weise des Existenzvollzugs eine genauere Bestimmung. Im 2. Abschnitt ist nunmehr die eigentliche Weise des Existenzvollzugs Thema. Die formal anzeigende Bestimmung des eigentlichen Existenzmodus ist uns dabei bereits bekannt: Im Modus der **Eigentlichkeit** existiert Dasein dann, wenn es seine Existenz in Durchsichtigkeit der

© Der/die Autor(en), exklusiv lizenziert durch Springer-Verlag GmbH, DE, ein Teil von Springer Nature 2022
G. Thonhauser, *Heideggers „Sein und Zeit"*,
https://doi.org/10.1007/978-3-662-64689-2_10

existenzialen Beschaffenheit der Existenz vollzieht. Es geht also nicht darum, dass jemand sein ‚authentisches Ich' findet, jenen Kern seiner Identität, der ihn als diese spezifische Person ausmacht. Entgegen manchen gängigen Interpretationen ist ‚personale Identität' nicht Heideggers Thema. Es geht bei der Frage nach dem eigentlichen Selbst vielmehr um einen Existenzvollzug in Durchsichtigkeit der eigenen existenzial-ontologischen Beschaffenheit als Dasein. Bereits am Ende des § 27 erklärte Heidegger auch: „Das *eigentliche Selbstsein* beruht nicht auf einem vom Man abgelösten Ausnahmezustand des Subjekts, sondern *ist eine existenzielle Modifikation des Man als eines wesenhaften Existenzials.*" (SZ 130) Heidegger betont also in aller Deutlichkeit, dass eine eigentliche Weise des Existenzvollzugs keine Loslösung vom Man bedeuten könne. Ein eigentlicher Existenzvollzug bestehe also nicht darin, sich aus der Zivilisation zurückzuziehen und auf einer einsamen Berghütte oder als Hippie in einer Kommune zu leben. Die notwendige Rückgebundenheit des Daseins an das Man besteht darin, dass es nur diese eine Welt gibt, deren Bedeutsamkeit durch das Man bestimmt wird, und daher auch für einen eigentlichen Existenzvollzug nicht die Option besteht, sich in eine andere Welt zu flüchten. Allerdings löst sich ein eigentlicher Existenzvollzug vom Glauben, dass die Welt notwendigerweise so sein muss, wie sie gerade ist, und öffnet sich damit der Möglichkeit, dass die Welt auch anders beschaffen sein kann und eventuell sogar verändert werden muss. Das vorherige Kapitel zum Sein zum Tode hatte eine erste existenzial-ontologische Interpretation eines solchen eigentlichen Existenzvollzugs geliefert. Dieser Leitfaden wird im 2. Kapitel weiterverfolgt und zudem mit der Frage verknüpft, wie ein solcher eigentlicher Existenzvollzug ontisch-existenziell – das heißt im je konkreten Existenzvollzug – möglich ist.

Heidegger geht dabei in zwei großen Schritten vor. In den §§ 54 bis 57 behandelt er den Ruf des Gewissens, der die Funktion hat, das Dasein zum eigentlichen Selbstsein aufzurufen. Ab § 58 interpretiert er dann das eigentliche Selbstsein als ursprüngliches Schuldigsein, was Heideggers eigenwillige Bezeichnung für die notwendige Übernahme der Verantwortung für die eigenste, endliche Existenz ist.

10.1   Der Ruf des Gewissen

Heidegger beginnt § 54 mit einer Klärung des Zusammenhangs vom eigentlichen Selbst, Man-selbst und Man in der vielleicht etwas unglücklichen Terminologie der Wahl, die an Kierkegaard und insbesondere dessen Schrift *Entweder – Oder* erinnert (Kierkegaard 1911; 1913). Vermutlich übernimmt Heidegger diesen Gedanken allerdings nicht direkt von Kierkegaard, sondern von Karl Jaspers *Psychologie der Weltanschauung* (1919), die großen Einfluss auf die Entwicklung von Heideggers Denken hatte. Das eigentliche Selbst – also der eigentliche Modus des Existenzvollzugs – ergreift die Wahl von Möglichkeiten, die ihm, wenn das Dasein seine Existenz im Modus des Man-selbst vollzieht, abgenommen wurde.

Diese Wahl durch das eigentliche Selbst ist dabei ein „Nachholen der Wahl" (SZ 268), denn eine Existenz im Modus des Man-selbst wählt nicht, sondern lässt für sich wählen. Wenn das eigentliche Selbst die Wahl *nachholt,* dann muss es sich damit aber auch eingestehen, dass es immer schon es selbst war, das gewählt hatte, wenn auch im Modus der Uneigentlichkeit, sodass die Wahl nicht als Wahl durchsichtig wurde. Das „Nachholen der Wahl" ist daher zugleich ein „Wählen der Wahl" (SZ 268); das eigentliche Selbst akzeptiert in dieser Wahl, dass es je selbst zu wählen hat, sich die Wahl nicht abnehmen lassen kann und daher eigentlich auch bislang bereits gewählt hatte, auch wenn ihm dies nicht transparent war, sondern es gerade vor diesem Sachverhalt auswich. Das sagt auf eine andere Weise, dass ein eigentlicher Existenzvollzug die Übernahme der Geworfenheit in das eigenste Seinkönnen verlangt – in einem eigentlichen Existenzvollzug versteht sich Dasein konsequent als je selbst zu vollziehendes Seinkönnen.

Dieser Zusammenhang ist uns bereits aus dem vorherigen Kapitel bekannt. In der Analyse des Seins zum Tode hatte Heidegger gezeigt, wie ein eigentlicher Existenzvollzug existenzial-ontologisch beschaffen ist. Heidegger wies allerdings abschließend selbst darauf hin, dass damit nur gezeigt worden sei, dass ein solcher Existenzvollzug prinzipiell möglich ist – dass die existenziale Beschaffenheit des Daseins auch einen eigentlichen Existenzmodus zulasse. Unbeantwortet blieb jedoch die Frage, wie Dasein diese Möglichkeit ontisch-existenziell ergreifen kann. Wie kann es Dasein gelingen, seine Existenz eigentlich zu vollziehen? Soll ein eigentlicher Existenzvollzug ontisch-existenziell möglich sein, dann muss sich die Möglichkeit eines solchen eigentlichen Existenzvollzugs dem Dasein in seinem faktischen Existenzvollzug als eine Möglichkeit zeigen. Heidegger spricht in diesem Zusammenhang von *Bezeugung:* Wie bezeugt sich die Möglichkeit eigentlichen Existierens für das Dasein?

Heideggers Antwort lautet, dass diese Bezeugung in dem geschieht, was in „der alltäglichen Selbstauslegung des Daseins bekannt ist als *Stimme des Gewissens*" (SZ 268). Die Einführung des Begriffs ‚Gewissen' erfolgt abrupt. Heidegger leitet diesen Begriff weder anhand von Phänomenbeschreibungen noch einer Untersuchung der Alltagsverwendung oder der Etymologie des Wortes ein, wie er es bislang in *Sein und Zeit* zumeist getan hatte. Wollen wir Heideggers Gedankengang folgen, bleibt uns also nichts anderes übrig, als diese Setzung Heideggers zunächst einmal zu akzeptieren und erst nachträglich anhand unserer Interpretation zu beurteilen, ob uns die Einführung dieses Begriffs plausibel geworden ist oder nicht. Beim Begriff ‚Gewissen' ist es dabei wie so häufig bei der Interpretation von *Sein und Zeit* wichtig, unangemessene Vorverständnisse – in diesem Fall insbesondere ein psychologisches, biologisches oder theologisches Gewissensverständnis – abzuwehren. Denn Heideggers existenziales Verständnis von **Gewissen** wird das Gegenteil dessen bedeuten, was wir alltäglich unter dem Begriff verstehen. Im alltäglich verstandenen ‚schlechten Gewissen' ist es gerade die von der Mehrheit geteilte Sittlichkeit, die einem ein solches einredet. Das schlechte Gewissen weist auf eine Normverletzung hin, die im Vergleich zur verbreiteten Sittlichkeit begangen wurde. Im existenzialen Verständnis des Gewissens, das Heidegger entwickelt, ist es hingehen so, dass das Dasein im Ruf des Gewissens sich selbst zu seinem eigensten Seinkönnen ruft. Der Ruf des Gewissens ist dabei Anruf und Aufruf des Daseins. Wie bei der Angst muss der Genitiv hier als *Genitivus obiectivus* und *Genitivus subiectivus* gelesen werden: Es ist das Dasein, das ruft und gerufen wird. Analog zur Angst lässt sich dies als erste Annäherung genauer fassen, indem differenziert wird, dass im Gewissen das eigentliche Selbst das Man-selbst zum eigentlichen Selbstsein aufruft. Das Gewissen hat also (wiederum analog zur Angst) eine Erschließungsfunktion: Es erschließt dem Dasein die Möglichkeit eigentlichen Selbstseins.

Ein Ergreifen der Möglichkeit eines eigentlichen Existenzvollzugs ist nur dann durchführbar, wenn dem Ruf des Gewissens ein *Hören* entspricht. Der Ruf des Gewissens muss vom Dasein gehört und ernst genommen werden. Heidegger nennt dieses Hören auch „Gewissenhabenwollen" (SZ 270). **Gewissen-haben-wollen** entspricht dem „Nachholen der Wahl" als „Wählen der Wahl" (SZ 268). In unterschiedlichen Nuancen bezeichnen diese Phrasen dasselbe Phänomen, das auch als „Entschlossenheit" (SZ 270) bezeichnet wird. Der Begriff **,Entschlossenheit',** der ebenfalls nicht alltagssprachlich missverstanden werden darf, wurde absichtlich als Modifikation von Erschlossenheit gebildet, um zu verdeutlichen, dass es sich dabei um deren eigentlichen Vollzugsmodus handelt. Wie bei der Ent-fernung als Charakteristikum der Räumlichkeit des Daseins ist auch hier die Vorsilbe eigens zu lesen, um die Ent-schlossenheit als Vollzugsmodus der Er-schlossenheit zu hören. Es wird im weiteren Verlauf des 2. Kapitels darum gehen, diese eigentliche Weise des Vollzugs der Erschlossenheit des Daseins, die als Entschlossenheit bezeichnet wird, genauer zu bestimmen. Schon an dieser Stelle kann ankündigend angemerkt werden, dass die gängige englische Übersetzung ,*Resoluteness*' und in diese Richtung gehende Interpretationen verfehlt sind, weil es bei Heideggers Verständnis von Ent-schlossenheit gerade nicht um Entschiedenheit oder Bestimmtheit geht.

In § 55 nähert sich Heidegger diesem Phänomen an, indem er untersucht, wie das Gewissen mit Befindlichkeit, Verstehen, Rede und Verfallen als den bereits bekannten Bestimmungsmomenten der Erschlossenheit zusammenhängt. Heidegger geht hierbei assoziativer vor, als wir es vom 1. Abschnitt gewohnt sind. Er erklärt, dass Dasein ins Verfallen gerät, weil „das Dasein als verstehendes Mitsein auf Andere *hören* kann" (SZ 270–271). Heidegger hatte diesen Gedanken bereits bei der Bestimmung des Geredes entfaltet. Zur Erinnerung: Weil Rede sich primär im Miteinandersprechen vollzieht, kann Sprache leicht zu Gerede werden. Wenn Rede als Gerede vollzogen wird, übernimmt Dasein die Artikulation der Bedeutsamkeit ungeprüft aus der sozialen Umwelt. Gegen diese Dynamik des Verfallens richtet sich der Ruf des Gewissens: In diesem wird das Dasein in seiner Verfallenheit angerufen und zum eigentlichen Selbstsein aufgerufen. Der Ruf des Gewissens muss dabei dem Verfallen entgehen, daher muss er ohne Gerede sein, darf keinen Anlass zur Neugier geben und muss unzweideutig erfolgen.

In § 56 schreibt Heidegger dementsprechend: „*Das Gewissen redet einzig und ständig im Modus des Schweigens.*" (SZ 273) Heidegger möchte damit zum Ausdruck bringen, dass das gesuchte Phänomen, das er als Gewissen anzeigte und nunmehr existenzial-ontologisch beschreiben möchte, jeder Mitteilung oder Verlautbarung entbehrt. Im Ruf des Gewissens wird weder etwas ge- noch besprochen. Der Ruf des Gewissens erweist sich somit als ein Gegenbegriff zur Bestimmung der Sprache als gesprochene oder geschriebene Rede, die Heidegger in § 34 anhand der vier Charakteristika (Geredetes, Beredetes, Mitteilung, Bekundung) beschrieben hatte. „Dem angerufenen Selbst wird ‚nichts‘ zu-gerufen, sondern es ist *aufgerufen* zu ihm selbst, das heißt zu seinem eigensten Seinkönnen." (SZ 273) Das Schweigen des Gewissens gibt dem Dasein zu verstehen, dass es mit dem Gerede des Man ‚nichts‘ auf sich habe. Es tut dies gerade, indem es nichts zu verstehen gibt, keinen Anlass zur Neugier gibt, damit aber einen eindeutigen Aufruf macht: Der Aufruf trifft das je eigene Dasein, das zum eigentlichen Selbstsein aufgerufen wird.

In § 57 gibt Heidegger eine formal anzeigende Bestimmung der Struktur des Gewissensrufes. „Er [Der Rufer] ist das Dasein in seiner Unheimlichkeit, das ursprüngliche geworfene In-der-Welt-sein als Un-zuhause, das nacke ‚Daß‘ im Nichts der Welt." (SZ 276–277) Es ist also das Dasein, das sich selbst zum eigentlichen Existenzvollzug aufruft. Dies wird vom Man-selbst aber zumeist verkannt: „Der Rufer ist dem alltäglichen Man-selbst unvertraut – so etwas wie eine *fremde* Stimme." (SZ 277) Daher kommt es, dass die Stimme des Gewissens häufig mit Gott oder einer anderen fremden Macht gleichgesetzt wird. Gegen dieses uneigentliche Verständnis des Gewissens hält Heidegger fest, was wir bereits von der Angst kennen: *„Das Gewissen offenbart sich als Ruf der Sorge."* (SZ 277) Analog zur Angst lässt sich dieser Ruf der Sorge mit Blick auf deren Bestimmungsmomente weiter differenzieren, wie Heidegger im folgenden Satz präzisiert:

[D]er Rufer ist das Dasein, sich ängstigend in der Geworfenheit (Schon-sein-in…) um sein Seinkönnen. Der Angerufene ist eben dieses Dasein, aufgerufen zu seinem eigensten Seinkönnen (Sich-vorweg…). Und aufgerufen ist das Dasein durch den Anruf aus dem Verfallen in das Man (Schon-sein-bei der besorgten Welt). (SZ 277)

In dieser Weise ist das Gewissen in der Sorge, als dem Sein des Daseins, fundiert. Der Rufer ist die Geworfenheit (als Unheimlichkeit, Un-zuhause); angerufen ist das Man-selbst (der uneigentliche Existenzvollzug); aufgerufen ist dieses zum eigentlichen Selbstsein, das heißt zum durchsichtigen Vollzug des eigensten Seinkönnens. Diese formal anzeigende Bestimmung der Struktur des Gewissens dient als Vorbereitung für die Ausführungen in § 58, der die vielleicht wichtigsten und prägnantesten Passagen von *Sein und Zeit* enthält.

Im zweiten Satz von § 58 bietet Heidegger eine Zusammenfassung der Ergebnisse der vorangegangenen Paragrafen: „Das Anrufen des Man-selbst bedeutet Aufrufen des eigensten Selbst zu seinem Seinkönnen und zwar als Dasein, das heißt besorgendes In-der-Welt-sein und Mitsein mit Anderen." (SZ 280) Daran anknüpfend stellt sich zunächst die Frage: Wozu genau fordert der Ruf des Gewissens auf? Heidegger nähert sich einer Beantwortung dieser Frage zunächst wiederum durch Abwehr von möglichen Missverständnissen an. Das Gewissen will „keine konkrete einzelne Existenzmöglichkeit umgrenzen" (SZ 280), ebenso gibt es „kein ideales, allgemeines Seinkönnen zu verstehen" (SZ 280). Die Mitteilung eines Existenzideals wäre gerade kein Aufruf zum eigensten Seinkönnen, sondern zur verstärkten Orientierung am vorgegebenen Bedeutungsganzen, das vom Man artikuliert wird. Ebenso wäre es kein Aufruf zum eigensten Seinkönnen, wenn dem Gewissen konkrete Möglichkeiten vorgegeben würden – es wäre vielmehr ein Aufruf zur Uneigentlichkeit. Andererseits muss aber auch entschieden festgehalten werden, dass ein eigentlicher Existenzvollzug keinen Rückzug aus der Welt bedeuten kann. Ein eigentlicher Existenzvollzug besteht vielmehr gerade darin, sich im faktischen Entwerfen auf konkrete Möglichkeiten seine eigensten Möglichkeiten zu erschließen. § 58 dient der Klärung, wie dieses Erschließen eigenster Möglichkeiten genauer zu verstehen ist.

10.2 Das ursprüngliche Schuldigsein

Für die genauere Bestimmung eigentlichen Selbstseins orientiert sich Heidegger daran, dass die gewöhnliche Gewissensauslegung das *Gewissen* mit *Schuld* in Verbindung bringt. Dem Phänomen der Schuld nähert sich Heidegger in § 58 anhand einer Analyse des alltäglichen Verständnisses an, von dem er dann zeigen wird, dass es für ein Verständnis des Daseins unangemessen ist. Heideggers existenziales Verständnis von Schuld wird wiederum im Gegenteil dessen bestehen, was herkömmlich unter Schuld verstanden wird. Zunächst und zumeist verstehen wir Schuld im Sinne von „Schulden haben bei …", also jemandem gegenüber zu einem Ausgleich verpflichtet zu sein, oder im Sinne von „schuld haben an …", also der verantwortliche Verursacher einer Sache zu sein. Diese beiden Verständnisse verbindet die Idee, dass Schuld aus einem „sich schuldig machen" resultiert. Ein Sonderfall des ‚Sich-schuldig-machens' besteht in der „Verletzung einer ‚sittlichen Forderung'". In all diesen Fällen ist es eine „Mangelhaftigkeit", ein „Ungenügen gegenüber einer Forderung" im Miteinandersein mit anderen, aus der die Schuld resultiert (SZ 282). Nach dieser kurzen Explikation des herkömmlichen Verständnisses weist Heidegger darauf hin, dass ein solches Mangelmodell der Schuld durchweg am Leitfaden des fürsorgenden Besorgens gedacht ist. Dieser herkömmliche Schuldbegriff, der noch genauer zu klären sein wird und auch nicht gänzlich ohne phänomenale Basis ist, sondern in gewissen Grenzen seine Berechtigung behält, erweist sich laut Heidegger als ein abgeleiteter Modus des existenzial-ontologischen Schuldbegriffs.

Existenzial-ontologisch besagt **Schuld**: *„Grundsein einer Nichtigkeit"* (SZ 283). Am einfachsten verständlich wird diese Bestimmung in Hinblick auf die Entwürfe des Daseins. Das Seinkönnen des Daseins vollzieht sich als Entwerfen auf Möglichkeiten. Der Entwurf auf eine Möglichkeit impliziert dabei immer den Ausschluss anderer Möglichkeiten. Zum Beispiel impliziert die Aufnahme eines bestimmten Studiums, viele andere Studienrichtungen ausgeschlossen zu haben. Ein Studium kann man nur aufnehmen, indem man sich für ein spezifisches Studienfach – oder eine Fächerkombination – entscheidet. Aus dem

Ergreifen einer Möglichkeit – im Beispiel: der Wahl eines Studiums – ergeben sich wiederum bestimmte weitere Möglichkeiten. Dabei ist entscheidend, dass diese Möglichkeiten sich nur dadurch eröffnen, dass der Möglichkeitsraum gerade nicht unbestimmt ist – wie in einem träumerischen Nachdenken, was noch alles aus einem werden könnte –, sondern ihm faktische Grenzen gesetzt sind. Eine Studienwahl legt gewisse Lebenspfade nahe, indem sie andere unwahrscheinlich macht. Heidegger schreibt dazu: „Die gemeinte Nichtigkeit gehört zum Freisein des Daseins für seine existenziellen Möglichkeiten. Die Freiheit aber *ist* nur in der Wahl der einen, das heißt im Tragen des Nichtgewählthabens und Nichtauchwählenkönnens der anderen." (SZ 285) Das Entwerfen auf bestimmte Möglichkeiten bedeutet immer den Ausschluss anderer Möglichkeiten – und nur durch diesen Ausschluss anderer Möglichkeiten werden überhaupt bestimmte Möglichkeiten als faktisch mögliche erschlossen. Wenn alles möglich wäre, wäre der Möglichkeitsraum völlig unbestimmt, sodass nichts faktisch möglich ist. Sofern also jeder Entwurf darauf angewiesen ist, eine bestimmten Möglichkeitsraum zu umgrenzen, ist jeder Entwurf nichtig. Dabei ist es aber wichtig zu beachten: *Nichtig* bedeutet in diesem Zusammenhang nicht vergeblich oder wertlos. Einen Entwurf als vergeblich zu bezeichnen, setzt ein Verständnis von Möglichkeiten am Leitfaden eines Verwirklichungsmodells voraus. Eine Möglichkeit wäre dann *vergeblich*, wenn ihre Verwirklichung aussichtslos wäre. Ebenso wäre eine Möglichkeit als *wertlos* zu verstehen, wenn ihre Verwirklichung keinen Nutzen brächte. Hingegen meint die Nichtigkeit mit Bezug auf das Seinkönnen des Daseins die notwendige Einschränkung der faktischen Möglichkeiten, die in jedem Entwurf des Daseins impliziert ist.

Nur weil Dasein in diesem existenzialen, unvermeidbaren Sinn schuldig ist, hat es die Möglichkeit der konkreten *Verschuldung*. Entsprechend schreibt Heidegger: „*Das Schuldigsein resultiert nicht erst aus einer Verschuldung, sondern umgekehrt: diese wird erst möglich ‚auf Grund' eines ursprünglichen Schuldigseins.*" (SZ 284) Nur weil sich Dasein als Seinkönnen auf konkrete Möglichkeiten entwerfen muss und jeder Entwurf den Ausschluss anderer Möglichkeiten impliziert, kann sich Dasein durch seine Entwürfe verschulden. Aus Heideggers Perspektive ist moralische Verfehlung ein Sonderfall dieser durch das existenziale Schuldigsein ermöglichten Verschuldung. In Bezug darauf schreibt Heidegger: „Dieses wesenhafte Schuldigsein ist gleichursprünglich die existenziale Bedingung der Möglichkeit für das ‚moralisch' Gute und Böse, das heißt für die Moralität überhaupt und deren faktisch mögliche Ausformungen." (SZ 285) Kontrafaktisch formuliert: Wäre Dasein kein nichtiges Seinkönnen, dessen Entwürfe immer den Ausschluss anderer Möglichkeiten implizierten, ergebe es keinen Sinn, beim Dasein von moralischen Verfehlungen zu sprechen. Ein Seiendes, das nicht in diesem existenzialen Sinn schuldig ist, kann sich auch nicht verschulden und entsprechend auch keine moralischen Verfehlungen begehen. Moral setzt Wesen voraus, die immer auf eine spezifischen Weise handeln müssen (was auch die Unterlassung von Handlungen beinhaltet), aber auch anders hätten handeln können. Heidegger identifiziert hier also die existenzial-ontologischen Bedingungen der Möglichkeit moralischen Handelns, indem er zeigt, dass die

Möglichkeit, Handlungen überhaupt als moralisch gut oder böse zu bewerten, nur auf Basis des ursprünglichen Schuldigseins des Daseins Sinn ergibt.

Bislang wurde behandelt, inwiefern Dasein als Entwurf schuldig ist. Doch auch aus der Geworfenheit lässt sich das Schuldigsein des Daseins erschließen. Als geworfenes Seinkönnen kommt Dasein immer schon zu spät: „Es ist nie existent *vor* seinem Grund, sondern je nur *aus ihm* und *als dieser.*" (SZ 284) Ebenso wie das Seinkönnen des Daseins unüberholbar ist, weil Dasein nie *nach* seinem Tod sein kann, kann Dasein nie *vor* seine Geworfenheit zurück. Dabei ist aber zu bedenken: Ebenso wie das existenzial verstandene Sterben nicht auf den Zeitpunkt des Ablebens reduzierbar ist, sondern als Sein zum Tode die gesamte Existenz bestimmt, ist auch die Geworfenheit nicht mit der Geburt gleichzusetzen, sondern bestimmt ebenso die gesamte Existenz. Die Existenz ist in jedem Augenblick ein geworfenes Sein zum Tode. „Grundsein besagt demnach, des eigensten Seins von Grund auf *nie* mächtig zu sein." (SZ 284) Analog zur Frage nach dem Ganzseinkönnen, das bei einem Seienden von der Seinsart der Existenz dahingehend beantwortet werden muss, dass dieses Seiende ganz – also immer und ausnahmslos – Seinkönnen ist, muss jetzt festgehalten werden: Als geworfenes Seinkönnen hat Dasein keinen Grund und gerade deswegen ist es ihm übertragen, sein eigener Grund zu *sein.* Weil Dasein geworfenes Seinkönnen ist, „ist es als Selbstsein das *Sein* des Grundes" (SZ 285). Dasein hat es existierend zu übernehmen, das Grundsein für das eigene Seinkönnen zu vollziehen, und kann damit auch nie fertig werden, sondern ist, solange es existiert, immer im Modus des Grundseins. Dasein ist selbstverständlich nicht in einem herkömmlichen Sinn der Grund dafür, dass es ist. Die Geworfenheit des Daseins weist gerade auf den Sachverhalt hin, dass es sich kein Dasein je ausgesucht hat, in die Existenz zu treten. Dasein ist vielmehr mit der Faktizität seiner eigenen Existenz konfrontiert. Ebenso wie niemand sinnvollerweise dafür verantwortlich gemacht werden kann, in der Welt zu sein, kann niemand sinnvollerweise für seine spezifische Herkunft verantwortlich gemacht werden, da er diese ebenso wenig herbeigeführt hat. Daran zeigt sich, dass die existenziale **Nichtigkeit** nichts Negatives meint, sondern ein Grundcharakteristikum der Existenz bezeichnet: „*Die Sorge selbst ist in ihrem Wesen durch und durch von Nichtigkeit durchsetzt.*" (SZ 285) Die Nichtigkeit gehört notwendig zum Dasein als geworfener Entwurf: „Grundseiend *ist* es selbst eine Nichtigkeit seiner selbst." (SZ 284).

Damit sind wir an jener Wendung angelangt, die vielleicht den Höhepunkt der Daseinsanalytik darstellt. Um dies zu erkennen, muss man verstehen, dass Nichtigkeit Heideggers Bezeichnung für die konstitutive **Endlichkeit** ist, die bereits implizit im Sein zum Tode thematisiert wurde. Für ein eigentliches Verständnis der Endlichkeit der Existenz ist es erforderlich, diese anhand von Heideggers existenzial-ontologischem Verständnis von Nichtigkeit zu verstehen. Dasein ist durch und durch *nichtig:* „Die Sorge – das Sein des Daseins – besagt demnach als geworfener Entwurf: Das (nichtige) Grund-sein einer Nichtigkeit." (SZ 285) Dieses Verständnis von Nichtigkeit ist Heideggers Explikation der konstitutiven Endlichkeit des Daseins, die bereits im vorherigen Kapitel angesprochen, allerdings noch nicht erklärt wurde. Es kann vielleicht als weiteres Zeichen dafür gesehen werden, wie grundlegend sich die Analytik eigentlichen Selbstseins von der alltäglichen Selbstauslegung des Daseins unterscheidet – und wie gravierend entsprechend die herkömmliche Selbstauslegung das Sein des Daseins verkennt –, dass Heidegger das, was wir gewöhnlich als Endlichkeit ansprechen, primär nicht im Kapitel zum Sein zum Tode behandelt, sondern erst im Kontext des ursprünglichen Schuldigseins. Die Endlichkeit des Daseins beruht eben nicht auf dessen Sterblichkeit oder Gebürtlichkeit, sondern auf dessen Nichtigkeit als geworfener Entwurf, die es in jedem Augenblick seiner Existenz fundamental bestimmt.

Konfrontiert mit seiner Endlichkeit, hinter die es als Geworfenes nie zurück kann und die es als Entwerfendes nie überholen kann, blickt Dasein in den Abgrund der **Unheimlichkeit**, die in der Grundstimmung der Angst erstmals aufblitzte. Dabei bleibt ihm nichts anders übrig, als diesen Abgrund existierend zu ertragen und auf diesem Abgrund seine Welt zu bauen. Dasein erschließt sich eine Welt und lässt dadurch Seiende als bedeutsam begegnen, obwohl ihm – wenn es in einem eigentlichen Seinsverständnis existiert – durchsichtig ist, dass die Welt genauso gut auch anders beschaffen sein könnte. Dies macht verständlich, inwiefern die als *Nichtigkeit* verstandene Endlichkeit sich als weitere Beschreibung des Phänomens, das im Kontext von § 40 zur Angst als *Unheimlichkeit* angezeigt wurde, erweist. Im Gewissen ruft die Unheimlichkeit – das heißt jetzt die konstitutive Endlichkeit, die das Wesen des Daseins ausmacht – das Man-selbst zum eigentlichen Selbstsein auf. Eigentliches Selbstsein besteht im Gewissen-haben-wollen: Dieses meint die Übernahme der Verantwortung für das durch und durch endliche, eigenste Seinkönnen. Es ist damit zugleich ein „Sichentwerfen auf das *eigenste* eigentliche Schuldigwerdenkönnen" (SZ 287). Einem eigentlichen Existenzvollzug ist durchsichtig, dass das Man die durch es artikulierte Bedeutsamkeit nie rechtfertigen kann, und es daher dem je eigenen Existenzvollzug übertragen ist, die Verantwortung dafür zu übernehmen, dass die Welt so ist, wie sie ist.

Heideggers existenziale Auslegungen von Gewissen und Schuld lassen sich kaum mit dem alltäglichen Verständnis dieser Begriffe in Einklang bringen. Heidegger nennt dieses alltägliche Verständnis *vulgär*. Es wurde bereits an früherer Stelle darauf hingewiesen, dass ‚vulgär' in *Sein und Zeit* einfach ‚gewöhnlich' bedeutet. An die Adresse der gewöhnlichen Daseinsauslegung schreibt Heidegger:

> Jedes Handeln aber ist faktisch notwendig ‚gewissenlos', nicht nur weil es faktische moralische Verschuldung nicht vermeidet, sondern weil es auf dem nichtigen Grunde seines nichtigen Entwerfens je schon im Mitsein mit Anderen an ihnen schuldig geworden ist. So wird das Gewissen-haben-wollen zur Übernahme der wesenhaften Gewissenlosigkeit, innerhalb der allein die existenzielle Möglichkeit besteht, ‚gut' zu sein. (SZ 288)

Das will besagen: Eigentliches Selbstsein – als ein Existenzvollzug in Durchsichtigkeit des eigensten endlichen Seinkönnens – erlaubt keine Entlastung durch die Orientierung an üblichen Maßstäben (es muss in diesem alltäglichen Sinn

‚gewissenlos' sein), sondern erfordert die Übernahme eines ursprünglichen Schuldigseins (hierin besteht das Gewissen-haben-wollen).

Angesichts der Schwere oder Last, die eine Übernahme der Verantwortung für die Beschaffenheit der Welt im ursprünglichen Schuldigsein impliziert, wird auch verständlich, in welchem Sinne das Verfallen eine *Entlastung* bzw. ein Leicht-machen ist. Im Modus des Man-selbst tut das Dasein so, als ob ihm die Welt vor-gegeben wäre, und meint, dadurch der Verantwortung für deren Beschaffenheit zu entgehen. Diese Schuldlosigkeit ist freilich nur eine scheinbare, die aus der Flucht vor dem ursprünglichen Schuldigsein resultiert. Während das alltägliche Ver-ständnis annimmt, dass sich eine etwaige Last aus der Verfehlung gegenüber einer gesellschaftlichen Norm und die angenommene Leichtigkeit in der Befreiung von dieser Norm bestehe, macht Heideggers existenzialer Schuldbegriff deutlich, dass Konformismus in Wirklichkeit eine Entlastung, ein Es-Sich-Leichtmachen ist, während die wahre Last in der Übernahme des ursprünglichen Schuldig-seins besteht, in der sich das Dasein vor Augen führt, dass es seinem eigensten Seinkönnen überantwortet ist, wie ihm die Welt erschlossen ist und wie ihm ent-sprechend Seiende begegnen können.

Bereits zu Beginn des Kapitels hatte Heidegger angekündigt, dass **Gewissen-haben-wollen** seine Bezeichnung für den eigentlichen Vollzugsmodus der Erschlossenheit des Daseins ist. In § 60 geht Heidegger zunächst noch ein-mal darauf ein, inwiefern das Gewissen-haben-wollen als Vollzugsmodus der Erschlossenheit deren Bestimmungsmomente modifiziert. Eigentliches Verstehen ist ein Sich-Entwerfen als eigenstes, endliches Schuldigsein. Ein eigentlicher Vollzugsmodus der Befindlichkeit besteht in der Bereitschaft zur Angst, die die Unheimlichkeit erschließt. Die eigentliche Rede besteht im Schweigen bzw. der Verschwiegenheit des Gewissensrufes. Daher kann Heidegger zusammenfassen: „Diese ausgezeichnete, im Dasein selbst durch sein Gewissen bezeugte eigentliche Erschlossenheit – *das verschwiegene, angstbereite Sichentwerfen auf das eigenste Schuldigsein* – nennen wir die *Entschlossenheit*." (SZ 296–297).

Im Vergleich zu § 58 geht § 60 genauer auf den Zusammenhang von Ent-schlossenheit und dem faktischen, ontisch-existenziellen Handeln des Daseins ein. Heidegger hatte bereits in § 58 betont, dass ein eigentlicher Existenzvoll-zug keinen Rückzug aus der Welt impliziert, sondern erst *„die Möglichkeit zu handeln"* (SZ 294) eröffnet. Gewissen-haben-wollen „bedeutet, sich in das faktische Handeln zu bringen" (SZ 294). Durch die Übernahme des eigensten **Schuldigseins** wird Dasein transparent, dass es an ihm liegt, wie ihm die Welt erschlossen ist und welche konkreten Handlungsmöglichkeiten dadurch eröffnet werden. Die **Entschlossenheit** ist einerseits existenzial-ontologisch klar bestimmt: Die Entschlossenheit meint das eigenste Seinkönnen im fürsorgenden Besorgen, dass durch Faktizität und Verfallen bestimmt ist. Diese existenzial-ontologische Bestimmung impliziert andererseits eine prinzipielle ontisch-existenzielle Unbestimmtheit: „Der Ruf erschließt nichts, was positiv oder negativ sein könnte als *Besorgbares,* weil er ein ontologisch völlig anderes Sein meint, die *Existenz.*" (SZ 294) Dass Entschlossenheit existenzial als eigenstes Seinkönnen bestimmt ist, impliziert, dass sich das Dasein in diesem Vollzugsmodus der Erschlossenheit keine Bestimmungen vorgeben lassen kann. Es bestimmt sich nur durch seinen eigenen Entschluss, der bestimmte Möglichkeit für es sein lässt. Heidegger führt den Begriff ‚**Entschluss**‘ hier ein, um im Modus der Eigentlichkeit vollzogene Entwürfe zu bezeichnen. Im Entschluss handelt das Dasein in Durchsichtigkeit seines ursprünglichen Schuldigseins. In der Entschlossenheit versteht das Dasein, dass ihm weder die Option offensteht, sich durch Orientierung an bestehenden Maßstäben der Schuldigkeit zu entziehen, noch die Möglichkeit besteht, nicht zu handeln und dadurch der Schuldigkeit zu entgehen. Dasein ist darin geworfen, schuldig zu sein, und Entschlossenheit bedeutet, dieses ursprüngliche Schuldigsein zu affirmieren. Ein eigentlicher Existenzvollzug verlangt die Übernahme der Verantwortung dafür, einen spezifischen Möglichkeitsraum freizugeben und dadurch andere Möglichkeitsräume auszuschließen, sowie innerhalb eines Möglichkeitsraums konkrete Möglichkeiten als Möglichkeiten zu erschließen und dadurch andere auszuschließen.

Im Entschluss erschließt sich das Dasein die jeweiligen faktischen Möglichkeiten, die es hat: „Der Entschluß ist gerade erst das erschließende Entwerfen und Bestimmen der jeweiligen faktischen Möglichkeit." (SZ 298) Die Gesamtheit der faktischen Möglichkeiten bezeichnet Heidegger als **Situation**. Heidegger kontrastiert die Ent-schlossenheit der Situation im eigentlichen Existenzvollzug mit dem uneigentlichen Vollzugsmodus der Erschlossenheit als Man-selbst:

Dem Man dagegen ist die Situation wesenhaft verschlossen. Es kennt nur die ‚allgemeine Lage‘, verliert sich an die nächsten ‚Gelegenheiten‘ und bestreitet das Dasein aus der Verrechnung der ‚Zufälle‘, die es, sie verkennend, für die eigene Leistung hält und ausgibt. (SZ 300)

Wenn wir die Erschlossenheit uneigentlich vollziehen, orientieren wir uns erstens an den Möglichkeiten, die sich uns aufgrund der aktuellen Beschaffenheit des Man bieten; zweitens verleugnen wir in diesem Modus, dass wir es sind, die diesen Möglichkeiten zuerst Sinn verleihen und daher für deren Beschaffenheit die Verantwortung tragen. Vollziehen wir die Erschlossenheit hingegen eigentlich, ist uns erstens durch die in der Angst erschlossene Unheimlichkeit klar, dass die Welt nicht so sein muss, wie sie ist – wir können uns auf keine Instanz berufen, die die Bedeutsamkeit der Welt und die Möglichkeiten unseres Seinkönnens festlegt. Zweitens ist uns durch das Gewissen-haben-wollen – als Bereitschaft zum eigensten Schuldigsein – klar, dass wir dafür die Verantwortung übernehmen müssen, der nichtige Grund unserer Existenz – und damit von Erschlossenheit überhaupt – *zu sein*.

Allerdings muss auch hier wieder betont werden, dass diese existenzial-ontologische Bestimmung des Daseins nicht so verstanden werden darf, als ob ein Dasein ontisch-existenziell machen könne, was es wolle. Dasein bleibt immer angewiesen auf eine gewisse faktische Artikulation des Bedeutungsganzen durch das Man und wie sich Seiendes in dessen Rahmen für es zeigt. Dieser Gedanke einer Angewiesenheit auf die Erschlossenheit von Welt und die Entdecktheit von Seienden, auf die wir unter anderem im Kontext von Angst in § 40 und Wahrheit in § 44 gestoßen waren, wird in einer Passage aus § 62 weitergedacht. Die Erschlossenheit

> *gibt* sich die jeweilige faktische Situation und *bringt* sich in sie. Die Situation läßt sich nicht vorausberechnen und vorgeben wie ein Vorhandenes, das auf eine Erfassung wartet. Sie wird nur erschlossen in einem freien, zuvor unbestimmten, aber der Bestimmbarkeit offenen Sichentschließen. (SZ 307)

Das macht noch einmal deutlich, dass Handeln es gerade im Modus der Entschlossenheit erforderlich macht, sich auf die Besonderheiten der Situation einzulassen und seine Entschlüsse an der jeweiligen Situation zu orientieren.

Ein eigentlicher Vollzug der Erschlossenheit ermöglicht es dem Dasein aber nicht nur, seine faktischen Möglichkeiten in einer Situation umsichtig auszuloten, sondern auch zu verstehen, dass es eine Situation erforderlich machen könnte, Möglichkeiten anders zu erschließen, als man es üblicherweise tut, oder einen sogar dazu auffordern könnte, danach zu trachten, das aktuelle Bedeutungsganze, das umgrenzt, was möglich ist, als Ganzes infrage zu stellen. Im Zusammenhang mit § 44 hatten wir differenziert, dass sich Wahrheit und Unwahrheit sowohl auf die Entdecktheit von Seienden als auch die Erschlossenheit von Welt beziehen kann. In der ersten Hinsicht kann es sein, dass es sich bei genauerer Betrachtung herausstellt, dass unsere bisherige Weise, ein Seiendes zu verstehen, unangemessen ist. In der zweiten Hinsicht kann sich herausstellen, dass die Artikulation des Bedeutungsganzen, die festlegt, wie Seiende erscheinen können, insgesamt unangemessen ist und revidiert werden muss. Betrachten wir dies an einem Beispiel: Die binäre Geschlechterordnung legt fest, dass uns Mitmenschen entweder als Männer oder als Frauen begegnen. Dieser Artikulation des Bedeutungsganzen folgend muss sich also jedes Seiende, das sich uns als Mensch zeigt, entweder als Mann oder als Frau zeigen. Nun ist es aber so, dass es Menschen gibt, die sich nicht in die binäre Geschlechterordnung einordnen lassen, weil sie sich weder eindeutig als das eine noch als das andere Geschlecht zeigen. Sofern wir uns auf die Begegnung mit solchen Menschen einlassen, macht dies nun erstens erforderlich, dass wir uns zu diesen nicht so verhalten, als ob sie entweder Männer oder Frauen wären – wir müssen also unsere Entdecktheit dieses Seienden und die daraus sich ergebenden Formen des Umgangs überdenken. Zweitens sollte uns eine solche Begegnung aber auch dazu bringen, die Plausibilität der binären Geschlechterordnung insgesamt infrage zu stellen. Die Einsicht, dass sich die Geschlechtlichkeit von Menschen nicht auf die Binarität zweier Geschlechter reduzieren lässt, sollte dazu führen, dass wir die entsprechende Artikulation des Bedeutungsganzen, die festlegt, wie uns Geschlecht begegnen kann, insgesamt überdenken, um zu einer sachangemesseneren Konzeption von Geschlechtlichkeit zu gelangen.

Auch wenn Heidegger diese Sachverhalte viel abstrakter beschreibt, ist es eindeutig, dass der zentrale Gedanke eines eigentlichen Existenzvollzuges – also eines Existenzvollzugs in Durchsichtigkeit der eigenen Nichtigkeit – darin besteht, sich jederzeit für die Möglichkeit offenzuhalten, dass es sich als notwendig herausstellen könnte, das Bedeutungsganze, das durch die aktuelle Beschaffenheit des Man artikuliert wird, zu verändern. Heidegger macht dies deutlich, wenn er schreibt, dass das Dasein offen dafür bleiben müsse, seine eigenen Entschlüsse zu revidieren, wenn sich diese als unzureichend erweisen. Die Entschlossenheit „kann sich gerade nicht auf die Situation *versteifen,* sondern muß verstehen, daß der Entschluß seinem eigenen Erschließungssinn nach frei und *offen gehalten* werden muß für die jeweilige faktische Möglichkeit." (SZ 307) Das impliziert laut Heidegger auch das „*Sichfreihalten* für seine mögliche und je faktisch notwendige *Zurücknahme*" (SZ 308). **Entschlossenheit** bedeutet also die Offenheit für die Option, das Seinsverständnis, das für das eigene, bisherige Handeln leitend war, aufgeben zu müssen, wenn es sich als unangemessen herausstellt. Wer sich hingegen darauf versteift, dass die Welt so sein muss, wie sie gerade ist, fällt zurück in den Vollzugsmodus des Man-selbst, indem er die konstitutive Nichtigkeit des leitenden Seinsverständnisses leugnet.

Den Gedankengang der ersten beiden Kapitel des 2. Abschnitts zusammenfassend lässt sich festhalten: Die Konfrontation mit der eigenen Endlichkeit erschloss dem Dasein seine Existenz als Geworfenheit in das eigenste, unbezügliche und unüberholbare Seinkönnen. Die Gewissheit und Unbestimmtheit des Todes implizieren, dass es mit dem Dasein jederzeit ein Ende haben kann. Wenn wir diese Ausführungen in ihrer ontologischen Radikalität bedenken, legt dies die Interpretation nahe, dass es bereits beim Sein zum Tode um die Endlichkeit von Seinsverständnissen geht, die im 2. Kapitel anhand der Nichtigkeit des Daseins als geworfener Entwurf näher beschrieben wird. Entsprechend meint das ursprüngliche Schuldigsein des Daseins dessen radikale Verantwortlichkeit für die Beschaffenheit des aktuellen Seinsverständnisses – Dasein ist darin geworfen, die Verantwortung dafür zu übernehmen, wie es Welt erschließt und Seiendes begegnen lässt. Das impliziert, dass ein eigentlicher Existenzvollzug in Durchsichtigkeit der Endlichkeit des Daseins das Offenhalten für die Revision des leitenden Seinsverständnisses erfordert.

10.3 Weiterführende Gedanken

Entgegen der Feststellung, dass die Entschlossenheit – als eigentliche Weise des Existenzvollzugs – gerade ein Offenhalten für die Revision des leitenden Seinsverständnisses erfordert, gibt es auch Passagen, die so klingen, als würde ein eigentlicher Existenzvollzug an der Beschaffenheit des leitenden Seinsverständnisses nichts ändern können. So schreibt Heidegger: „Die Entschlossenheit bedeutet Sich-aufrufen-lassen aus der Verlorenheit in das Man. Die Unentschlossenheit des Man bleibt gleichwohl in Herrschaft, nur vermag sie die entschlossene Existenz nicht anzufechten." (SZ 299) Wenn es aber so wäre, dass sich die aktuelle Beschaffenheit des Bedeutungsganzen, die vom Man artikuliert wird, gar nicht ändern ließe, dann bliebe einem eigentlichen Existenzvollzug nur der Ausweg, sich kontinuierlich zu vergewissern, dass ihm die Umstände nichts anhaben können. Doch eine solche Interpretation mag nicht zu überzeugen. Denn die von Heidegger konsequent herausgearbeitete existenzial-ontologische These, dass das

Dasein dafür verantwortlich ist, dass die Welt so ist, wie sie ist, lässt sich eigentlich nicht anders deuten, als dass es in unserer Hand liegt, die Welt zu verändern, indem wir ein anderes Seinsverständnis zum Leitfaden nehmen.

Doch zeigt sich an diesem Punkt ein tiefgreifendes Problem, das Heideggers Konzeption des eigentlichen Selbstseins in seinen Grundzügen betrifft. Denn es bleibt bei Heidegger ungeklärt, wie die anvisierte Transformation des leitenden Seinsverständnisses vonstatten gehen kann. Dass Heidegger diese Frage nicht zu thematisieren vermag, hängt mit einem Sozialitätsdefizit in den Analysen von *Sein und Zeit* zusammen. Bereits an den Beschreibungen des 1. Abschnitts ist auffällig geworden, dass darin ein monolithisches Verständnis des Man leitend ist. Heideggers Ausführungen legen eine Herrschaft des Man im Singular nahe. Dabei wird von ihm nicht bedacht, dass es konkurrierende Ausprägungen des Man geben könnte, was implizieren würde, dass die Faktizität des Miteinanderseins uns mit der Pluralität von Seinsverständnissen konfrontiert. Wenn wir diesem Leitfaden folgen, müssten wir die Überlegungen zur Endlichkeit des leitenden Seinsverständnisses mit Überlegungen zur Pluralität von Seinsverständnissen verknüpfen. Wiederum daran anknüpfend ist an den Ausführungen des 2. Abschnitts auffällig, dass Heidegger nur die Unbezüglichkeit eigentlichen Selbstseins betont, in der sich dieses von der Herrschaft des Man loslöst, aber nicht darauf eingeht, wie eine Transformation der aktuellen Beschaffenheit des Man herbeigeführt werden könnte. Im Kontext der Geschichtlichkeit werden wir noch ausführlicher auf die fatale Weichenstellung zu sprechen kommen müssen, die aus den Unzulänglichkeiten von Heideggers Analysen des Miteinanderseins resultiert.

Das eigentliche Selbstsein und die Zeitlichkeit (§§ 61–66)

Mittlerweile sollte klarer geworden sein, wieso Heidegger davon ausgeht, dass die Bearbeitung der Frage nach dem Sinn von Sein mit einer Analytik des Daseins anheben muss. Denn der bisherige Verlauf der Daseinsanalytik erlaubt ein tieferes Verständnis der Aussage, dass Dasein **Seinsverständnis** hat. Dasein vollzieht seine Existenz jeweils in und aus einem spezifischen Seinsverständnis, das bestimmt, wie die Welt beschaffen ist und wie innerweltlich Seiende entdeckt werden können. Die Frage nach dem Sinn von Sein betrifft diesen Horizont von Welt, aus dem alle konkreten Entwürfe des Daseins erst möglich werden, der sich aber selbst als revidierbarer Entwurf des Daseins erwiesen hat. Wir verstehen mittlerweile also viel genauer, in welchem Sinn die Daseinsanalytik eine fundamentalontologische Reflexion auf die Bedingungen der Möglichkeit von Ontologie ist.

Wir sind mittlerweile allerdings so tief in die Daseinsanalytik eingetaucht, dass es mitunter schwierig ist, den Überblick zu bewahren, wie deren verschiedene Kapitel miteinander zusammenhängen. Im Kontext des 3. Kapitels des 2. Abschnitts ist es in besonderer Weise angebracht, diese Schwierigkeit durch eine Explikation der Zusammenhänge zwischen den diversen Kapiteln zu begegnen. Denn das 3. Kapitel erfüllt im 2. Abschnitt eine entscheidende Scharnierfunktion: Einerseits schließt es den thematischen Bogen der ersten beiden Kapitel ab, indem es deren Analysen zunächst in § 62 in einer Zusammenfassung des Verständnisses eigentlichen Selbstseins zusammenführt und dann in § 64 eine abstraktere Reflexion auf das zugrunde liegende Verständnis von Selbstheit überführt. Andererseits wird in § 65 und § 66 die Analyse der Zeitlichkeit als ontologischer Sinn der Sorge eingeleitet, um die es in den anschließenden drei Kapiteln des 2. Abschnitts gehen wird. Diese Thematik bereitet auch den Übergang zum unvollendet gebliebenen 3. Abschnitt von *Sein und Zeit* vor, in dem es explizit um die Frage nach dem leitenden Sinn für die Frage nach dem Sein gegangen wäre.

© Der/die Autor(en), exklusiv lizenziert durch Springer-Verlag GmbH, DE, ein Teil von Springer Nature 2022
G. Thonhauser, *Heideggers „Sein und Zeit"*, https://doi.org/10.1007/978-3-662-64689-2_11

Es ist dabei wenig überraschend, dass Heidegger in § 63 eine methodische Zwischenbemerkung einschiebt. Denn es stellt sich hier eine grundsätzliche Frage für die Daseinsanalytik, die darauf beruht, dass durch die Untersuchung der Eigentlichkeit des Daseins deutlich wurde, dass die existenziale Analytik selbst als eine existenzielle Möglichkeit des Daseins verstanden werden muss. Daher drängt sich die Frage auf, woher die existenziale Analytik den Leitfaden nehmen kann, um sich ihrer eigenen Angemessenheit zu versichern. Denn im Gegensatz zum 1. Abschnitt kann das herkömmliche Seinsverständnis des Daseins, wie es sich in der Alltäglichkeit manifestiert, nicht mehr als orientierender Ausgangspunkt dienen. Wie lässt sich dann aber feststellen, ob die existenziale Analytik tatsächlich eine angemessene Beschreibung der eigentlichen ontologischen Beschaffenheit des Daseins liefert?

11.1 Das eigentliche Selbstsein

§ 62 dreht sich um die Frage: Wie hängen das Sein zum Tode und die Entschlossenheit zusammen? Heidegger tut so, als würde es sich dabei um ein Rätsel handeln. Er trägt damit hauptsächlich zur Verwirrung bei. Denn aus einer angemessenen Interpretation der beiden vorangegangenen Kapitel wird leicht ersichtlich, dass diese aufs Engste miteinander verbunden sind. Diese explizite Zusammenführung scheint daher unnötig und redundant. Der zentrale Gedanke ist, dass Vorlaufen und Entschlossenheit jeweils nur das sind, was sie eigentlich sind, wenn sie zusammen verstanden werden: „Das Vorlaufen […] muß begriffen werden als *die in der existenziell bezeugten Entschlossenheit verborgene und sonach mitbezeugte Möglichkeit ihrer Eigentlichkeit*. Das eigentliche ‚Denken an den Tod‘ ist das existenziell sich durchsichtig gewordene Gewissen-haben-wollen." (SZ 309) Der Kerngedanke, der beide Kapitel verbindet, ist einfach, dass geworfenes Seinkönnen Endlichkeit im Sinne von Nichtigkeit impliziert. Als vorlaufendes Schuldigseinkönnen muss es Dasein daher übernehmen, der nichtige Grund seiner Nichtigkeit zu sein: ein eigentlicher Existenzvollzug muss mit seinen Entschlüssen die Verantwortung für die Beschaffenheit der durch es erschlossenen Welt übernehmen.

Vielleicht ist es an diesem Punkt aber sinnvoll, den Gedankengang der vorangegangenen Kapitel noch einmal Revue passieren zu lassen, bevor wir zur abstrakteren Betrachtung des darin implizierten Verständnisses von Selbstheit übergehen. Im letzten Kapitel des 1. Abschnitts hatten wir mit der Sorgestruktur den Punkt erreicht, an dem alle Bestimmungen des Daseins in eine Gesamtbeschreibung zusammengefasst wurden. Doch zur Einleitung des 2. Abschnitts nannte Heidegger zwei Gründe, wieso die Daseinsanalytik mit der Sorgestruktur nicht abgeschlossen ist. Erstens gab es Zweifel, ob die Sorgestruktur eine vollständige Strukturbeschreibung des Daseins bietet. Hierbei wurde als Herausforderung genannt, dass das Streben nach einer vollständigen Strukturbeschreibung des Daseins der prinzipiellen ontologischen Beschaffenheit des

Daseins widerspreche. Zweitens untersuchte der 1. Abschnitt die Alltäglichkeit des Daseins, bei der es sich allerdings nur um einen Vollzugsmodus des Daseins handelte. Dies warf die Frage nach anderen Vollzugsmodi und insbesondere nach einem eigentlichen Vollzugsmodus des Daseins auf.

Der erste Problemkomplex wurde im 1. Kapitel anhand des Seins zum Tode behandelt. Darin wurde die Frage nach der Vollständigkeit der Strukturbeschreibung des Daseins – in Heideggers Worten: die Frage nach dem Ganzseinkönnen – zunächst zur Frage nach dem Ganzsein*können* gewendet und schließlich in die Feststellung überführt, dass Dasein *ganz Seinkönnen* ist. Dasein als geworfenes Seinkönnen kann nie vollständig beschrieben werden, weil es überhaupt nicht in einer substanziellen Beschreibung aufgehen kann. Vielmehr muss verstanden werden, dass Dasein *ist,* wie es sich vollzieht. Durch das Vorlaufen in Möglichkeiten eröffnet sich Dasein die Möglichkeiten seiner eigenen Existenz.

Der zweite Problemkomplex war der Ausgangspunkt für Heideggers Gedankengang im 2. Kapitel, der über den Ruf des Gewissens zum ursprünglichen Schuldigsein führte. Vielleicht bietet es sich an, das erarbeitete Verständnis eigentlichen Selbstseins noch einmal zu reformulieren, indem es mit den Ausführungen zur Angst in einen Zusammenhang gebracht wird. Dadurch lässt sich auch die ontologische Tragweite von Heideggers Konzeption eigentlichen Selbstseins noch einmal unterstreichen. Der Ausgangspunkt war die Charakterisierung der Alltäglichkeit als Vertrautheit mit der Welt. Im Gegensatz zu dieser Vertrautheit offenbart die **Angst** eine ursprünglichere Unvertrautheit und Unheimlichkeit. Wir hatten gesehen, dass die Erschlossenheit des Daseins einerseits das Worumwillen des Daseins und andererseits die Bedeutsamkeit der Welt umfasst. Die Erschlossenheit erschließt also sowohl, was Dasein kann, als auch, was mit Zeug getan werden kann. In der Alltäglichkeit werden diese Möglichkeiten als vorgegebene und feststehende angesehen. In der Angst enthüllt sich die ursprünglichere Unbedeutsamkeit dieser Möglichkeiten – es könnte alles auch ganz anders sein. Zudem wird dem Dasein durch die Angst seine eigene Verstrickung in die Konstitution von Welt erschlossen – die Welt ist nur so, wie sie ist, weil wir sie so sein lassen. Hierbei ist es wichtig, zwischen der ontischen und der ontologischen Ebene zu unterscheiden: Ontisch ist es nicht so, dass ich mir – wie Pippi Langstrumpf im deutschen Text des Titelliedes – die Welt machen kann, wie sie mir gefällt; ontisch gesehen sind meine Möglichkeiten aufgrund diverser Gegebenheiten zumeist eng umgrenzt. Doch ontologisch gesehen hat Pippi Langstrumpf im Großen und Ganzen recht: Nur weil Dasein die Welt seinlässt, kann die Welt so sein, wie sie ist.

Die Angst reißt das Dasein aus dem Verfallen in das Man-selbst. In der Angst kann das Dasein die Welt also nicht länger als vorgegebene und unveränderlich feststehende verstehen. Die Angst sagt aber noch nichts darüber aus, wie die Welt und wie unser eigenes Sein eigentlich zu verstehen sind. In diesem Kontext ist noch einmal zu betonen, dass in **Eigentlichkeit** zu existieren, einfach bedeutet, dass Dasein seine Existenz in Durchsichtigkeit der eigenen existenzialontologischen Beschaffenheit vollzieht. „*Eigentlich* hält es sich *in ihr,* wenn die

Entschlossenheit das, was sie zu sein tendiert, ursprünglich ist." (SZ 306) Gleich zu Beginn des 1. Abschnitts hatten wir gesehen, dass Dasein durch Existenz und Jemeinigkeit charakterisiert ist. Basierend auf dem 1. Kapitel des 2. Abschnitts können wir das jemeinige Existieren des Daseins nunmehr als „geworfenes Sein zum eigensten, unbezüglichen und unüberholbaren Seinkönnen" (SZ 251) fassen. Das ist einfach eine elaborierte Fassung des existenzial-ontologischen Sachverhalts, seine Existenz je selbst vollziehen zu müssen. Das 2. Kapitel des 2. Abschnitts behandelte darauf aufbauend die Frage, wie ein eigentlicher Existenzvollzug eine existenzielle Möglichkeit des Daseins ist. Heidegger macht dies darin fest, dass dem Dasein im Ruf des Gewissens diese Möglichkeit bezeugt wird. Im Ruf des Gewissens wird das Man-selbst zum eigensten Selbstsein aufgerufen. Das setzt aber voraus, dass der Ruf gehört wird, was Heidegger als Gewissen-haben-wollen bezeichnet.

Das eigentliche Selbstsein des Daseins besteht folglich in der Affirmation seines ursprünglichen Schuldigseins. Dasein muss durch seine Entschlüsse immer bestimmte Möglichkeiten freigeben und dadurch andere ausschließen. Heidegger schreibt dazu, dass „die vorlaufende Entschlossenheit […] dem nüchternen Verstehen faktischer Grundmöglichkeiten des Daseins [entspringt]" (SZ 310). Es ist dem Dasein übertragen, durch die Art, wie es die Welt seinlässt, grundlegende ontologische Entscheidungen zu treffen. Dem eigentlichen Selbstsein ist durchsichtig, dass es für die Beschaffenheit der Welt verantwortlich ist. Ein eigentlicher Existenzvollzug muss dabei immer auch offen dafür bleiben, dass es seine Entschlüsse zurücknimmt, wenn sie sich als unangemessen erweisen. Die Feststellung, dass ich mich eben so entschieden habe, ist also gerade kein Zeichen von eigentlichem Selbstsein, sondern von einem Vollzug des Selbst im Modus des Man-selbst. Starr auf einer Option zu verharren, bringt keine Selbstständigkeit zum Ausdruck, sondern ein Verfallen an das Man-selbst.

Diese Zusammenfassung abschließend kann noch einmal auf das Verhältnis von **Man-selbst** und eigentlichem **Selbstsein** eingegangen werden. In § 27 erklärte Heidegger: „Das *eigentliche Selbstsein* […] *ist eine existenzielle Modifikation des Man als eines wesenhaften Existenzials.*" (SZ 130) Steht diese Aussage nicht im Widerspruch zu den ersten beiden Kapiteln des 2. Abschnitts, in denen betont wurde, dass eigentliches Selbstsein im durchsichtigen Vollzug des eigenstes Seinkönnen besteht? Der scheinbare Widerspruch löst sich auf, wenn wir berücksichtigen, dass diese Aussagen aus unterschiedlichen Perspektiven formuliert sind. Sie sind also beide zutreffend, sofern ihre jeweilige Perspektive berücksichtigt wird. Einerseits ist die Übernahme des eigensten Seinkönnens als vorlaufendes Schuldigseinkönnen nur als eine *existenzielle* Modifikation des Man möglich. Ontisch-existenziell gesprochen kann sich das Dasein nur aus dem uneigentlichen Selbstsein heraus zum eigentlichen Selbstsein entschließen. Es bedarf einer existenziellen Anstrengung des Daseins, um dem uneigentlichen Vollzug seiner selbst zu entkommen und sich eigentlich zu vollziehen. Andererseits ist das Man-selbst aber ebenso eine Weise, in der das Dasein sein eigenes Seinkönnen vollzieht, wenn auch im Modus der Uneigentlichkeit. Existenzial-ontologisch gesprochen ist daher das Man-selbst als eine Modifikation des eigentlichen Selbstseins zu verstehen, und zwar eine Modifikation, in die das Dasein aufgrund der Dynamik des Verfallens gerät.

In § 64 macht Heidegger explizit, welches Verständnis von Selbstheit in den Ausführungen zum eigentlichen Selbstsein im Spiel ist. Damit ist zugleich der Abschluss jener Thematik erreicht, die zur Einleitung des 2. Abschnitt mit der Frage nach der Ganzheit des Strukturganzen der Sorge eröffnet wurde. Heideggers zentrale Schlussfolgerung besteht darin, dass die Sorgestruktur kein Selbst oder Subjekt braucht, in dem es fundiert ist. Vielmehr ist ‚Selbstheit‘ oder ‚Selbstständigkeit‘ in der Sorgestruktur fundiert.

> Die Sorgestruktur bedarf nicht der Fundierung in einem Selbst, sondern die Existenzialität als Konstitutivum der Sorge gibt die ontologische Verfassung der Selbst-ständigkeit des Daseins, zu der, dem vollen Strukturgehalt der Sorge entsprechend, das faktische Verfallensein in die Unselbst-ständigkeit gehört. (SZ 323)

Die Verwendung des Ausdrucks ‚eigentliches Selbstsein‘ kann daher als unglückliche Begriffswahl gesehen werden, weil es leicht so gelesen werden kann, als läge die Betonung auf ‚**Selbst**‘. Wenn der Ausdruck so gehört wird, dann evoziert dies ein Verständnis, wonach es so etwas wie ein ‚wahres Selbst‘ gäbe, das in der Eigentlichkeit gefunden werden könne. Sofern man den Begriff ‚Selbstsein‘ beibehalten möchte, muss die Betonung auf den Vollzug gelegt werden. Es geht Heidegger um die Frage nach dem Selbst*sein*, also danach, was es bedeutet, dass die Existenz jemeinig vollzogen wird.

Heidegger wendet sich grundsätzlich gegen klassische Subjekttheorien, wie sie zum Beispiel bei Descartes oder Fichte zu finden sind. Diesen wirft Heidegger vor, dass sie die Frage nach dem Selbst am Leitfaden der Vorhandenheit verstünden und daher dachten, dass mit dieser Frage nach einer zugrunde liegenden Substanz gefragt werde. Wenn wir die Frage nach dem Selbst hingegen am Leitfaden einer angemessenen ontologischen Bestimmung von Existenz verstehen, zeigt sich, dass es überhaupt kein zugrunde liegendes Subjekt braucht. Die „Selbstheit des Daseins“ muss vielmehr als „eine *Weise zu existieren*“ (SZ 267) verstanden werden. Das bedeutet, dass Selbstheit durch die Sorgestruktur ermöglicht wird. Wir hatten in diesem Sinn bereits gesehen, dass eigentliches Selbstsein, das Heidegger nunmehr terminologisch als *Selbst-ständigkeit* fasst, in nichts anderem als der vorlaufenden Entschlossenheit besteht.

Laut Heidegger kam Kant dieser Lösung am nächsten. Im ‚Ich denke‘ stieß Kant auf eine nicht-substanzielle, prozedurale Bestimmung von Selbstheit. Allerdings kritisiert Heidegger an Kant, dass sich dieser doch noch zu stark am Leitfaden der Vorhandenheit orientiere, sodass er das ‚Ich denke‘ anhand des Begriffs ‚Subjekt‘ wiederum im Sinne einer „Selbigkeit und Beständigkeit“ (SZ 320) gedacht hatte. Heidegger zeigt hingegen, dass eigentliches Selbstsein gerade in der Einsicht besteht, keine solche Selbigkeit oder Beständigkeit zu haben, sondern sich als dynamischer, immer revierbarer Entschluss entwerfen zu müssen. (Daher kann es als problematisch gesehen werden, dass Heidegger hier von ‚Selbst-*ständigkeit*' spricht, denn diese Redeweise birgt wiederum die Gefahr, Selbstheit als Beständigkeit zu deuten.) Laut Heidegger kam Kant nicht zu dieser Einsicht, weil er das Phänomen der Welt nicht sah. Dagegen hält Heidegger fest: *„Im Ich-sagen spricht sich das Dasein als In-der-Welt-sein aus."* (SZ 321) Selbstheit ist in der Sorge fundiert und Dasein vollzieht seine Existenz dann eigentlich, wenn es sich im Vorlaufen auf sein ursprüngliches Schuldigsein vollzieht, in dem ihm seine welterschließende Rolle durchsichtig ist.

An dieser Stelle sollen zwei der Vorteile genannt werden, die Heideggers Konzeption gegenüber klassischen Subjekttheorien hat: Erstens vermeidet es deren problematische Zirkelhaftigkeit. Die Zirkelhaftigkeit klassischer Subjekttheorien besteht darin, dass jeder Bezug des Subjekts auf sich selbst zu einer Verdoppelung des Subjekts führt (in ein bezugnehmendes Subjekt und ein zweites Subjekt, auf das Bezug genommen wird), sodass auf jedes bezugnehmende Subjekt wieder Bezug genommen werden kann, was zu einem infiniten Begründungsregress führt. Eigentliches Selbstsein – verstanden als Modus des Existenzvollzugs in Durchsichtigkeit der eigenen ontologischen Struktur – beinhaltet hingegen keinen solchen Regress. Zweitens kann Heideggers Konzeption von Selbstsein erklären, warum Dasein die Möglichkeit hat, nicht es selbst zu sein, also seine Existenz uneigentlich zu vollziehen. Klassische Subjekttheorien haben hingegen keine Ressourcen, um das damit genannte Problem überhaupt zu thematisieren.

11.2 Methodische Zwischenbemerkung zur Notwendigkeit des hermeneutischen Vorgehens

Der Text von *Sein und Zeit* ist durchzogen von kleineren Methodenreflexionen, in denen Heidegger Rechenschaft über das eigene Vorgehen ablegt. Er konfrontiert sich in diesen wiederholt mit einem Zirkeleinwand, so auch in § 63: „Der gegen die existenziale Interpretation vorgebrachte ‚Zirkeleinwand' will sagen: die Idee der Existenz und des Seins überhaupt wird ‚vorausgesetzt' und ‚danach' das Dasein interpretiert, um daraus die Idee des Seins zu gewinnen." (SZ 314) Heideggers Entgegnung kann nur darin bestehen, dass ein solcher ‚Zirkel' unvermeidbar ist, weil er der Vor-Struktur des Verstehens entspricht. Der Zirkeleinwand beruhe auf einer uneigentlichen Daseinsauslegung, die verkenne: „1. Daß Verstehen selbst eine Grundart des Seins des Daseins ausmacht. 2. Daß dieses Sein als Sorge konstituiert ist." (SZ 315) Die Zurückweisung des Zirkeleinwands besteht also im Hinweis auf die existenziale Struktur des Verstehens. Wenn wir Verstehen angemessen als Entwurf auslegen, dann wird deutlich, dass Verstehen notwendig auf einem Vorverständnis aufbaut und es letztlich für die Auslegung auch nur darum gehen kann, dieses Vorverständnis methodisch auszubilden. Heidegger formuliert dies in Form einer rhetorischen Frage:

> Oder hat dieses Voraus-setzen den Charakter des verstehenden Entwerfens, so zwar, daß
> die solches Verstehen ausbildende Interpretation das Auszulegende *gerade erst selbst zu*

Wort kommen läßt, damit es von sich aus entscheide, ob es als dieses Seiende die Seins-
verfassung hergibt, auf welche es im Entwurf formalanzeigend erschlossen wurde?
(SZ 314–315)

Heidegger folgt auch hier der **phänomenologischen Maxime**, dass die Methode
einer Untersuchung immer sachangemessen zu wählen ist. Die Phänomenologie richtet sich damit gegen die Idee einer universalen Methode – wie sie etwa
von Descartes vorgeschlagen wird, wenn er in den *Regulae* mit der *Mathesis*
universalis vorgibt, dass alle Methoden nach dem Leitmodell der Mathematik zu
entwickeln seien. Gegen die Idee einer solchen universalen Methode wendet die
Phänomenologie ein, dass die Angemessenheit einer Methode vom untersuchten
Gegenstand abhängt – unterschiedliche Untersuchungsgegenstände verlangen
unterschiedliche Methoden.

Entsprechend dieser Maxime betont Heidegger, dass sich die Daseinsanalytik am Leitfaden der Idee von Existenz zu orientieren hat. Insbesondere
geht es ihm darum zu zeigen, dass Dasein nicht am Leitfaden der Vorhandenheit verstanden werden kann. Eine am Modell der Mathematik entwickelte
Methode – wie bei Descartes vorgeschlagen – mag für Vorhandenes angemessen
sein, ist aber bereits für Zuhandenes unangemessen und kann auf die Existenz
angewendet nur zu völligen Missverständnissen führen. Die Daseinsanalytik hat
sich daher kontinuierlich und ausschließlich am Leitfaden der Idee von Existenz
zu orientieren. Dementsprechend gibt Heidegger folgenden methodischen Leitfaden: *„Die Interpretation des ontologischen Sinnes der Sorge aber muß sich auf*
dem Grunde der vollen und ständigen phänomenologischen Vergegenwärtigung
der bislang herausgestellten existenzialen Verfassung des Daseins vollziehen.“
(SZ 303) Die Daseinsanalytik muss also jeweils streng anhand des bis zum
jeweiligen Zeitpunkt erlangten Verständnisses des Seins des Daseins weiterentwickelt werden, damit das Dasein angemessen beschrieben werden kann.
Damit zeigt sich auch, dass die Metapher eines Zirkels nicht vollends angemessen
ist, sondern Verstehen eher anhand der Metapher einer Spirale beschrieben
werden kann, wie es in diesem Kommentar konsequent getan wird. Denn jeder
Verstehensvollzug wirkt auf das weitere Vorverständnis ein, das für zukünftige
Verstehensprozesse leitend wird. Dasein kann nicht anders als in solchen Spiralen
verstehen, weil sein Verstehen immer durch ein Vorverständnis geleitet ist.

In § 63 greift Heidegger die Frage nach der angemessenen hermeneutischen
Situation für eine eigentliche Daseinsauslegung noch einmal ausführlich auf. Wie
können wir gewährleisten, dass das Sein des Daseins mit einem angemessenen
Vorverständnis beschrieben wird, um eine eigentliche Beschreibung zu ermöglichen? Heidegger kann darauf nur antworten, indem er sein Vorgehen in der
Daseinsanalytik rekapituliert. Wie Heidegger in § 32 entwickelt hatte, kann Vorverständnis anhand von *Vorhabe, Vorsicht* und *Vorgriff* strukturiert werden, die
gemeinsam den *Sinn* ausmachen: Sinn meint grob gesprochen das, was schon
verstanden sein muss, damit eine Sache verständlich werden kann. Den Ausgang
nahm die Daseinsanalytik bei der alltäglichen Daseinsauslegung: „Die formale

Anzeige der Existenzidee war geleitet von dem im Dasein selbst liegenden Seinsverständnis. [...] Die angesetzte Existenzidee ist die existenziell unverbindliche Vorzeichnung der formalen Struktur des Daseinsverständnisses überhaupt." (SZ 313) Dieser Leitfaden war leitend bis zur Zusammenfassung der Resultate des 1. Abschnitts in der Strukturganzheit der Sorge. Am Übergang zum 2. Abschnitt kam es dann zu einem neuen Ansatz anhand der Fragen nach der Eigentlichkeit und Ganzheit des Daseins. Wie gestaltete sich das leitende Vorverständnis am Anfang des 2. Abschnitts? *Vorhabe* bezeichnet das, was in den Blick genommen wird: Dies war das eigentliche Ganzseinkönnen. *Vorsicht* benennt, in welcher Hinsicht eine Sache thematisiert wird: Auf dem Kenntnisstand von § 45 war hier die Idee des jemeinigen Existierens leitend. *Vorgriff* bezieht sich auf die Begrifflichkeiten, die für die Beschreibung herangezogen werden: Heidegger bestimmte diese als Existenzialien. Durch die Analysen des Seins zum Tode und des ursprünglichen Schuldigseins wurde dieser in Vorhabe, Vorsicht und Vorgriff strukturierte Sinn der Daseinsanalytik weiterentwickelt, sodass Heidegger diesen zum Abschluss von § 63 folgendermaßen zusammenfassen kann:

> Mit der Herausstellung der vorlaufenden Entschlossenheit ist das Dasein hinsichtlich seiner eigentlichen Ganzheit in die Vorhabe gebracht. Die Eigentlichkeit des Selbstseinkönnens verbürgt die Vor-sicht auf die ursprüngliche Existenzialität, und diese sichert die Prägung der angemessenen existenzialen Begrifflichkeit. (SZ 316)

Dieser Bogen der Daseinsanalyse wird in den §§ 62 und 64 abgeschlossen, wenn Heidegger das eigentliche Selbstsein als Selbstständigkeit fasst.

Doch weiterhin bleibt die Frage bestehen: Warum soll gerade jener Entwurf des Seins des Daseins, den Heidegger in *Sein und Zeit* vorlegt, als eine eigentliche Beschreibung gelten können? Ist das nicht beliebig und willkürlich? Und selbst wenn es kein beliebiger Entwurf wäre – sondern zum Beispiel ein mittels Destruktion aus der alltäglichen Daseinsauslegung gewonnener –, wie garantiert dies die Notwendigkeit und Verbindlichkeit dieses Entwurfs? Was garantiert also, dass Heidegger eine eigentliche Beschreibung des Daseins vorlegt und nicht einfach ein weiteres Verständnis unter vielen möglichen? Auf den Punkt gebracht besteht Heideggers Antwort in der Affirmation, dass es keine solche Garantie geben kann. Wer das Sein des Daseins verstanden hat, der versteht auch, dass sich dieses Seiende einer abschließenden ontologischen Beschreibung widersetzt, weil das Sein dieses Seienden gerade in der Selbstbestimmung im jeweiligen Vollzug besteht. Für die Daseinsanalytik kann daher keine andere Form von Gewissheit als eine durch die Seinsweise des Daseins ermöglichte verlangt werden. Eine solche kann nur in der Ausarbeitung der hermeneutischen Situation bestehen, in der sich die Selbstauslegung des Daseins vollzieht.

Hinzu kommt, dass jede Beschreibung ontologischer Strukturen als ein Entwurf des Daseins verstanden werden muss. Das Verstehen des Daseins kann die Phänomene immer nur entdecken, indem es ihnen durch seine Entwürfe die Möglichkeit gibt, sich zu zeigen. Wir hatten dabei gesehen, dass es ein eigentlicher Existenzvollzug erfordert, dass das Dasein seine Entwürfe für deren mögliche

Revision offenhält. Allerdings wurde bereits in § 44 klar, dass aus der Rückbindung von Wahrheit an die revidierbaren Entwürfe des Daseins keine Beliebigkeit folgt. Der existenziale Verstehensbegriff verweist vielmehr darauf, dass die Phänomene das letzte Wort haben, die entscheide Frage also immer darin besteht, ob die Phänomene sich so zeigen, wie sie im vorgelegten Entwurf angesprochen werden. Sachangemessenheit ist die oberste Maxime, die aus der Rückbindung von Wahrheit an die Erschlossenheit des Daseins folgt. Allerdings muss dabei zugleich betont werden, dass sich die Phänomene überhaupt nur zeigen können, wenn sie sein gelassen werden – und dies geschieht immer nur in einem von Vorverständnis geleiteten Entwurf des Daseins. Dieses Wechselspiel von Entwurf des Verstehens und Sichzeigen der Phänomene ist die hermeneutische Situation, in der nicht nur die Auslegung der Existenz, sondern die Frage nach dem Sinn von Sein überhaupt vollzogen werden muss. Im Kontext der Frage nach der Transzendenz der Welt in § 69 werden wir noch einmal auf diesen Sachverhalt zurückkommen, der von entscheidender Bedeutung ist für das Gesamtverständnis des von Heidegger vorgelegten Sinns der Frage nach dem Sein.

11.3 Die Zeitlichkeit des Daseins

Das Projekt von *Sein und Zeit* handelt davon, die Frage nach dem Sinn von Sein neu zu stellen – bzw. zuerst verständlich zu machen, was es mit dieser Frage auf sich hat und wieso uns diese Frage überhaupt interessieren soll. Das veröffentlichte Fragment von *Sein und Zeit* beinhaltet nur die ersten beiden Abschnitte des Gesamtprojekts, die der vorbereitenden Klärung des Sinns für das Sein des Daseins dienen. Der 1. Abschnitt kam zu dem Ergebnis, dass das Sein des Daseins die Sorge ist. Der 2. Abschnitt fügt dem nun hinzu, dass der Sinn der Sorge in der Zeitlichkeit besteht. Entsprechend lautet die Überschrift von § 65: „Die Zeitlichkeit als der ontologische Sinn der Sorge". Wir sind damit also am Ziel der beiden veröffentlichten Abschnitte von *Sein und Zeit* angelangt: bei der Zeitlichkeit als Sinn des Seins des Daseins.

Um diese Antwort zu verstehen, ist es zentral, den Begriff ‚**Sinn**' zu verstehen, wie er hier verwendet wird. Es ist daher nachvollziehbar, dass Heidegger zu Beginn des § 65 noch einmal wiederholt, wie Sinn existenzial-ontologisch zu verstehen ist. Eine erste Klärung des Begriffs ‚Sinn' fand in § 32 im Kontext der Auslegung statt. Wie Heidegger nunmehr zusammenfasst, „ist Sinn das, worin sich die Verstehbarkeit von etwas hält, ohne daß es selbst ausdrücklich und thematisch in den Blick kommt" (SZ 324). Der Sinn einer Sache ist also das, was schon verstanden sein muss, damit diese Sache verstanden werden kann; der Sinn bleibt dabei aber zumeist implizit und unbemerkt. Ebenso wie Verstehen ist Sinn dabei eine Möglichkeit des Daseins. Dasein ist das Seiende, das verstehen kann, daher ist Dasein auch das Seiende, für das es Sinn gibt. In diesem Licht erschließt sich Heideggers folgender Satz: „Sinn bedeutet das Woraufhin des primären Entwurfs, aus dem her etwas als das, was es ist, in seiner Möglichkeit begriffen werden kann." (SZ 324) Wir verstehen ein Seiendes, wenn wir umgrenzen können, wie sich dieses Seiende zeigen und was mit ihm getan werden kann. Mit dem Begriff ‚Sinn' bezeichnet Heidegger den Horizont, der die Möglichkeiten des Begegnenlassens eines Seienden umgrenzt. Es handelt sich dabei um einen primären Entwurf, insofern dieser das wesentliche ontologische Verständnis einer Sache festlegt; zum Beispiel, dass ein Seiendes in der Seinsweise der Zuhandenheit ist. Um es an einem konkreten Beispiel zu verdeutlichen: Das Werfen einer Scheibe setzt voraus, dass wir dieses Seiende als Wurfzeug entdecken, was wiederum voraussetzt, dass wir es in der Seinsweise der Zuhandenheit seinlassen. In Heideggers Worten wird dieser Sachverhalt folgendermaßen ausgedrückt:

> Alle ontische Erfahrung von Seiendem, das umsichtige Berechnen des Zuhandenen sowohl wie das positiv wissenschaftliche Erkennen des Vorhandenen, gründen in jeweils mehr oder minder durchsichtigen Entwürfen des Seins des entsprechenden Seienden. Diese Entwürfe aber bergen in sich ein Woraufhin, aus dem sich gleichsam das Verstehen von Sein nährt. (SZ 324)

Anhand dieser Klärung von Heideggers Verständnis von Sinn ist es mittlerweile weit weniger rätselhaft, was mit der Frage nach dem Sinn von Sein gemeint ist. Es meint die Klärung des Horizonts, der festlegt, in welcher Weise uns Seiende begegnen können – also zum Beispiel als Zuhandene, Vorhandene oder Mitdasein.

Nach dieser vorbereitenden Rekapitulation des leitenden Verständnisses von Sinn entwickelt Heidegger in § 65 vier Thesen zur **Zeitlichkeit**, die er am Ende des Paragrafen zusammenfassend nennt. „[1.] Zeit ist ursprünglich als Zeitigung der Zeitlichkeit, als welche sie die Konstitution der Sorgestruktur ermöglicht. [2.] Die Zeitlichkeit ist wesenhaft ekstatisch. [3.] Zeitlichkeit zeitigt sich ursprünglich aus der Zukunft. [4.] Die ursprüngliche Zeit ist endlich." (SZ 331) Heidegger bespricht diese Thesen – für seine Verhältnisse sehr strukturiert – in dieser Reihenfolge, sodass es naheliegend ist, dieser Ordnung auch in diesem Kommentar zu folgen.

Beginnen wir also mit der ersten und wichtigsten These, wonach der Sinn des Seins des Daseins die Zeitlichkeit ist. Das Sein des Daseins ist die Sorge; mit dem Begriff ‚Sorge' wird die Strukturganzheit zusammengefasst, die in *Sein und Zeit* existenzial-ontologisch beschrieben wird. Die Zeitlichkeit ist der Sinn der Sorge; mit dem Begriff ‚Zeitlichkeit' wird das Vorverständnis bezeichnet, das ein eigentliches Verständnis der Sorge ermöglicht. Heidegger stellt den Anspruch, dass es sich bei diesen Sätzen um eine eigentliche Beschreibung des Seins des Daseins handelt. Daher gibt es hier – im Unterschied zum 1. Abschnitt – keine Differenz zwischen der existenzial-ontologischen Strukturbeschreibung und dem eigentlichen Vollzugsmodus der Existenz. Die existenzial-ontologische Strukturbeschreibung ist hier identisch mit dem Selbstverständnis des Daseins, das dieses in seinem eigentlichen Existenzvollzug leitet. § 65 beschreibt also die existenzial-ontologische Struktur so, wie sie sich im eigentlichen Existenzvollzug zeigt. Erst im folgenden Kapitel wird erneut eine Differenzierung zwischen eigentlichen und uneigentlichen Vollzugsmodi der Zeitlichkeit eingeführt, und zwar im Kontext der

Aufgabe, die Zeitlichkeit der Alltäglichkeit zu beschreiben. Und § 65 beschreibt also auch den Modus der Zeitlichkeit, welcher der eigentlichen Existenz, wie sie in den ersten beiden Kapiteln des 2. Abschnitts beschrieben wurde, entspricht. In § 68 folgt die Beschreibung des Modus der Zeitlichkeit, welcher die alltägliche Existenz, wie sie im 1. Abschnitt beschrieben wurde, ermöglicht.

Mit dem Aufweis der Zeitlichkeit als ontologischer Sinn der Sorge wird explizit gemacht, was bereits seit der ersten Nennung der Sorgestruktur in § 41 implizit klar war: Das *Sich-vorweg* in der Sorgestruktur verweist auf Zukunft. Anhand der bisherigen Analysen des 2. Abschnitts kann das eigentliche Sich-vorweg als Vorlaufen in die eigensten Möglichkeiten gefasst werden. *Schon-sein-in* verweist auf Gewesenheit. Dabei ist auffällig, dass Heidegger den Ausdruck ‚Vergangenheit‘ vermeidet. Denn Vergangenes kann dem Dasein streng genommen nie begegnen; was vergangen ist, geht das Dasein nichts mehr an, ist keiner Erfahrung mehr zugänglich. Vergangenheit kommt daher in *Sein und Zeit* nur im Kontext des uneigentlichen Verständnisses der Geschichte zur Sprache. Das eigentliche Schon-sein-in kann mittlerweile so gefasst werden, dass Dasein der geworfene Grund seiner Nichtigkeit ist. *Sein-bei* verweist auf Gegenwart, wobei eigentliches Sein-bei nunmehr als Entschlossenheit – das heißt eigentliche Erschlossenheit – von Möglichkeiten in einer faktischen Situation verstanden werden kann.

Sehen wir uns diese drei Ekstasen der Zeitlichkeit genauer an: **Zukunft** besteht im Zukommen-lassen von Möglichkeiten. Es ist zu beachten, dass Zukunft hier nicht im alltäglichen Sinn verstanden werden darf. Zukunft meint keinen Zeitpunkt, der irgendwann noch kommen wird. Die Herkunft dieses herkömmlichen oder vulgären Sinns von Zukunft wird später noch aufzuklären sein. Eine Beschreibung der eigentlichen Zukunft versteht diese als Zukommen-lassen. Schon-sein-in oder **Gewesenheit** meint die Übernahme der Geworfenheit. Nur ein Dasein, das seine Gewesenheit übernimmt, kann Möglichkeiten auf sich zukommen lassen. Schließlich verweist das Sein-bei, eigentlich verstanden als die Entschlossenheit der Situation, auf **Gegenwart**. Gegenwart ist in Zukunft und Gewesenheit verwurzelt (SZ 360). Das entspricht der Einsicht, dass Entschlossenheit als Entwurf der je faktischen Möglichkeiten zu verstehen ist. Gegenwart entspringt dem auf-sich-*Zukommen*-lassen der je eigensten faktischen Möglichkeiten und bereitet dadurch den Horizont für das Begegnenlassen von Seienden. Hieran wird verständlich, wie die Erschlossenheit in der Zeitlichkeit fundiert ist. Heidegger schreibt dazu, dass „das handelnde Begegnenlassen des umweltlich *Anwesenden* […] nur möglich [ist] in einem *Gegenwärtigen* dieses Seienden. Nur als *Gegenwart* im Sinne des Gegenwärtigens kann die Entschlossenheit sein, was sie ist: das unverstellte Begegnenlassen dessen, was sie handelnd ergreift." (SZ 326) Dasein lässt Seiendes begegnen, indem es dieses gegenwärtigt, das heißt in Gegenwart sein lässt. Heidegger fasst die erste These folgendermaßen zusammen:

> Dies dergestalt als gewesend-gegenwärtige Zukunft einheitliche Phänomen nennen wir die *Zeitlichkeit*. Nur sofern das Dasein als Zeitlichkeit bestimmt ist, ermöglicht es ihm selbst das gekennzeichnete eigentliche Ganzseinkönnen der vorlaufenden Entschlossenheit. *Zeitlichkeit enthüllt sich als der Sinn der eigentlichen Sorge*. (SZ 326)

Heidegger nennt Zukunft, Gewesenheit und Gegenwart zweitens die **Ekstasen** der Zeitlichkeit. Das Wort ‚ekstatisch' meint ‚außer sich'; Heidegger greift dieses Wort hier auf, um die Zeitlichkeit zu beschreiben: *„Zeitlichkeit ist das ursprüngliche ‚Außer-sich' an und für sich selbst."* (SZ 329).

In diesem Zusammenhang kann abermals auf einen Sachverhalt hingewiesen werden, der für das Gesamtverständnis von Heideggers Denken zentral ist. Heidegger bemerkt, dass sich streng genommen nicht sagen lässt, dass Zeitlichkeit ‚ist', denn so zu sprechen würde implizieren, dass Zeitlichkeit ein Seiendes sei. Zeitlichkeit bezeichnet allerdings kein Seiendes, sondern der Sinn des Seins des Daseins. Wir stoßen hier erneut auf die ontologische Differenz, die zentrale Konsequenzen für jede Ausarbeitung einer Ontologie hat: *Ontologische Strukturbeschreibungen dürfen nicht ontisiert werden.* Nur in Anbetracht der Zeitlichkeit als Sinn der Existenz ist es verständlich, dass Dasein so sein kann, wie es *ist;* Zeitlichkeit bezeichnet allerdings kein Seiendes, sondern eine ontologische Beschreibung des Daseins. Das zum Ausdruck zu bringen, führt zu sprachlichen Schwierigkeiten, denn unsere Sprache funktioniert üblicherweise so, dass sie im Beschreiben einer Sache impliziert, dass diese Sache ist: ‚Der Hammer ist schwer'; ‚die Scheibe fliegt weit.' Unsere Sprache ist zugeschnitten auf Seiendes von der Seinsart des innerweltlich Seienden. Unsere Sprache ist daher wenig geeignet, um vom Sein des Seienden zu sprechen. Eine von Heideggers Lösungen, mit diesem Problem umzugehen, besteht darin, in Tautologien zu sprechen, wenn er vom Sein spricht. In *Sein und Zeit* begegnet uns diese Vorgehensweise im Kontext seiner Beschreibung der Zeitlichkeit: „Die Zeitlichkeit ‚ist' überhaupt kein *Seiendes.* Sie ist nicht, sondern *zeitigt* sich." (SZ 328) Es wäre eine unangemessene Ontisierung der Zeitlichkeit, würde man sagen, dass Zeitlichkeit sei. Daher behilft sich Heidegger mit der Aussage: Die Zeitlichkeit zeitigt sich. In seinem späteren Denken wird Heidegger vermehrt auf solche tautologischen Wendungen zurückgreifen, um der ontologischen Differenz zu entsprechen.

Als dritte These nennt Heidegger einen *Vorrang der Zukunft* in der eigentlichen Zeitigung der Zeitlichkeit. Dies entspricht dem Vorrang des Seinkönnens im eigentlichen Existenzvollzug. Dasein ist primär Seinkönnen, Möglichsein. Die vierte These betont die „Endlichkeit der ursprünglichen Zeitlichkeit" (SZ 330). Wie wir in den ersten beiden Kapiteln des 2. Abschnitts erfahren hatten, beruht die **Endlichkeit** des Daseins nicht auf dem biologischen Sachverhalt der Geburt und des Verendens von Individuen, sondern auf der Nichtigkeit des Daseins als geworfener Entwurf (§ 58). Wie wir im letzten Kapitel des 2. Abschnitts sehen werden, ist die chronologische Zeit unendlich: Es gab eine Zeit vor uns und es wird auch eine Zeit nach uns geben. Das sagt aber nichts aus über die ursprüngliche Zeitlichkeit als Sinn der Sorge: Diese ist wesenhaft endlich. Das liegt daran, dass wir mit unseren Entschlüssen immer einen bestimmten Möglichkeitsraum festlegen, innerhalb dessen uns Seiendes begegnen kann. Ohne diese Endlichkeit des Horizonts, innerhalb dessen Seiendes uns betreffen kann, könnte uns überhaupt nichts begegnen und könnten wir uns auch zu nichts verhalten. Die Entschlossenheit des Daseins ist notwendig begrenzt. Endlichkeit meint dabei sowohl die Notwendigkeit der faktischen Konkretisierung des ontologisch Möglichen als auch die Kontingenz dieser Konkretisierung. Um das obige Beispiel noch einmal zu strapazieren: Es braucht den Entschluss, ein Stück Plastik als Wurfzeug begegnen zu lassen, damit wir eine Scheibe werfen können. Damit schließen wir aber notwendig andere Möglichkeiten aus, wie uns diese Sache begegnen kann. Zudem wäre eine Welt denkbar, in der niemand etwas werfen und es entsprechend auch kein Wurfzeug geben würde. Die Zuhandenheit von Wurfzeug ist ein kontingenter Sachverhalt unserer Welt – es könnte genauso gut auch anders sein, es ist aber faktisch so, dass die Möglichkeit, Seiende zu werfen, ein Bestandteil unserer vertrauten Welt ist. Mit diesem Beispiel wurde veranschaulicht, wie die Erschlossenheit von Welt und die Entdecktheit von Seienden in der endlichen Zeitlichkeit des Daseins fundiert sind.

11.4 Weiterführende Gedanken

Als Versuch eines kreativen Weiterdenkens mit Heidegger können anhand von kontrafaktischen Gedankenexperimenten drei Begriffe mit Heideggers Verständnis der Endlichkeit kontrastiert werden: ‚Sterblichkeit‘, ‚Unendlichkeit‘ und ‚Ewigkeit‘. Zugegebenermaßen ist dies eine Vorgehensweise, die Heidegger fremd ist, der anhand der Beschreibung des Faktischen vorgeht. Eine kontrafaktische Darstellung existenzial-ontologischer Aussagen kann allerdings zur Veranschaulichung sinnvoll sein, und in diesem Kommentar wurden bereits wiederholt entsprechende Formulierungen verwendet. Hier soll das noch ein bisschen weitergetrieben werden, wobei die folgenden Überlegungen letztlich nur verdeutlichen, wie ein sinnvolles Verständnis dieser vier Begriffe aussehen könnte.

Erstens kann betont werden, dass die als Nichtigkeit des geworfenen Seinkönnens verstandene Endlichkeit des Daseins nicht mit der *Sterblichkeit* von Organismen gleichgesetzt werden kann. Dasein ist nicht deswegen endlich, weil es die biologische Beschaffenheit von Organismen mit sich bringt, dass diese irgendwann verenden, sondern aufgrund der notwendigen Begrenztheit jedes Entwurfs eines Seinsverständnisses. Daher kann der Endlichkeit des Daseins auch nicht entkommen werden, indem die eigene Sterblichkeit überwunden wird. Zum Beispiel verspricht die Kryonik, Menschen nach ihrem Tod einzufrieren, sodass sie in Zukunft mithilfe fortgeschrittener Medizintechnik wieder zum Leben erweckt werden können. Aus existenzial-ontologischer Perspektive lässt sich darauf hinweisen, dass die ‚Überwindung‘ der Sterblichkeit durch Kyronik zur Konsequenz hätte, dass ein Mensch den Tod des ihm vertrauten Seinsverständnisses überlebe und in seinem zweiten Leben in eine ihm unvertraute Welt geworfen werde. Die Kryonik verspricht also keine Überwindung der Endlichkeit des Daseins, sondern die Möglichkeit für den Menschen, in einem zukünftigen Seinsverständnis wieder zum Leben zu erwachen.

Zweitens kann die Endlichkeit des Daseins mit der *Unendlichkeit* des Bewusstseinsstroms kontrastiert werden, wie sie von Husserl (1928) in seinen Analysen des inneren Zeitbewusstseins angenommen wird. Husserls Vorlesungen zur Phänomenologie des inneren Zeitbewusstsein wurden von Heidegger 1928 – auf

Basis der Editionsarbeit Edith Steins – herausgegeben. Heideggers Ausführungen zur Zeitlichkeit sind auch eine Antwort auf Husserls Überlegungen zum Zeitbewusstsein. Laut Husserl vollzieht sich das innere Zeitbewusstsein in der notwendigen Einheit von Retention (dem Behalten des eben Erlebten), Urimpression (dem aktuell Gegebenen) und Protention (der Erwartung des unmittelbar Bevorstehenden). Nur in solcher zeitlicher Aufgespanntheit kann sich Erfahrung vollziehen. Das Hören eines Satzes erfordert zum Beispiel, dass wir nicht nur das aktuelle Wort wahrnehmen, sondern auch die bisherigen Wörter behalten und die bevorstehenden Wörter antizipieren. Nun ist es allerdings so, dass es keinen Grund gibt, wieso der Bewusstseinsstrom einen Anfang und ein Ende haben sollte. Vielmehr ist die Annahme plausibel, beim Bewusstsein handele es sich um ein unendliches Strömen. Aus existenzial-ontologischer Perspektive kann hingegen angemerkt werden, dass eine etwaige Unendlichkeit des Bewusstseinsstroms der Endlichkeit des Daseins nicht widerspricht. Selbst wenn unser Bewusstsein unendlich wäre, wäre unserer Erfahrung in jedem Augenblick der Vorstruktur des Verstehens unterworfen. Selbst wenn der Bewusstseinsstrom unendlich weitergehen würde, müssten wir uns in jedem Augenblick unserer Erfahrung auf einen bestimmten Entschluss festlegen, der den Möglichkeitshorizont umgrenzt, innerhalb dessen uns Seiendes begegnen kann. Auch ein unendlicher Bewusstseinsstrom wäre also in jedem Augenblick begrenzt und würde Pfadabhängigkeiten beinhalten, die immer nur bestimmte Möglichkeiten böten.

Zur Idee der Unendlichkeit des Lebens kann an dieser Stelle auch noch angemerkt werden, dass sich relativ leicht mit Blick auf die – herkömmlich verstandene – Zukunft mit dem Gedanken eines unendlichen Weiterlebens spielen lässt. In Konfrontation mit der eigenen Geworfenheit ist dies jedoch weit schwieriger. Denn sie konfrontiert mich mit dem Faktum, dass es eine Zeit gab, in der ich noch nicht war.

An den bisherigen Ausführungen zeigt sich, dass (Un-)Sterblichkeit und Unendlichkeit keine Gegenbegriffe zur Endlichkeit des Daseins sind, sondern durchweg mit dieser kompatibel. Der einzige tatsächliche Gegenbegriff zur Endlichkeit ist die *Ewigkeit,* die in einer klassischen Definition als *stehendes Jetzt* (lat. *nunc stans*) bestimmt wird. Heidegger erwähnt diese klassische Definition der Ewigkeit in § 81 im Kontext seiner Diskussion des vulgären Zeitverständnisses (SZ 427). Ewigkeit meint unbegrenzte Anwesenheit, eine ständige Gegenwart, die keine Grenzen kennt. Wenn uns alles gleichzeitig begegnen würde, dann würden wir nicht länger unter Bedingungen der Endlichkeit existieren. Dies würde aber auch implizieren, dass es Raum und Zeit für uns nicht mehr gäbe. Denn wenn alles Gegenwart ist, dann sind wir überall und zu aller Zeit gleichzeitig, sodass es keine Zeit- und Ortswechsel mehr gäbe.

Ein solches Verständnis von Ewigkeit wird in den Religionen häufig mit Gott identifiziert. An dieser Stelle kann ein profaneres Beispiel herangezogen werden, nämlich Dr. Manhattan aus dem Comicroman *Watchmen.* Die Beschreibung Dr. Manhattans kann als Versuch gelesen werden, sich ein Wesen vorzustellen, dass nicht im existenzial-ontologischen Sinn endlich ist. Dr. Manhattan ist vielmehr im oben genannten Sinn ewig: Für ihn ist alles Gegenwart, was dadurch veranschaulicht wird, dass er in der Lage ist, sich nach Belieben durch Raum und Zeit zu bewegen. Anhand Dr. Manhattans lässt sich darüber nachdenken, was es wohl für ein Wesen bedeuten würde, ewig zu sein, das heißt in einer Weise zu sein, deren Sinn nicht durch die endliche Zeitlichkeit bestimmt ist.

Dabei sind allerdings zwei Rahmenbedingungen zu beachten: Erstens ist es wahrscheinlich so, dass dieses Gedankenexperiment nur im Comicformat gut funktioniert. Denn in einem Comicbuch wird eine Handlungsabfolge im räumlichen Nebeneinander dargestellt. Dieses Medium ermöglicht es also, einen kompletten Handlungsstrang gemeinsam erscheinen zu lassen, indem es die Bilder auf derselben Seite präsentiert. Im Vergleich dazu ist zum Beispiel Film ein Medium, das eine Chronologie der Erzählung notwendig macht. Zweitens ist das Gedankenexperiment so konzipiert, dass Dr. Manhattan seine übernatürlichen Fähigkeiten erst durch einen Laborunfall im Erwachsenenalter erhält. Er war also nicht schon immer ewig, sondern hat eine Gewesenheit als endliches Wesen. Wahrscheinlich ist das Gedankenexperiment auch nur so durchführbar, denn nur so kann anhand von Spekulationen über Dr. Manhattans Selbstverständnis der Übergang von einem endlichen zu einem ewigen Wesen dargestellt werden. Ein etwaiges Selbstverständnis eines wahrhaft ewigen Wesens wäre für uns schlechthin unvorstellbar. Das ist auch der Grund, wieso Religionen über Gott – sofern sie Gott nicht ontologisch banalisieren – häufig auf dem Weg der Verneinung sprechen, der bei Aussagen über endliche Wesen den Ausgang nimmt und zeigt, dass diese für Gott nicht gelten können.

Die Transformation des Selbstverständnisses Dr. Manhattans, der sich zunehmend seiner Ewigkeit gewahr wird, wird im Comicroman vor allem anhand von zwei Sachverhalten durchgespielt: Erstens hätte Dr. Manhattan die Möglichkeit, alle Verbrechen zu verhindern – er könnte der Rolle eines Superhelden also vollends gerecht werden. Doch er verliert jedes Interesse an der Verbrecherjagd, weil ihm die Schicksale der Menschen zunehmend gleichgültig werden. Zweitens werden zwischenmenschliche Beziehung für Dr. Manhattan zunehmend unbedeutsam. Er erlebt alles gleichzeitig, weiß also im Moment der ersten Begegnung mit einer anderen Person auch schon alles über die gesamte Beziehung zu dieser. Das hat zur Konsequenz, dass so etwas wie ein wahres Kennenlernen für ihn nicht mehr möglich ist, was wiederum dazu führt, dass Beziehungen für ihn jeglichen Reiz verlieren. Es lässt sich vielleicht sagen, dass Dr. Manhattan tief gelangweilt ist, ähnlich jenem Verständnis von tiefer Langeweile, das von Heidegger in einer Vorlesung beschrieben wurde (GA 29/30, S. 199–238). Die Idee einer grenzenlosen Gegenwart erweist sich anhand dieses Gedankenexperiments als eine unermessliche Fadesse, in der nicht nur nichts zu überraschen vermag, sondern überhaupt nichts hervorsticht und sich irgendwie als relevant auszeichnet. Daher ist in letzter Konsequenz sogar fraglich, ob Dr. Manhattan überhaupt noch als In-der-Welt-sein besteht. Denn es ist nicht nur so, dass er die Menschen nicht mehr versteht und den Bezug zur geteilten Welt verliert, sondern auch so, dass für ihn das Existenzial der Bedeutsamkeit verloren geht, welches das Grundcharakteristikum der Welt ausmacht.

Die Zeitlichkeit der Alltäglichkeit (§§ 67–71)

12

Mit der Explikation der Zeitlichkeit als Sinn der Sorge hatte die Daseinsanalytik in § 65 ihr Ziel erreicht. Die verbleibenden Kapitel des 2. Abschnitt dienen nun noch dazu, das Verständnis der Zeitlichkeit weiter zu entfalten. § 66, der das 3. Kapitel abschließt, bietet einen Überblick über die drei noch ausstehenden Kapitel. Das 4. Kapitel hat vorrangig die Aufgabe, die Zeitlichkeit der Alltäglichkeit zu untersuchen, und stellt somit eine Wiederholung der Analysen des 1. Abschnitts dar, wobei nunmehr beleuchtet werden soll, wie die uneigentliche Zeitigung der Zeitlichkeit die Alltäglichkeit ermöglicht. Das 5. Kapitel behandelt die Geschichtlichkeit. Heidegger möchte dabei zeigen, wie die Geschichtlichkeit in der Zeitlichkeit des Daseins fundiert ist. Damit bietet er auch eine weitere Ausarbeitung der eigentlichen Zeitigung der Zeitlichkeit, welche die Selbstständigkeit des Daseins ermöglicht. Diese beiden Kapitel dienen also der ausführlichen Beschreibung der eigentlichen und uneigentlichen Zeitigungen der Zeitlichkeit. Das abschließende 6. Kapitel hat schließlich die Aufgabe, die Herkunft des herkömmlichen Zeitverständnisses aus dem eigentlichen Sein des Daseins nachzuweisen. Warum gibt es die chronologische Zeit, wie wir sie auf Uhren ablesen, wenn die Zeitlichkeit des Daseins doch nicht auf die chronologische Zeit reduzierbar ist?

In Vorblick auf die Aufgabe des 4. Kapitels schreibt Heidegger in § 61, dass „der existenzialen Analytik aus der Freilegung der Zeitlichkeit die Aufgabe [erwächst], die vollzogene Analyse des Daseins zu *wiederholen* im Sinne einer Interpretation der wesentlichen Strukturen auf ihre Zeitlichkeit." (SZ 304) Es handelt sich hierbei also um eine Wiederholung der Strukturbeschreibungen des 1. Abschnitts im Licht der Zeitlichkeit. Im Kontext der Geschichtlichkeit werden wir genauer erfahren, in welchem Sinne hier von Wiederholung gesprochen wird. Heidegger geht dabei folgendermaßen vor: Nach einer kurzen Einleitung in § 67 behandelt § 68 die Zeitlichkeit der Bestimmungsmomente der Erschlossenheit, das heißt von Verstehen, Befindlichkeit, Verfallen und Rede. Zeitlichkeit ist die Ermöglichungsbedingung der Erschlossenheit, daher müssen alle

© Der/die Autor(en), exklusiv lizenziert durch Springer-Verlag GmbH, DE, ein Teil von Springer Nature 2022
G. Thonhauser, *Heideggers „Sein und Zeit"*,
https://doi.org/10.1007/978-3-662-64689-2_12

Bestimmungsmomente der Erschlossenheit daraufhin untersucht werden, wie sie durch die Zeitlichkeit ermöglicht werden. § 69 untersucht darauf aufbauend das Besorgen und das Erkennen hinsichtlich ihrer Zeitlichkeit. Thema ist also, wie die Zeitlichkeit des Daseins es ermöglicht, dass dem Dasein Zuhandenes und Vorhandenes begegnen kann. Das führt zum Problem der Transzendenz der Welt. In systematischer Hinsicht ist dies die interessanteste Thematik dieses Kapitels. Denn damit bietet Heidegger einen Vorblick darauf, wie die Frage nach dem Sinn von Sein im 3. Abschnitt von *Sein und Zeit* behandelt worden wäre.

In § 70 soll die Räumlichkeit des Daseins in der Zeitlichkeit fundiert werden. Von diesem fraglichen Fundierungsversuch abgesehen wiederholt dieser Paragraf nur, was Heidegger bereits in den §§ 22 bis 24 zur Räumlichkeit entfaltet hatte, sodass einige Stellen aus § 70, die zur weiteren Veranschaulichung dienen konnten, bereits bei der Kommentierung dieser früheren Paragrafen einbezogen wurden, hier also nicht noch einmal auf diese Thematik eingegangen wird. Ebenso wurden die wichtigsten Aussagen von § 71 bereits an früherer Stelle in die Kommentierung einbezogen. Zum Beispiel finden sich in diesem kurzen Paragrafen die Definitionen der Begriffe ‚zunächst‘ und ‚zumeist‘, die bereits für die Kommentierung von § 9 herangezogen wurden. Heidegger macht in § 71 auch noch einmal explizit, dass er Alltäglichkeit als „ein bestimmtes Wie der Existenz" (SZ 370) versteht. Diese Existenzweise ist ontisch-existenziell als die „Befindlichkeit der fahlen Ungestimmtheit" (SZ 371) erfahrbar. Außerdem betont er in § 71 noch einmal, dass jede Ontologie im durchschnittlichen Seinsverständnis der Alltäglichkeit ihren Ausgang nimmt. Die Alltäglichkeit ist uns zwar ontisch am bekanntesten, ontologisch bleibt sie jedoch schwierig zu erfassen. Damit verweist Heidegger auf die Herausforderung einer Ontologie der Lebenswelt, die er im veröffentlichten Fragment von *Sein und Zeit* allerdings nicht mehr behandeln wird, sondern nur als Aufgabe für den 3. Abschnitt festhält.

12.1 Die Zeitlichkeit der Erschlossenheit

Kommen wir nun zur Beschreibung der Zeitlichkeit der Erschlossenheit, wie sie Heidegger in § 68 entwickelt. Einerseits sind diese Ausführungen einfach eine Wiederholung von Sachverhalten, die bereits an früherer Stelle der Daseinsanalytik ausführlicher und zumeist auch verständlicher behandelt wurden. Andererseits erfüllt dieser Paragraf die Funktion, den systematischen Zusammenhang der verschiedenen Existenzialien, der im Verlauf der zahlreichen Detailanalysen leicht aus dem Blick geraten konnte, in einer kohärenten Gesamtbeschreibung zusammenzufassen. Allerdings lässt Heideggers Text dabei etwas an Klarheit zu wünschen übrig, sodass es für diesen Kommentar erforderlich ist, die Rekonstruktion eindeutiger zu gestalten, als dies bei Heidegger selbst der Fall ist.

Für eine solche systematische Rekonstruktion bietet es sich an, mit einer Übersicht zu Heideggers Begrifflichkeiten zu beginnen:

- Die *Ekstase der Zukunft* zeitigt sich eigentlich als *Vorlaufen*, uneigentlich als *Gewärtigen*.
- Die *Ekstase der Gewesenheit* zeitigt sich eigentlich als *Wiederholung*, uneigentlich als *Vergessenheit*.
- Die Ekstase der *Gegenwart* zeitigt sich eigentlich als *Augenblick*, uneigentlich als *Gegenwärtigen*.

Hinsichtlich der Bestimmungsmomente der Erschlossenheit lässt sich festhalten, dass Verstehen, Befindlichkeit, Verfallen und Rede jeweils in der vollen Zeitigung der Zeitlichkeit fundiert sind, es aber relevante Unterschiede gibt, wie diese gezeitigt werden:

- *Verstehen* ist primär in der *Zukunft* fundiert, was nicht überrascht, sofern Sich-vorweg in der Sorgestruktur auf Zukunft verweist.
- *Befindlichkeit* ist primär in der *Gewesenheit* fundiert, was ebenso wenig überrascht, als Schon-sein-in in der Sorgestruktur auf Gewesenheit verweist.
- Beim *Verfallen* wird es komplizierter. Das Verfallen ist primär in der Gegenwart fundiert, allerdings nicht im eigentlichen Modus der Gegenwart – wie dies bei Verstehen als Vorlaufen und Befindlichkeit als Wiederholung der Fall ist –, sondern in der uneigentlichen Zeitigung der Gegenwart, dem *Gegenwärtigen*.
- *Rede* artikuliert schließlich die gesamte Erschlossenheit und hat daher *keine* Ekstase der Zeitlichkeit, in der sie primär fundiert ist.

In weiterer Folge werden diese Zusammenhänge im Detail entfaltet, wobei es die etwas chaotische Ordnung von Heideggers Text einem nicht immer einfach macht, seinem Gedankengang zu folgen. In den abschließenden drei Kapiteln lässt sich erkennen, dass er zunehmend in Eile war, die Arbeit am Manuskript von *Sein und Zeit* zu einem Abschluss zu bringen.

Die teilweise fehlende Ordnung zeigt sich etwa daran, dass Heidegger in § 68a zur **Zeitlichkeit des Verstehens** alle drei Ekstasen der Zeitlichkeit in beiden Modi der Zeitigung bespricht. Anhand dieser Ausführungen ist es daher möglich, die eben skizzierte Übersicht in Heideggers Text nachzuvollziehen. Allerdings ist es schwierig, dem Text zu entnehmen, wie nun die Zeitlichkeit des Verstehens genau zu verstehen ist. Heidegger beginnt mit einer Kurzfassung der Bestimmung des Verstehens: *„entwerfend-sein zu einem Seinkönnen, worumwillen je das Dasein existiert.“* (SZ 336) Verstehen entwirft je eine Möglichkeit des Begegnenlassens von Seienden. **Verstehen** ist dabei in der Ekstase der Zukunft als Auf-sich-zukommen fundiert: Im Verstehen lassen wir Seiendes begegnen, wir lassen die Möglichkeiten seiner Begegnung – sei es im Besorgen von Zeug oder im Erkennen von Gegenständen – sein. **Vorlaufen**, als die eigentliche Zeitigung der Zukunft, besteht darin, diese Struktur des Auf-sich-zukommens von Möglichkeiten durchsichtig zu übernehmen – das heißt, sich der eigenen Verantwortung dafür im Klaren zu sein, dass die Welt ist, wie sie ist. Der Sache nach hatte

Heidegger dies in den ersten beiden Kapiteln des 2. Abschnitts gezeigt, nunmehr wird dieses Phänomen in Begriffen der Zeitlichkeit noch einmal beschrieben. *Gewärtigen*, als die uneigentliche Zeitigung der Zukunft, besteht hingegen in einem Begegnenlassen von Möglichkeiten, in dem diese als durch die aktuelle Beschaffenheit des Bedeutungsganzen vorgegeben verstanden werden. Wir gehen dann als Man-selbst in der Welt auf und verstehen die Welt als unveränderbar und feststehend. In § 60 hatte es Heidegger so formuliert, dass das Man-selbst nur die allgemeine Lage kennt – also unhinterfragt das bestehende Seinsverständnis übernimmt –, während dem eigentlichen Selbst die Situation entschlossen ist – es also versteht, dass es an ihm liegt, durch den Entschluss auf Möglichkeiten festzulegen, wie Seiendes begegnen kann.

Von dieser Skizze ausgehend sind auch die Zeitigungsmodi der Gegenwart und Gewesenheit schnell nachgezeichnet. Die eigentliche Zeitigung der Gegenwart nennt Heidegger **Augenblick**, sie besteht in der Entschlossenheit der faktischen Situation (wie sie in den ersten zweieinhalb Kapiteln des 2. Abschnitts herausgearbeitet wurde). Die uneigentliche Zeitigung der Gegenwart nennt Heidegger **Gegenwärtigen**. Es ist dies die Gegenwart des Verfallens. Dieser Zusammenhang wird in § 68c zum Verfallen genauer besprochen werden. Heideggers Bezeichnung für die eigentliche Gewesenheit ist **Wiederholung**, jene für uneigentliche Gewesenheit **Vergessenheit**. Beides hängt eng mit Befindlichkeit und der in der Befindlichkeit erschlossenen Geworfenheit zusammen. Wie diese Zeitigungen genauer zu verstehen sind, wird erst im Rahmen der Ausführungen zur Geschichtlichkeit verständlich.

Daraus ergeben sich folgende zwei **Zeitigungsweisen der Zeitlichkeit**:

- jene Zeitigung, die die Eigentlichkeit des Daseins ermöglicht, lässt sich als *wiederholend-augenblickliches Vorlaufen* zusammenfassen; diese ermöglicht es dem Dasein, seine Verantwortung für die Erschlossenheit von Welt und die Entdecktheit von Seienden durchsichtig zu ergreifen.

- jene Zeitigung, die die Uneigentlichkeit des Daseins ermöglicht, als *vergessend-gewärtigendes Gegenwärtigen;* in dieser Zeitigung flieht Dasein vor seiner Verantwortlichkeit für die Beschaffenheit von Welt und existiert so, als ob ihm die Welt vorgegeben würde.

Damit löst Heidegger ein, was er in § 61 angekündigt hatte: „Die Grundmöglichkeiten der Existenz, Eigentlichkeit und Uneigentlichkeit des Daseins, gründen ontologisch in möglichen Zeitigungen der Zeitlichkeit." (SZ 304).

§ 68b behandelt die **Zeitlichkeit der Befindlichkeit.** Die eigentliche Befindlichkeit erschließt die Geworfenheit. Diese gründet in der Gewesenheit. Die beiden Zeitigungsmodi der Gewesenheit unterscheiden sich darin, dass der eine Modus die Geworfenheit enthüllt, während der andere Modus die Geworfenheit vergessen lässt – daher die Bezeichnung *Wiederholung* bzw. *Vergessenheit.* Wiederholung bringt eine zurückkommende Übernahme der Geworfenheit zum Ausdruck, während der andere Modus bewirkt, dass Geworfenheit vergessen wird.

Nach dieser Begriffsübersicht bietet Heidegger in § 68b exemplarische Nach-
zeichnungen der Zeitlichkeit von Furcht und Angst. Um diese Ausführungen
nachvollziehen zu können, müssen die Ausführungen zur **Angst** in § 41 in
Erinnerung gerufen werden: Das Wovor der Angst ist das geworfene In-der-
Welt-sein; die Angst überkommt das Dasein aus seiner Geworfenheit. Das
Worum der Angst ist das In-der-Welt-sein-können; das Dasein ängstigt sich
um sein eigenstes Sein als Seinkönnen, als Möglichsein. Die Angst konfrontiert
mit der „Unbedeutsamkeit der Welt", das heißt mit der „Nichtigkeit des Besorg-
baren" (SZ 343). Die Angst stößt in die Unheimlichkeit, das nackte ‚Dass es ist
und zu sein hat'. Dadurch wird das Dasein vor die Möglichkeit der Übernahme
seines eigensten Seinkönnens gebracht. Heidegger nennt diese Möglichkeit der
Übernahme des eigensten Seinkönnens nunmehr Wiederholbarkeit: Vergleichbar den Ausführungen zum ‚Nachholen der Wahl' in § 54 bezeichnet ‚Wiederholung' die Übernahme des geworfenen Seinkönnens. Dasein ist eigentlich
immer schon geworfenes Seinkönnen, verkennt dies aber zunächst und zumeist.
Aber die Angst allein bedingt noch nicht die Übernahme der faktischen Existenz.
Die Wiederholung findet erst im Gewissen-haben-wollen statt, wenn Dasein
sein eigenes Schuldigsein übernimmt. Leider versäumt es Heidegger, auch die
Zeitlichkeit des Gewissens zu analysieren. Zu diesem fehlenden Schritt lässt
sich ergänzen: Erst durch die Übernahme des ursprünglichen **Schuldigsein** im
Gewissen-haben-wollen bringt sich das Dasein in den Augenblick, das heißt in
die Entschlossenheit der Situation, in der ihm durchsichtig wird, dass es an den
Entschlüssen des Daseins liegt, wie die Welt beschaffen ist und wie entsprechend
Seiendes begegnen kann. Hingegen können die Stimmungen der durchschnittlichen Alltäglichkeit – z. B. eine unauffällige vermeintliche Ungestimmtheit oder
auch eine oberflächliche Aufgeregtheit – nunmehr als in der Zeitigung des Ver-
gessens fundiert verstanden werden, sofern in ihnen gerade keine Übernahme
des eigensten Seinkönnens und keine eigentliche Erschließung der Situation
stattfindet. In diesen alltäglichen Stimmungen werden also nur die bestehenden
Möglichkeiten des Man in unthematischer Weise erschlossen – das Dasein
existiert als Man-selbst.

Das lässt sich anhand der **Zeitlichkeit des Verfallens** genauer betrachten,
die Heidegger in § 68c behandelt. Das Verfallen ist primär in der uneigentlichen Zeitigung der Gegenwart fundiert, dem Gegenwärtigen. In § 36 beschreibt
Heidegger die Neugier als uneigentlichen Vollzugsmodus des Verstehens. Daran
knüpft er jetzt an, um die Zeitigung des Verfallens zu analysieren. Die für die Neugier kennzeichnende Verhaltensweise des Unverweilens, der Zerstreuung und der
Aufenthaltslosigkeit sind fundiert in der uneigentlichen Zukunft als Gewärtigen,
der uneigentlichen Gewesenheit als Vergessen und der uneigentlichen Gegenwart
als Gegenwärtigen. Sie kennzeichnen allesamt ein Aufgehen in der Betriebsam-
keit der Welt, deren Nichtigkeit nicht bemerkt wird. Salopp formuliert sind wir in
dieser Vollzugsweise unserer Existenz schlicht zu beschäftigt, um zu bemerken,
was wir in ontologischer Hinsicht tun. Es bleibt uns undurchsichtig, dass wir es
sind, die die Welt seinlassen. Dagegen ermöglicht die Zeitigung in Vorlaufen,

Wiederholung und Augenblick ein eigentliches Sein-bei der Welt – ein Sein-bei im Angesicht der eigenen welterschließenden Rolle. Dieses eigentliche Sein-bei zeitigt sich primär aus der Zukunft, was dem Primat des Seinkönnens entspricht. Das wiederum entspricht der Einsicht, dass die eigentlich verstandene Erschlossenheit von Welt (die Entschlossenheit) von den eigentlichen Entwürfen (den Entschlüssen) des Daseins abhängt.

Dabei ist auffällig, dass Heidegger zwar vereinzelt festhält (z. B. SZ 352), dass sich auch die eigentliche Existenz im Besorgen hält, dass er aber dazu tendiert, das **Sein-bei** insgesamt mit dem **Verfallen** zu identifizieren und entsprechend als im uneigentlichen Modus des Gegenwärtigens fundiert anzusehen. In den weiterführenden Gedanken zum Verfallen wurde bereits die Frage aufgeworfen, ob diese Engführung von fürsorgendem Besorgen und Verfallen ein Fehler Heideggers ist oder sich dafür sachliche Gründe finden lassen. Entspricht es der tatsächlichen Beschaffenheit des Daseins, dass fürsorgendes Besorgen immer uneigentlich ist? Zur weiteren Klärung dieser Frage kann an die Notwendigkeit des Verfallens erinnert werden: Wir müssen die Welt als vertraute hinnehmen, um uns auf faktische Möglichkeiten entwerfen zu können. Wir können uns nicht dauerhaft und global in der Unheimlichkeit halten, das ist keine ontisch-existenziell mögliche Weise des Daseinsvollzugs. Daraus folgt aber im Umkehrschluss: Ein eigentlicher Existenzvollzug kann nicht zur eigenständigen Lebensform werden. Es ist unmöglich, durchgängig in einem eigentlichen Existenzvollzug zu existieren. Es ist notwendig, dass wir uns zunächst und zumeist an der vorgegebenen Artikulation der Bedeutsamkeit orientieren. Ein eigentlicher Existenzvollzug ist nur als Korrektiv zum verfallenden Aufgehen im Man möglich. In einem solchen Vollzug wird transparent, dass die Verständlichkeit, die im Man artikuliert hat, nicht das letzte Wort haben kann. Eigentliches Selbstsein – als ein Existenzvollzug, dem seine eigene ontologische Beschaffenheit transparent ist – ist sich dabei sowohl über seine Angewiesenheit auf das Man im Klaren als auch darüber, dass es jederzeit mit einer Situation konfrontiert werden kann, die es erforderlich macht, der aktuellen Artikulation der Bedeutsamkeit nicht länger zu folgen, sondern auf deren Veränderung hinzuwirken. Diese Überlegungen verdeutlichen, dass sich das Sein-bei zunächst und zumeist als vergessend-gewärtigendes Gegenwärtigen zeitigt – also im Modus Uneigentlichkeit –, dieser Modus aber jederzeit von einem eigentlichen Existenzvollzug durchbrochen werden kann, der im wiederholend-augenblicklichen Vorlaufen fundiert ist.

Bevor wir die Zeitlichkeit der Rede behandeln, kann noch einmal zusammengefasst werden, wie die verschiedenen Begriffe der Daseinsanalyse zusammenhängen:

- Verstehen und Befindlichkeit – nunmehr zu verstehen als fundiert in den Ekstasen der Zukunft und Gewesenheit – konstituieren gemeinsam die Gegenwart, das Sein-bei. *Verstehen, Befindlichkeit* und *Sein-bei* sind also in den drei *Ekstasen der Zeitlichkeit* fundiert.

- Die Ekstasen der Zeitlichkeit können eigentlich oder uneigentlich vollzogen werden. Es sind dies die Vollzugsmodi des *eigentlichen Selbstseins* und des *Verfallens an das Man-selbst*. Diese Vollzugsmodi sind fundiert in den verschiedenen *Zeitigungen der Zeitlichkeit:* dem wiederholend-augenblicklichen Vorlaufen und dem vergessend-gewärtigenden Gegenwärtigen.
- Die *Rede* stellt gegenüber den Bestimmungsmomenten der Sorge (Befindlichkeit, Verstehen, Sein-bei) bzw. den korrespondierenden Ekstasen der Zeitlichkeit (Gewesenheit, Zukunft, Gegenwart) einerseits und den Vollzugsmodi (Eigentlichkeit und Uneigentlichkeit) bzw. den beiden korrespondierenden Zeitigungen andererseits sozusagen eine dritte Achse dar. Sämtliche Bestimmungsmomente und Vollzugsmodi finden in der Rede ihre Artikulation.

Vor diesem Hintergrund wird die **Zeitlichkeit der Rede** verständlich. Die Rede zeitigt sich weder primär aus einer der Ekstasen noch kann sie einer der Zeitigungen zugerechnet werden. Sie liegt quer zu diesen Unterscheidungen. Allerdings wiederholt Heidegger in § 68d, was er in § 35 als zentrale Bestimmung des Verfallens diskutiert hatte: Sofern Rede zunächst und zumeist im Miteinandersprechen vollzogen wird, kann sie leicht zum Gerede werden. Das Gerede zeigt sich, wie das Verfallen insgesamt, primär aus dem Gegenwärtigen, der uneigentlichen Gegenwart. Daher ist es so, dass die innerweltliche Manifestation der Rede als Sprache sich zunächst und zumeist wie das Verfallen primär aus dem Gegenwärtigen zeitigt. Doch das trifft nicht für die Rede insgesamt zu, mit der die Fähigkeit bezeichnet wird, den Sinn von Sein überhaupt zu artikulieren.

12.2 Die Transzendenz der Welt

Dasein wurde bestimmt als Sein des Da bzw. der Erschlossenheit. Als dessen Sinn erwies sich die Zeitlichkeit. Den daraus folgenden Fundierungszusammenhang bringt Heidegger nunmehr auf den Punkt: *„Die ekstatische Zeitlichkeit lichtet das Da ursprünglich."* (SZ 351) In § 69 will Heidegger explizit machen, wie die Zeitlichkeit als existenziale Bedingung der Möglichkeit der Erschlossenheit zu verstehen ist. Es geht also darum zu zeigen, dass nur ein Wesen, dessen Seinsweise in der endlichen Zeitlichkeit fundiert ist, im Modus der Erschlossenheit *in* der Welt sein kann. Die zentrale Stellung dieses Paragrafen für das Verständnis des Gesamtprojekts wird ersichtlich, wenn wir berücksichtigen, dass Heidegger hier einen Vorblick auf jene Thematik liefert, die im 3. Abschnitts von *Sein und Zeit* behandelt worden wäre.

Es wäre die Aufgabe des 3. Abschnitts gewesen, die Zeit als den Horizont für den Sinn von Sein aufzuweisen. Er hätte dabei jene Fragen wieder aufgreifen und einer angemesseneren Klärung zuführen müssen, die er zum Abschluss des 1. Abschnitts in den §§ 43 und 44 zu Realität und Wahrheit aufgeworfen hatte. Vor dem Hintergrund der Analyse des 2. Abschnitts erahnen wir nunmehr die volle Tragweise dieser Fragestellungen. Die bisherigen Ausführungen des 2. Abschnitts machten deutlich, dass Seiendes nur begegnen kann, wenn durch den Entwurf des Daseins ein Möglichkeitshorizont erschlossen wird, innerhalb dessen diese Begegnung stattfindet.

Für Zuhandenes ist das einleuchtend: Zeug gibt es nur, weil es hergestellt wird, damit jemand etwas mit ihm tun kann. Zum Beispiel gäbe es keine Wurfscheiben, wenn es keine Wesen gäbe, für die Werfen eine Möglichkeit ist. Die Möglichkeit von Wurfzeugen beruht auf dem Entwurf dieser Möglichkeit durch das Dasein. Das Gleiche gilt auch für komplexeres Zeug wie ein Autobahnnetz oder Datenbanken. Um Missverständnissen vorzubeugen, ist dabei in Erinnerung zu rufen, dass dieser Entwurf nicht in theoretischen Überlegungen, sondern im praktischen Umgang besteht. Wir entwerfen die Möglichkeit von Wurfzeug, indem wir Seiende werfen. Diese ontologische Abhängigkeit von Zuhandenem von der Existenz des Daseins ist offensichtlich und letztlich auch keine sonderlich originelle These. Doch wie verhält es sich mit Seienden, bei denen diese Angewiesenheit nicht offensichtlich ist? Bei einem Gebirge zum Beispiel scheint es naheliegend, dass es dieses gab, gibt und geben wird, egal ob es Dasein gibt oder nicht. Eine ähnliche Frage lässt sich mit Blick auf die Gegenstände wissenschaftlicher Forschung formulieren. In § 44 hatte Heidegger behauptet, dass das Gravitationsgesetz erst wahr wurde, als Newton es entdeckte. Bedeutet das, dass es davor keine Gravitation gab? Heidegger war beim Verfassen von *Sein und Zeit* bestimmt auch bekannt, dass mit Einsteins Relativitätstheorie Gravitation auf die Krümmung der Raumzeit zurückgeführt wurde. Heißt das, dass es Gravitation ab Einsteins Entdeckung nicht mehr gab? Gravitation hätte es dann nur für eine kurze Periode gegeben, von ihrer Entdeckung durch Newton bis zu ihrer Widerlegung durch Einstein. Was ist also der Status wissenschaftlicher Gesetze?

Heideggers Analyse der Transzendenz der Welt bietet einen Vorblick darauf, wie diese Fragen aus einer fundamentalontologischen Perspektive zu klären wären. Gleichwohl muss noch einmal betont werden, dass es die Aufgabe des 3. Abschnitts gewesen wäre, die entsprechenden Klärungen zu explizieren. Wir sind hier also in der Situation, dass wir als Interpret:innen mit der Aufgabe konfrontiert sind, die vermutlichen Kerngedanken des 3. Abschnitts aus den vorliegenden beiden Abschnitten von *Sein und Zeit* zu rekonstruieren. Entsprechend schreibt Heidegger in der Einleitung von § 69 zum Status seiner folgenden Ausführungen: „Die *ontologische Exposition* dieser Fragen ist nicht schon ihre Beantwortung. Wohl dagegen leistet sie die vorgängige notwendige Klärung *der* Strukturen, mit Rücksicht auf die das Transzendenzproblem gestellt sein will." (SZ 351) Es geht Heidegger hier also nicht um die Beantwortung der oben genannten Fragen, sondern nur darum, diese als Fragen verständlich zu machen. Er will hier also nur deutlich machen, wieso die Transzendenz der Welt ein zentrales ontologisches Problem ist und was in diesem Problem alles impliziert ist. Doch vielleicht ist damit schon das Entscheidende geleistet. Denn es könnte bei den genannten Fragen darauf ankommen, zuerst die hermeneutische Situation zu klären, in der diese Fragen überhaupt sinnvoll behandelt werden können. Wie wir gesehen haben, macht gerade diese Klärung der hermeneutischen Situation ontologischen Fragens die Daseinsanalytik zur Fundamentalontologie.

Heidegger adressiert die bislang skizzierten Fragen nicht direkt, sondern geht in § 69 in drei Schritten vor: Erstens behandelt er die Zeitlichkeit des Besorgens, also des Umgangs mit Zuhandenen; zweitens erläutert er die Zeitlichkeit des Erkennens, also des Verhaltens zu Vorhandenen; diese beiden Schritte münden schließlich drittens in einer allgemeinen Explikation des Problems der Transzendenz der Welt.

§ 69a zur **Zeitlichkeit des Besorgens** beginnt mit einer Wiederholung zentraler Einsichten, die Heidegger bereits im 1. Abschnitt herausgearbeitet hatte, die nunmehr aber in ihrer ontologischen Tragweite explizit gemacht werden können. Zunächst macht Heidegger deutlich, dass weder gesagt werden könne, dass Besorgen Zuhandenes verursache, noch, dass Besorgen durch Zuhandenes verursacht werde. Der Zusammenhang von Besorgen und Zuhandenem lässt sich überhaupt nicht in Kategorien von Ursache und Wirkung fassen. Das ist der Fall, weil ein besorgendes Dasein und ein zuhandenes Zeug gar nicht miteinander vorhanden sind. Deren Verhältnis betrifft vielmehr den Zusammenhang der Seinsweisen von Existenz und Zuhandenheit. Dazu wurde bereits an früherer Stelle festgehalten, dass die Erschlossenheit von Handlungsmöglichkeiten des Daseins und die Entdecktheit der Handlungsaufforderungen des Zeugs zwei Seiten derselben Medaille sind. Diesen Zusammenhang gilt es nunmehr im Licht der Zeitlichkeit noch einmal aufzugreifen. Heidegger rekapituliert ferner, dass Zeug immer in eine Zeuganzheit eingebettet ist, und hält dazu fest, „daß *ein* Zeug ontologisch unmöglich ist" (SZ 353). Zeug gibt es immer nur als Teil einer Zeugganzheit. Dies entfaltete Heidegger in § 18 durch die ontologische Charakterisierung des Zuhandenen anhand des Begriffs ‚**Bewandtnis**‘, den er jetzt ebenfalls noch einmal auf den Punkt bringt in der Phrase: „es hat *mit* etwas *bei* etwas sein Bewenden" (SZ 353). Das Sein des Zuhandenen ist nichts anderes (das heißt nicht mehr und auch nicht weniger) als diese Bewandtnis. Die Charakterisierung der Seinsweise des Zuhandenen als Bewandtnis ist ontologisch irreduzibel; sie kann also nicht auf andere Seinsweisen, wie etwa die Vorhandenheit, zurückgeführt werden. Zum Zusammenhang von Zuhandenheit und Existenz bemerkt Heidegger zusammenfassend: „Das umsichtig-entdeckende Sein bei ... des Besorgens ist ein Bewendenlassen, das heißt verstehendes Entwerfen von Bewandtnis" (SZ 353). Bis hierher sind uns diese Zusammenhänge bereits aus der Analyse der Zeughaftigkeit des Zeuges im 1. Abschnitt bekannt.

Heidegger geht es anschließend darum, die Zeitlichkeit als die Bedingung der Möglichkeit des Bewendenlassens zu erweisen. Auffällig ist daran die Identifizierung von **Sein-bei** mit der uneigentlichen Zeitigung der Zeitlichkeit, wenn Heidegger schreibt, dass das Bewendenlassen „die zeitliche Struktur des Gewärtigens" (SZ 353) habe. An dieser Stelle stellt sich also noch einmal die Frage nach dem Verhältnis von Sein-bei und Verfallen, die bereits im Kontext von § 38 aufgetaucht war und im Kontext von § 67 zur Zeitlichkeit der Erschlossenheit wieder aufgegriffen und einer Klärung zugeführt wurde. Dabei wurde die These vertreten, dass ein **eigentlicher Existenzvollzug** keine Lebensform beschreibt, die sich verselbstständigen könnte. Das impliziert einerseits, dass alle Bedeutsamkeit, die es gibt, sich als Man kodifizieren muss. Es bedeutet aber andererseits auch, dass die bestehende Bedeutsamkeit des Man nicht die einzig mögliche ist. Die Möglichkeit eines eigentlichen Existenzvollzugs bedeutet, dass die Kontingenz des aktuell bestehenden Bedeutungsganzen für ein Dasein durchsichtig wird. Doch das bedeutet nicht, dass ein eigentlicher Existenzvollzug Zugang zu einer anderen Bedeutungsganzes hätte, die losgelöst von jener wäre, die durch die aktuelle Beschaffenheit des Man artikuliert wird. Auch eine Existenz in Selbstständigkeit existiert weiter in derselben Welt, auch wenn deren Unzulänglichkeit für es offenkundig geworden ist.

Diesen Ausführungen fügt Heidegger nunmehr folgenden Gedanken hinzu: „Um an die Zeugwelt ‚verloren‘ ‚wirklich‘ zu Werke gehen und hantieren zu können, muß sich das Selbst vergessen." (SZ 354) Heidegger denkt also, dass wir die ursprüngliche Unheimlichkeit (also die Kontingenz aller Bedeutsamkeit, mit der wir in Grundstimmungen wie der Angst konfrontiert werden) und unser ursprüngliches Schuldigsein (dass wir es sind, die durch unsere Entschlüsse ein Bedeutungsganzes seinlassen, wie wir durch den Ruf des Gewissens erfahren hatten) ausblenden müssen, um innerhalb eines bestehenden Bedeutungsganzen handlungsfähig zu sein. Wenn wir uns die ursprüngliche Bedeutungslosigkeit der Welt und unsere fundamentale Verantwortung dafür, dass es überhaupt Bedeutung gibt, ständig vor Augen halten würden, wären wir handlungsunfähig, so Heideggers These. Das ist die abschließende Fassung seines Arguments für die Notwendigkeit des **Verfallens**. Wir müssen verfallen – das heißt die Welt als gegeben annehmen –, um innerhalb einer bestehenden Welt handlungsfähig zu sein.

§ 69b hat als Überthema die **Zeitlichkeit des Erkennens**. Konkret behandelt Heidegger dieses Thema anhand von zwei Fragekomplexen: Erstens der Frage, wie der Übergang von umsichtigem Besorgen von Zuhandenen zum Erkennen von Vorhandenen genauer zu verstehen ist. Zweitens geht es um ein existenzial-ontologisches Verständnis von Wissenschaft; damit wird eine Frage aufgegriffen, die bereits in § 13 umrissen wurde. Im Kontext dieser zweiten Aufgabe stellt sich einerseits die Frage: „[W]elches sind die in der Seinsverfassung des Daseins liegenden, existenzial notwendigen Bedingungen der Möglichkeit dafür, daß Dasein in der Weise wissenschaftlicher Forschung existieren kann?" (SZ 357) Andererseits muss hier auch der Zusammenhang von Dasein, Sein und Wahrheit wieder aufgegriffen werden, den wir bereits im Kontext von § 44 behandelt hatten.

Die Beschreibung des Übergangs von Besorgen zu Erkennen beginnt Heidegger – wie so häufig in der Daseinsanalytik – mit einer Klärung, wie dieser Übergang nicht angemessen verstanden werden kann. Zunächst rekapituliert er, dass der Unterschied von Besorgen und Erkennen nicht dem Unterschied von Praxis und Theorie entspricht. Der vermeintliche Unterschied von Theorie und Praxis erweist sich bei näherer Betrachtung als unplausibel, wenn beachtet wird, dass „der Praxis ihre spezifische Sicht (‚Theorie‘) eignet", und dass „die theoretische Forschung nicht ohne ihre eigene Praxis" auskomme (SZ 358). Zur Veranschaulichung verweist Heidegger einerseits darauf, dass theoretische Forschung auf technische Apparaturen angewiesen ist, ohne die sie unmöglich wäre. Selbst eine Mathematikerin, die auf einem Blatt oder an einer Tafel rechnet, ist auf das Hantieren mit Schreibzeug angewiesen. Ohne solche technischen Hilfsmittel wäre selbst Mathematik unmöglich. Doch dieser Zusammenhang von Wissenschaft und Technik ist viel tiefreichender, wie wir gleich sehen werden. Andererseits hatten wir bereits im Kontext der Zeuganalyse gesehen, dass das Besorgen eine ihm eigene ‚Theorie' hat, die Heidegger als **Umsicht** bezeichnet. Diese lässt sich auch methodisch ausbilden, wie Heidegger bereits in der Zeuganalyse andeutete und im Kontext von Verstehen und Auslegung weiter analysierte. Die methodische Ausbildung des umsichtigen Besorgens bezeichnet Heidegger nunmehr als **Überlegung**. In dieser wird der „Bewandtniszusammenhang ‚übersichtlich‘" (SZ 359) verstanden. Das macht aber deutlich, dass die methodische Ausbildung des umsichtigen Besorgens zu einem besseren Verständnis der Bewandtnisganzheit führt – ein differenziertes Verständnis der Handlungsoptionen im Umgang mit Zeug – und nicht zum Erkennen von Vorhandenem.

In § 32 hatten wir gesehen, dass die Als-Struktur des Verstehens (etwas wird immer *als etwas* verstanden) in der Auslegung nicht etwas anderes, sondern gerade als solche expliziert wird, ohne dass dies in präpositionaler Form geschehen oder versprachlicht werden müsse. Wenn wir allerdings darüber nachdenken, wie eine solche Möglichkeit sprachlich artikuliert wird, dann fällt auf, dass eine Aussage wie „der Hammer ist zu schwer" (SZ 360) doppeldeutig ist. Einerseits kann diese Aussage eine Überlegung des umsichtigen Besorgens zum Ausdruck bringen, die zum Beispiel besagt, dass der Gebrauch dieses Hammers zu viel Kraft erfordere, also zu anstrengend sei. Andererseits kann diese Aussage aber auch als Hinweis auf das Gewicht des Hammers verstanden werden. Dann bezieht sich die Aussage aber nicht auf den Hammer als zu besorgendes Zeug, sondern auf seine Eigenschaften als Gegenstand. Die zweite Deutung der Aussage versteht den Hammer also nicht als Werkzeug, dessen Schwere der Benutzerin mehr oder weniger angemessen ist, sondern als raum-zeitlichen Gegenstand mit der physikalischen Eigenschaft, ein Gewicht zu haben. Wir betrachten den Hammer in der zweiten Deutung also nicht mehr als ein Zuhandenes, sondern als ein Vorhandenes.

Daran zeigt sich: Eine methodische Ausbildung der Umsicht führt nie zur Erkenntnis von Vorhandenem, sondern zu einem besseren Verständnis der Bewandtnis des Zuhandenen. Damit uns Vorhandenes begegnet, bedarf es eines *Umschlags des Seinsverständnisses,* in dem uns die Bewandtnis eines Zeugs sowie dessen Platz in einer Bewandtnisganzheit gleichgültig werden, dafür aber die Eigenschaften eines Gegenstandes für uns sichtbar werden. Der Hammer als Schlagwerkzeug ebenso wie die Scheibe als Wurfgerät müssen uns gleichgültig werden, damit uns raum-zeitliche Gegenstände mit bestimmten Eigenschaften begegnen können. Diese Beobachtung lässt sich verallgemeinern: Damit uns Vorhandenes begegnen kann, muss uns die Bewandtnisganzheit gleichgültig werden. Die Welt darf uns nicht mehr als ein Gesamtzusammenhang von Handlungsaufforderungen begegnen, soll sie zum Gegenstand des Erkennens werden. Während sich dem umsichtigen Besorgen die Welt als Bewandtnisganzheit zeigt, begegnet dem Erkennen die „Welt" als „All des Vorhandenen" (SZ 362).

Nach dieser Charakterisierung des Umschlags von Besorgen zu Erkennen kommt Heidegger zur Klärung des existenzialen Verständnisses von **Wissenschaft**. Er versteht Wissenschaften als regionale Ontologien. Diese sind möglich, weil Dasein in seinen Entwürfen Möglichkeitsräume eröffnet – und dabei andere Möglichkeitsräume ausschließt –, innerhalb deren sich Seiende zeigen können. Im Kontext von Wissenschaften bezeichnet Heidegger diesen primären Entwurf des leitenden Seinsverständnisses als **Thematisierung**: „Das Ganze dieses Entwerfens, zu dem die Artikulation des Seinsverständnisses, die von ihm geleitete Umgrenzung des Sachgebietes und die Vorzeichnung der dem Seienden angemessenen Begrifflichkeit gehören, nennen wir die *Thematisierung*." (SZ 363) Die Thematisierung ist die Formulierung einer regionalen Ontologie, die ein wissenschaftliches Forschungsfeld eröffnet. Diese besteht in einer methodischen Ausbildung der Vor-Struktur des Verstehens, die festlegt, was sich zeigen kann (Vorhabe), wie es sich zeigen kann (Vorsicht) und mit welchen Begriffen es artikuliert werden kann (Vorgriff). Heidegger hält dazu fest:

> Mit der grundbegrifflichen Ausarbeitung des führenden Seinsverständnisses determinieren sich die Leitfäden der Methode, die Struktur der Begrifflichkeit, die zugehörigen Möglichkeiten von Wahrheit und Gewißheit, die Begründungs- und Beweisart, der Modus der Verbindlichkeit und die Art der Mitteilung. Das Ganze dieser Momente konstituiert den vollen existenzialen Begriff der Wissenschaft. (SZ 362–363)

Heidegger veranschaulicht dies am Beispiel der *neuzeitlichen Naturwissenschaft*. Deren Entwicklung (in einem jahrhundertelangen Übergangsprozess) erfolgte am Leitmodell der *mathematischen Physik*. Laut Heidegger liegt „das Entscheidende für ihre Ausbildung […] weder in der höheren Schätzung der Beobachtung der ‚Tatsachen‘, noch in der ‚Anwendung‘ von Mathematik in der Bestimmung von Naturvorgängen – sondern im *mathematischen Entwurf der Natur selbst*." (SZ 362) Den zentralen Schritt in der Etablierung der neuzeitlichen **Naturwissenschaft** macht Heidegger also in einem Umschlag des Seinsverständnisses fest. Das macht auch verständlich, wieso dieser Prozess so lange dauerte und gegen große Widerstände durchgesetzt werden musste, ab einem gewissen Zeitpunkt aber unaufhaltsam war. Vor diesem Umschlag des Seinsverständnisses war überhaupt nicht evident, wieso alles Seiende am Leitfaden seiner Mathematisierung betrachtet werden sollte. Sobald sich dieses neue Seinsverständnis allerdings etabliert hatte, war es unvermeidbar, dass zunehmend alles Seiende im Sinne seiner Mathematisierbarkeit entworfen wird.

Über den unmittelbaren Text von *Sein und Zeit* hinausgehend lassen sich verschiedene Ebenen der Thematisierung des leitenden Seinsverständnisses unterscheiden:

- Auf der untersten Ebene könnten wir diesen Sachverhalt mit Bezug auf einzelne wissenschaftliche Modelle betrachten, um uns anzusehen, wie diese bestimmen, was sich wie zeigen kann und mit welchen Begriffen es artikuliert wird.
- Auf einer mittleren Ebene lässt sich der gleiche Zusammenhang mit Blick auf die regionalen Ontologien einzelner Wissenschaftsdisziplinen betrachten.

- Schließlich können auf der höchsten Ebene epochale Orientierungen zum Gegenstand der Untersuchung werden, wie im eben genannten Beispiel des neuzeitlichen Wissenschaftsverständnisses.

Heidegger interessiert sich allerdings kaum für konkrete wissenschaftliche Modelle. In *Sein und Zeit* geht er auch nur in wenigen Bemerkungen auf epochale Orientierungen ein. In seinem späteren Denken wird die Frage nach den zentralen Wendungen des leitenden Seinsverständnisses, welche die großen Epochen unserer Geschichte ausmachen, zu einem zentralen Thema werden. In *Sein und Zeit* geht es hauptsächlich darum, wie regionalen Ontologien beschaffen sind. Heideggers Hauptinteresse gilt dabei den unterschiedlichen **Seinsweisen**, die in verschiedenen regionalen Ontologien thematisiert werden. Er wendet sich damit gegen eine ontologische Nivellierungsthese, die annimmt, dass es nur eine fundamentale Seinsweise gäbe. Es ist eines der wichtigsten Anliegen von *Sein und Zeit,* plausibel zu machen, dass es eine Pluralität nicht aufeinander rückführbarer Seinsweisen gibt. In *Sein und Zeit* kommen insbesondere drei Wissenschaftsdisziplinen zur Sprache, anhand deren Beispiel dies exemplifiziert wird: Physik, Geschichte und (weniger ausführlich) Biologie. Deren regionale Ontologien unterscheiden sich dadurch voneinander, dass es die Physik mit Vorhandenem, die Biologie mit Lebendigem und die Geschichtswissenschaft mit Historischem zu tun hat. Für Heidegger ist dabei entscheidend, dass diese Disziplinen fundamental unterschiedliche Entwürfe des leitenden Seinsverständnisses erfordern. Das bedeutet aber auch, dass innerhalb jeder Disziplin immer nur gewisse Phänomene zum Sichzeigen gebracht werden können. In der Physik können nur raum-zeitliche Gegenstände begegnen. Daher ist es im Rahmen einer physikalischen Thematisierung unmöglich, dass Lebendiges, Dasein oder Zeug zum Sichzeigen gebracht wird. Seiende von der Seinsweise des Lebens, der Existenz oder der Zuhandenheit liegen außerhalb des Rahmens des ontologisch Möglichen, der durch eine physikalische Thematisierung entworfen wird.

An dieser Stelle kann betont werden, dass eine solche klare Umgrenzung einer regionalen Ontologie – die festlegt, was erscheinen kann und was nicht – kein Makel ist, sondern die Bedingung der Möglichkeit von Wissenschaft. Die Endlichkeit des Daseins als geworfenes Seinkönnen hat zur Folge, dass auch die leitenden Thematisierungen, die einer Wissenschaftsdisziplin zugrunde liegen, notwendig begrenzt sind. Es wäre daher nur falsch, wenn eine regionale Ontologie den Anspruch erheben würde, auf alle Phänomene anwendbar zu sein. Das ist zum Beispiel in der physikalistischen Annahme der Fall, dass alles nach der Maßgabe der Physik erklärt werden müsse. Heidegger führt dagegen aus, dass eine Wissenschaft danach streben sollte, sich ihr je eigenstes, die Disziplin leitendes Seinsverständnis durchsichtig zu machen. Hierzu hält er als methodischen Leitsatz fest:

Je angemessener im führenden Seinsverständnis das Sein des zu erforschenden Seienden verstanden und damit das Ganze des Seienden als mögliches Sachgebiet einer Wissenschaft in seinen Grundbestimmungen artikuliert ist, um so sicherer wird die jeweilige Perspektive des methodischen Fragens. (SZ 362)

Das ist die wissenschaftstheoretische Schlussfolgerung aus den phänomenologischen Maximen, dass Sachangemessenheit der oberste Maßstab ist und die
Methode immer dem Gegenstand angemessen gewählt werden muss. Demnach
lässt sich die Qualität einer wissenschaftlichen Methode anhand der Angemessenheit der Thematisierung des leitenden Seinsverständnisses evaluieren. In § 69
bespricht Heidegger dies am Beispiel der modernen Physik. In den §§ 75 bis
76 wird er diesen Sachverhalt noch einmal mit Blick auf die Geschichtswissenschaft diskutieren. Allgemein lässt sich dazu festhalten, dass Wissenschaften in
der Seinsweise des Daseins fundiert sind und daher entsprechend der existenzialen
Struktur des Daseins funktionieren. Entsprechend der Notwendigkeit des Verfallens, um innerhalb eines Bedeutungsganzen handlungsfähig zu sein, ist es
für das Funktionieren einer Wissenschaft erforderlich, dass Forscher:innen die
leitende Thematisierung zunächst und zumeist als feststehend voraussetzen.
Allerdings wäre es uneigentlich, unbeirrbar darauf zu beharren. Ein eigentlicher
Existenzvollzug – nicht nur in den Wissenschaften, aber auch hier – erfordert die
Offenheit für die Begegnung von Phänomenen, die sich nicht in das zugrunde
liegende Seinsverständnis fügen und daher Anlass zu dessen Revision bieten.
Entsprechend der obigen Unterscheidung verschiedener Ebenen könnte eine
solche Revision in der Modifikation eines wissenschaftlichen Modells bestehen.
Es könnte aber auch erfordern, dass die regionale Ontologie einer Disziplin insgesamt infrage gestellt wird. Im radikalsten Fall könnte es so weit kommen, dass
sich ganze epochale Orientierungen als unzureichend herausstellen, wie dies
im Übergang zur Neuzeit der Fall war. Es ist an dieser Stelle aber auch leicht
ersichtlich, dass die Kosten einer möglichen Revision auf höherer Ebene immer
größer werden. Der mathematische Weltentwurf der Neuzeit ist ja nicht nur die
Voraussetzung dafür, wie in Disziplinen wie der Physik Forschung betrieben
wird, sondern die Bedingung der Möglichkeit für die Gesamtheit technischer
Apparaturen, die nicht nur diesen Forschungen, sondern immer größeren
Bereichen unserer Lebenswelt zugrunde liegen.

Nach diesen Ausführungen zu einem existenzial-ontologischen Verständnis
von Wissenschaft können wir nunmehr die ontologische Frage behandeln, wie die
Abhängigkeit von vorhandenen Gegenständen von den Entwürfen des Daseins
genauer zu verstehen ist. Sehen wir uns dies anhand eines Beispiels an: Die Teil-
chenphysik dient in erster Linie der Untersuchung, aus welchen Elementarteilchen
die Materie zusammengesetzt ist. Wie wird dabei vorgegangen? Einerseits entwickeln Physiker:innen Modelle, die es erlauben, Vorhersagen zu treffen. Diese
Modelle basieren dabei auf der oben genannten Thematisierung der Phänomene
auf Basis einer universalen Mathematisierung. Diese legt fest, dass alles, was für
die Physik sein kann, sich in einer Weise zeigt, die mathematisch beschreibbar ist.
Andererseits wird durch Experimente überprüft, ob es sich tatsächlich so verhält,
wie es die Modelle vorhersagen. Die Überprüfung besteht also darin, dass die Teilchen dazu gebracht werden, sich so zu zeigen, wie es das Model prognostiziert.
Doch wie können solche Teilchen zum Sichzeigen gebracht werden? In der
Elementarteilchenforschung erfolgen die wichtigsten Experimente mithilfe von
gigantischen Teilchenbeschleunigern. Elementarteilchen können sich überhaupt

nur zeigen, wie sie sind, weil wir diese komplexen Apparaturen gebaut haben, die es ihnen ermöglichen, uns zu begegnen. Anhand dieses Beispiels ist es weit weniger rätselhaft, was damit gemeint sein könnte, dass Seiendes auf den Entwurf des Daseins angewiesen sei, um sich zeigen zu können. Elementarteilchen können sich nur zeigen, wie sie sind, weil die Thematisierung der modernen Physik einen Möglichkeitshorizont entworfen hat, der sie seinlässt. Das Beispiel macht dabei deutlich, dass Seinlassen ein sehr hohes Maß an Vorverständnis erfordern kann. In der Wissenschaftstheorie wird dies als Theoriebeladenheit der Beobachtung diskutiert. Ebenso zeigt sich anhand dieses Beispiels, dass die Thematisierung nicht nur in theoretischen Modellen besteht, sondern in ganz entscheidender Weise auch in der Herstellung und Bedienung von technischen Apparaturen, also einer spezifischen ‚Praxis' empirischer Forschung. Erst durch diese Gesamtheit der Forschungspraxis wird der Möglichkeitshorizont erschlossen, in dem Elementarteilchen entdeckt werden können.

Dieses Beispiel bereitet uns darauf vor, Heideggers entscheidenden Satz zu verstehen, in dem er erläutert, wie die Thematisierung innerweltlich Seiendes als Gegenstand wissenschaftlicher Forschung seinlässt:

> Sie [die Thematisierung; Anm. G. T.] zielt auf eine Freigabe des innerweltlich begegnenden Seienden dergestalt, daß es sich einem puren Entdecken ‚entgegenwerfen', das heißt Objekt werden kann. Die Thematisierung objektiviert. Sie ‚setzt' nicht erst das Seiende, sondern gibt es so frei, daß es ‚objektiv' befragbar und bestimmbar wird. (SZ 363)

Wissenschaftliche Forschung zielt darauf ab, es Seienden zu ermöglichen, zum Gegenstand zu werden – das heißt sich so zu zeigen, wie sie von sich selbst her sind. Vor diesem Hintergrund erweist sich nun auch die Berechtigung des Verständnisses von Wahrheit, das Heidegger in § 44 entwickelt hatte. Er spricht von **Wahrheit**, wenn sich das Seiende so zeigt, wie es in unseren Entwürfen angesprochen wird. Der Entwurf eines Möglichkeitshorizont – der sich in physikalischer Forschung durch komplexe mathematische Modelle sowie aufwendige Apparaturen der Beobachtung vollzieht – ist die notwendige Voraussetzung dafür, dass sich Seiendes als es selbst zeigen kann. Diese Voraussetzung erklärt auch die Möglichkeit, dass sich Seiendes nicht so zeigt, wie es in unseren Modellen vorhergesagt wurde. Dasein ist dann in der Unwahrheit; das Seiende zeigt sich anders, als wir es angenommen hatten. Heideggers zunächst wenig intuitiv anmutende These, dass „alle ontische Erfahrung von Seiendem [...] in jeweils mehr oder minder durchsichtigen Entwürfen des Seins des entsprechenden Seienden" (SZ 324) gründen, erweist sich also bei näherer Betrachtung als plausible Beschreibung wissenschaftlicher Forschungsprozesse. Mit Heidegger lässt sich auch erklären, dass sich *wissenschaftliche Objektivität* dann einstellt, wenn die drei Dimensionen der Vor-Struktur des Verstehens in der Beobachtung zusammenkommen. Das ist dann der Fall, wenn sich die im Vorgriff artikulierte spezifische Hinsicht auf das Seiende darin bewährt, dass das Seiende, das durch diesen Entwurf zum Sichzeigen gebracht wird, sich so zeigt, wie es im Entwurf angesprochen wurde. Wenn sich diese Stimmigkeit nicht einstellt, weil sich das

Seiende anders zu erkennen gibt, als es im Entwurf artikuliert wurde, dann sollte das Anlass dafür geben, den Entwurf zu modifizieren, der für das nächste Experiment leitend sein wird.

Das Beispiel der Wissenschaft ermöglichte es, das ontologische Problem der Transzendenz anschaulich zu machen. In § 69c geht es darauf aufbauend um die Frage nach der **Transzendenz von Welt** überhaupt. Das Ziel von *Sein und Zeit* ist keine Wissenschaftstheorie, sondern die Klärung der Frage nach dem Sinn von Sein. Wissenschaft ist eine spezifische ontisch-existenzielle Möglichkeit des Daseins. Es ist ein Dasein denkbar, das keine Wissenschaft betreibt. Allerdings kann es kein Dasein geben, für das keine Welt erschlossen ist; sobald und solange Dasein existiert, ist es *in* der Welt und ist ihm die Welt erschlossen. Daraus folgt die entscheidende existenzial-ontologische Frage: „[W]ie ist so etwas wie Welt in seiner Einheit mit dem Dasein ontologisch möglich? In welcher Weise muß Welt *sein,* damit das Dasein als In-der-Welt-sein existieren kann?" (SZ 364).

Einen Gedanken aufgreifend, der bereits in den §§ 43 und 44 entfaltet wurde, betont Heidegger, dass mit der ekstatisch-horizontalen Zeitlichkeit zugleich Welt da sei:

> Sofern Dasein sich zeitigt, *ist* auch eine Welt. Hinsichtlich seines Seins als Zeitlichkeit sich zeitigend, *ist* das Dasein auf dem Grunde der ekstatisch-horizontalen Verfassung jener wesenhaft ‚in einer Welt'. Die Welt ist weder vorhanden noch zuhanden, sondern zeitigt sich in der Zeitlichkeit. Sie ‚ist' mit dem Außer-sich der Ekstasen ‚da'. Wenn kein *Dasein* existiert, ist auch keine Welt ‚da'. (SZ 365)

Die Gleichursprünglichkeit von Dasein und Welt ist die Bedingung der Möglichkeit für alles Besorgen und Erkennen, ja überhaupt für jedes Sein-bei Seienden. Das heißt im Umkehrschluss aber auch: Sobald und solange Dasein *ist,* begegnen ihm andere Seiende als bedeutsam im Horizont von Welt. Den damit angesprochenen Sachverhalt bezeichnet Heidegger als Transzendenz der Welt.

Er interpretiert diesen Sachverhalt abschließend im Licht der Zeitlichkeit, was in einem weiteren Ausblick auf den 3. Abschnitt mündet. Heidegger weist darauf hin, dass den Ekstasen der Zeitlichkeit **Horizonte der Welt** entsprechen:

> Die existenzial-zeitliche Bedingung der Möglichkeit der Welt liegt darin, daß die Zeitlichkeit als ekstatische Einheit so etwas wie einen Horizont hat. Die Ekstasen sind nicht einfach Entrückungen zu … Vielmehr gehört zur Ekstase ein ‚Wohin' der Entrückung. Dieses Wohin der Ekstase nennen wir das horizontale Schema. (SZ 365)

Ebenso wie sich die Erschlossenheit des Da und die Entdecktheit des innerweltlich Seienden wechselseitig bedingen und entsprechen, entsprechen und bedingen sich auch deren jeweilige Ermöglichungsbedingungen: die Ekstasen der Zeitlichkeit und die Horizonte der Welt. Heidegger bezeichnet das horizontale Schema der Zukunft als „*Umwillen seiner*", jenes der Gewesenheit als „*Wovor* der Geworfenheit bzw. als Woran der Überlassenheit" und jenes der Gegenwart als „*Um-zu*" (SZ 365). Der Gesamtzusammenhang lässt sich folgendermaßen fassen: „Mit dem faktischen Da-sein ist je im Horizont der Zukunft je ein Seinkönnen entworfen, im Horizont der Gewesenheit das ‚Schon sein' erschlossen und im Horizont der Gegenwart Besorgtes entdeckt." (SZ 365).

Was damit gemeint ist, kann noch einmal am Beispiel von Wissenschaften verdeutlich werden. Mit jeder Thematisierung wird ein Erwartungshorizont bestimmt, der festlegt, was sich im Rahmen einer Beobachtung zeigen kann und was nicht. Damit wird abermals deutlich, dass wissenschaftliche Thematisierungen notwendig endlich sind. Das ist der Fall, weil jede Thematisierung einen bestimmten Möglichkeitshorizont festlegt und damit andere Konkretisierungen des Möglichkeitshorizonts ausschließt. Der Horizont ist die Grenze, die festlegt, was innerhalb des Bereichs des Möglichen ist und was nicht. Es können sich daher innerhalb eines Horizonts immer nur bestimmte Arten von Seienden in spezifischen Hinsichten zeigen. Je spezialisierter eine Wissenschaft ist, umso kleiner ist der Ausschnitt dessen, was innerhalb ihrer regionalen Ontologie möglich ist. Die Wissenschaft ist die höchste Form der Objektivität, nach der Dasein streben kann, und zugleich die vielleicht markanteste Manifestation seiner Endlichkeit.

12.3 Weiterführende Gedanken

Heidegger unterliegt vor allem im 4. Kapitel des 2. Abschnitts einem überbordenden Fundierungsdrang. Er möchte alle Existenzialien des Daseins in der Zeitlichkeit fundieren. Zum Beispiel möchte er den Nachweis erbringen, dass die Vertrautheit mit der Welt, die die Alltäglichkeit ausmacht, in einer spezifischen Zeitigung der Zeitlichkeit fundiert sei. Das gleiche Vorhaben verfolgt er auch für das Erkennen von Vorhandenem am Beispiel wissenschaftlicher Forschung. An der Wiederholung der Analyse im Licht der Zeitlichkeit gibt es Aspekte, die informativ sind. Zum Beispiel kann in ihrem Zusammenhang erklärt werden, wie das gewärtigend-behaltende Gegenwärtigen einen Erwartungshorizont konstituiert, innerhalb dessen Zuhandenes seinen Platz hat. Die ekstatische Verfassung der Zeitlichkeit lässt also verstehen, wie im umsichtigen Besorgen ein Erwartungshorizont gebildet wird, der die Bedingung der Möglichkeit dafür ist, dass Dasein etwas vermissen (etwas, das erwartet wird, ist nicht gegenwärtig) oder von etwas überrascht (etwas, das nicht erwartet wurde, taucht auf) werden kann (SZ 355). Die analogen Überlegungen zum Erkennen, wie es sich in wissenschaftlicher Forschung ausbildet, wurden in dieser Kommentierung bereits ausführlich besprochen.

Allerdings drängt sich der Eindruck auf, dass Heideggers Streben nach Nachweisen von Fundierungszusammenhängen dazu führt, dass seine Ausführungen streckenweise allzu schematisch werden, sodass die zentralen Einsichten der fundamentalontologischen Reflexion hinter einem komplexen Begriffsgewirr verdeckt werden. Zum Teil treibt der Fundierungsdrang auch Blüten, die keiner sinnvollen Rekonstruktion zugeführt werden können. Ein Beispiel dafür ist § 70, in dem Heidegger die Räumlichkeit in der Zeitlichkeit fundieren möchte. In diesem 4. Kapitel des 2. Abschnitts wäre weniger mehr gewesen. Denn im Rahmen des

Gesamtprojekts von *Sein und Zeit* dient die Existenzialanalytik nur der vorbereitenden Klärung der Bedingung der Möglichkeit von Ontologie. Für die Gewinnung der hermeneutischen Situation für die methodische Ausarbeitung dieser meta-ontologischen Reflexion scheint es ausreichend, mit dem Aufweis der endlichen Zeitlichkeit als Sinn der Sorge bis in jene Fragedimension vorgedrungen zu sein, in der sich die Zeit als Horizont für die Frage nach dem Sinn von Sein zeigt.

Die Geschichtlichkeit des Daseins (§§ 72–77)

Nach zwei rekapitulierenden Absätzen beginnt Heidegger seine Ausführungen zur Geschichtlichkeit mit der Feststellung, dass nach der umfassenden Analyse des Seins zum Tode nun auch „das andere ‚Ende'" des Daseins berücksichtigt werden müsse: „der ‚Anfang', die ‚Geburt'" (SZ 373). Es ist merkwürdig, dass Heidegger die Thematik so einführt, als ob es sich dabei um ein Desiderat handeln würde. Denn an diesem Punkt in *Sein und Zeit* war die Geworfenheit des Daseins bereits mehrfach zentrales Thema, sodass der existenzial-ontologisch verstandene ‚Anfang' des Daseins bereits ausführlich behandelt wurde. Entsprechend kann dazu auch angemerkt werden, dass Heidegger in weiterer Folge nicht auf die ‚Geburt' in einem herkömmlichen Verständnis eingehen wird, sondern darauf, wie Dasein immer in eine spezifische geschichtliche Situierung geworfen ist.

Heideggers folgende Aussage, dass es in diesem Kapitel darum gehe, „die *Erstreckung* des Daseins *zwischen* Geburt und Tod" (SZ 373) zu analysieren, ergibt mehr Sinn. Es geht in diesem Kapitel folglich darum, in neuen Begrifflichkeiten noch einmal die Dynamik des jemeinigen Existenzvollzug zu beschreiben. Als methodischen Leitfaden für dieses Unterfangen fügt Heidegger im folgenden Absatz hinzu, „daß am Leitfaden der […] vulgären Daseinsauslegung eine genuine ontologische Analyse der *Erstreckung* des Daseins zwischen Geburt und Tod sich nicht nur nicht durchführen, sondern nicht einmal als Problem fixieren läßt" (SZ 374). Wenig überraschend macht Heidegger anschließend klar, dass der Bezug auf Geburt und Tod aus dem Sein des Daseins, das heißt aus der Sorge und der diese ermöglichenden Zeitlichkeit verstanden werden muss. „Das Dasein […] erstreckt *sich selbst* dergestalt, daß im vorhinein sein eigenes Sein als Erstreckung konstituiert ist." (SZ 374) In einer Wendung, die wir bereits vom Sein zum Tode kennen, geht es also darum zu verstehen, wie Dasein das *Zwischen* mit Bezug auf seinen Anfang und sein Ende vollzieht. Anfang und Ende liegen dabei nicht in der Vergangenheit und der vulgär verstandenen Zukunft, sondern betreffen das Dasein

© Der/die Autor(en), exklusiv lizenziert durch Springer-Verlag GmbH, DE, ein Teil von Springer Nature 2022
G. Thonhauser, *Heideggers „Sein und Zeit"*,
https://doi.org/10.1007/978-3-662-64689-2_13

in seiner gesamten Existenz: „Das faktische Dasein existiert gebürtig, und gebürtig stirbt es auch schon im Sinne des Seins zum Tode." (SZ 374) Wie Heidegger im folgenden Satz deutlich macht, gibt es „beide ‚Enden' und ihr ‚Zwischen'" nur, „solange das Dasein faktisch existiert" (SZ 374). Dasein ist geworfener Entwurf und vollzieht als solchermaßen faktisch Existierendes seine Existenz als Sein zum Tode und Sein von der Geburt her.

Heidegger bezeichnet dies nunmehr als die „spezifische Bewegtheit des *erstreckten Sicherstreckens*", die Heidegger auch „das *Geschehen* des Daseins" (SZ 375) nennt. Der Begriff ‚**Geschehen**' ist eine neue Bezeichnung für die Bewegtheit des jeweiligen Existenzvollzugs, den dynamischen Prozess des faktischen Existierens. Bereits im Kontext des Verfallens waren wir kurz darauf eingegangen, dass Heidegger Begriffe wie ‚Entwurf' oder ‚Wirbel' wählt, um diese konstitutive Bewegtheit der Existenz zum Ausdruck zu bringen. Durch die Analysen zur Zeitlichkeit kam diese dynamische Grundbestimmtheit der Existenz vollends zum Vorschein. Die fundamentale zeitliche Bewegtheit des Daseins wird nun als Geschehen weiter entfaltet. Im Sinne des Fundierungsstrebens, das Heidegger in diesen abschließenden Kapiteln des 2. Abschnitts umtreibt, nennt Heidegger die existenziale Ermöglichungsbedingung des Geschehens des Daseins **Geschichtlichkeit**. Diese sieht er wiederum in der Zeitlichkeit fundiert. Heideggers These lautet also, dass sich Dasein erstrecken kann, weil es geschicht-lich ist; und dass es geschichtlich ist, weil es zeitlich ist. Die Ziele des 5. Kapitels bestehen entsprechend in der Beschreibung der Geschichtlichkeit des Daseins und im Nachweis der Fundierung der Geschichtlichkeit in der Zeitlichkeit. (Wie in den weiterführenden Gedanken zum vorherigen Kapitel ausgeführt wurde, sind diese Fundierungsordnungen wenig überzeugend und für das Verständnis der relevanten Phänomene auch kaum dienlich. Es wäre sinnvoller gewesen, wenn Heidegger einfach die Phänomene genau beschriebe hätte, ohne ständig Fundierungsver-hältnisse zu postulieren.) Die Geschichtlichkeit des Daseins ist zu unterscheiden von der Geschichtswissenschaft, die Heidegger zur klareren begrifflichen Unter-scheidung als **Historie** bezeichnet. Heidegger möchte dahingehend zeigen, dass sich nur auf Basis eines angemessenen Verständnisses der Geschichtlichkeit ver-stehen lässt, wieso Dasein Historie betreibt.

Mit der Geschichtlichkeit kommen wir auch ein letztes Mal auf die Frage nach dem Wer des Daseins zurück. Heidegger geht es hierbei wiederum darum, die Fundierung dieses zuvor beschriebenen Phänomens in der Zeitlichkeit nach-zuweisen. Demnach sei die Geschichtlichkeit als eigentliche Zeitigung der Zeit-lichkeit jener Modus der Zeitlichkeit, der die in § 64 analysierte Selbstständigkeit fundiert. Dazu sei noch einmal in Erinnerung gerufen, dass mit dem (leicht irre-führenden) Begriff ‚Selbst' eine Vollzugsweise der Existenz gemeint ist. Die Frage nach dem Wer des Daseins ist durch den Verweis auf die spezifische Weise, in der es sich selbst vollzieht, zu beantworten. Der Existenzvollzug ist dabei nur möglich aufgrund der Strukturganzheit der Sorge. Damit grenzt sich Heidegger radikal von der Annahme ab, dass der Existenzvollzug so etwas wie ein Subjekt voraussetzen würde. Die Sorge setzt kein Subjekt voraus, sondern ermöglicht umgekehrt so etwas wie die Frage nach Selbstheit. Am jetzigen Stand der Daseins-analyse – also nachdem die Zeitlichkeit als der Sinn der Sorge expliziert wurde – geht es Heidegger darum, aufzuweisen, wie die verschiedenen Vollzugsweisen der Existenz durch die Zeitlichkeit ermöglicht werden. Dazu schreibt er: „Die Selbstständigkeit ist eine Seinsweise des Daseins und gründet deshalb in einer spezifischen Zeitigung der Zeitlichkeit." (SZ 375) Die Analysen der Geschicht-lichkeit haben dahingehend die Aufgabe, die eigentliche Zeitigung der Zeitlich-keit zu beschreiben, die einen eigentlichen Existenzvollzug ermöglicht. Dafür ist der Begriff ‚Wiederholung' zentral, auf den Heidegger allerdings erst am Ende von § 74 zu sprechen kommt. Dagegen lässt sich die Alltäglichkeit nunmehr „als uneigentliche Geschichtlichkeit des Daseins" (SZ 376) interpretieren. Damit ist, wie Heidegger schreibt, „über den *Ort* des Problems der Geschichte entschieden" (SZ 375). Die Geschichtlichkeit behandelt, wie Dasein das Geschehen seiner Existenz vollzieht und darin Selbstständigkeit erlangt oder nicht.

Für seine Beschreibung der Geschichtlichkeit geht Heidegger wiederum in den bereits bekannten Schritten vor. In § 73 beginnt er mit einer Behandlung des vulgären Verständnisses von Geschichte, um daraus erste Ansätze für ein eigent-liches Verständnis der Geschichte zu gewinnen. § 74 bietet anschließend eine existenziale Analyse der Geschichtlichkeit, die zeigen soll, wie Geschichtlich-keit in der Zeitlichkeit fundiert ist und wie sich diese zeitigt. § 75 behandelt die Geschichte von innerweltlich Begegnendem (Zuhandenem und Vorhandenem). Heidegger bezeichnet diese als Welt-Geschichte, also die Geschichte der Welt im existenzial-ontologischen Sinn. Das Aufgehen in der Welt-Geschichte ist der Ursprung für die uneigentliche Geschichtlichkeit. § 76 untersucht anschließend den existenzialen Ursprung der Historie (also der Geschichtswissenschaft) aus der Geschichtlichkeit des Daseins. Im abschließenden § 77 ließ Heidegger ein Exzerpt aus dem Briefwechsel Wilhelm Diltheys und des Grafen Yorck abdrucken. Dieser Exkurs voller Zitate ist ein weiteres Zeichen für die Eile, mit der Heidegger den 2. Abschnitt von *Sein und Zeit* fertigstellte. In diesem Kommentar wird nicht weiter darauf eingegangen.

13.1 Geschichtlichkeit als eigentliche Zeitigung der Zeitlichkeit

In § 73 beschreibt Heidegger das vulgäre Verständnis der Geschichte. Seinem üblichen Vorgehen folgend, gewinnt er aus diesem Vorverständnis Ansätze für ein eigentliches Verständnis, wobei sich dieses eigentliche Verständnis wiederum als das Gegenteil des vulgären Verständnisses herausstellen wird. Heidegger beginnt mit dem Hinweis auf die Doppeldeutigkeit des Ausdrucks ‚Geschichte'. In § 73 interessiert ihn nur die erste Bedeutung, jene von Geschichte als geschichtliche Wirklichkeit. Die Bedeutung von Geschichte als Geschichtswissenschaft (Historie) behandelt er in § 76. Anschließend zeigt Heidegger, dass auch der Aus-druck ‚das Vergangene' doppeldeutig ist. Einerseits meint Vergangenes solches, das „nicht mehr vorhanden oder auch: zwar noch vorhanden, aber ohne ‚Wirkung‘ auf die ‚Gegenwart‘" (SZ 378) ist. Das ist die Bedeutung von Vergangenheit, die im vulgären Geschichtsverständnis dominant ist: Geschichte wird verstanden als die Beschäftigung mit Vergangenem, das abgeschlossen hinter uns liegt. Andererseits hat aber auch das vulgäre Verständnis von Geschichte ein Verständnis des Vergangenen als etwas, das noch nachwirkt, also weiterhin Einfluss auf unsere Existenz hat. In diesem Sinn erweist sich Geschichte als Herkunft. Jetzt verstehen wir besser, wieso Heidegger den Ausdruck ‚Vergangenheit‘ vermeidet und stattdessen den Ausdruck ‚**Gewesenheit**‘ verwendet. Er will damit betonen, dass uns das Überlieferte weiterhin beeinflusst, es fortwährend in und für unsere Existenz eine Rolle spielt. Schließlich erklärt Heidegger, dass auch das vulgäre Geschichtsverständnis ein Verständnis davon hat, dass sich Geschichte „auf den Menschen als das ‚Subjekt‘ der Ereignisse" (SZ 379) bezieht. Heidegger verwendet hier den Ausdruck ‚Subjekt‘, weil er aus der Perspektive des vulgären Geschichtsverständnisses spricht.

Den Übergang zu einem eigentlichen Geschichtsverständnis vollzieht Heidegger anhand einer Analyse des Status von „im Museum aufbewahrten ‚Altertümern‘" (SZ 380). Heidegger macht darauf aufmerksam, dass diese uns vor allem interessieren, weil sie Zeugen einer da-gewesenen Welt sind.

> Was ist ‚vergangen‘? Nichts anderes als die *Welt*, innerhalb deren sie, zu einem Zeug-zusammenhang gehörig, als Zuhandenes begegneten und von einem besorgenden, in-der-Welt-seienden Dasein gebraucht wurden. Die *Welt* ist nicht mehr. Das vormals *Innerweltliche* jener Welt aber ist noch vorhanden. (SZ 380)

Artefakte im Museum interessieren uns, weil sie es uns ermöglichen, die Welt, der sie zugehörig waren, zu rekonstruieren. In § 76 zur Historie wird Heidegger deutlich machen, dass auch dies für die eigentlich verstandene Geschichtlichkeit keine rein historische Angelegenheit ist. „Die ‚Geburt‘ der Historie aus der eigentlichen Geschichtlichkeit bedeutet dann: die primäre Thematisierung des historischen Gegenstandes entwirft dagewesenes Dasein auf seine eigenste Existenzmöglichkeit." (SZ 394) Eigentlich verstandene Geschichtswissenschaft rekonstruiert die Existenzmöglichkeiten des dagewesenen Daseins und zeigt damit für die Gegenwart, was möglich gewesen ist. Sie zeigt also, wie wir zu dem geworden sind, was wir sind, und welche alternativen Möglichkeiten bestünden. Wir werden darauf gleich noch genauer eingehen. An dieser Stelle sei noch auf die zentrale Passage von § 73 hingewiesen:

> Nicht mehr existierendes Dasein aber ist im ontologisch strengen Sinne nicht vergangen, sondern *da-gewesen*. Die noch vorhandenen Altertümer haben einen ‚Vergangenheits‘- und Geschichtscharakter auf Grund ihrer zeughaften Zugehörigkeit zu und Herkunft aus einer gewesenen Welt eines da-gewesenen Daseins. Dasein ist das primär Geschichtliche. (SZ 380–381)

Aus einer existenzial-ontologischen Perspektive lässt sich festhalten, dass streng genommen nur Dasein geschichtlich ist; Geschichtlichkeit bezeichnet die Dynamik der Existenz, die Heidegger auch als Geschehen bezeichnet. Das innerweltlich Begegnende ist hingegen nur sekundär geschichtlich; seine Geschichtlichkeit ist abhängig von der primären Geschichtlichkeit des Daseins. Nur weil Dasein sich zu seiner Gewesenheit verhält, begegnet innerweltlich Seiendes als Teil der Geschichte von Welt.

In § 74 stellt sich Heidegger der Aufgabe, die Geschichtlichkeit des Daseins zu charakterisieren. Als Ausgangspunkt ruft er folgenden Sachverhalt zum Zusammenhang von existenzialer Analytik und faktischem Existenzvollzug in Erinnerung: „Wozu sich das Dasein je *faktisch* erschließt, vermag die existenziale Analyse grundsätzlich nicht zu erörtern." (SZ 383) Weil eigentliches Selbstsein im je eigensten Seinkönnen besteht und sich das Dasein folglich je selbst durch seine Entschlüsse zu bestimmen hat, kann die existenziale Analytik nichts dazu sagen, welche konkreten Möglichkeiten für ein faktisches Dasein bestehen. Dies zu klären ist Aufgabe des jemeinigen Existenzvollzugs. Allerdings ist es Aufgabe der existenzialen Analytik zu analysieren, „woher *überhaupt* die Möglichkeiten geschöpft werden können, auf die sich das Dasein faktisch entwirft." (SZ 383) Durch die Analyse der Geschichtlichkeit soll also geklärt werden, was es bedeutet, in faktische Möglichkeiten geworfen zu sein.

Heidegger schreibt dazu, dass die Entschlossenheit „die jeweiligen faktischen Möglichkeiten eigentlichen Existierens *aus dem Erbe* [erschließt], das sie als geworfene *übernimmt*" (SZ 383). Der neue Begriff ‚**Erbe**' bezeichnet die überlieferten Möglichkeiten, die das Dasein übernehmen kann. Als geworfene, faktische Existenz hat Dasein immer ein Erbe, aus dem es seine Möglichkeiten schöpft. Weil Dasein aber primär Seinkönnen ist, ist ihm sein Erbe nicht einfach vorgegeben, sondern es hat die Aufgabe, sein Erbe zu übernehmen, und die Verpflichtung, aus seinem Erbe zu lernen. Die Bedeutung des Erbens für die Existenz ergibt sich auch nur aus seiner Übernahme. Um dies zu betonen, führt Heidegger den weiteren Begriff ‚**Schicksal**' ein: „Die ergriffene Endlichkeit der Existenz reißt aus der endlosen Mannigfaltigkeit der sich anbietenden nächsten Möglichkeiten des Behagens, Leichtnehmens, Sichdrückens zurück und bringt das Dasein in die Einfachheit seines *Schicksals*." (SZ 384) Schicksal ist Heideggers Bezeichnung für „das in der eigentlichen Entschlossenheit liegende ursprüngliche Geschehen des Daseins, in dem es sich frei für den Tod ihm selbst in einer ererbten, aber gleichwohl gewählten Möglichkeit *überliefert*." (SZ 384) Das Erbe bezeichnet die Gewesenheit, die im Schicksal als Zukunft übernommen wird.

Dabei zeigt sich, dass Heideggers Verständnis von Schicksal wiederum so ziemlich genau das Gegenteil dessen bedeutet, was wir herkömmlich unter diesem Begriff verstehen. Das Schicksal des Daseins bedeutet gerade keinen Fatalismus, keine Determiniertheit durch Gegebenheiten. Es bedeutet im Gegenteil den Entschluss des Daseins, in dem es die überlieferten Möglichkeiten übernimmt, indem es sich für sie entscheidet. Schicksal hat das Dasein also gerade dann, wenn es seine Möglichkeiten nicht als vorgegeben versteht, sondern ihm durchsichtig ist, dass es seine Möglichkeiten in seinem eigensten Seinkönnen zu übernehmen hat. Dasein wählt sein Schicksal, indem es sich auf konkrete Möglichkeiten entwirft. Es ist ihm dann also durchsichtig, dass es an ihm liegt, auf dem Abgrund der Unheimlichkeit eine Welt zu erschließen, in der Seiendes als bedeutsam begegnen

kann. Dasein überliefert sich sein Erbe als Schicksal, wenn es übernimmt, der
nichtige Grund seiner Nichtigkeit zu sein. Daher kann Heidegger festhalten: „Das
eigentliche Sein zum Tode, das heißt die Endlichkeit der Zeitlichkeit, ist der verborgene Grund der Geschichtlichkeit des Daseins." (SZ 386).

Bis hierher ergeben sich die Ausführungen in § 74 konsequent aus den bisherigen Analysen des eigentlichen Existenzvollzugs und der Zeitlichkeit. Sie
beinhalten eine erneute Explikation bereits bekannter Phänomene anhand der
neuen Begriffe ‚Erbe' und ‚Schicksal'. Heidegger verwendet diese Begriffe
für den alltäglichen Sprachgebrauch ungewöhnlich, womit er allerdings nur
seiner Vorgehensweise treu bleibt. Beim Schicksal vollzieht er dabei die gleiche
Wendung, die sich in *Sein und Zeit* regelmäßig beobachten lässt: Er nimmt einen
Begriff, der im Alltagsverständnis mit Fremdbestimmtheit konnotiert ist, und
zeigt, dass das zugrunde liegende Phänomen eigentlich verstanden ein Ausdruck
der radikalen Selbstbestimmung des Daseins ist.

Nun kann an dieser Stelle allerdings auch angemerkt werden, dass § 74
berühmt-berüchtigt ist, weil viele hier erste Anzeichen für Heideggers Bekennt-
nis zum Nationalsozialismus sehen. Das liegt vor allem an jenem Absatz, in dem
Heidegger auf die im 2. Abschnitt weitgehend vernachlässigte Dimension des
Miteinanderseins zu sprechen kommt. Analog zum *Schicksal* als Bezeichnung
für das eigentliche Geschehen des Daseins, verwendet Heidegger den Ausdruck
‚**Geschick**', um das „Geschehen der Gemeinschaft" (SZ 384) zu bezeichnen.
Heidegger erwähnt diese Thematik nur in einem einzigen Absatz und es gibt
auch keine Parallelstellen aus umliegenden Vorlesungen, die für die Interpretation
herangezogen werden können. Entsprechend lässt sich zu diesen Bemerkungen im
Kontext einer systematischen Rekonstruktion nicht viel sagen. Allerdings muss in
den weiterführenden Gedanken auf die zeitgeschichtliche Aufgeladenheit dieser
Ausführungen eingegangen werden. Das zentrale Desiderat in *Sein und Zeit,*
welches Heidegger spätestens in diesem Kapitel hätte behandeln müssen, besteht
darin, den zentralen Gedanken, dass die Welt wesentlich Mitwelt ist, anhand des
Leitfadens des eigentlichen Existenzvollzugs aufzugreifen und in diesem Kontext
zu analysieren. Leider wird dies von ihm unterlassen, sodass hier eine eklatante
systematische Leerstelle verbleibt, die in der Schlussbetrachtung aufgegriffen
werden wird.

Zentral für das Gesamtverständnis von *Sein und Zeit* ist der Begriff ‚Wiederholung', den Heidegger anschließend einführt. Wenn Heidegger sein Gesamtvorhaben als Wiederholung der Seinsfrage beschreibt, dann versteht er Wiederholung
dabei in jenem Sinn, den er hier im Rahmen seiner Analyse der Geschichtlichkeit genauer bestimmt. **Wiederholung** ist die eigentliche Zeitigung der
Gewesenheit; es beschreibt also die Weise, in der Dasein seine Geschichtlichkeit
eigentlich vollzieht. Heidegger definiert Wiederholung als *„ausdrückliche Über-
lieferung."* (SZ 385) Dasein ist immer in faktische Möglichkeiten geworfen;
es ist damit konfrontiert, in einer Situation zu stehen, die nicht von ihm bewirkt
wurde. Während ein uneigentlicher Existenzvollzug die aktuelle Situation zum
entscheidenden Referenzrahmen nimmt und davon ausgeht, dass die verfügbaren

Möglichkeiten durch diese Situation vorgegeben werden, erfordert ein eigentlicher Existenzvollzug ein explizites Verhalten zu den faktischen Möglichkeiten in Transparenz des eigenen Tuns. Eigentliche Geschichtlichkeit ist dabei Gegenwartskritik, weil sie sich die historische und kulturelle Variabilität der aktuellen Artikulation des Bedeutungsganzen vor Augen hält und dadurch in die Lage versetzt wird, sie mit möglichen Alternativen zu konfrontieren. „Die Zeitlichkeit der eigentlichen Geschichtlichkeit […] ist als vorlaufend-wiederholender Augenblick eine *Entgegenwärtigung* des Heute und eine Entwöhnung von den Üblichkeiten des Man." (SZ 391) Einem uneigentlichen Vollzug der Geschichtlichkeit fehlt hingegen die Einsicht in die Kontingenz der eigenen Situation, sodass es seine Gegenwart zum Maßstab für die Auseinandersetzung mit der Vergangenheit macht.

Wiederholung besteht allerdings auch nicht darin, statt an die Gegenwart nunmehr an die Gewesenheit zu verfallen. Heidegger macht dies deutlich, wenn er betont, dass Wiederholung keine Kopie des Gewesenen ist, sondern eine *Erwiderung:* „Die Wiederholung erwidert […] die Möglichkeiten der dagewesenen Existenz. Die Erwiderung der Möglichkeit im Entschluß ist aber zugleich als *augenblickliche* der *Widerruf* dessen, was im Heute sich als ‚Vergangenheit' auswirkt." (SZ 386) Wiederholung als eigentlicher Vollzug der Geschichtlichkeit nimmt also weder die Gegenwart noch die Vergangenheit zur Autorität, sondern einzig seine faktischen Möglichkeiten, auf die es sich entwirft. Wiederholung impliziert dabei auch keine Idee von Fortschritt oder Rückschritt, denn beides sind Kategorien, die für die eigentliche Existenz gleichgültig sind. In der Selbstständigkeit der eigentlichen Existenz sind die jeweiligen faktischen Möglichkeiten die einzige Autorität, und die Selbstständigkeit besteht in nichts anderem als der Freiheit, sich diese zu überliefern und sie zu erwidern – das heißt sich kritisch mit ihnen auseinanderzusetzen und sie in den eigenen Entschlüssen relevant werden zu lassen.

13.2 Welt-Geschichte und Historie

Wie Heidegger in § 73 schreibt, ist der Ausdruck ‚Geschichte' doppeldeutig und kann sowohl die geschichtliche Wirklichkeit als auch die Geschichtswissenschaft meinen. Die geschichtliche Wirklichkeit wurde am Leitfaden der Existenz eigentlich verstanden als Geschehen. In § 75 rekapituliert Heidegger, dass die solcherart verstandene Geschichte „weder der Bewegungszusammenhang von Veränderungen der Objekte noch die freischwebende Erlebnisfolge der ‚Subjekte'" ist, sondern ein „*Geschehen des In-der-Welt-seins.*" (SZ 388) Daraus folgt aber auch, dass die Geschichtlichkeit des Daseins und die Geschichtlichkeit der Welt wesenhaft zusammengehören – das eine ist nicht ohne das andere möglich. Alles innerweltlich begegnende Seiende ist Teil der Geschichtlichkeit der Welt. Heidegger nennt es das **Welt-Geschichtliche**, wobei auch dieser Ausdruck doppeldeutig ist: Er bezeichnet einerseits das „Geschehen von Welt" als Entwicklung der Bedeutsamkeitsstrukturen des Daseins; andererseits kann er

aber auch „das innerweltliche ‚Geschehen' des Zuhandenen und Vorhandenen"
(SZ 389) meinen.

Der zentrale Gedanke von § 75 ist nunmehr, dass sich die Verfallenstendenz des
Aufgehens bei der Welt im Licht der Geschichtlichkeit so interpretieren lässt, dass
sich das verfallende Dasein ausgehend vom welt-geschichtlichen Heute versteht.
Uneigentliche Geschichtlichkeit besteht in der „Unständigkeit der Zerstreuung"
(SZ 390), die an das Heute des Man gebunden bleibt. Dem Leitfaden des Man
folgend versteht die uneigentliche Geschichtlichkeit das ‚Welt-Geschichtliche'
als Vergangenes, das aus der Perspektive der Gegenwart zu interpretieren ist. Es
kommt daher nicht über das Bestehende hinaus, sondern versteht alles in dessen
Licht. Eigentliche Geschichtlichkeit meint hingegen „das vorlaufend sich über-
liefernde Wiederholen des Erbes von Möglichkeiten" (SZ 390); es bezeichnet die
„erstreckte Ständigkeit", in der es „augenblicklich ist für das Welt-Geschichtliche
seiner jeweiligen Situation" (SZ 390–391).

Nach diesen Ausführungen zur Welt-Geschichte und zur uneigentlichen
Geschichtlichkeit hat § 76 die Aufgabe einer Untersuchung, wie die von
Heidegger als **Historie** bezeichnete Geschichtswissenschaft in der Geschichtlichkeit des Daseins fundiert ist. Diese Überlegungen zu einer Geschichtsschreibung,
die der existenzialen Verfassung des Daseins angemessen ist, dient zugleich als
Vorbereitung auf die Destruktion der Geschichte der Philosophie, die für den
2. Teil von *Sein und Zeit* geplant war. Die Auseinandersetzung mit der Geschichte
der Philosophie im Rahmen des Projekts von *Sein und Zeit* hätte in jener Form
erfolgen müssen, die Heidegger hier als eigentliche Historie skizziert.

Heideggers Ausführungen zur Historie greifen auch auf jene Überlegungen
zurück, die Heidegger in § 69b zum existenzialen Verständnis von Wissenschaft
ausarbeitete. Wie Heidegger dort schreibt, beruht jede Wissenschaft auf einer
Thematisierung (SZ 363); damit bezeichnet Heidegger das leitende Seinsverständnis, das den Untersuchungsbereich bestimmt. Entsprechend der Vor-Struktur
des Verstehens legt die Thematisierung fest, was (Vorhabe) in welcher Hinsicht
(Vorsicht) und mithilfe welcher Begrifflichkeiten (Vorgriff) zum Gegenstand der
Untersuchung wird. Auch das vorontologische Seinsverständnis ist durch eine
solche Vor-Struktur bestimmt. Doch während die Vor-Struktur des Verstehens im
vorontologischen Seinsverständnis implizit und unthematisch bleibt, wird sie in
den Wissenschaften expliziert und methodisch ausgebildet. Wobei Heidegger dazu
als Leitfaden vorgibt, dass eine Thematisierung umso besser sei, je konsequenter
sie sich an der Seinsart des zu untersuchenden Seienden orientiere und je trans-
parenter sie dabei vorgehe.

Von diesen allgemeinen Überlegungen ausgehend hält Heidegger nunmehr
fest, dass die Historie wie jede Wissenschaft in der Seinsweise des Daseins
fundiert ist. Doch anders als die neuzeitlichen Naturwissenschaften, deren Erfolg
Heidegger gerade auf die Konsequenz eines durchgehend mathematischen Entwurfs der Natur zurückführt, ist die Historie *„ihrer ontologischen Struktur nach
in der Geschichtlichkeit des Daseins verwurzelt"* (SZ 392). Während die Naturwissenschaft ihren Erfolg also einer universalen Mathematisierung zu verdanken
hat, die der Seinsweise der Vorhandenheit entspricht, hat es die Historie mit dem

Geschehen des Daseins zu tun, sodass sie der Seinsweise dieses Seienden, also der Existenz, Rechnung tragen muss. Die Historie findet den angemessenen Zugang zu ihrem Untersuchungsgegenstand also nur durch Ausbildung des Selbstverständnisses des Daseins als eines geschichtlichen Wesens, das Historie betreiben kann. Das impliziert, dass die „historische Thematisierung […] ihr Hauptstück in der Ausbildung der hermeneutischen Situation" (SZ 397) hat und damit deutliche Parallelen zur Daseinsanalytik aufweist. Die entscheidende Voraussetzung für die Möglichkeit von Historie besteht in der Erschlossenheit von Gewesenem, und zwar nicht nur in dem ontischen Sinn, dass es genug überlieferte Artefakte geben muss, die der Historie als Material dienen können, sondern auch in dem ontologischen Sinn, dass dem Dasein die Sphäre des Gewesenen erschlossen sein muss, damit es sie erforschen kann. Dieser Voraussetzung muss sich die Historie versichern, indem sie ihre Thematisierung konsequent am Leitfaden der „Seinsart des dagewesenen Daseins" (SZ 393) entwickelt.

Als Leitlinien für dieses Vorhaben hält Heidegger eine Reihe von Zusammenhängen fest. Er beginnt mit der Feststellung, dass Welt-Geschichte je nur mit dem faktischen Dasein *ist.* Wenn das Dasein nicht mehr *ist,* dann bleiben vormals innerweltlich zuhandene Artefakte als Überbleibsel zurück. Diese Überbleibsel „sind *mögliches* ‚Material' für die konkrete Erschließung des dagewesenen Daseins" (SZ 394). Damit etwas aber tatsächlich zum historischen Material werden kann, muss es im Vorhinein als Welt-Geschichtliches des dagewesenen Daseins entworfen werden. Die Auswahl der zu untersuchenden Materialien erfolgt also durch eine Wahl des geschichtlichen Daseins, was laut Heidegger zeigt, dass auch die Historie primär in der Zukünftigkeit fundiert ist. Die Historie setzt ein Verhältnis des geschichtlichen Existierens zum dagewesenen Dasein voraus. In diesem Sinn sieht Heidegger die Historie in der Geschichtlichkeit fundiert. Nur weil das je faktisch existierende Dasein sich zum dagewesenen Dasein in eine Beziehung setzt und gewisse Materialien als zur Welt des dagewesenen Daseins gehörig identifiziert, kann es Historie betreiben, um die Welt des dagewesenen Daseins zu rekonstruieren.

Daraus folgt auch, dass der eigentliche Gegenstand der Historie das dagewesene Dasein in seinen eigensten Existenzmöglichkeiten ist. Es geht der eigentlichen Historie also darum, dass dagewesene Dasein in seinen Möglichkeiten zu verstehen und damit einhergehend das dagewesene Welt-Geschichtliche in seinem Bedeutungszusammenhang. Thema der Historie ist „die faktisch existent gewesene Möglichkeit" (SZ 395). Das impliziert, dass die eigentliche Historie nicht nur in der Geschichtlichkeit des Daseins fundiert ist, sondern zudem im Dienst der eigentlichen Geschichtlichkeit steht, das heißt der Möglichkeit der Wiederholung der faktischen Möglichkeiten des dagewesenen Daseins. Was dies genauer bedeutet, deutet Heidegger mit Bezug auf Nietzsches *Vom Nutzen und Nachteil der Historie für das Leben* an (*1967 ff.* [1874]). Nietzsches Schrift ist in Heideggers Kapitel zur Geschichtlichkeit in größerem Maß präsent, als von Heidegger preisgegeben wird. Insbesondere Heideggers Überlegungen zur eigentlichen Historie scheinen von Nietzsche inspiriert. Am Anfang von *Vom Nutzen und Nachteil der Historie für das Leben,* der von Heidegger auch eigens hervorgehoben wird, gibt Nietzsche als Leitsatz aus, dass wir die Historie für unser Leben und unsere Taten brauchen; in Heideggers Terminologie übersetzt: Die Historie dient der Existenz.

Konkret knüpft Heidegger an Nietzsches Unterscheidung von drei Arten von Historie an, wobei Heidegger diese drei Arten in den drei Ekstasen der Zeitlichkeit fundieren möchte. Während die ersten beiden Arten der Historie bei Nietzsche als entgegengesetzt wirkend verstanden werden, betont Heidegger, dass die „eigentliche Historie" als „die faktisch konkrete Einheit dieser drei Möglichkeiten sein muß" (SZ 396). Es findet in Heideggers Wiedergabe also eine deutliche Umformung von Nietzsches Ausführungen statt. In dieser Reformulierung ist die *monumentalistische* Historie darin fundiert, dass Dasein primär zukünftig ist; sie ist in dem Sinn monumental, dass sie betrachtet, was alles möglich ist für das Dasein. Die *antiquarische* Historie beruht darauf, dass Dasein seine Möglichkeiten nicht erfindet, sondern in seiner Gewesenheit vorfindet. Als Verstehen der monumentalen Möglichkeiten der Existenz hat Dasein auch „die Möglichkeit der verehrenden Bewahrung der dagewesenen Existenz" (SZ 396), in der sich diese Möglichkeiten manifestierten. Die *kritische* Historie ergibt sich schließlich daraus, dass die Gegenwart aus Zukünftigkeit und Gewesenheit erschlossen wird. Der monumentalistisch-antiquarische Blick auf die Möglichkeiten der Existenz relativiert das aktuell Bestehende, wodurch eigentliche Historie zur Kritik der Gegenwart wird. Im Einklang mit der eigentlichen Geschichtlichkeit schreibt Heidegger der eigentlichen Historie also die Aufgabe zu, dass sie nicht nur zeigen soll, *dass* es auch anders sein könnte, sondern ebenso, *wie* es konkret anders sein kann.

13.3   Weiterführende Gedanken

Heideggers Ausführungen zur Geschichtlichkeit sind voller voraussetzungs- und konnotationsreicher Begriffe. Das ist für Heideggers Textproduktion insgesamt nicht ungewöhnlich. Es gehört vielmehr zu seiner üblichen Vorgehensweise, mit schillernden Begriffen zu spielen und diese in ungewöhnlicher Weise zum Klingen zu bringen. Heidegger verfolgt damit das Ziel, übliche Denkweisen zu stören und ein geändertes Vorverständnis zu evozieren, um den Blick freizumachen für die relevanten Phänomene. Die Performanz von Heideggers Texten besteht gerade darin, in bestimmte Stimmungen versetzen zu wollen, um dadurch bestimmte Erfahrungen zu ermöglichen. Wie einführend betont wurde, ist es allerdings wichtig, sich von Heideggers Rhetorik nicht blenden zu lassen, sondern diese kontinuierlich einer kritischen Prüfung zu unterziehen. Nur wenn sich seine Begriffswahl in Anbetracht der eigenständigen Untersuchung der relevanten Phänomene rechtfertigen lässt, sollte diese übernommen werden.

An Heideggers Ausführungen zur Geschichtlichkeit ist auffällig, dass diese von einer militaristischen Rhetorik durchzogen sind. Heidegger schreibt von ‚Kampf' und ‚Treue', von ‚Schicksal' und ‚Helden'. Ein Blick auf den Zeitkontext lässt vermuten, dass Heidegger für seine Beschreibung eigentlicher Geschichtlichkeit mit dem Bild des heroischen Soldaten spielt, der im Angesicht des bevorstehenden Todes sein Erbe als Schicksal wählt. Im Nachklang des 1. Weltkriegs war eine solche Rhetorik im Deutschland der Zwischenkriegszeit in konservativen Kreisen weit verbreitet. Während Heidegger also normalerweise durch seine Wortwahl gängige Verstehensmuster zu stören versucht, scheint die Begriffswahl in diesem Kapitel an ein gängiges Vorverständnis seiner Zeit anzuknüpfen, das sich aus der Verarbeitung der Erfahrung des 1. Weltkriegs während der Zeit der Weimarer Republik speist. Wenn man den Text mit einem solchen Vorverständnis liest, dann legt zum Beispiel auch Heidegger Rede vom „Geschehen der Gemeinschaft, des Volkes" (SZ 384) es nahe, dass es eben um das Geschick einer ganz bestimmten Gemeinschaft gehe: um jenes der Deutschen nach der Niederlage im 1. Weltkrieg. In den Debatten zu Heideggers politischen Verstrickungen geht es zumeist nur um dessen Verhältnis zum Nationalsozialismus. Aus meiner Sicht wäre es ideengeschichtlicher relevanter und aufschlussreicher, Heideggers Verhältnis zur sogenannten konservativen Revolution zu untersuchen; es handelt sich hierbei um einen Sammelbegriff für deutschnationale, präfaschistische Bewegungen, die wesentlich zur Destabilisierung der Weimarer Republik beitrugen. Insbesondere Heideggers Ausführungen zur Geschichtlichkeit sollten mit Blick auf diesen zeitgeschichtlichen Kontext einer genauen Prüfung unterzogen werden.

Für eine systematische Rekonstruktion von *Sein und Zeit* – worin die Zielsetzung dieses Kommentars besteht – ist die entscheidende Frage, welche Phänomene von Heidegger angezeigt werden und ob sich diese auch losgelöst vom zeitgeschichtlichen Kontext und der spezifischen Rhetorik rechtfertigen lassen. Zugleich ist zu fragen, was durch Heideggers Beschreibungssprache gewonnen und was durch sie verdeckt wird. Eine solche Analyse soll hier an wenigen Beispielen exemplarisch durchgeführt werden. Erstens kann Heideggers Aussage herangezogen werden, dass sich Dasein in der Wiederholung „seinen Helden wählt" (SZ 385). Wer ist dieser Held? In systematischer Hinsicht lässt sich dazu festhalten, dass mit der Wahl des Helden einfach die Wahl zwischen Manselbst und eigentlichem Selbstsein gemeint ist. So schreibt Heidegger zum Beispiel: „Die Alltäglichkeit bestimmt das Dasein auch dann, wenn es sich nicht das Man als ,Helden' gewählt hat." (SZ 371) Doch ist es wirklich angemessen, den Unterschied zwischen einem eigentlichen und einem uneigentlichen Existenzvollzug als Wahl eines Helden zu beschreiben? Zweitens schreibt Heidegger schon in § 34 von „der Stimme des Freundes, den jedes Dasein bei sich trägt" (SZ 163). Nach Lektüre des 2. Kapitels des 2. Abschnitts wissen wir, dass mit der Stimme des Freundes der Ruf des Gewissens gemeint ist. Im Gewissensruf ruft das eigentliche Selbst das Man-selbst an, um es zum eigentlichen Selbstsein aufzurufen. Auch hier stellt sich die Frage, ob das anvisierte Phänomen durch diese Aussage angemessen beschrieben wird.

Anhand eines dritten Beispiels drängt sich die Frage nach der Angemessenheit von Heideggers Begriffswahl noch deutlicher auf. Heidegger schreibt, die Wahl des eigentlichen Selbstseins mache frei „für die kämpfende Nachfolge und Treue zum Wiederholbaren" (SZ 385). Hier hilft ein Blick in den folgenden § 75, um zu verstehen, was bei dem Phänomen, das als kämpfende Nachfolge und Treue beschrieben wird, eigentlich gemeint ist:

> Die Entschlossenheit konstituiert die *Treue* der Existenz zum eigenen Selbst. Als *angst-bereite* Entschlossenheit ist die Treue zugleich mögliche Ehrfurcht vor der einzigen Autorität, die ein freies Existieren haben kann, vor den wiederholbaren Möglichkeiten der Existenz. (SZ 391)

Einerseits ist es möglich, diesen Gedanken im Rahmen der Gesamtkonzeption von *Sein und Zeit* systematisch zu rekonstruieren: Das Einzige, dem gegenüber ein eigentliche Existenzvollzug ‚treu' sein kann, ist die je eigenste Existenz. Sofern für das eigentliche Selbstsein transparent ist, dass es ‚als angstbereite Entschlossenheit' der nichtige Grund seiner Nichtigkeit zu sein hat, wird für es klar, dass es für ein solches ‚freies Existieren' nur eine ‚einzige Autorität' geben kann: die je eigenen faktischen Möglichkeiten, auf die es sich entwirft. Das ist die Freiheit des Daseins als geworfenes Seinkönnen. Anderseits kann aber gefragt werden, ob es die angemessenste Art der Beschreibung ist, diese Sachverhalte in einer solchen militaristischen Terminologie zu fassen, und ob Heidegger hier nicht ganz bewusst mit einem bestimmten Vorverständnis seiner Zeitgenossen spielt, um gewisse politisch aufgeladene Konnotationen zu evozieren.

Insgesamt darf das Anliegen einer systematischen Rekonstruktion nicht so verstanden werden, dass damit einer Analyse von Heideggers Text, die diese im zeitgenössischen Kontext verortet, die Berechtigung abgesprochen werde. Es ist sinnvoll und relevant, dem Text einer rhetorisch-kritischen Analyse zu unterziehen und danach zu fragen, welche Konnotationen durch Heideggers Beschreibung evoziert werden und was er damit bezwecken wollte.

Zeitlichkeit und Innerzeitigkeit (§§ 78–83)

Bislang hatte sich Heidegger ausschließlich auf die Zeitlichkeit des Daseins konzentriert und sich nicht damit beschäftigt, was wir herkömmlicherweise als Zeit bezeichnen. Das abschließende 6. Kapitel des 2. Abschnitts stellt sich nunmehr der Frage, wie Zeit aus einer existenzial-ontologischen Perspektive zu verstehen ist. Heidegger beginnt dabei mit dem „Faktum, daß das Dasein schon vor aller thematischen Forschung ‚mit der Zeit rechnet' und sich *nach ihr* richtet" (SZ 404). Entsprechend der Zielsetzung der letzten drei Kapitel des 2. Abschnitts geht es Heidegger auch hier darum, die Zeitlichkeit als Bedingung der Möglichkeit für das Rechnen mit Zeit zu erweisen. Im Sinne einer solchen existenzial-ontologischen Fundierung spricht Heidegger von der *Weltzeit;* dies impliziert die These, dass Zeit im Zusammenhang der Bedeutsamkeit der Welt verstanden werden muss. Dementsprechend ist die ***Innerweltlichkeit*** nicht nur als *Innerräumlichkeit,* sondern auch als *Innerzeitigkeit* zu verstehen. Im Gegensatz zur Räumlichkeit und Zeitlichkeit des In-der-Welt-seins wird innerweltlich Seiendes als innerräumlich und innerzeitig bezeichnet.

Neben der Bestimmung der Innerzeitigkeit verfolgt Heidegger als zweites Ziel in diesem Kapitel eine Erklärung des *vulgären Zeitverständnisses* aus dem Verfallen des Daseins. Der uns bereits aus verschiedenen Kontexten bekannte, zentrale Gedanke besteht hierbei darin, dass die Orientierung am innerweltlich begegnenden Seienden, wie sie für das alltäglich fürsorgende Besorgen typisch ist, dazu führt, dass die Innerzeitigkeit des innerweltlich Begegnenden zum Leitfaden für das Verständnis von Zeit überhaupt wird. Dies habe eine „Nivellierung der ursprünglichen Zeit" (SZ 405) zur Folge.

Die Gliederung des Kapitels folgt dieser doppelten Zielsetzungen. Die §§ 79 und 80 behandeln zunächst das Besorgen von Zeit, um darauf aufbauend ein Verständnis der Weltzeit und der Innerzeitigkeit zu gewinnen. Die §§ 81 und 82 liefern Grundlinien für eine Destruktion des vulgären Zeitbegriffs, wobei

© Der/die Autor(en), exklusiv lizenziert durch Springer-Verlag GmbH, DE, ein Teil von Springer Nature 2022
G. Thonhauser, *Heideggers „Sein und Zeit",*
https://doi.org/10.1007/978-3-662-64689-2_14

Heidegger hierbei auf Platon, Aristoteles, Augustinus und Hegel Bezug nimmt.
§ 83 liefert einen kurzen Abschluss des veröffentlichten Fragments von *Sein und
Zeit*. An dieser Stelle sei darauf hingewiesen, dass Heidegger in diesem Kapitel
seine Verwendung des Begriffs ‚vulgär' durcheinanderbringt. Ansonsten gebraucht
er ‚vulgär' in *Sein und Zeit* immer, um das alltägliche Verständnis zu bezeichnen.
In diesem abschließenden Kapitel bezeichnet er hingegen das philosophisch
tradierte Verständnis von Zeit als vulgär und grenzt es vom Zeitverständnis, das in
der Alltäglichkeit vorherrscht, ab.

14.1   Besorgte Zeit und Innerzeitigkeit

Mit Heideggers Überlegungen zum Besorgen von Zeit kommen wir ein letztes
Mal auf die Zeuganalyse zurück, die uns durch das gesamte Buch begleitete. Wie
im 4. Kapitel zur Zeitlichkeit der Alltäglichkeit geht es Heidegger hier abermals
darum, Aspekte an der Seinsweise der Alltäglichkeit herauszuarbeiten, die erst im
Licht der Zeitlichkeit sichtbar werden. Nach einer Rekapitulation des Zusammenhangs von Besorgen und Zeitlichkeit beginnt Heidegger mit der Feststellung, dass
den Ekstasen der Zeitlichkeit – „Dann", „Damals" und „Jetzt" – in der alltäglichen
Zeitigung der Zeitlichkeit die Horizonte des „Späterhin", „Früher" und „Heute"
entsprechen (SZ 406–407). Den ekstatisch-horizontalen Charakter der Zeitlichkeit hatte Heidegger bereits im 4. Kapitel behandelt. Nunmehr fügt er als neue
Beschreibung hinzu, dass dieser einen ekstatisch-horizontalen Charakter des Zeit-
gebrauchs **Datierbarkeit** impliziert. Die Ekstase der Gegenwart erlaubt es, ein
Seiendes als ‚jetzt' zu datieren. Analog erlauben es die Ekstasen der Zukünftigkeit und Gewesenheit, ein Seiendes als ‚dann' oder ‚damals' zu datieren. Diese
alltägliche Auslegung der Zeitlichkeit als Datierbarkeit ist für das fürsorgende
Besorgen konstitutiv. Im fürsorgenden Besorgen wird Seiendes immer als ‚jetzt',
‚dann' oder ‚damals' datiert. Diesen Sachverhalt bezeichnet Heidegger nunmehr
als den existenzialen Begriff von ‚Zeit'. Im alltäglichen Zeitgebrauch gibt sich die
Zeit immer als Zeitangabe, wobei diese Zeitangabe mit Bezug auf das fürsorgende
Besorgen erfolgt: ‚jetzt, da' ich mein Seminar halte; ‚damals, als' ich die Seminar-
sitzung vorbereitete; ‚dann, wann' ich die Hausarbeiten korrigieren werde. Daraus
ergibt sich als erste Bestimmung der existenzial verstandenen Zeit, dass diese
wesentlich durch Datierbarkeit charakterisiert ist.
　Zweitens erinnert Heidegger daran, dass das alltägliche Sein ein Miteinandersein ist. Daraus folgt, dass die Zeit wesentlich **öffentlich** ist. Alle rechnen mit
der Zeit und auch die Datierbarkeit ergibt sich aus dem Miteinandersein in einer
gemeinsamen Welt. Drittens geht Heidegger auf die Erstrecktheit des Daseins ein,
die im vorherigen Kapitel zur Geschichtlichkeit eingeführt wurde. Nunmehr verweist Heidegger darauf, dass sich die Erstrecktheit des Daseins im fürsorgenden
Besorgen als **Zeitspanne** zeigt. Etwas findet während diesem oder jenem Projekt
statt. Die besorgte Zeit ist immer ein „von dann – bis dann" (SZ 409). Daher lässt
sich sagen, dass „jedes ‚jetzt', ‚dann', ‚damals' […] mit der Struktur der Datierbarkeit je eine Gespanntheit von wechselnder Spannweite [hat]: ‚jetzt': in der

Pause, beim Essen, am Abend im Sommer; ,dann': beim Frühstück, beim Aufstieg und dergleichen." (SZ 409) Damit hängt zusammen, dass sich das fürsorgende Besorgen nunmehr als ein „Sich-Zeit-lassen" (SZ 409) beschrieben werden kann; das ist nicht im Sinn von ,trödeln' gemeint, sondern soll den Sachverhalt beschreiben, dass sich Dasein im fürsorgenden Besorgen die Zeit für spezifische Entwürfe nimmt.

An dieser Beschreibung der besorgten Zeit als datiert, öffentlich und gespannt, wie sie Heidegger in § 79 entwickelt, ist Folgendes zentral: Die alltägliche Zeitauslegung des fürsorgenden Besorgens versteht Zeit nicht als eine Abfolge von Jetzt-Punkten; die Zeit ist für das fürsorgenden Besorgen kein Jetzt-Fluss, sondern eine datierte Gespanntheit. Wie Heidegger in § 81 zeigen wird, ist das traditionelle philosophische Verständnis der Zeit als Jetzt-Fluss das Resultat einer Betrachtungsweise der Zeit, die von der alltäglichen Gespanntheit und Datierbarkeit der Zeit absieht.

Nach dieser Charakterisierung der besorgten Zeit anhand von Datierbarkeit, Gespanntheit und Öffentlichkeit geht Heidegger in § 80 zur Frage nach dem genaueren Status der *öffentlichen Zeit* über. Einerseits hatten wir gesehen, dass sich die Datierbarkeit aus den lebensweltlichen Umständen des Besorgens ergibt. Andererseits folgt aus der Öffentlichkeit der Zeit, dass es so etwas wie ein öffentliches Besorgen von Zeit gibt. Dieses vollzieht sich als astronomische und kalendarische Zeitrechnung. Für Heidegger ist dabei zentral, dass unsere Zeitrechnung nicht aus einem Streben nach Quantifizierung erfolgt, wie es für das Erkennen charakteristisch wäre, sondern seine lebensweltliche Fundierung im ,Rechnen' mit Zeit in einer gemeinsam besorgten Welt hat; die Notwendigkeit einer öffentlichen Zeitrechnung ergibt sich aus dem alltäglichen Besorgen.

Bereits in § 66 hatte Heidegger den Kerngedanken seiner dahingehenden Überlegungen zusammengefasst:

> Umwillen seiner selbst sich verwendend, ,verbraucht' sich das Dasein. Sichverbrauchend braucht das Dasein sich selbst, das heißt seine Zeit. Zeit brauchend rechnet es mit ihr. Das umsichtig-rechnende Besorgen entdeckt zunächst die Zeit und führt zur Ausbildung einer Zeitrechnung. Das Rechnen mit der Zeit ist konstitutiv für das In-der-Welt-sein. (SZ 333)

Weil Dasein in seinem umsichtigen Besorgen mit Zeit rechnet, wird es für das Dasein relevant, die chronologische Zeit zu messen. In § 80 spricht Heidegger vom Tag als dem „natürlichsten" Zeitmaß (SZ 413), sofern es allen auch ohne technische Hilfsmittel zur Verfügung stehe. Es ist für Heidegger ungewöhnlich, dass er den Begriff ,natürlich' verwendet, weil seinem Verständnis folgend nichts am Dasein natürlich ist. Mit der Verwendung dieses Begriffs möchte Heidegger zum Ausdruck bringen, dass es dieses Zeitmaß auch ohne technische Hilfsmittel gibt. Auch wenn uns kein anderes Zeitmaß zur Verfügung steht, erlaubt uns der Sonnenstand eine zeitliche Orientierung. Der Wechsel von Tag und Nacht erlaubt eine ,natürliche' Form der Zeitrechnung, sofern er einen Rhythmus für Tätigkeiten vorgibt. Diese ,natürliche' Zeitmessung wird in die Technologie der Uhr übertragen. Wobei hierbei interessant ist, dass sich die Uhr am Rhythmus von Tag und

Nacht orientiert, indem sie den Tag mit seinen 24 h zur zentralen Einheit macht. Das führt Heidegger zur Hypothese, dass eine technisch raffiniertere Zeitmessung letztlich nichts anderes als eine Verfeinerung der ‚natürlichen' Zeitmessung darstellt. Einerseits lässt sich im technischen Fortschritt eine Emanzipation von der ‚natürlichen' Zeitmessung erkennen, insofern diese nicht länger auf den Sonnenstand angewiesen ist und auch immer weniger an den ‚natürlichen' Tätigkeitsrhythmus von Tag und Nacht rückgebunden ist. Andererseits betont Heidegger, dass auch eine technisch hergestellte Zeitmessung weiterhin nach der Maßgabe des fürsorgenden Besorgens erfolgt. Insbesondere macht Heidegger darauf aufmerksam, dass auch die an der Uhr abgelesene Zeit weiterhin durch die „Struktur der Geeignetheit bzw. Ungeeignetheit bestimmt" (SZ 414) sei; die Zeit habe „den Charakter der ‚Zeit zu …' bzw. der ‚Unzeit für …'" (SZ 414). Darin zeigt sich der existenziale Sinn von Heideggers Bezeichnung der Zeit als **Weltzeit**. Zeit ist ko-konstitutiver Bestandteil der Bedeutsamkeit der Welt: Welt hat immer Zeit; umgekehrt ist Zeit immer Weltzeit. Wir hatten bereits in den §§ 22 bis 24 und 70 gesehen, dass dasselbe auch für den Raum galt. Aufgrund dieses Verständnisses der Welt als ko-konstitutiv bestimmt durch Raum und Zeit kann Heidegger das *innerweltlich* Seiende als **innerräumlich** und **innerzeitig** bezeichnen. In Summe ergibt sich daraus folgende Charakterisierung der besorgten Zeit: „[S]ie ist datierbar, gespannt, öffentlich und gehört als so strukturierte zur Welt selbst" (SZ 414). Für Heidegger ist entscheidend, dass nur anhand dieser Charakterisierung der Zeit verständlich wird, dass eine Zeitangabe überhaupt Sinn ergibt – ohne diese Verbindung zur Bedeutsamkeit von Welt würde Zeit nicht nur keinerlei Relevanz haben, sondern überhaupt nicht feststellbar sein.

Diese letzte Aussage verdeutlicht Heidegger anhand folgender Überlegung: Wie ist es möglich, dass die Schwingung eines Pendels (also eine Ortsveränderung) oder die Frequenz von Atomen (also eine Zustandsänderung) als Zeit gemessen werden können? Wieso können wir zum Beispiel sagen, dass eine bestimmte Anzahl von Schwingungen eines Cäsium-Atoms eine Sekunde ausmacht? Für die Beantwortung dieser Frage ist laut Heidegger zuallererst zu klären, was überhaupt Zeitmessung ausmache. Für Heidegger beruht die Möglichkeit einer Messung von Zeit in der Fähigkeit des Daseins, ein Jetzt festzustellen. Diese Feststellung eines Jetzt erfolge in einem Akt des Gegenwärtigens (also einer Zeitigung der Gegenwart). Ein Jetzt ist dabei durch Datierbarkeit (es ist eben ‚jetzt' und nicht ‚dann' oder ‚damals') und Gespanntheit (jetzt, während das Pendel einmal schwingt) charakterisiert. Selbst die Zeitmessung durch eine Atomuhr bleibt laut Heidegger auf eine solche Feststellung eines datierbaren, gespannten Jetzt im Gegenwärtigen rückgebunden, insofern die Jetzt gezählt werden, während derer eine bestimmte Anzahl von Zustandsänderungen zu verzeichnen sind. Heidegger kann daher festhalten, dass die Weltzeit in ihrer vollen Strukturganzheit selbst die technisch fortschrittlichsten Formen der Zeitmessung ermöglicht.

Am Ende von § 80 betont Heidegger, dass diese Weltzeit weder ‚objektiv' noch ‚subjektiv' sei, sondern dieser Unterscheidung vorausgehe:

> *Die Weltzeit ist ,objektiver' als jedes mögliche Objekt, weil sie als Bedingung der Möglichkeit des innerweltlich Seienden mit der Erschlossenheit von Welt je schon ekstatisch-horizontal ,objiciert' wird. [...]*
> *Die Weltzeit ist aber auch ,subjektiver' als jedes mögliche Subjekt, weil sie im wohlverstandenen Sinne der Sorge als des Seins des faktisch existierenden Selbst dieses Sein erst mit möglich macht.* (SZ 419)

Zum Verständnis dieser Passage ist es wichtig, sich in Erinnerung zu rufen, dass Heidegger nur von ,Subjekt' und ,Objekt' spricht, wenn er sein Denken zum Zweck einer veranschaulichenden Kontrastierung in eine andere Terminologie übersetzt. Im konkreten Fall bezieht sich Heidegger dabei vor allem auf Kant und dessen Verständnis von Raum und Zeit als Anschauungsformen a priori, die wir bereits im Kontext der Räumlichkeit des Daseins angesprochen hatten. Wie sich an verschiedenen Stellen in *Sein und Zeit* zeigt, ist Heideggers zentraler Einwand gegen Kant, dass dieser das Phänomen der Welt nicht gesehen habe. Heidegger betont daher gegen Kant, dass dem Dasein als In-der-Welt-sein Raum und Zeit erschlossen sind, weil Raum und Zeit konstitutive Aspekte der Welt sind. Raum und Zeit gehören zur Erschlossenheit des Daseins, die gleichbedeutend mit der Erschlossenheit von Welt ist. Als *Weltzeit* und *Weltraum* sind sie die Bedingung der Möglichkeit für das Sein des Daseins ebenso wie für das Sein von innerweltlich Seienden. Freilich beantwortet dies noch nicht die Frage nach dem ontologischen Status der Zeit, wie Heidegger auch selbst bemerkt. Es verweist vielmehr auf die Dringlichkeit dieser Frage, wobei Heidegger dazu nur anmerken kann, dass die Klärung dieser Frage eine Aufgabe für den 3. Abschnitt von *Sein und Zeit* wäre, der entsprechend auch den Titel „Zeit und Sein" getragen hätte.

14.2 Destruktion des traditionellen Zeitbegriffs

Zu Beginn des § 81 fasst Heidegger die Charakterisierung der Zeit zusammen, die sich aus den beiden vorangegangen Paragrafen ergeben habe:

> *Sie ist das im gegenwärtigenden, zählenden Verfolg des wandernden Zeigers sich zeigende Gezählte, so zwar, daß sich das Gegenwärtigen in der ekstatischen Einheit mit dem nach dem Früher und Später horizontal offenen Behalten und Gewärtigen zeitigt.* (SZ 421)

Heidegger weist gleich anschließend darauf hin, dass diese Charakterisierung der Zeit weitgehend der Definition der Zeit entspreche, die Aristoteles in seiner *Physik* gebe. Die folgenden Ausführungen zu Aristoteles nehmen Gedanken vorweg, die für den 3. Abschnitt des 2. Teils von *Sein und Zeit* geplant waren. Dieser hätte folgende Überschrift getragen: „Die Abhandlung des *Aristoteles* über die Zeit als Diskrimen der phänomenalen Basis und der Grenzen der antiken Ontologie" (SZ 40). In § 6 gibt Heidegger einen Ausblick auf den zentralen Gedanken, den er bei dieser Destruktion der aristotelischen Ontologie freilegen wollte. Er macht darauf aufmerksam, dass der bei Platon und Aristoteles zentrale Begriff ,Ousia', der gewöhnlich mit Wesen übersetzt werde, eine temporale Konnotation habe: „Seiendes ist in seinem Sein als ,Anwesenheit' gefaßt, d. h. es ist mit Rücksicht

auf einen bestimmten Zeitmodus, die ,*Gegenwart*', verstanden." (SZ 25) Entsprechend diesem Verständnis des Seins als Anwesenheit – Gegenwart – ließen
sich auch *legein* (sprechen) und das *noein* (denken) als Modi der Zeitigung interpretieren; sie hätten „die temporale Struktur des reinen ‚Gegenwärtigens' von
etwas" (SZ 26). Die antike Ontologie verstand Sein also unbemerkt als Anwesenheit, das heißt im Horizont der Gegenwart. Heidegger sieht darin die zentrale
Weichenstellung für das westliche Denken, wobei dessen Tragweite im veröffentlichten Fragment von *Sein und Zeit* nur in wenigen Andeutungen Erwähnung
findet. Diese wenigen Bemerkungen zum Zusammenhang von *Ousia* und Gegenwart vermitteln auch eine vage Idee, was damit gemeint sein könnte, Zeit als
Horizont für das Verständnis von Sein zu erweisen, wie Heidegger es für den
3. Abschnitt des 1. Teils geplant hatte.

Für das Nachdenken über die Zeit stellt Heidegger folgende Diagnose: „Alle
nachkommende Erörterung des Begriffes der Zeit hält sich *grundsätzlich* an die
Aristotelische Definition, das heißt, sie macht die Zeit dergestalt zum Thema, wie
sie sich im umsichtigen Besorgen zeigt." (SZ 421) Dieses Sichzeigen der Zeit im
Besorgen hatte Heidegger in den §§ 79 bis 80 aus daseinsanalytischer Perspektive
behandelt. In § 81 geht es nunmehr darum, wie die Zeit „*ausdrücklich* zugänglich" (SZ 420) werde, das heißt, wie die Zeit in der philosophischen Tradition
explizit verstanden werde. Wie bereits zu Beginn dieses Kapitels einleitend ver-
merkt wurde, bezeichnet Heidegger dieses explizite Zeitverständnis der Tradition
hier irreführenderweise als ,vulgär'; ansonsten hatte er mit ,vulgär' immer das
alltägliche Verständnis bezeichnet. Im alltäglichen Besorgen hat es das Dasein
unthematisch mit der Weltzeit zu tun, die durch Datierbarkeit, Gespanntheit,
Öffentlichkeit und die Zugehörigkeit zur Bedeutsamkeit der Welt charakterisiert
ist. Doch wie wird Zeit normalerweise ausdrücklich definiert? Anhand der
Definition des Aristoteles lässt sich feststellen, dass Zeit als Jetzt-Zeit verstanden
wird, das heißt als eine Abfolge von Jetzt, die gezählt werden: „Die Zeit wird als
ein Nacheinander verstanden, als ,Fluß' der Jetzt, als ,Lauf der Zeit'." (SZ 422)
Diese Bestimmung der Zeit macht laut Heidegger den Kern der traditionellen
philosophischen Zeitkonzeptionen aus.

Dieses Verständnis der Zeit als ein Nacheinander von Jetzt bedeutet eine
Nivellierung des alltäglichen Zeitverständnisses. In dieser Definition gehen insbesondere die Charakteristika der Datierbarkeit und der Bezug auf Bedeutsamkeit
verloren. Es zeigt sich also auch hier, was Heidegger in *Sein und Zeit* kritisch festgehalten hatte (vor allem gegenüber Descartes, aber letztlich als Einwand gegen
die gesamte Philosophiegeschichte): Die Philosophie neige dazu, das Phänomen
der Welt zugunsten einer Ontologie der Vorhandenheit zu überspringen. Wenn
alles Sein auf die Seinsweise der Vorhandenheit nivelliert wird, ist es naheliegend,
auch die Zeit nach dem Modus der Vorhandenheit zu verstehen: Zeit wird dann zur
Abfolge von vorhandenen Jetzt-Punkten. Von der existenzial-ontologischen Weltzeit bleibt im traditionellen Zeitverständnis daher nur die öffentliche Zeitrechnung
über. Wenn wir der traditionellen Definition der Zeit folgen, ist es konsequent, die

Zeit als unendliche Abfolge oder als unendlichen Strom zu verstehen. Denn ein Jetzt-Fluss kennt keine Gespanntheit der Zeit (weil ihm auch die Erstrecktheit des Daseins unbekannt ist) und kann entsprechend auch keine Lücken haben: „Die Jetztfolge ist ununterbrochen und lückenlos." (SZ 423). Aus demselben Grund kommt das traditionelle Zeitverständnis zur Konklusion, das die Zeit unendlich sein muss. Denn es ist nicht einsichtig, wieso ein Jetzt-Fluss einen Anfang und ein Ende haben sollte. Es erscheint viel stimmiger, diesen als unendlichen Strom zu denken. Die Zeitlichkeit des Daseins ist hingegen konstitutiv endlich und daher auch die Weltzeit durch Datierbarkeit und Gespanntheit charakterisiert, sofern die Weltzeit Teil der Bedeutsamkeit der Welt ist.

Heidegger möchte anschließend zeigen, wie es zu diesem traditionellen Zeitverständnis kommen konnte. Die Orientierung an den besorgten und erkannten innerweltlich Seienden führt zu einem Aufgehen-bei der Welt, das darin besteht, dass Dasein die ontologischen Grundbegriffe am Leitfaden des innerweltlich Seienden bildet. Heidegger betont dabei, dass dies nicht nur pejorativ zu verstehen ist: *„Die vulgäre Zeitvorstellung hat ihr natürliches Recht.* Sie gehört zur alltäglichen Seinsart des Daseins und zu dem zunächst herrschenden Seinsverständnis." (SZ 426) Allerdings macht Heidegger damit die Begriffsverwirrung komplett. Denn vorhin hatte er das traditionelle Zeitverständnis der philosophischen Tradition mit dem impliziten Zeitverständnis der Alltäglichkeit kontrastiert, während er diese beiden Zeitverständnisse jetzt zu identifizieren scheint. Der dafür verantwortliche Gedanke, den Heidegger allerdings nicht expliziert, scheint darin zu bestehen, dass er in der Alltäglichkeit ein implizit leitendes Zeitverständnis – das Heidegger als besorgte Zeit analysiert hatte – und ein explizit vorherrschendes Zeitverständnis – die als vulgär bezeichnete Nivellierung der Zeit auf eine Jetzt-Folge – unterscheidet. Auf der Annahme einer Dominanz des zuletzt genannten vulgären Zeitverständnisses baut auch Heideggers Diagnose auf, dass das vulgäre Zeitverständnis der Flucht vor dem Tod entspreche, insofern die Zeit hier als unendlich gedacht werde, statt die Endlichkeit der Zeitlichkeit zu bedenken. Heidegger schreibt dazu den provokanten Satz: „Das Man stirbt nie, weil es nicht sterben *kann* [...]" (SZ 424). Für die Interpretation dieses Satzes muss zunächst daran erinnert werden, dass Sterben in Heideggers Behandlung des Seins zum Tode als neue Bezeichnung für die Existenz eingeführt wurde. Eigentliches Existieren kann als Sterben bezeichnet werden, insofern das Dasein eine Welt entwerfen muss, gleichwohl ihm in einem eigentlichen Existenzvollzug die Nichtigkeit seiner Entwürfe durchsichtig ist – die Welt könnte auch ganz anders sein und Dasein könnte in die Situation geraten, in der es seinen gesamten Weltentwurf revidieren muss. Das Man-selbst bezeichnet hingegen einen Konformismus mit dem Bestehenden, der sich dessen Nichtigkeit nicht bewusst ist. Stattdessen beinhaltet die Orientierung am Man den beruhigenden Gedanken, dass es immer so weitergehen wird.

Heidegger weist aber auch darauf hin, dass Zeitlichkeit und Weltzeit der vulgären Zeitauslegung nicht gänzlichen verschlossen sind. Das zeige sich erstens in der Redeweise, dass die Zeit vergehe; Heidegger bemerkt dazu, dass wir interessanterweise nicht davon sprechen, dass die Zeit entstehe. Die Rede vom Vergehen der Zeit sieht er als alltagssprachlichen Hinweis auf die Endlichkeit der Zeitlichkeit. Zweitens verweise die Rede von der Nichtumkehrbarkeit der Zeit auf die ekstatische Struktur der Zeitlichkeit, die wesentlich durch die asymmetrische Zusammengehörigkeit von Zukünftigkeit und Gewesenheit bestimmt ist. Heidegger schreibt dazu:

> Warum läßt sich die Zeit nicht umkehren? An sich ist, und gerade im ausschließlichen Blick auf den Jetztfluß, nicht einzusehen, warum die Abfolge der Jetzt sich nicht einmal wieder in der umgekehrten Richtung einstellen soll. Die Unmöglichkeit der Umkehr hat ihren Grund in der Herkunft der öffentlichen Zeit aus der Zeitlichkeit, deren Zeitigung, primär zukünftig, ekstatisch zu ihrem Ende ‚geht‘, so zwar, daß sie schon zum Ende ‚ist‘. (SZ 426)

Die Begründung der Nichtumkehrbarkeit der Zeit durch die ekstatische Zeitlichkeit des Daseins entspricht dem Ziel der abschließenden drei Kapitel von *Sein und Zeit,* sämtliche Bestimmungen, inklusive jener von Raum und Zeit, in der Zeitlichkeit des Daseins zu fundieren. In den weiterführenden Gedanken wird dies abermals problematisiert werden.

Zuvor kann abschließend noch kurz auf Heideggers Ausführungen zu Hegel in § 82 eingegangen werden. Heidegger erklärt gegen Ende des § 81, dass das vulgäre Zeitverständnis in der philosophischen Tradition „immer einen *ausgezeichneten* Bezug zu ‚Seele‘ und ‚Geist‘" (SZ 427) habe, und führt an dieser Stelle Zitate von Aristoteles und Augustinus als Belege an. Auch diese Ausführungen sind Vorblicke auf den 2. Teil von *Sein und Zeit* mit den drei Abschnitten zu Kant, Descartes und Aristoteles. An dieser Stelle ergänzt Heidegger eine kurze beispielhafte Destruktion von Hegels Zeitverständnisses. Wie schon in § 77 zu Dilthey und dem Grafen Yorck am Ende des vorherigen Kapitels wirkt auch dieser Exkurs zu Hegel in *Sein und Zeit* merkwürdig deplatziert, was bereits am Stil erkennbar ist, der viel gelehriger ist als der Rest des Buches und eher an Sekundärliteratur erinnert. Auch hier ist zu vermuten, dass die Aufnahme dieser Textpassagen mit Heideggers Eile bei der Fertigstellung des Manuskripts für den 2. Abschnitt zusammenhängt. Heideggers Kernaussagen in diesem Paragrafen lassen sich schnell durch zwei Zitate zusammenfassen. Erstens denkt Heidegger, dass „*Hegels* Zeitbegriff die radikalste und zu wenig beachtete begriffliche Ausformung des vulgären Zeitverständnisses darstellt." (SZ 428) Zweitens behauptet Heidegger, dass „*Hegels* Zeitbegriff sogar direkt aus der ‚Physik‘ des *Aristoteles* geschöpft ist" (SZ 432), dessen zentrale Definition der Zeit Heidegger zu Beginn des § 81 zitiert hatte (SZ 421). Das veröffentlichte Fragment von *Sein und Zeit* endet also mit einer Antiklimax, woran auch der abschließende § 83 nichts ändert. Dieser abschließende Paragraf wird im Rahmen der Schlussbetrachtung kommentiert.

14.3 Weiterführende Gedanken

An früherer Stelle wurde bereits auf die Problematik hingewiesen, die sich daraus ergibt, dass Heidegger in den abschließenden drei Kapiteln des 2. Abschnitts alles in der Zeitlichkeit des Daseins fundieren möchte. Entsprechend soll in diesem abschließenden Kapitel auch die Zeit aus der Zeitlichkeit des Daseins erklärt werden. Für die Weltzeit ist dies plausibel, insofern diese per Definition ein Charakteristikum der Welt und somit ein Existenzial des Daseins ist. Doch ist es tatsächlich sinnvoll und überzeugend, Zeit nur als Weltzeit zu verstehen?

An dieser Stelle kann der Film *Tenet* herangezogen werden, um sich dieser Frage anzunähern. Dieser geht von der Prämisse aus, dass es möglich sei, einzelne Seiende zu invertieren, sodass diese die Zeit sich rückwärts bewegend erlebten. Dies ist zu unterscheiden von Szenarien einer Zeitreise, und zwar insbesondere dahingehend, dass die Invertierung keine alternativen Realitäten hervorbringt, sondern nur bewirkt, dass einzelne Seiende in derselben Realität die Zeit rückwärts verlaufend erleben. Durch abermalige Invertierung ist es möglich, die Zeit wieder vorwärts verlaufend zu erleben. Das bedeutet, dass es zu einem Zeitpunkt mehrere Versionen desselben Seienden geben kann. Die Invertierung bewirkt dabei nicht, dass zum Beispiel bei einem Menschen der Alterungsprozess umgekehrt wird. Wenn sich ein Mensch 2040 als 30-Jähriger invertiert und 30 Jahre invertiert lebt, dann hat er 2010 die Möglichkeit, als 60-Jähriger bei seiner eigenen Geburt dabei zu sein. Soweit die Prämissen des Films.

Dieser Film sollte als Gedankenexperiment unter kontrafaktischen Annahmen interpretiert werden, sodass die Frage, ob eine solche Zeitumkehrung eine plausible physikalische Möglichkeit darstellt, nicht wirklich relevant ist. Entscheidend ist vielmehr, ob die Konsequenzen, die sich aus den Prämissen ergeben, im Rahmen des Gedankenexperiments konsequent durchdacht wurden. Wobei es im Rahmen einer umfassenden Analyse, die hier nicht geleistet werden kann, dafür auch erforderlich wäre, die Darstellungsmöglichkeiten des Mediums Film in die Analyse einzubeziehen. Denn die Möglichkeit, eine Videoaufnahme sowohl vorwärts als auch rückwärts abzuspielen, ist die entscheidende Voraussetzung, dass sich dieses Gedankenexperiment künstlerisch umsetzen lässt.

Das Gedankenexperiment von *Tenet* legt zwei Schlussfolgerungen nahe, die im Zusammenhang mit *Sein und Zeit* von Interesse sind. Erstens ist es bemerkenswert, dass auch die Variation des Zeitverständnisses auf Grundlage spekulativer Theorien der theoretischen Physik, die in *Tenet* künstlerisch erprobt wird, keinen Einwand gegen Heideggers Konzeption der Zeitlichkeit des Daseins impliziert, sondern diese sogar bekräftigt. In *Tenet* lässt sich dies daran festmachen, dass sämtliche Figuren – egal, ob sie die Zeit gerade sich vorwärts oder rückwärts bewegend erleben – in jedem Augenblick auf Basis ihrer jeweiligen Gewesenheit ungewisse Möglichkeiten auf sich zukommen lassen. Das legt die Annahme nahe, dass der Endlichkeit der Zeitlichkeit selbst dann nicht entkommen werden könnte, wenn es möglich wäre, sich rückwärts durch die Zeit zu bewegen.

Zweitens liegt *Tenet* die Prämisse zugrunde, dass die Invertierung es zwar einzelnen Seienden ermöglicht, am selben Jetzt-Punkt mehrfach vorzukommen (und entsprechend vergangenen Versionen ihrer selbst zu begegnen), sich jedoch die Zeit selbst unaufhaltsam in eine Richtung bewegt. Die Paradoxien, die aus der Möglichkeit der Invertierung einzelner Seiender folgen würden (diskutiert unter dem Schlagwort Großvaterparadoxon), lassen sich nur vermeiden, wenn angenommen wird, dass die Zeit selbst irreversibel ist. Das legt die Annahme nahe, dass die Irreversibilität der Zeit nicht von der Zeitlichkeit des Daseins abhängig ist, sondern einen notwendigen Bestandteil jedes sinnvollen Verständnisses von Zeit darstellt.

Unabhängig davon, ob dieses künstlerische Gedankenexperiment nun sinnvoll ist oder nicht, kann gefragt werden: Was wäre, wenn Heideggers Fundierung der Zeit in der Zeitlichkeit des Daseins nicht haltbar wäre? Das Verhältnis von Zeitlichkeit und Zeit könnte dann vielleicht so gefasst werden, dass einerseits Heidegger zuzustimmen wäre, dass die Zeit nur für ein Wesen, das durch Zeitlichkeit bestimmt sei, eine Bedeutung habe und es als Weltzeit betreffen könne. Andererseits scheint die Zeitlichkeit dabei aber verwiesen zu bleiben auf den unaufhaltsamen, nicht umkehrbaren Fluss der Zeit als ihren Horizont. Wir hätten es dann mit zwei gleichursprünglichen Begriffen von ,Zeit' zu tun, die den beiden griechischen Gottheiten der Zeit entsprächen: Die Zeitlichkeit des Daseins entspräche *Kairós,* der Personifizierung des Augenblicks der Entscheidung; die chronologische Zeit entspräche *Chrónos,* der Personifizierung des Fließens der Zeit. Das Geschehen des Daseins wäre dann gleichursprünglich durch die kairologische und die chronologische Zeit bestimmt. Wir müssten also erneut darüber nachdenken, wie die Irreversibilität der Zeit und die Endlichkeit der Zeitlichkeit miteinander zusammenhingen.

Schlussbetrachtung 15

Wie Heidegger in Motto und Einleitung von *Sein und Zeit* betont, dient dieses Werk der Weckung des Sinns für die Seinsfrage. Es geht darum, uns angesichts dieser Frage in Verlegenheit zu bringen und uns in die hermeneutische Situation zu versetzen, in der diese Frage zu uns spricht und von uns als sinnvolle und relevante Frage erfahren wird. Entsprechend betont Heidegger auch im abschließenden § 83: „Der *Streit* bezüglich der Interpretation des Seins kann nicht geschlichtet werden, *weil er noch nicht einmal entfacht ist.*" (SZ 437) Wahrscheinlich gilt diese Diagnose heute ebenso wie vor ca. 100 Jahren, als Heidegger *Sein und Zeit* verfasste. Umso mehr hoffe ich, dass dieser Kommentar einen Beitrag leisten konnte, dass Sie dem Anliegen des Projekts von *Sein und Zeit* nunmehr etwas abgewinnen können.

In dieser Schlussbetrachtung soll zunächst der Weg, den Heidegger in *Sein und Zeit* beschreitet, in einem breiteren Kontext eingeordnet werden, indem einige Grenzen dieses Weges aufgezeigt werden. Anschließend werden daraus Schlussfolgerungen betreffend den Status der Seinsfrage gezogen. In diesem Zusammenhang kann auch auf die Frage eingegangen, ob es einfach an äußeren Umständen lag, dass Heidegger die fehlenden Abschnitte von *Sein und Zeit* nicht nachlieferte, oder ob es systematische Gründe dafür gibt, dass *Sein und Zeit* ein Fragment geblieben ist.

15.1 Die Grenzen des Weges von *Sein und Zeit*

Das veröffentlichte Fragment von *Sein und Zeit* endet mit zwei Sätzen, in denen Heidegger den Weg von *Sein und Zeit* zusammenfasst, gefolgt von drei Fragen, die wohl als Vorblick auf den 3. Abschnitt gedacht sind.

© Der/die Autor(en), exklusiv lizenziert durch Springer-Verlag GmbH, DE, ein Teil von Springer Nature 2022
G. Thonhauser, *Heideggers „Sein und Zeit",*
https://doi.org/10.1007/978-3-662-64689-2_15

Die existenzial-ontologische Verfassung der Daseinsganzheit gründet in der Zeitlichkeit. Demnach muß eine ursprüngliche Zeitigungsweise der ekstatischen Zeitlichkeit selbst den ekstatischen Entwurf von Sein überhaupt ermöglichen. Wie ist dieser Zeitigungsmodus der Zeitlichkeit zu interpretieren? Führt ein Weg von der ursprünglichen *Zeit* zum Sinn des *Seins*? Offenbart sich die *Zeit* selbst als Horizont des *Seins*? (SZ 437)

Am Ende des 2. Abschnitts von *Sein und Zeit* zeigt sich, dass die Wiederholung der Seinsfrage nicht nur vom vorontologischen Seinsverständnis ihren Ausgang nehmen muss, sondern notwendig immer auf dieses rückverwiesen bleibt. Das ist der Fall, weil der Gang von *Sein und Zeit* zu dem Ergebnis führte, dass jedes Seinsverständnis ein ‚ekstatischer Entwurf von Sein‘ ist, also eine Verstehensmöglichkeit des Daseins. Der Weg von *Sein und Zeit* beginnt und endet also mit der ontischen Verwurzelung der Seinsfrage: Der Sinn von Sein wurzelt in der hermeneutischen Situation des Daseins.

Nun betont Heidegger im abschließenden § 83 aber auch: „Die Herausstellung der Seinsverfassung des Daseins bleibt aber gleichwohl nur *ein* Weg. Das *Ziel* ist die Ausarbeitung der Seinsfrage überhaupt." (SZ 436) Am Ende von *Sein und Zeit* wirft Heidegger also die Frage auf, ob der darin beschrittene Weg zur Ausarbeitung der Seinsfrage der einzig mögliche sei oder ob es sich dabei nur um einen Weg unter mehreren handele. Ist der Weg über die vorbereitende existenziale Analytik des Daseins notwendig für die Ausarbeitung der Seinsfrage oder durch andere Wege zu ersetzen? Und falls es verschiedene Wege gebe, wäre der Weg der Daseinsanalytik der angemessenste oder stellte dieser vielleicht eine weitere Form eines Seinsverständnisses dar, das es zu destruieren gelte? Wie Heidegger am Ende des Buches deutlich macht, wirft die Reflexion auf den in *Sein und Zeit* beschrittenen Weg eine grundsätzliche Frage für jede **Ontologie** auf: „[L]äßt sich die Ontologie *ontologisch* begründen oder bedarf sie auch hierzu eines *ontischen* Fundamentes" (SZ 436)? In *Sein und Zeit* spricht sich Heidegger entschieden für die Notwendigkeit eines ontischen Fundaments jeder Ontologie aus. Seine zentrale Einsicht besteht darin, dass die Ausarbeitung einer Ontologie als Entwurf des Daseins zu verstehen ist und daher jede Ontologie an die Verstehensbedingungen des Daseins rückgebunden bleibt. Jede Ontologie ist daher in einer spezifischen hermeneutischen Situation verwurzelt. Soweit eine kurze Rekapitulation des Weges von *Sein und Zeit*. In dieser Schlussbetrachtung sollen nun vier Grenzen dieses Weges benannt werden, wodurch zugleich Perspektiven für das weitere Nachdenken skizziert werden.

Ich hatte bereits wiederholt auf die Unzulänglichkeit von Heideggers Analysen des Miteinanderseins hingewiesen. Diese beginnt bei der Darstellung des Man, die eine Homogenität alltäglicher Bedeutsamkeit suggeriert. Heidegger zeichnet ein monolithisches Bild der Alltäglichkeit, in dem Divergenzen im leitenden Seinsverständnis keine Rolle spielen. Heideggers zentrale These einer notwendigen Selektivität und Variabilität jeden Seinsverständnisses, die mit der Endlichkeit des Daseins korrespondiert, impliziert allerdings, dass auch die alltägliche Seinsauslegung, wie sie im Man artikuliert wird, kulturell und historisch variabel ist. Daher müsste bereits die Alltäglichkeit viel stärker anhand der Annahme einer Dynamizität und Pluralität von Bedeutsamkeit analysiert werden, als dies in

Heideggers Text der Fall ist. Noch schwerer wiegt die unzulängliche Analyse des Miteinanderseins im 2. Abschnitt. Heideggers Analyse des eigentlichen Existenzvollzugs findet ohne Berücksichtigung der zentralen Einsicht statt, dass die Welt notwendig Mitwelt ist. Es bleibt daher offen, was daraus folgt, wenn einem eigentlichen Existenzvollzug die Notwendigkeit einer geteilten Welt durchsichtig wird. Damit hängt auch zusammen, dass es bei Heidegger nur die Alternative gibt, entweder in einem vorgegebenen Seinsverständnis aufzugehen oder sich für die Möglichkeit offen zu halten, dieses revidieren zu müssen. Er sagt hingehen nichts zu der Frage, wie eine solche Revision genauer aussehen könnte. Ebenso geht er nicht darauf ein, wie die Situation genauer zu verstehen ist, in der sich Dasein zwischen alternativen Entwürfen entscheiden muss. Die Konfrontation mit einem alternativen Seinsverständnis findet sich in *Sein und Zeit* auch nur im Kontext der Historie, wenn es darum geht, die Möglichkeiten des dagewesenen Daseins zu rekonstruieren. Die Variabilität von Seinsverständnissen macht Heidegger also ausschließlich in der Auseinandersetzung mit der eigenen Geschichte fest. Hingegen findet die Möglichkeit einer synchronen Begegnung mit einem alternativen Entwurf der ontologischen Beschaffenheit dessen, was ist, in Heideggers Text keine Erwähnung. Heideggers Daseinsanalytik kennt keine synchrone Begegnung mit einem alternativen Seinsverständnis, die Dasein mit der Begrenztheit der eigenen Entwürfe konfrontieren würde. Es lässt sich insgesamt konstatieren, dass in Heideggers Ausarbeitung der Daseinsanalytik der Gedanke einer möglichen synchronen Pluralität von leitenden Seinsverständnissen keine Rolle spielt.

Ebenso wurde bereits mehrfach darauf hingewiesen, dass die abschließenden drei Kapitel des 2. Abschnitts von dem Drang nach einer Fundierung sämtlicher Bestimmungsmomente der Daseinsanalytik in der Zeitlichkeit des Daseins getrieben sind. Im veröffentlichten Fragment von *Sein und Zeit* ist die Zeitlichkeit des Daseins der abschließende Sinn, aus dem alle anderen Bestimmungsmomente verständlich gemacht werden sollen. Doch wie hängt die Zeitlichkeit des Daseins mit dem Gesamtvorhaben von *Sein und Zeit* zusammen? Wie Heidegger im einleitenden Motto bemerkt, besteht die Absicht seiner Abhandlung in der „Ausarbeitung der Frage nach dem Sinn von ‚Sein'", deren vorläufiges Ziel wiederum in der „Interpretation der *Zeit* als des möglichen Horizonts eines jeden Seinsverständnisses" (SZ 1) besteht. In § 5 bekräftigt er, als Ankündigung für den 3. Abschnitt des 1. Teils, dass die „fundamentale ontologische Aufgabe der Interpretation von Sein […] die Herausarbeitung der *Temporalität des Seins*" (SZ 19) betrifft. Entsprechend war für diesen 3. Abschnitt die Überschrift „Zeit und Sein" (SZ 39) vorgesehen gewesen. Wenn wir nach der Lektüre der beiden veröffentlichten Abschnitte von *Sein und Zeit* auf das Gesamtprojekt blicken, stellt sich die Frage: Wie hängt die Zeitlichkeit des Daseins mit der **Temporalität** des Seins zusammen? Es wäre die Aufgabe des 3. Abschnitts gewesen, dies zu klären. Heideggers Vorlesung des Sommersemesters 1927 (GA 24) stellt eine alternative Fassung des 3. Abschnitts dar. Während anzunehmen ist, dass im 3. Abschnitt von *Sein und Zeit* die Frage nach der Temporalität des Seins im Ausgang von der Daseinsanalytik behandelt worden wäre, wählt Heidegger in dieser Vorlesung einen anderen Weg. Er nähert sich der Frage nach dem Sinn von Sein dort anhand von traditionellen Thesen über das Sein an, die er an zentralen Etappen der Philosophiegeschichte identifiziert. Auch in dieser historischen Herangehensweise gelingt es ihm allerdings nicht, die Frage nach der Temporalität des Seins in systematischer Weise zu entwickeln. Heideggers späteres Denken führt die Frage nach der Temporalität des Seins fort, indem über die historische Wandelbarkeit des Seins nachgedacht wird. Er verlässt dabei allerdings den daseinsanalytischen Weg, der die Frage nach der Temporalität des Seins an die Zeitlichkeit des Daseins rückbindet.

Die Abkehr vom daseinsanalytischen Weg in Heideggers späterem Denken darf jedoch nicht so verstanden werden, als ob Sein beim späteren Heidegger nunmehr unabhängig vom Dasein gedacht werden könnte. Auch dieser versteht unter der Frage nach dem Sein die Frage danach, wie Seiendes sich *für uns* zeigen kann. Allerdings stellt er diese Frage nicht länger unter das Primat des Seinkönnens. Die Daseinsanalytik ist von der These geleitet, dass die Erschlossenheit von Welt von den Entschlüssen des Daseins abhängt. Es liegt an uns, wie wir uns die Welt erschließen. Das impliziert die Annahme, dass es auch in unserer Macht stehe, das leitende Seinsverständnis zu verändern. Der spätere Heidegger betont hingegen, dass nicht wir über unser Seinsverständnis verfügten, sondern es angemessener sei, zu sagen, dass unser Seinsverständnis über uns verfüge. Sein späteres Denken geht also von der These aus, dass das leitende Seinsverständnis umgrenzt, welche Möglichkeiten für uns bestehen, ohne dass wir diese Grenzen überblicken oder willentlich verändern können. Entsprechend können wir auch nichts darüber wissen, was jenseits der Grenzen der Vernehmbarkeit liegt, die durch unser Seinsverständnis bestimmt werden. Auch wenn sich unser Seinsverständnis verändert, können wir dies daher nur nachträglich konstatieren, indem wir festhalten, dass nunmehr etwas zugänglich geworden ist, das es vormals in dieser Form nicht war. Im Gegensatz zum Primat des Seinkönnens in *Sein und Zeit* beruht Heideggers späteres Denken also auf der Annahme, dass jedes Verstehen einer Sache zuallererst darauf beruht, wie uns diese Sache zugänglich geworden ist, worüber wir prinzipiell nicht verfügen können.

Diesen Gedanken fortführend kann Heideggers Ausarbeitung von *Sein und Zeit* seinsgeschichtlich verortet werden. Dahingehend lässt sich zeigen, dass der besorgende Umgang mit Zeug sowie das erkennende Verhalten zu Vorhandenen, die Heidegger in *Sein und Zeit* zum Leitfaden nimmt, Ausdrücke eines spezifischen seinsgeschichtlichen Paradigmas sind, das sich bis in die antike Philosophie zurückverfolgen lässt. Die Seinsweisen der Zuhandenheit und Vorhandenheit sind Modi jenes Seinsverständnisses, das in der Antike, und zwar insbesondere durch die Werke Platons und Aristoteles', hegemonial wurde und die Geschicke des westlichen Denkens bis heute bestimmt: des Verständnisses von Sein als „Hergestelltheit" (SZ 24) – wobei Heidegger diesen Gedanken bemerkenswerterweise bereits im Vorblick auf die Destruktion der Geschichte der Ontologie in § 6 andeutet, sodass wir damit nicht den Denkhorizont verlassen, der bereits in *Sein und Zeit* im Spiel war. Die damit angedeutete Destruktion ontologischer Grundannahmen darf allerdings auch vor *Sein und Zeit* selbst nicht haltmachen. Es ist auf Heideggers Orientierung an Aristoteles zurückzuführen, dass

Heidegger das Sein innerweltlich Seiender als Zuhandenheit und Vorhandenheit konzipiert. Diese Bestimmung innerweltlich Seiender knüpft daran an, wie in der aristotelischen Metaphysik die Erschließung von Seienden durch *Techne* und *Episteme* gedacht wird. Die Bestimmungen von Zuhandenheit und Vorhandenheit in *Sein und Zeit* erweisen sich somit als Ausdruck eines epistemisch-technischen Weltzugriffs. Wie Heidegger in seinem späteren Denken der Technik zeigt, kann es nicht darum gehen, diesen Weltzugriff zu überwinden. Vielmehr geht es darum, dass fundamentalontologische Projekt noch einmal zu radikalisieren, indem die Möglichkeitsbedingungen von *Sein und Zeit* selbst zum Gegenstand kritischer Befragung werden.

15.2 Über Notwendigkeit und Unbeantwortbarkeit der Seinsfrage

Welche Lehre kann aus Heideggers fundamentalontologischem Projekt hinsichtlich der Beschaffenheit der Seinsfrage gezogen werden? Die wichtigste Lehre besteht darin, dass es sich bei der Seinsfrage um eine Frage handelt, bei der es gar nicht darum gehen kann, sie zu beantworten, sondern darum gehen muss, sie immer wieder aufs Neue zu stellen und als Frage offenzuhalten. Dieser Sachverhalt lässt sich sowohl hinsichtlich der Existenz des Daseins als auch mit Blick auf den Sinn von Sein überhaupt plausibilisieren.

Auf der existenzialanalytischen Betrachtungsebene kann daran erinnert werden, dass Heidegger in seiner Daseinsanalytik zeigt, dass das Sein des Daseins im Kern darin besteht, dass dieses Seiende nie bestimmt ist, sondern sein Sein vielmehr in der schieren Möglichkeit besteht, sich je selbst in seinen Vollzügen neu und anders zu bestimmen. Die Bestimmungen des Daseins sind dabei im doppelten Sinne nichtig: Sie können nie den Status einer Letztbestimmung erreichen; und sie bleiben auch immer revidierbar. Die Existenz des Daseins impliziert einen Überschuss an unbestimmter Bestimmbarkeit, die immer noch aussteht. Auch das Verständnis seines eigenen Seins, wie es in der Daseinsanalytik expliziert wird, ist ein weiterer Entwurf des Daseins. Das Verstehen des Daseins ist immer ein faktisches Entwerfen; es ist notwendigerweise vorläufig und widerrufbar. Die Daseinsanalytik stieß auf diese Abgründigkeit. Der Sinn der Existenz besteht letztlich in nichts anderem als dieser Abgründigkeit, dieser Abwesenheit von Grund, die in der Existenz ertragen werden muss, indem Dasein es übernimmt, der nichtige Grund seiner Nichtigkeit zu sein.

Dasselbe gilt auch für den Sinn von Sein insgesamt. In *Sein und Zeit* wird dies dahingehend begründet, dass sich jedes Verstehen von Sein nur als Entwurf des Daseins vollziehen kann, jede Ontologie also auf die Verstehensbedingungen des Daseins verweist. Bereits im veröffentlichten Fragment von *Sein und Zeit* wird allerdings auch der Gedanke nahegelegt, dass diese ontische Bedingung der Möglichkeit von Seinsverständnisses mit der Temporalität des Seins selbst korrespondiert: Sein zeigt sich in unterschiedlichen Epochen und Regionen unterschiedlich. Ab den 1930er-Jahren wird Heidegger dies in ein seinsgeschichtliches

Denken gießen, dass allerlei problematische Implikationen hat und dessen Verstrickung in Heideggers politische Sichtweisen spätestens seit Publikation der *Schwarzen Hefte* (GA 94–101) eindringlich dokumentiert ist. Doch wir müssen die Kehre zum seinsgeschichtlichen Denken gar nicht mitmachen, um dem Gedanken, dass Sein eine Geschichte habe, etwas abzugewinnen – er lässt sich bereits im Rahmen von *Sein und Zeit* sinnvoll formulieren.

Vor dem Hintergrund dieser Überlegungen scheint es allerdings naheliegend, dass der 2. Abschnitt von *Sein und Zeit* mehr erreichen wollte, als aufgrund der Seinsweise des untersuchten Seiende möglich ist. Heidegger scheint dies – zumindest implizit – auch selbst zu bemerken. Es finden sich dafür Indizien im Text, zum Beispiel in § 63, in dem Heidegger bemerkt, dass es in Bezug auf den 2. Abschnitt einen berechtigten Einwand hinsichtlich der Selbstanwendbarkeit der Daseinsanalytik geben könnte. Wenn die zentrale Einsicht der Daseinsanalytik darin besteht, dass jede Antwort auf die Frage nach dem Sinn von Sein ein nichtiger Entwurf des Daseins ist, dann kann auch Heidegger für seine Antwort keinen anderen Status als den eines nichtigen Entwurfs beanspruchen. Auch die Ausarbeitung von *Sein und Zeit* ist also ein Entwurf des Daseins, der angesichts einer neuen Situation oder eines angemesseneren Verständnisses der Phänomene revidiert werden muss. Wenn dies allerdings zutrifft, dann folgt daraus, dass „die fundamentale ontologische Aufgabe der Interpretation von Sein als solchem" (SZ 19), die Heidegger für den 3. Abschnitt ankündigte, sich aufgrund der zentralen Einsicht, auf die wir in *Sein und Zeit* gestoßen sind, als unmögliche Aufgabe erweist. Der 3. Abschnitt konnte also aus systematischen Gründen, die in *Sein und Zeit* selbst erklärt werden, nicht geschrieben werden.

Denn in seiner fundamentalontologischen Radikalität bedacht bedeutet die Temporalität des Seins, dass es keine finale Antwort auf die Frage nach dem Sinn von Sein geben kann, sondern nur die fortwährende Notwendigkeit, diese Frage zu stellen. Die Frage nach dem Sinn von Sein drängt sich unweigerlich immer wieder auf, sofern es dem Dasein „in seinem Sein *um* dieses Sein selbst geht" (SZ 12). Dasein bezeichnet nichts anders als die Möglichkeit, die Seinsfrage zu stellen. Das Ziel des fundamentalontologischen Projekts von *Sein und Zeit,* die Wiederholung der Seinsfrage, stellt sich also als die unabschließbare Aufgabe heraus, die Frage nach dem Sinn von Sein immer wieder aufs Neue zu stellen. Es kann daher nicht darauf ankommen, diese Frage zu beantworten, sondern darauf, sie als Frage offenzuhalten. Bei der Weckung des Verständnisses für die Frage nach dem Sinn von Sein geht es also nicht nur zu Beginn darum, uns in Verlegenheit zu bringen, sondern auch in letzter Instanz darum, uns in dieser Verlegenheit zu halten. Die Möglichkeit, die Frage nach dem Sinn von Sein immer wieder aufs Neue zu stellen, ist gleichbedeutend mit der Einsicht, dass Ontologien nicht letztbegründet werden können und immer an eine spezifische hermeneutische Situation zurückgebunden bleiben, der sie zu entsprechen haben.

Glossar altgriechischer Stellen

Dieses Glossar ist als Hilfestellung für Leser:innen gedacht, die keine Grund-kenntnisse des Altgriechischen besitzen. Es werden sämtliche griechischen Begriffe in *Sein und Zeit* nach Seite und Zeile geordnet aufgelistet. Jeder Eintrag enthält erstens den griechischen Ausdruck, wie er sich in *Sein und Zeit* findet, zweitens eine Transliteration und drittens eine Übersetzung. Sofern nicht anders angegeben, stammen die Übersetzung von mir. Dafür zog ich einerseits gängige Wörterbücher heran und orientierte mich andererseits an Heideggers – zum Teil ungewöhnlichen – Übersetzungen. Manchmal wird die Übersetzung ergänzt um kurze Erläuterungen.

SZ 1

Z. 1–3   … δῆλον γὰρ ὡς ὑμεῖς μὲν ταῦτα (τί ποτε βούλεσθε σημαίνειν ὁπόταν ὂν φθέγγησθε) πάλαι γιγνώσκετε, ἡμεῖς δὲ πρὸ τοῦ μὲν ᾠόμεθα, νῦν δ᾽ ἠπορήκαμεν … (dēlon gar hōs hymeïs men taÿta (ti pote bylesthe sēmainein hopotan on phthengēsthe) palai gignōskete, hēmeïs de pro toÿ men ōometha, nÿn d᾽ēporēkamen …) – Heidegger führt selbst folgende Übersetzung an: „Denn offenbar seid ihr doch schon lange mit dem vertraut, was ihr eigentlich meint, wenn ihr den Ausdruck ,*seiend*‘ gebraucht, wir jedoch glaubten es einst zwar zu verstehen, jetzt aber sind wir in Verlegenheit gekommen.“

SZ 2

Z. 4   γιγαντομαχία περί τῆς οὐσίας (gigantomachia peri tēs ousias) – Riesenschlacht um das Sein

SZ 3

Z. 9–10   τὸ ὄν ἐστι καθόλου μάλιστα πάντων (to on esti katholy malista pantōn) – Das Sein ist das am meisten von allem Allgemeine

Z. 17   οὔτε τὸ ὄν γένος (oute to on genos) – das Sein ist keine Gattung

© Der/die Herausgeber bzw. der/die Autor(en), exklusiv lizenziert an Springer-Verlag GmbH, DE, ein Teil von Springer Nature 2022
G. Thonhauser, *Heideggers „Sein und Zeit“*,
https://doi.org/10.1007/978-3-662-64689-2

SZ 6

Z. 20–21   μῦθόν τινα διηγεῖσθαι (mýthon tina diēgeïsthai) – keine
Geschichten/Mythen erzählen

SZ 14

Z. 6   ἡ ψυχὴ τὰ ὄντα πώς ἐστιν (hē psyche ta onta pōs estin) – Die Seele
ist in gewisser Weise alles

Z. 9   αἴσθησις (aisthēsis) – Wahrnehmung

Z. 9   νόησις (noēsis) – Denken; in *Sein und Zeit*: Vernehmen

SZ 25

Z. 21   παρουσία, οὐσία (parousia, ousia) – alltagssprachlich: Besitz, Eigentum; philosophisch: Wesen

Z. 28   ζῷον λόγον ἔχον (zōon logon echon) – Lebewesen, das Sprache hat

Z. 30; 38   λέγειν (legein) – sprechen

Z. 34   λόγος (logos) – Rede, Vernunft

Z. 39   νοεῖν (noeïn) – denken; in *Sein und Zeit*: vernehmen

SZ 26

Z. 5   οὐσία (ousia) – siehe SZ 25, Z. 21; Heidegger übersetzt es hier mit
„Anwesenheit"

SZ 28

Z. 13; 24;   φαινόμενον (phainomenon) – Phänomen; der Plural lautet
26   φαινόμενα (phainomena)

Z. 13   λόγος (logos) – Rede, Vernunft

Z. 25; 27   φαίνεσθαι (phainesthai) – sich zeigen

Z. 28   φαίνω (phaino) – ans Licht bringen

Z. 29   φῶς (phos) – Licht

Z. 34   τὰ ὄντα (ta onto) – das Seiende

SZ 29

Z. 2; 7;   φαινόμενον (phainomenon) – Phänomen
12; 15

Z. 3–4   φαινόμενον ἀγαθόν (phainomenon agathon) – etwas, das nur scheinbar gut ist

SZ 32

Z. 1; 6; 9;   λόγος (logos) – Rede, Vernunft
11; 14; 15;
19; 22; 24;
31; 36; 37

Z. 22   δηλοῦν (dēloÿn) – offenbar machen

Z. 24   ἀποφαίνεσθαι (apophainesthai) – etwas sehen lassen

Z. 25   φαίνεσθαι (phainesthai) – sich zeigen
Z. 28; 32   ἀπόφανσις (apophansis) – wahrheitsfähige Aussage, Urteil
Z. 33   εὐχή (euchē) – Bitte

SZ 33
Z. 1   φωνή (phōnē) – Stimme
Z. 1   φωνὴ μετὰ φαντασίας (phōnē meta phantasias) – Heidegger über-
             setzt es als „stimmliche Verlautbarung, in der je etwas gesichtet wird"
Z. 3;   λόγος (logos) – Rede, Vernunft
4; 12;
16; 22;
23; 30
Z. 3   ἀπόφανσις (apophansis) – wahrheitsfähige Aussage, Urteil
Z. 5   σύνθεσις (synthesis) – Synthese, Zusammensetzung
Z. 15   ἀλήθεια (alētheia) – Wahrheit; Heidegger bevorzugt die Übersetzung
             „Unverborgenheit"
Z. 15   ἀληθεύειν (alētheuein) – aus seiner Verborgenheit herausnehmend;
             Verb zum Substantiv ἀλήθεια (alētheia) – Wahrheit, Unverborgenheit
Z. 17   λέγειν (legein) – sprechen
Z. 17   ἀποφαίνεσθαι (apophainesthai) – etwas sehen lassen
Z. 18   ἀληθές (alēthes) – Unverborgenes
Z. 19   ψεύδεσθαι (pseudesthai) – Falschsein
Z. 30; 31   αἴσθησις (aisthēsis) – Wahrnehmung
Z. 31   ἴδια (idia) – dieselbe
Z. 36   νοεῖν (noeïn) – denken; in *Sein und Zeit*: vernehmen
Z. 39   ἀγνοεῖν (agnoeïn) – nicht kennen; Heidegger übersetzt es hier als
             „Unvernehmen"

SZ 34
Z. 10;   λόγος (logos) – Rede, Vernunft
11; 12;
16; 17;
19; 22
Z. 13; 27   λέγειν (legein) – sprechen
Z. 13;   λεγόμενον (legomenon) – was gesagt wird, das Gesagte; es handelt
16; 17   sich hierbei um ein Partizip zu λέγειν (legein); Heidegger übersetzt es
             hier als „das Aufgezeigte als solches"
Z. 14   ὑποκείμενον (hypokeimenon) – das Zugrundeliegende; es handelt
             sich hierbei um den altgriechischen Begriff für Subjekt
Z. 26   λέγειν τὰ φαινόμενα (legein ta phainomena) – sprechen von den
             Phänomenen
Z. 27   ἀποφαίνεσθαι (apophainesthai) – etwas sehen lassen

Z. 28   ἀποφαίνεσθαι τὰ φαινόμενα (apophainesthai ta phainomena) – Sehenlassen der Phänomene; Heidegger übersetzt es durch seinen Vorbegriff der Phänomenologie als „Das was sich zeigt, so wie es sich von ihm selbst her zeigt, von ihm selbst her sehen lassen."

SZ 35
Z. 10   λόγος (logos) – Rede, Vernunft

SZ 37
Z. 28   λόγος (logos) – Rede, Vernunft
Z. 29   ἑρμηνεύειν (hermēneuein) – auslegen

SZ 44
Z. 29   νοεῖν (noeïn) – denken; in *Sein und Zeit*: vernehmen
Z. 29; 34   λόγος (logos) – Rede, Vernunft
Z. 31   λέγειν (legein) – sprechen
Z. 34   κατηγορεῖσθαι (katēgoreïsthai) – anklagen

SZ 45
Z. 1   κατηγορίαι (katēgoriai) – die Anklagen/Anschuldigungen; Heidegger macht darauf aufmerksam, dass das Wort ‚Kategorie' zunächst die Bedeutung Anklage hatte.
Z. 2   λόγος (logos) – Rede, Vernunft

SZ 46
Z. 13   ὑποκείμενον (hypokeimenon) – das Zugrundeliegende; es handelt sich hierbei um den altgriechischen Begriff für Subjekt

SZ 48
Z. 31   ζῷον λόγον ἔχον (zōon logon echon) – Lebewesen, das Sprache hat
Z. 33   ζῷον (zōon) – Lebewesen
Z. 34   λόγος (logos) – Rede, Vernunft
Z. 37–38   καὶ εἶπεν ὁ θεός ποιήσωμεν ἄνθρωπον κατ'εἰκόνα ἡμετέραν καὶ καθ'ὁμοίωσιν (kai eïpen ho theos poiēsōmen anthrōpon kat'eikona hēmeteran kai kath'homoiōsin) – Gen 1, 26 lautet in der Einheitsübersetzung: „Dann sprach Gott – Lasst uns Menschen machen als unser Abbild, uns ähnlich." Der bibelfeste Bildungsbürger Heidegger zitiert diese Bibelstelle nur Griechisch und Latein.

SZ 59
Z. 3   νοεῖν (noeïn) – denken; in *Sein und Zeit*: vernehmen
Z. 4   λόγος (logos) – Rede, Vernunft

SZ 61
Z. 32   εἶδος (eïdos) – alltagssprachlich: Aussehen, Gestalt; bei Platon: Idee

SZ 68

Z. 16   πρᾶξις (präxis) – Handlung, Tat

Z. 16; 18   πρᾶγμα (prägma) – Sache, Ding; daher der Plural πράγματα (pragmata) – Dinge

SZ 90

Z. 3   οὐσία (ousia) – alltagssprachlich: Besitz, Eigentum; philosophisch: Wesen

SZ 93

Z. 11   συνωνύμως (synōnymōs) – synonym, gleichbedeutend

SZ 96

Z. 25   νοεῖν (noeïn) – denken; in *Sein und Zeit*: vernehmen

Z. 25   διανοεῖν (dianoeïn) – nachdenken; Heidegger versteht νοεῖν (noeïn) als „vernehmen" und unterscheidet davon διανοεῖν (dianoeïn) als „denken" im Sinne von nachdenken

Z. 29   αἴσθησις (aisthēsis) – Wahrnehmung

SZ 138

Z. 9   μὴ ὄν (mē on) – Nichtseiendes

Z. 17   θεορία (theoria) – Theorie

Z. 20   ῥᾳστώνη (rhastōne) – Leichtigkeit, Annehmlichkeit

Z. 20   διαγωγή (diagōge) – freie Lebensweise für das Studium des Wahren und Schönen

Z. 32   πάθη (pathē) – Affekte, Emotionen

SZ 154

Z. 12; 25   λόγος (logos) – Rede, Vernunft

Z. 25   ἀπόφανσις (apophansis) – wahrheitsfähige Aussage, Urteil

SZ 158

            ἑρμηνεία (hermēneia) – Auslegung, Mitteilung

            λόγος (logos) – Rede, Vernunft

SZ 159

Z. 1; 5; 7; 8; 10; 17; 38   λόγος (logos) – Rede, Vernunft

Z. 8   λόγος τινός (logos tinos) – Logos von etwas

Z. 10; 14; 34 σύνθεσις (synthesis) – Synthese, Zusammensetzung

Z. 10; 14; 35 διαίρεσις (diairesis) – Begriffsteilung; ein wichtiges Konzept bei Platon

SZ 160
Z. 4;   λόγος (logos) – Rede, Vernunft
12; 16;
17; 20

SZ 165
Z. 19   ζῷον λόγον ἔχον (zōon logon echon) – Lebewesen, das Sprache hat
Z. 28   λόγος (logos) – Rede, Vernunft

SZ 171
Z. 1   πάντες ἄνθροποι τοῦ εἰδέναι ὀρέγονται φύσει (pantes anthropoi toÿ
         eidenai oregontai physei) – eine übliche Übersetzung könnte lauten:
         Alle Menschen streben von Natur aus nach Wissen; Heideggers
         Übersetzung: „Im Sein des Menschen liegt wesenhaft die Sorge des
         Sehens"
Z. 8   το γὰρ αὐτὸ νοεῖν ἐστίν τε και εἶναι (to gar auto noeïn estin te kai
         eïnai) – eine übliche Übersetzung könnte lauten: Denn dasselbe sind
         Denken und Sein; Heideggers Übersetzung: „Sein ist, was im reinen
         anschauenden Vernehmen sich zeigt, und nur dieses Sehen entdeckt
         das Sein"

SZ 172
Z. 36   θαυμάζειν (thaumazein) – Staunen

SZ 199
Fußnote μέριμνα (merimna) – ängstliche Bemühung; es handelt sich dabei um
         einen Begriff aus der Stoa, der ins Latein mit „sollicitudo" übersetzt
         wurde

SZ 212
Z. 35   τὸ γὰρ αὐτὸ νοεῖν ἐστίν τε καὶ εἶναι (to gar auto noeïn estin te kai
         eïnai) – siehe SZ 171, Z. 8
Z. 36   ἀρχαί (archai) – Plural von ἀρχη (archē) – Anfang, Prinzip, Ursprung

SZ 213
Z. 2–3   αὐτὸ τὸ πρᾶγμα ὡδοποίησεν αὐτοῖς καὶ συνηνάγκασε ζητεῖν (auto
         to prägma ōdopoiēsen autoïs kai sunēnankase zēteïn) – Heidegger
         übersetzt es als: „durch ‚die Sachen selbst' geführt, zum Weiterfragen
         gezwungen worden."
Z. 4   ἀναγκαζόμενος δ' ἀκολουθεῖν τοῖς φαινομένοις (anankazomenos
         d' akoloutheïn toïs phainomenois) – Heidegger übersetzt es als: „er
         (Parmenides) war gezwungen, dem zu folgen, was sich an ihm selbst
         zeigte."
Z. 6   ὑπ αὐτῆς τῆς ἀληθείας ἀναγκαζόμενοι (hyp autēs tēs alētheias
         anagkazomenoi) – Heidegger übersetzt es als: „von der ‚Wahrheit'
         selbst gezwungen, forschten sie."

Z. 8   φιλοσοφεῖν περὶ τῆς ἀληθείας (philosopheïn peri tēs alētheias) – Heidegger übersetzt es als: „,philosophieren' über die ‚Wahrheit'.“

Z. 9   ἀποφαίνεσθαι περὶ τῆς ἀληθείας (apophainesthai peri tēs alētheias) – Heidegger übersetzt es als: „aufweisendes Sehenlassen mit Rücksicht auf und im Umkreis der ‚Wahrheit'.“

Z. 12–13   ἐπιστήμη τις τῆς ἀληθείας (epistēmē tis tēs alētheias) – Heidegger übersetzt es als: „Wissenschaft von der ‚Wahrheit'.“

Z. 14   ἐπιστήμη, ἣ θεωρεῖ τὸ ὄν ᾗ ὄν (epistēmē, ē theōreï to on hē on) – Heidegger übersetzt es als: „Wissenschaft, die das Seiende betrachtet als Seiendes, das heißt hinsichtlich seines Seins.“

SZ 214

Z. 24   παθήματα τῆς ψυχῆς τῶν πραγμάτων ὁμοιώματα (pathēmata tēs psychēs tōn pragmatōn homoiōmata) – Heidegger übersetzt es als: „Die ‚Erlebnisse' der Seele sind Angleichungen an die Dinge.“

Z. 25   νοήματα (noēmata) – Vorstellungen

SZ 216

Z. 37   μέθεξις (methexis) – Teilhabe; bei Platon wird damit das Verhältnis der sinnlichen Dinge zu den Ideen bezeichnet

SZ 218

Z. 25   ἀπόφανσις (apophansis) – wahrheitsfähige Aussage, Urteil

SZ 219

Z. 16; 24; 26; 30   λόγος (logos) – Rede, Vernunft

Z. 16–17   ἀπόφανσις (apophansis) – wahrheitsfähige Aussage, Urteil

Z. 17   ἀληθεύειν (alētheuein) – aus seiner Verborgenheit herausnehmend; Verb zum Substantiv ἀλήθεια (alētheia) – Wahrheit, Unverborgenheit

Z. 17   ἀποφαίνεσθαι (apophainesthai) – zeigen lassen

Z. 19; 30; 33–34   ἀλήθεια/ἀ-λήθεια (alētheia) – Wahrheit; Heidegger bevorzugt die Übersetzung „Unverborgenheit“

Z. 20   πρᾶγμα (prägma) – Sache, Ding

Z. 20   φαινόμενα (phainomena) – Phänomene

Z. 26   φράζων ὅκως ἔχει (phrazōn hokōs echei) – sagen/wahrnehmen lassen, wie es ist

Z. 27   λανθάνει (lanthanei) – verbirgt sich

Z. 28   ἐπιλανθάνονται (epilanthanontai) – sie vergessen

SZ 222–223

Z. 40–41   κρίνειν λόγῳ (krinein logō) – verstehendes Unterscheiden

SZ 223

Fußnote   ἀλήθεια (alētheia) – Wahrheit; Heidegger bevorzugt die Übersetzung „Unverborgenheit"

Fußnote   δόξα (doxa) – Meinung, Schein

SZ 226

Z. 2; 4;   λόγος (logos) – Rede, Vernunft
7; 10

Z. 7   νοεῖν (noeïn) – denken; in *Sein und Zeit*: vernehmen

Z. 8   αἴσθησις (aisthēsis) – Wahrnehmung

Z. 9   νόησις (noēsis) – Denken; in *Sein und Zeit*: Vernehmen

Z. 10   διανοεῖν (dianoeïn) – nachdenken

SZ 244

Fußnote   ὅλον (holon) – das Ganze

Fußnote   πᾶν (pān) – die Summe

SZ 319

Z. 24   ὑποκείμενον (hypokeimenon) – das Zugrundeliegende; es handelt sich hierbei um den altgriechischen Begriff für Subjekt

Z. 30   εἶδος (eïdos) – alltagssprachlich: Aussehen, Gestalt; bei Platon: Idee

SZ 329

Z. 2   ἐκστατικόν (ekstatikon) – außer sich

SZ 342

Z. 1   λύπη τις ἢ ταραχή (lupē tis ē tarachē) – eine gewisse Gedrücktheit und Verwirrung; lupē – Betrübnis, Trauer, Gedrücktheit; tarachē – Verwirrung

SZ 421

Z. 13–14   τοῦτο γάρ ἐστιν ὁ χρόνος, ἀριθμὸς κινήσεως κατὰ τὸ πρότερον καὶ ὕστερον (toÿto gar estin ho chronos, arithmos kinēseōs kata to proteron kai hysteron) – Heidegger übersetzt es als: „Das nämlich ist die Zeit, das Gezählte an der im Horizont des Früher und Später begegnenden Bewegung."

SZ 423

Z. 21–23   εἰκὼ δ' ἐπενόει κινητόν τινα αἰῶνος ποιῆσαι, καὶ διακοσμῶν ἅμα οὐρανὸν ποιεῖ μένοντος αἰῶνος ἐν ἑνὶ κατ' ἀριθμὸν ἰοῦσαν αἰώνιον εἰκόνα, τοῦτον ὃν δὴ χρόνον ὠνομάκαμεν (eikō d epenoei kinēton tina aiōnos poiēsai, kai diakosmōn hama ouranon poieï menontos aiōnos en heni kat arithmon ioÿsan aiōnion eikona, toÿton hon dē chronon ōnomakamen) – eine übliche Übersetzung: „So sann er darauf, ein bewegliches Abbild der Ewigkeit zu gestalten, und

macht, indem er dabei zugleich den Himmel ordnet, von der in dem
Einen verharrenden Ewigkeit ein in Zahlen fortschreitendes ewiges
Abbild, und zwar dasjenige, dem wir den Namen Zeit beigelegt
haben." (Platon Timaios 37 d 5–7; verwendete Ausgabe im Literaturverzeichnis)

SZ 427

Z. 18–20   εἰ δὲ μηδὲν ἄλλο πέφυκεν ἀριθμεῖν ἢ ψυχὴ καὶ ψυχῆς νοῦς,
ἀδύνατον εἶναι χρόνον ψυχῆς μὴ οὔσης (ei de mēden hallo
pephyken arithmeïn ē psychē kai psychēs noÿs, adynaton eïnai
chronon psychēs mē ousēs) – eine übliche Übersetzung: „Gibt es nun
außer der Seele, und zwar dem Verstand der Seele, nichts, was zu
zählen vermöchte, dann ist eine Existenz der Zeit ohne eine Existenz
der Seele ausgeschlossen." (Aristoteles Physik 223 a 25; verwendete
Ausgabe im Literaturverzeichnis)

SZ 432

Fußnote   νῦν (nÿn) – Jetzt
Fußnote   ὅρος (horos) – Grenze
Fußnote   στιγμή (stigmē) – Punkt, Moment
Fußnote   τόδε τι (tode ti) – dieses da
Fußnote   χρόνος (chronos) – Zeit
Fußnote   σφαῖρα (sphaïra) – Kugel, Sphäre
Fußnote   ἀκολουθεῖν (akoloytheïn) – folgen

SZ 433

Fußnote   ἀριθμὸς κινήσεως (arithmos kinēseōs) – Zahl/Zählung der Bewegung

Zitierte und weiterführende Literatur[1]

Ahmed, Sara. 2006. *Queer Phenomenology: Orientations, Objects, Others.* Durham: Duke UP.

Aristoteles. ⁵1995.*Physikvorlesung* (Werke in deutscher Übersetzung, Bd. 11). Berlin: Akademie.

Beinsteiner, Andreas. 2021. *Heideggers Philosophie der Medialität.* Frankfurt a. M.: Klostermann.

Bollnow, Otto Friedrich. 1953. *Das Wesen der Stimmungen.* Frankfurt a. M.: Klostermann.

Carman, Taylor. 2003. *Heidegger's Analytic: Interpretation, Discourse and Authenticity in Being and Time.* Cambridge: Cambridge UP.

de Beauvoir, Simone. 2000 [frz. 1949]. *Das andere Geschlecht: Sitte und Sexus der Frau.* Reinbek: Rowohlt.

Demmerling, Christoph. 2016. An den Grenzen der Sprache? Heideggers Zeuganalyse und die Begrifflichkeitsthese. *Deutsche Zeitschrift für Philosophie* 64 (1): 1–16.

Descartes, René. 2011 [1619]: *Regulae ad directionem ingenii. Cogitationes privatae.* Lateinisch – Deutsch. Hamburg: Meiner.

Dreyfus, Hubert L. 1992. *Being-in-the-World. A Commentary on Heidegger's Being and Time, Division 1.* Cambridge: MIT Press.

Fanon, Frantz. 2013 [frz. 1952]. *Schwarze Haut, weise Masken.* Wien: Turia+Kant.

Figal, Günter. 1988. *Martin Heidegger: Phänomenologie der Freiheit.* Frankfurt a. M.: Athenäum.

Flatscher, Matthias. 2016. *Logos und Lethe: Zur phänomenologischen Sprachauffassung im Spätwerk von Heidegger und Wittgenstein.* Freiburg: Alber.

Habermas, Jürgen. ¹⁶2019 [1962]. *Strukturwandel der Öffentlichkeit: Untersuchungen zu einer Kategorie der bürgerlichen Gesellschaft.* Frankfurt a. M.: Suhrkamp.

Hacking, Ian. 1996. The looping effect of human kinds. In *Causal Cognition. A Multidisciplinary Debate,* Hrsg. Dan Sperber, David Premack und Ann James Premack, 351–383. Oxford: Claredon.

Haugeland, John. 2013. *Dasein Disclosed: John Haugeland's Heidegger.* Cambridge: Harvard UP.

Husserl, Edmund. 1928. *Vorlesungen zur Phänomenologie des inneren Zeitbewusstseins,* Hrsg. von Martin Heidegger. Halle a.d.S.: Niemeyer.

---

[1]*Sein und Zeit* wird nach den Seitenzahlen der bei Niemeyer (gehört mittlerweile zu De Gruyter) erscheinenden Einzelausgabe mit der Sigle *SZ* zitiert. Die von mir verwendete Ausgabe ist: Martin Heidegger. ¹⁸2001. *Sein und Zeit.* Tübingen: Niemeyer. Alle anderen Schriften Heideggers werden nach der *Martin Heidegger Gesamtausgabe.* 1975 ff. (Frankfurt a. M.: Klostermann) anhand des Schemas GA *[Bandangabe], [Seitenangabe]* zitiert.

© Der/die Herausgeber bzw. der/die Autor(en), exklusiv lizenziert an Springer-Verlag GmbH, DE, ein Teil von Springer Nature 2022
G. Thonhauser, *Heideggers „Sein und Zeit",*
https://doi.org/10.1007/978-3-662-64689-2

Husserl, Edmund. 1952. *Ideen zu einer reinen Phänomenologie und phänomenologischen Philosophie. Zweites Buch: Phänomenologische Untersuchungen zur Konstitution* (Husserliana, Bd. 4). Den Haag: Nijhoff.

Husserl, Edmund. 1984. *Logische Untersuchungen. Zweiter Band. Untersuchungen zur Phänomenologie und Theorie der Erkenntnis.* 1. Teil (Husserliana, Bd. 19.1). Den Haag: Nijhoff.

Jaeggi, Rahel. 2006. *Entfremdung: Zur Aktualität eines sozialphilosophischen Problems.* Frankfurt a. M.: Campus.

Jaspers, Karl. 1919. *Psychologie der Weltanschauungen.* Berlin: Springer.

Kant, Immanuel. 1974 [1787]. *Kritik der reinen Vernunft 1* (Werkausgabe, Bd. 3). Frankfurt a. M.: Suhrkamp.

Kierkegaard Søren. 1911. Entweder Order Teil I. In Ders., *Gesammelte Werke,* Bd. 1. Jena: Diederichs.

Kierkegaard Søren. 1913. Entweder Order Teil II. In Ders., *Gesammelte Werke,* Bd. 2. Jena: Diederichs.

Kierkegaard, Søren. 1922. Der Gesichtspunkt für meine Wirksamkeit als Schriftsteller. In Ders., *Gesammelte Werke,* Bd. 10. Jena: Diederichs.

Kisiel, Theodore. 1993. *The Genesis of Heidegger's Being and Time.* Berkeley: University of California Press.

Kuhn, Thomas S. [26]2020 [eng. 1962]. *Die Struktur wissenschaftlicher Revolutionen.* Berlin: Suhrkamp.

Lacoue-Labarthe, Philippe, und Jean-Luc. Nancy. 1997. *Retreating the Political.* New York: Routledge.

Lafont, Cristina. 1994. *Sprache und Welterschließung: Zur linguistischen Wende der Hermeneutik Heideggers.* Frankfurt a. M: Suhrkamp.

Luckner, Andreas. [2]2007. *Martin Heidegger: ,Sein und Zeit': Ein einführender Kommentar.* Paderborn: Ferdinand Schöningh.

Lukács, Georg. 1923. *Geschichte und Klassenbewußtsein: Studien über marxistische Dialektik.* Berlin: Malik.

Marcuse, Herbert. [4]2004 [engl. 1964]. *Der eindimensionale Mensch: Studien zur Ideologie der fortgeschrittenen Industriegesellschaft.* München: DTV.

Merleau-Ponty, Maurice. 2011 [frz. 1945]. *Phänomenologie der Wahrnehmung.* Berlin: de Gruyter.

Natanson, Maurice. 1986. *Anonymity. A Study in the Philosophy of Alfred Schutz.* Bloomington, Indianapolis: Indiana UP.

Nietzsche, Friedrich. 1967ff. [1874]. *Vom Nutzen und Nachteil der Historie für das Leben (Digitale Kritische Gesamtausgabe Werke und Briefe).* Berlin: de Gruyter.

Platon. 2019. *Timaios – Kritias – Philebos* (Werke in acht Bänden. Griechisch und Deutsch, Bd. 7). Darmstadt: Wissenschaftliche Buchgesellschaft.

Schürmann, Reiner. 1987. *Heidegger on Being and Acting: From Principles to Anarchy.* Bloomington: Indiana UP.

Schürmann, Reiner, und Simon Critchley. 2008. *On Heidegger's Being and Time.* New York: Routledge.

Schütz, Alfred. 1932. *Der sinnhafte Aufbau der sozialen Welt. Eine Einleitung in die verstehende Soziologie.* Wien: Springer.

Theunissen, Michael. 1965. *Der Andere: Studien zur Sozialontologie der Gegenwart.* Berlin: DeGruyter.

Thomä, Dieter, Hrsg. [2]2013. *Heidegger-Handbuch: Leben – Werk – Wirkung.* Heidelberg: Metzler.

Vetter, Helmuth. 2014. *Grundriss Heidegger: Ein Handbuch zu Leben und Werk.* Hamburg: Meiner.

Weiss, Gail, Ann V., Murphy, und Gayle, Salamon. 2020. *50 Concepts for a Critical Phenomenology.* Evanston: Northwestern UP.

Stichwortverzeichnis

© Der/die Herausgeber bzw. der/die Autor(en), exklusiv lizenziert an Springer-Verlag GmbH, DE, ein Teil von Springer Nature 2022
G. Thonhauser, *Heideggers „Sein und Zeit"*,
https://doi.org/10.1007/978-3-662-64689-2